世界経済の歴史

〔第2版〕

グローバル経済史入門

金井雄一
Yuichi Kanai

中西 聡【編】
Satoru Nakanishi

福澤直樹
Naoki Fukuzawa

名古屋大学出版会

世界経済の歴史〔第 2 版〕 ❖ 目　次

II　テーマ編

プロローグ　なぜ経済史を学ぶのか

　経済史を学ぶ意義は多数あるが，それらの具体的列挙は控えておこう。本書を学び終えた時，どんな意義があったのかを自分自身で考えてほしい。もっとも，学び始めるにあたり，数々の意義をすべて包み込む究極的な目的は提起しておきたい。私たちが経済史を学ぶのは，現代を理解し，未来について考える力を養うためである。その力を経済史は，自己を相対的に捉える視点の提供によって与えてくれるだろう。いま身の回りにあることはいつでもどこでもそのようにあり続けてきた当然のこと，と思っていては自己を相対化できない。そして，自己相対化ができなければ，現代の理解も，未来の構想もできないのである。経済史は，自分が生きる社会が時間的にも空間的にも当たり前ではないことを気づかせ，何事も正確に深く考える力を涵養するであろう。

　私たちは自己の社会を無意識のうちに絶対視しがちである。例えば，「働く」ということが「雇用されて給与を得る」という形態をとっていることを，通常は特殊だとか異様だとは思わない。また例えば，農民が自己の私的所有地で農業を営んでいることを驚異の眼でみることはない。要するに私たちは，自分が慣れ親しんでいる制度や形態とそこから生まれた法意識や価値観に安住している。しかし，そうした態度で現代社会を正確に認識できるだろうか。未来社会について深く考えられるだろうか。仮に，穀物生産の問題点を把握して増産を図るという単純な事例ひとつをとってみても，穀物を作っているのは奴隷主に所有された奴隷か，封建領主の直営地で賦役を果たす農奴か，農業資本家に雇用された賃金労働者か，地主に土地を借りた小作農か，私的所有地を耕作する自作農かによって，問題点も増産計画もすべて異なってくるはずである。

　発展途上国支援に赴いた誠実で優秀な農業技師が，サトウキビを栽培するある村で農民の貧困を見かねて収穫増加技術の研究と指導に力を尽くした結果，増収には見事に成功したが，それは地主の収入増加をもたらし，従来以上の収入を得た地主がエビ養殖事業に乗り出したため，サトウキビ栽培の小作農は失業者にな

ってしまった。農民は自作農ではなかったのである。農業技師には貧しい農民を思う優しい心があっても，その視野に小作制が入っていなかったらしい。農民の多くが私的所有地を持つという，彼にとっては当たり前の土地所有関係は，実は人類史においては比較的新しく，決して普遍的なものではない。いずれにせよ，社会現象においては，個々人の意図と，その意図にもとづく行動の結果がずれてしまうのは珍しいことではない。人々の意図をそのまま実現させない機構が社会には組み込まれているからである（合成の誤謬）。それゆえ社会は愛や善意だけでは良くならない。自分の社会を相対化して，現実をしっかり捉える力が不可欠なのである。

　では，そのために経済史を学ぶといっても，膨大な経済の歴史から何を取り出せば良いのだろうか。実は第二次世界大戦後の日本には，大学での経済史講義といえば封建制の解体や資本主義の生成・発展に関する大塚久雄の学説について学ぶことだった，と極論できそうな時代があった。その時代にも大塚史学に対して批判的な立場をとる研究者はいないわけではなかったが，共同体を基礎にもつ前近代社会から個人の自由な活動によって経済が発展する近代社会への転換過程に関心が集まったのは，偶然に生じた現象ではない。西欧の資本主義が契約を守り勤勉に働く自立した個人によって作られる近代市民社会を土台にもつことを教えようとしたその学説は，日本の資本主義に残る前近代性を克服したいという，当時の人々が意識していた課題にぴったり沿うものであった。それゆえ，大塚史学は経済史以外の学問分野にも広く影響を及ぼし，また強い共感を寄せられもしたのである。しかし，日本社会の「近代化」が達成されたからというよりは，そもそも西欧社会を基準あるいは模範とさえするような思考の枠組みへの強い疑問が提起されるようになって，その学説は 1970 年前後から次第に影響力を弱めていった。

　共同体の解体，封建制から資本主義への移行，産業革命を焦点とする経済史の講義は，物理学の慣性の法則のように，大学における経済史講義においては主流的位置をしばらく維持し続けたが，経済史の研究は，より現代に近い 19 世紀後半以降の帝国主義，さらには 20 世紀の大企業体制へと展開していった。また，現代寄りへと対象時期を移す傾向とは別に，むしろ古代や中世など古い時代に新たな視点から取り組んだり，社会史，民衆運動史，流通・消費史など伝統的経済史とは少し異なる領域を開拓したり，ひとつの視角（例えば利子）から超長期を

扱ったり，一国とは異なる独自の地域を設定して分析したり，ある社会の全体あるいはある時代の全体の把握へ至る道としてひとつの村あるいは1人の農夫というような極端に狭い対象の解明を試みたり等々，方法上の新機軸も打ち出されるようになった。

　さらに，1970年代以降の経済史研究におけるパラダイムの転換は国際的潮流でもあった。歴史を捉える基本的な思考の枠組が世界的に大変動を起こしたのである。多彩な議論が巻き起こり，学問的には極めて面白い時代が到来したのであるが，大学における経済史教育はやや混沌とした状況に陥らざるをえず，そのためもあってか，経済史の研究や教育の重要性がかつてのようには尊重されないという残念な傾向も生まれたのは否定できない。そして，その点に関しては特に，経済史研究に統計学や計量経済学の手法が導入されるようになっただけでなく，応用ミクロ経済学あるいはゲーム理論などを用いて歴史現象を説明するといった研究の登場に注意すべきだろう。いずれもそれ自体としては好ましくないとか，誤りであるとか，というものではない。ただし，恐れねばならないのは，そうした志向を安易に受け入れることが，経済理論など経済学の他分野に対して経済実態から問題を提起するという，かつての経済史研究が果たしていた機能を次第に衰退させてはいかないか，という点である。往年の著名な経済理論家たち，例えばJ. R. ヒックスのような人物が経済史の書物を書いていることを想起してほしい。優れた理論経済学者たちは，市場の機能を精緻に分析するだけでは不十分であり，市場を所与の存在として前提せず，その生成・発展の歴史を踏まえる必要があると考え，みずからその解明に取り組んだのである。その意味に改めて思いを致すべきではないか。

　以上のような状況を踏まえて，経済史の学習は今日いかになされるべきかについて検討を重ね，組み立てたのが本書である。本書の特徴は，まず，経済史を踏まえないため認識が浅い次元に留まり，しかもそれを自覚できていない議論が横行する現状への危機感から，経済史を学ぶのは現代を理解し，未来を構想するためであるとの立場を明確に打ち出した点である。もっとも，現代経済を理解するには大昔から今日に至る人類の営みを時間に沿って辿る作業を省けないし，同時に個別の領域について深く考察することも必要になる。そこで行ったのが，まず第I部において全体的動向を通史的に理解し，次いで第II部において現代経済の認識に不可欠な領域を取り上げ，個別に論点を掘り下げてゆくという工夫であ

る。第Ⅱ部では，叙述は敢えて通史的にせず，第Ⅰ部で全体的な歴史を踏まえた眼で各領域を専門的な視角から学べるようにした。本書では例えば「市場」が扱われているが，いうまでもなく，この主題は（経済史ではない）経済学の中でも論じられる。それゆえ，経済史抜きの市場論と本書の市場論との違いを味わっていただきたいと思う。「金融」，「社会保障」など他の主題についても同様である。

　さらに，以下の点も心がけた。資本主義だけでなく非資本主義経済にも，また日本と欧米だけでなく他の地域にも，それぞれ眼を配る。つまり経済史を「資本主義史」に留めず，また「日本経済史」・「欧米経済史」に留めない工夫をしたつもりである。そして，経済を国や地域ごとに捉えるのではなく，国にせよ地域にせよ常に全体の一部分として扱おうと試みた。これは基本的には一国的な発展段階論を否定しようとする立場であるが，もっとも世界史認識の大きな枠組みの問題はそれ自体が現代の経済史研究における一大論点である。詳しくは，本書に沿って経済史を学び進めていった最後に，第Ⅱ部第14章で考察することになるだろう。

　読者は，同じ経済問題でも，経済史を学ばない場合と経済史を学んだ場合とでは問題の見え方がまったく異なってくることを多くの点で実感できると思う。各国内部においても，各国間においても，格差が異様に拡大してきた現代。本書が，経済史から現代を照らし，経済史で現代の課題を考察する力の一助になれれば幸いである。

I 通史編

はじめに

　プロローグで述べたように，第Ⅰ部において全体的な動向を通史的に理解する。そのために，現在の研究状況を反映するような構成をとることとした。第14章で詳述するが，研究史上における世界史認識は，発展段階論→経済成長論→従属理論→世界システム論→グローバル・ヒストリー論と推移してきたと考えられ，現状では，特に近年のアジア諸国の経済成長を踏まえて西洋中心史観への反省から，グローバリゼーションの流れの中で「世界」を捉える視点が重視されている。

　もっとも，そうしたグローバル・ヒストリー論にも論者によって強調する局面は異なり，対象とする時代において，西洋が産業革命を達成する以前の世界におけるアジアの経済力の優勢さを強調する論者もいれば，産業革命後の西洋のアジアへの帝国主義的進出下においても，それを契機としてアジア間交易がいっそう進展したことを強調する論者もいる。

　またグローバルな動きを見出す対象地域においても，多かれ少なかれアジアを取り上げる点では共通するものの，ロシアをアジアに含めてユーラシア大陸でのグローバル・ヒストリーを強調する論者，中国を中心とする東アジア国際秩序が世界システムに与えた影響を強調する論者，東南アジア・南アジアを中心とする海域ネットワークを重視して海の視点からグローバル・ヒストリーを強調する論者などさまざまな視角が存在する。

　こうした現在の研究状況を踏まえ，本書第Ⅰ部でも，アジアとヨーロッパに代表される東西世界をバランスよく記述し，その際，3つの観点から構成を工夫した。

　第一に，グローバル・ヒストリー論の興隆とともに次第に影が薄くなったナショナル・ヒストリーの再評価である。国際政治学の分野では，現在のさまざまな社会問題を解決する枠組みとして国家間ではなくそれを相対化する国家を超える組織による統治を模索するグローバル・ガバナンス論が提唱され，グローバル・ヒストリー論と連携して歴史と現状分析の相互交流が盛んである。ただし，地球温暖化をめぐる各国の駆け引きを見ても判るように，依然として主権国家のもつ交渉主体としての独自性は強い。その源流は，近代化のなかで東西世界を通して17〜19世紀に進んだ国民国家の成立にあったと考えられ，ナショナル・ヒストリーは一時代を特徴づけるキーワードであったといえよう。

　第二に，そうであれば，グローバル・ヒストリーを産業革命以前の時代から現代までの質的に連続した流れと捉えるのではなく，国民国家が成立する以前のグローバル化と国民国家が成立した後のグローバル化は，質の異なったものと位置付ける

べきと思われる。用語としてはいろいろないい方が可能であろうが，国民国家成立以前のグローバル化は，それまでの地域的なまとまりが域際的な広がりをもつに至ったインターリージョナル化と捉えられ，国民国家成立後のグローバル化は，国際世界の枠組みのなかでの主権国家の主体としての強さを想起すれば，インターナショナル化と位置付けることができよう。

　第三に，とはいえ，現代世界で生じている事態は，インターナショナル化では捉えきれないことも事実である。近年，国家の枠を相対化する地域経済史や統合史が新たな研究潮流として登場しており，インターナショナルではなく，それにふさわしいキーワードで現代世界を特徴付けることが望ましい。ただし，地域経済史にしろ，統合史にしろ，克服すべきものとしての国家は意識しており，こうした現在の研究潮流は，国境を超えるものないしは国境を跨ぐものとしての，トランスナショナル化を含意しているといえよう。

　以上の観点から，本書第I部では，ローカル・ヒストリー→インターリージョナル・ヒストリー→ナショナル・ヒストリー→インターナショナル・ヒストリー→トランスナショナル・ヒストリーとそれぞれ時代を特徴付ける概念が展開してきたとの認識のもとに章立てをした。現在は，グランドセオリーの失われた時代といわれ，その中で中範囲の射程での事例研究に向かいがちであるが，短期的視野で選択が行われがちな現代だからこそ，歴史理論構築への努力を放棄すべきではないと思われる。そしてその際には，西洋中心史観からも東洋中心史観からも脱した新たな歴史理論が必要となろう。

（中西　聡）

第*1*章　東西文明の興隆
──ローカル・ヒストリーの時代

1. 古代文明の農耕水準

1）生産の開始と文明の誕生

　第Ⅰ部では，経済史の視点から歴史を概観するが，農耕生産の開始をその出発点におく。人類の歴史は，農耕生産の開始以前に長期にわたる狩猟採集時代を経験したが，その時代と農耕生産の開始後では，大きく時間の観念が変化したと思われる。狩猟採集時代は，基本的には生きるために必要な食料を，食べる直前に獲得し，長期にわたって計画的に食料を獲得する行動はとられなかったと考えられるが，農耕生産が始まると，食料を獲得するまでに長期の時間が必要となり，生産計画が重要となった。それにより，長期間の食料の安定供給が可能となり，一定の場所への定住の可能性が高まった。なお，狩猟採集経済による定住的集落が農耕以前に成立したとの考え方もあるが，農耕開始後の方が，定住が容易になったことはいえよう。定住の可能性が高まれば，農耕に適した場所に人々が集住するようになり，そこに大規模な社会が成立する。社会の成立は，そこに住む人々がそれぞれの得意分野に専門化して能力を発揮することを可能とし，新しい技術が発達して，人口の増大とともに文明が誕生した。

　実際に，世界で農耕生産が開始されたのは，中近東では紀元前 7000 年頃，南ヨーロッパでは紀元前 6000 年頃，内陸ヨーロッパでは紀元前 4000〜5000 年頃といわれ，アメリカ大陸でも紀元前 5000 年頃には，大河川を利用しない独自の農耕文明が誕生していたとされる。また中国でも，紀元前 6000 年頃に農耕は行われており，紀元前 1000 年頃にはオセアニア以外の地球上のほとんどの地域に食

表 1-1　古代文明比較

	地中海	エジプト	メソポタミア	インド	中　国
自　然	エーゲ海 イタリア半島	ナイル川	ティグリス川 ユーフラテス川	インダス川 ガンジス川	長　江 黄　河
作　物	麦, オリーブ, ブドウ	麦	麦, ナツメヤシ	麦, 豆類, 米	米（長江） アワ・キビ（黄河）
農　法	奴隷制ラティ フンディア	貯溜式灌漑農法	灌漑農法	鉄製農具 牛　耕	灌漑農法
制　度	奴隷制的共和 政	官僚制 パピルスに記録	官僚制 粘土板に記録	ヴァルナ制	氏族宗教国家 亀の甲などに記録

出所）本文の参考文献をもとに筆者作成（表 2-1, 図10-1 も同様）。

料生産が広まり定着したといえよう。

　このような食料生産の広まりのなかから，文明が誕生することとなる。ここでいう「文明」は，人口集中とそれにより可能となった食料生産のもと，それを維持するために形成された食料分配の制度化の結果，誕生した政治システムのことを意味する。その政治システムが洗練されて国家が成立し，そこでは政治システムの中枢に位置する個人または機構が行政上の指示を出し，国家の構成員をその指示に従わせる強制力をもち，その強制力の及ぶ範囲として領土を主張し，「文明」は，周辺社会を新たな技術水準にまきこみつつ不断に拡大するに至った。

　このように，「文明」は政治・経済・技術が密接にからんで成立したが，その経済的な特徴は，農耕生産のあり方に大きな影響を受けた。よって本節では，早期に高度に発達した諸文明を取り上げ，その農耕水準を比較検討する（表 1-1）。

2 ）中国新石器文明の農業

　前述のように，ユーラシア大陸とアメリカ大陸で食料生産が早期に始まったが，アメリカ大陸の古代文明では，文字があまり重視されず，不明な部分が多いためユーラシア大陸の古代文明を対象とし，そのうち，東アジア地域と中近東地域が早くから古代文明が発達したので，まず東アジアの新石器文明を取り上げる。

　一般に，先史時代の時期区分は，用いられた器具の種類で行われ，農耕社会が形成された時代として新石器時代が位置付けられるが，東アジアの新石器時代には，黄河流域と長江流域で別個に文明が発達した。黄河流域はアワ・キビ栽培の畑作地域，長江流域が稲作地域として，紀元前 3000 年頃には居住域を囲む城壁

が出現し，銅器や文字の使用が確認されるなど高度な文明が誕生していた。

　その農耕水準は，水田址の検出から確認され，紀元前 4000〜3500 年頃の長江下流域の水田址から，当時の稲作は面的な広がりをもたず，農耕では生活を安定し得ず，狩猟採集と並行していた可能性が指摘された。その他の水田址では，粗放な水田から灌漑施設をともなう水田への段階的移行が認められた。当時，日本では縄文文化の時代に相当するが，中国での農耕開始から日本への稲作技術の伝播までに相当な期間がかかったのは，中国の稲作技術水準の発達が緩慢だったからと推定され，弥生時代に日本に伝播したとされる稲作技術は，水利技術の点も含めて，一般に指摘される中国の山東地域からのみでなく，長江下流域から直接伝播した可能性も考える必要があろう。

　一方，黄河中流域では，黄河が運ぶ「泥＝黄土」が肥沃な土壌を形成したことで長江流域に先行して文明が発達した。ただし，黄河流域は年間の降水量が少なく気温が低いため，稲作には適さず，アワ・キビなどの雑穀類が栽培された。この黄土は，水でこねて乾燥させると石のように固くなるため，日乾しレンガが容易にでき，土器・建築物が高度に発達した。さらに，肥沃な土壌ではあったが，降水量が少ないため水の確保が重要であり，灌漑用の水路を建設する必要から早くから国家が形成され，水路の完成とともに次第に広大な農耕地が成立し，後の専制国家の経済的基盤となった。例えば，紀元前 3000〜2000 年頃のものと考えられる黄河中流域の平糧台遺跡については，城壁に囲まれ，排水施設や手工業設備の存在が確認され，宗教的儀式の痕跡があるなどの特徴が指摘されている。こうした城壁に囲まれた都城を中心に諸王朝が勃興し，青銅器が武器として使用されるようになり，最終的に「殷（商）」王朝に統合され，そこでは奴隷制が成立し，甲骨文字によりその歴史が刻まれることとなった。

3）オリエント世界の農業

　農耕生産が世界でもっとも早く開始されたと考えられる中近東では，ティグリス・ユーフラテス両川流域のメソポタミア地域と，ナイル川流域のエジプト地域で，文明が誕生した。その両地域の農業の特徴を概説する。

　メソポタミア地域では，ティグリス・ユーフラテス両川の沖積平野で都市国家が生まれたが，同地域は非常に乾燥し，降水量が少なくて極端な低地であったため，水の確保の必要性と洪水の危険性が同居していた。それゆえ，灌漑農業が発

達し，水の制御に成功した集落が農業生産の余剰を集積し，武力をもって周辺の集落群を従属させるなかで都市国家が形成されたと考えられる。特に水の制御には，多くの労働力が必要であり，都市国家は常に拡大志向をもち，紀元前2000年紀前半に統一王朝が成立した。その統一王朝のもとで，ペルシア湾から地中海沿岸に至るメソポタミア地域がひとつの文明に包含され，拡大した領土を効率よく統治するために，法典が整備されて官僚制が採用された。征服地では大規模な検地が行われ，耕地は一定の広さのユニットに分割され，全体の5分の1が中央政権のために残され，5分の4が地域住民によって耕作されたといわれる。こうした統治体制は，形式や用語が統一された当時の文字で粘土板に記されて現代まで残され，この粘土板文書システムはメソポタミア全域に普及した。また紀元前7世紀半ばに小アジア（アナトリア高原）で建国されたリディアでは，世界最古とされる金属貨幣が鋳造されて東西交易で用いられ，その後ローマ帝国でも金属貨幣は盛んに鋳造されて地中海世界からインド世界まで流通した。

　ナイル川流域も同様に，高温乾燥地帯で降水量は非常に少なく，天水農耕は不可能であった。ただし，ナイル川が定期的に増水し，有機質に富んだ沃土を上流から運んできたため，増水期のあとには肥沃な土地が残された。そこで，次の増水期までの間に農耕生産を行うという自然の灌漑作用を利用した農業が行われた。ナイル川の増水は量的にも時期的にも規則性が高く，これを利用した暦が作成され，増水がひいた後の冬季に主に麦が栽培された。この増水を，水路を通じてさらに広範囲の畑に流し込むことで，肥沃な土地の範囲を広げつつ，ナイル川流域では独特の貯溜式灌漑農法が発達した。ただし，灌漑農業に必要な水路の開削は，多くの労働力が必要であり，大型の集落が早くから形成され，各地に部族国家が登場し，その淘汰の結果紀元前3000年頃にはエジプト統一王朝が成立した。

　人類史上，最初に高度な文明を発達させたオリエント地域は，天水農耕には適さない気候であったが，大河流域のため灌漑がうまくいけば豊かな農耕生産が可能になる特質をもっていた。そこでは，自然を破壊するのではなく，自然の摂理を活かした人間の知恵の発現が見られ，水の制御の必要性から国家が誕生した。

4）インダス・ガンジス文明の農業

　南アジアでも，インダス・ガンジス両川の流域に古代文明が発達した。インダス川中流域では，紀元前2300年頃より都市文明が成立し，手工業生産や商業活

動が盛んに行われたが，紀元前1800年頃に衰退した。その頃中央ユーラシアに
居住した遊牧民のアーリヤ人が南下してインダス川流域に牧畜を主とし農耕を従
とする半定着生活を始めた。

　アーリヤ人の部族社会では牛がもっとも重要な財産とされ，牛乳が貴重な蛋白
源であり，運搬用として牛が利用された。アーリヤ人の遊牧文化と先住民の農耕
文化の接触と混交のなかで，ガンジス川流域へも文明が拡大した。ガンジス河畔
は，厚い森林に覆われ，当初は開拓が困難であったが，鉄器の使用が紀元前800
年頃までには始まり，鉄製農具の使用によってガンジス河畔の森林が次々と開拓
された。鉄製の犂を牛に引かせる耕法も発達し，農業生産力は飛躍的に拡大した。
このような農業技術の発達により十分な余剰が得られるようになったため，生産
に携わらない司祭・王侯・武士階級が形成されるに至り，商業や手工業も興り，
都市文明が再び興隆して社会的分業を建前とする身分制であるヴァルナ制が成立
した。そこでは，バラモン（司祭），クシャトリヤ（王侯），ヴァイシャ（一般
民），シュードラ（隷属民）の4階級が形成された。

　支配階級のバラモンとクシャトリヤは，宗教的儀礼ではバラモンが優越するが，
現実の生活ではバラモンが王に依存して与えられた職務を果たすかわりに地位と
収入を保証される関係にあった。被支配階級のヴァイシャは生産活動でバラモ
ン・クシャトリヤ階層を支える役割を果たすとされ，クシャトリヤはヴァイシャ
を保護する代わりに，「取り分」としてヴァイシャの生産物の一部を取得できる
とされて組織的な徴税制度が導入された。シュードラは，上位の階層への隷属的
奉仕が義務付けられ，手工芸や芸能の仕事も彼らの役割とされたが，奴隷とは異
なり，一般に自分の家族をもち，わずかではあるが財産を所有した。この他に，
売買や譲渡の対象となる奴隷も存在したが，シュードラ階層が存在したため，古
代インドでは奴隷制は発達しなかった。

　その後，排泄・血・死などにかかわる職業に従事する人々への蔑視が始まり，
不可触民として最下層に押し出されて第5の階層が形成された。こうしたシュー
ドラや不可触民を構成したのは，もともとガンジス川流域の森林で生業を営んだ
先住民が多く，古代インド文明は，牛と鉄器を使用する征服民が，その技術で森
林の農耕地化を進め，同時に生業を失った森の民を最下層のヴァルナとして取り
込む過程を伴っていた。その意味で，農耕技術の発展と環境破壊と身分制社会の
形成が密接に関係していた。

2. 古代地域国家の経済制度

1）秦から漢へ

　前節の諸文明は，その後地域国家を形成した。本節はその経済制度を概説する。

　中国では，殷（商）王朝から周王朝へ続き，周代には，王族や功臣らを諸侯に取り立てて封土を与える封建制が行われたが，次第に諸侯が覇権をめぐって争った。そのなかで天下を内なる夏（華）と外なる夷狄に分ける華夷思想が生まれ，夏（華）を「中国」と認識するようになった。「中国」の覇者をめぐる諸侯の争いのなかで領土国家の諸統合が進み，戦国時代に突入した。そこでは，歩兵が主力となり，農民が歩兵として戦闘に参加するに至ったが，その背景には，鉄製農具や牛耕の普及により農作業が軽減されたことがあり，それまで都市民が軍団を担ったため都市を掌握すればよかった諸侯の封地が次第に拡大し，それらは「県」として組織化された。諸侯のなかでも，秦が法令を通しての君主の一元的な支配体制を確立することに成功し，紀元前 221 年に秦が中国を統一した。

　秦王朝は地方統治システムとして「郡県制」を施行し，地方行政の基礎を「県」と数県から十数県を束ねた「郡」におき，郡県の主要な役人や軍吏を中央からの命令で派遣した。彼らは一定期間で交替させられる官僚であり，出身地と同じ郡・県には赴任できないことが原則とされた。その他，度量衡の統一や車軌規格の統一など，中央集権的政策が行われたが，中央集権＝郡県制を採用するか，諸侯の自立性をある程度認めた間接統治＝封建制を採用するかは，その後の中国王朝の長年の課題となった。

　秦王朝の急激な中央集権化は，旧来の諸侯の反発を招き，秦王朝に代わって紀元前 202 年に漢王朝が成立した。漢王朝では，郡県制の土台の上に部分的に封建制を導入した。郡国制と呼ばれ，領地を郡県支配地域と，戦国時代の「諸王」の伝統を引いた「諸侯王」に封土として与えた地域に分割し，功臣や皇帝の親族は「列侯」として地方の大小の「県」を与えられた。このような封建制が採られつつも，課税制度は細かく整備され，収穫した穀物を供出する「田租」や人頭税としての「算賦」の他に，毎年一定期間労役に従事する力役や兵役もあり，商工業者には営業税・所得税も掛けられた。

　課税制度を財政基盤として，武帝時代に漢王朝の専制支配は確立したが，同時

に武帝は，重税により困窮した農民の生活安定のために，新しい農耕地を開拓すべく西域に大規模な軍事進攻を行った。しかし武帝の積極的な対外政策は，多額の財政支出を必要とし，財政危機が生じた。それに対し，武帝は塩と鉄の専売制を実施し，物資の流通過程に国家が直接介入する均輸・平準法を施行した。塩は人間の生存に欠かせない食品であり，鉄器も当時の先進的鉱工業製品で，くず鉄の再利用を通じてリサイクルされる点でも利用価値は高かった。

　これらの水産資源，鉱物資源は漢王室の重要な財源であり，塩官・鉄官に集められた生産物は官設市場に輸送されて官吏が直接販売した。そして交通の要所の多くに均輸官・塩鉄官を設置して租賦（地方から中央へ輸送・上納される物資）や塩鉄専売の管理と輸送を直接掌握させた。それにより物資の需給調整をして物価を安定させることが平準法である。ところが漢王朝が進めた新たな農耕地の開発は環境破壊につながり，土壌の流出とともに黄河下流域では頻繁に洪水が発生するようになり，その救済や修復工事のため国家財政はさらに悪化した。そのため，後漢王朝の時代には，王家が華中の南陽郡の豪族であったこともあり，国家の保護と管理が必要な新開地の北方の郡や県が廃止され，次第に領土は縮小した。それにともなって中国内で南方への人口移動が顕著になり，水利開発も進んで江南地域の農業生産性は上昇した。ただし後漢時代の稲作技術は不安定な面もあり，大規模な農民反乱を契機に漢王朝は衰退し，三国時代へと向かった。

２）ギリシアとローマ

　ヨーロッパ大陸では，古代文明は地中海域でまず誕生した。その中心がエーゲ海沿岸地域（現ギリシア）とイタリア半島で，ギリシア地域では多数の都市国家が，イタリア半島ではエトルリア人の王国が成立し，前者は，後に北方のマケドニア王国に征服され，一方，イタリア半島ではエトルリア人の王を追放したローマ人が共和政国家を設立した。ギリシア地域の都市国家とローマ人はいずれも共和政を採用したが，その内実は大きく異なった。例えばギリシア都市国家のスパルタでは，住民が市民とペリオイコイ（周辺民）とヘイロタイ（被征服民）の３つに区分され，市民はすべて土地所有者で，市民の所有地をヘイロタイに耕作させることで，市民は農業労働から解放された。そして男の市民は兵士としての役割を求められ，優秀な兵士を養成するため集団生活が行われた。また，ペリオイコイは，身分は自由人ながら国政に参加できず，主に商工業に従事した。

　同じギリシア都市国家のアテナイでは，王政から貴族政に移行したが，市民の間に貧富の差がかなりあり，市民は土地を基準とする財産額に応じて 4 つの等級に分けられ，上位 2 階級の者のみが主要な行政職に就けた。アテナイでも多数の奴隷が生産活動に従事したが，農業生産に従事する市民も存在し，貴族政の改革によって紀元前 5 世紀頃に成立した民主政の支持基盤は中小農民であった。

　ローマ共和政国家では，市民はパトリキ（貴族）とプレブス（平民）に区分され，たえず両者の間の身分闘争が行われた。その背後には，借財による債務問題や土地の分配問題があり，借財を返済できなくて債務奴隷となったものも多かった。没落市民に新たな生活の場を確保するため，当初都市国家であったローマはイタリア半島各地に植民活動を開始し，他のイタリア諸都市国家と長期間の戦争に入った。ローマ共和政国家は，個々の都市国家と同盟関係を結び，周辺諸都市国家との戦争に勝利してイタリア半島を統一し，カルタゴに勝利して北アフリカやイベリア半島も勢力圏に入れた。領土拡張とともに，ローマ市民の富裕層は土地に投資して大土地所有者となり，被征服民を奴隷としてその農場で働かせる奴隷制ラティフンディアが成立した。

　古代ギリシア・ローマの民主制は，市民と奴隷の社会的分業を前提としており，近代民主制とは質的に大きく異なった。むろん小規模な自作農も存続したが，土地を手放して都市に流入する無産市民も多く，都市に貧民が，農村に奴隷があふれ，結果的に中小農民の徴兵による市民軍団の維持は困難となり，傭兵による職業軍団への転換が図られた。その軍事力でローマは 2 世紀に地中海地域の諸民族を包摂する帝国となったが，有力軍人とその傭兵層が結びついて独自行動をとり，その後のローマの政治体制は大きくゆらいだ。

3）イラン古代王朝の連続と断絶

　古代オリエント世界は，紀元前 6 世紀にアケメネス朝ペルシアにより統一され，そのもとで整備された統治体制が，イスラーム勢力が勃興して西アジア世界を支配する 7 世紀まで受け継がれた。アケメネス朝の版図は，東はインダス川沿いから西は小アジアとエジプトまで広範に及び，中央集権体制がとられつつも，各地方が自律性をもつ軍管区に分けられ，中央政府から任命されたサトラップ（長官）が各軍管区を統治した。サトラップは，毎年決められた貢物を納め，ペルシア王が戦争を行う場合は，軍隊を率いて参集する義務を負ったが，領内は自由に

統治できた。ただし「王の目」「王の耳」と呼ばれる王直属の官僚により，サトラップの行動は常に監視されていた。さらにペルシア王は，度量衡を統一し，ゾロアスター教を信仰して，「王の道」と呼ばれる幹線道路を建設し，一定の距離ごとに宿泊施設と穀物倉庫や駅馬を備えた駅伝制を設けた。また，ペルシア王は金貨・銀貨を鋳造するとともに，貨幣中心の統一的な徴税制度を確立し，フェニキア人を主体とするペルシア商船が地中海交易で活躍した。

　アケメネス朝は，ギリシア世界の指導権を握ったマケドニア王の息子アレクサンドロス大王に，紀元前330年に征服されたが，短期間でアレクサンドロス大王の帝国が崩壊し，その後に設立されたギリシア人王朝のセレウコス朝のもとで，ギリシア風のヘレニズム文化が花開いた。その後アルサケス朝パルティアが，イラン系王朝を再興したが，アルサケス朝の体制はそれほど中央集権的ではなく，各地にサトラップが任命され，地方統治システムはアケメネス朝の制度を継承した。アルサケス朝時代のユーラシアは，西のローマと東の漢王朝の間で，内陸の「オアシスの道」（シルク＝ロード）による絹交易が行われており，その仲介交易でアルサケス朝は大きな利益を得た。アルサケス朝はその後脱ヘレニズム傾向を強め，アルサケス朝を倒して成立したサーサーン朝ペルシアは，イラン文化の復興と継承を本格的に進めた。

　サーサーン朝は，ゾロアスター教の正典を確定して国教とし，ギリシア文化の影響で偶像が置かれるようになった寺院を廃し，火を祭る寺院を村落レベルまで整備した。また経済面では，税制を出来高払いから定額税制に改め，東地中海世界とインド洋との貿易路を支配下に置き，特にペルシア商人が中国から東ローマへの絹の交易を担い，ペルシアの建築様式が東ローマに伝えられた。

　アケメネス朝からサーサーン朝までの西アジア諸王朝は，ギリシア・ローマ世界との軍事的対立と同時に文化的・経済的交流も進め，アレクサンドロス大王の征服により，その傾向が一時的に深まった。ただしギリシア人は外国人に市民権を与えることに消極的で，その後イラン文化の復興が進められ，全体としてはイラン人意識やその伝統がイラン文化の基底として流れ，本格的な文化・経済交流には至らなかった。

4）インド古代王朝の展開

　古代インド社会では，前述のヴァルナ制度が社会制度の基盤となったが，ブッ

ダが開いた仏教は，ヴァルナ制度のもとで低級な職業と見られていた商業・金融業による利潤を正当に評価し，ヴァルナ制度を批判したため，商人層は仏教を経済的に援助し始めた。その背景には，仏教が成立した紀元前 5 世紀頃に，ガンジス川中・下流域で都市が発達し，都市を結ぶ交易が活発に行われたことがあった。

　当時の交易は隊商という旅商人の集団により行われ，織物・金銀象牙細工・鉄製品などが取引された。北方遊牧民は，中央ユーラシアのオアシス都市の支配をめぐって中国の王朝と争ったが，オアシス都市は周辺に農耕地をもち，そこで生産された穀物や織物は，遊牧民のもたらす畜産物と日常的に交換された。「オアシスの道」では，隊商による遠隔地間交易と，遊牧民とオアシス民との互恵的な交易が交差していた。また，遠洋航海技術もかなり発達し，商人はガンジス河口港から海路で東南アジアや中近東方面に向かった。遠隔地間の交易の進展とともに貨幣も鋳造されるようになり，インドでは紀元前 6 世紀頃はじめて国家保証による貨幣が発行された。肥沃なガンジス川流域の開拓の進展とともに新たな村落が多数生まれ，そこでは耕地は一般に私有された。農作業は家単位で行われ，所有耕地の広さや家畜の数による貧富の差があり，貧農は他人に雇われて働いた。特に，王がバラモンに村の徴税権や土地の所有権を与えたため，バラモンがその地に移り住み，貧農を雇って農業経営を始めることもあった。

　こうした経済の発展はバラモンに特別な地位と権威を与えるヴァルナ制度の矛盾を顕在化させたが，バラモン層は，上位ヴァルナの男と下位ヴァルナの女の結婚や，困窮者が本来のヴァルナより下位ヴァルナの職業で生活することを準合法として認め，ヴァルナ制度を柔軟に対応させ，自らへの批判をかわした。

　その後インドはマウリヤ朝により統一され，国家主導で経済活動が活発化し，それに続くクシャーナ朝・グプタ朝の時代にインド・ローマ間の交易が発達し，流入したローマの金貨が鋳直され，クシャーナ朝では大量に金貨が発行された。クシャーナ朝と並んでインド南部ではサータヴァーハナ朝が有力となり，インド亜大陸を東西に横断した領域を支配し，アラビア海の海上交易とベンガル湾の海上交易を結び付けた。その結果，地中海から紅海・アラビア海を渡ってインドに達し，東南アジアや中国に至る「海の道」が開かれた。こうした商人勢力の伸長に危機感を覚えたバラモン層は，バラモン教と土着信仰が融合して生まれたヒンドゥー教の普及によりバラモンの権威を維持しようとした。ここで力を発揮したのが，前述した村に移り住んだバラモンで，結果的にバラモンが地域社会に根付

いていたことにより，ヒンドゥー教が仏教に代わってインドで広く信仰されるに至った。そのもとで各ヴァルナが，多数のカースト（生まれを同じくする者の集団）に分化し，排他的集団である各カーストの社会関係から構成されるカースト制度が，インドの社会体制の基盤となった。そこでは，社会的分業のもとに職業別に各カーストがヨコの関係を作り，ヴァルナというタテの関係と組み合わされてカースト制度は成立した。

3. 民族移動と経済制度の変質

1）漢民族の移動と南北中国

　3世紀前後にユーラシア大陸を襲った寒冷気候は北方遊牧民の食料危機をもたらし，彼らが食料を求めて大規模な民族移動を開始した。そして4〜6世紀にユーラシア大陸全体で生じた大規模な民族移動がアジア・ヨーロッパ諸地域の経済の仕組みを大きく変えることとなった。

　漢王朝の時代から北方遊牧民の匈奴と漢の抗争は激しく，匈奴は遊牧社会とはいえ，領地内で農耕も行い，漢領域から多くの人間と家畜を略奪した。漢王朝の滅亡後，寒冷期を迎えた北方遊牧民の中国領内への侵入はさらに激しくなり，晋王朝の時代に華北に移住した北方遊牧民が自立して王朝を建て，漢民族が南部に王朝を建てたため，中国は南北に分裂した。北部では各地で北方遊牧民の国が争ったが，鮮卑族の北魏が華北を統一して混乱は収まり，以後鮮卑族の北朝と漢族の南朝が並立する南北朝時代となった。こうした後漢・三国・南北朝時代は中国経済の混乱期と考えられがちであるが，そのなかでも貨幣経済は着実に浸透し，当初は主に銭が国家的決済手段で布が民間経済の決済手段であったのが，銭が市場取引でも普及し，晋代以降は主に布が国家的決済手段として用いられ，銭は市場における経済的流通手段に純化していった。

　このような北方遊牧民の移動により，王権は弱体化し，代わりに貴族の権限が強まり，貴族制社会が東アジア世界に広まった。それを支えたのが九品官人法という官僚登用制度で，本来は家柄にかかわらず個人の才能と徳行に応じて登用する制度が，地方の豪族や貴族の子弟が任官する際に利用され，貴族制と官僚制が組み合わされた社会制度は，朝鮮・日本にも影響を与えた。朝鮮では，長期間にわたり争った三国を統一した新羅で個人的な身分制度としての官位制と族制的な

身分制度としての骨品制が組み合わされた官僚制が成立し，日本でも，源・平・藤原・橘といった家門が重視されるとともに，「正○位」「従○位」という叙位制が併用される貴族的官僚制が成立した。

　こうして古代中国で高度に発達した官僚機構が貴族社会的色彩を帯びてヨーロッパ中世社会とある程度似た状況を現出せしめた背景には，この時期の華北への北方遊牧民の南下が，ユーラシア大陸全体の民族移動の一環で，ゲルマン民族の大移動につながっていたことがあった。それゆえ，中世ヨーロッパでその中心が南の地中海から北の内陸部に移動したのと同様に，中世中国でその中心が北の黄河中流域から南の長江下流域に移動した点，民族の広範な移動が生じた点，貴族層が活動の中心であった点など，中世東アジアは中世ヨーロッパと多くの点で共通性を示すこととなった。ただし，貴族層が活動の中心とはいえ，官僚制があまり発達せず分権的封建制が成立した中世ヨーロッパと，官僚制との融合で貴族が力をもちつつも，古代以来の中央集権志向の強かった中世東アジアでは，皇帝の地位に関する伝統は異なり，中国では唐代の 8 世紀には経済力をつけた地主層や商人層が新興官僚となって貴族社会は崩れ始め，日本でも 12 世紀には貴族に代わって武士が天皇を奉じて政権を担当するに至った。

　そして 1 世紀頃より中国やインドとの交流が盛んとなった東南アジアでは，インドシナ半島の現在のベトナム北部は漢の武帝により征服されたが，メコン川下流域の扶南はインド文化を熱心に受容し，マラッカ海峡域の諸港も，インド船の盛んな活動を背景にインド化を進めた。その後中国で南北朝時代となり，漢民族の拠点が南へ移ると東南アジア諸国は中国への朝貢を始めた。

2）北方遊牧民の移動とフーナ族のインド侵入

　前述のように，北方遊牧民の南下は華北地域に止まらず，西域への南下を含む大規模なもので，西域ではそれに押されてフーナ族（エフタル）が南下してインドに侵入し，フン族はそれに押されてさらに西へ向かいヨーロッパへ侵入した。

　フーナ族は，5 世紀末～6 世紀初めにかけて西北インドと西インドを征服したが，短期間で土着勢力に撃退され，インドでは北方遊牧民は建国できなかった。しかしこの間に各地の都市が破壊され，ローマとの交易を中心に発達した都市経済は打撃をうけ，フーナ族を撃退した土着勢力が各地で自立して分権的な領邦国家が成立した。これらの領邦国家では，国王は自らの直轄領を支配するとともに，

＃ 解説 I-1

カール・ポランニーと経済人類学

　現代は，全世界の大部分の人が市場経済社会のもとで生活するようになり，市場経済は経済合理性をもち，経済発展の行き先が市場経済社会であったことが自明のように考えられている。しかしカール・ポランニーは，資本主義が高度に発達した20世紀においても，資本主義が時代の特殊な制度的所産に過ぎないことを強調した。ポランニーは，市場経済が労働・土地・貨幣までも商品として包み込んでいる事態は異常とし，人間の主体的活動である労働，自然環境そのものである土地，購買力として結晶した貨幣は，本来「販売のために生産」されるものではなく，これらを商品とみなすのはまったくの空想に過ぎないとした。そこでポランニーは，なぜ空想に過ぎない市場システムが制度的に確立したかを解明すべきとして市場経済の歴史的位置の解明に努めた。具体的には，原始社会を遅れた経済とみなさずに，近代資本主義の経済と同等な次元で比較考察し，特に18世紀の西アフリカのダホメ社会を詳細に検討した（カール・ポランニー［1975］『経済と文明──ダホメの経済人類学的分析』栗本慎一郎他訳，サイマル出版，後にちくま学芸文庫として再刊，筑摩書房，2004年，原著初版1966年）。そこで得た彼の結論は，以下のようであった。

　人間の生計は，市場以外のきわめて多様な制度のなかで営まれており，特定の市場的要素の存在に依拠する分析方法では，経済の諸問題は解決できない。つまり，実在の経済は，人間と環境の間の相互作用の過程であり，経済過程の制度化がそこに統一性と安定性を与える。ポランニーは，その統合形態を互酬・再分配・交換の3つに分類し，それらは統合形態の発展の段階を示すものではなく，ある社会でどの統合形態が優位となるかは，土地や労働を社会がどの程度包含するかによるものであり，市場がなくても交易や貨幣使用は贈答や分配の形態として存在するとした。互酬は，AからB，そしてBからCへの贈与の連鎖による社会統合，再分配は，権力が財を中央に集積した上で，その権力が自らの支配の論理によってその財を社会に分配することによる社会統合，交換は，市場という匿名の主体間の財の等価交換を制度として保障することによる社会統合を意味する。

　こうしたポランニーの考え方は1950年代に明確に示されたが，以下の3つの方向で，その後の研究潮流に大きな影響を与えた。①資本主義的市場経済を相対化し，より広い枠組みのなかに市場の特殊性を位置付けることで，原始社会を近代資本主義社会と同等の次元で比較することが可能となり，その後の経済人類学の出発点となった。②交易や貨幣が市場とは異なる別の起源をもち得ることを明確に示したことで，社会主義のあり方を検討する視角に寄与した。③特殊と並置させて一般を経験的な素材から考╱

一族・功臣や帰順した地方有力者を諸侯として分割した領土の支配権を与えた。さらに彼ら領主も家臣に土地を分け与え，王・領主と耕作農民との間に中間搾取

察する研究手法が，その後比較経済学として応用された。このなかで，社会主義の捉え方については，ポランニー自身も，第二次世界大戦中に執筆・刊行された著作（カール・ポラニー［1975］『大転換——市場社会の形成と崩壊』吉沢英成他訳，東洋経済新報社，新訳版として野口建彦他訳，同社，2009 年，原著初版 1944 年，ペーパーバック版 1957 年）のなかで，経済を内部に包摂した社会の次元から社会主義を見る視点を打ち出しており，強い関心を示していたが，その後の研究潮流へポランニーが与えたもっとも大きな影響は，経済人類学の登場であった。

　むろん経済人類学への流れは，ポランニー以前の文化人類学のなかにも見られ，モースの贈与論に始まり，特にマリノフスキーは，西太平洋諸島の儀礼的贈与交換のシステムが「経済」活動の側面をもちつつも，非近代的儀礼行為に取り込まれていたことを解明した。フランスでは，レヴィ=ストロースが互酬性の概念を整理し，文化人類学に大きな影響を与えたが，マルクス主義論者のなかにも，ゴドリエのように発展段階論を承認しつつ，生産関係の認識に親族関係や宗教などの諸要因を入れて考えることで，マルクスの史的唯物論を克服する動きは見られ，逆に新古典派経済学の理論を未開社会の経済分析に適用する動きも見られた。そしてポランニーの発想は，そうした流れとも相互に交流しつつ人類学者に高く評価され，日本へも紹介された（例えば，カール・ポラニー［1975］『経済の文明史』玉野井芳郎他編訳，日本経済新聞社，後にちくま学芸文庫として再刊，筑摩書房，2003 年）。

　もともと日本では，柳田國男・和歌森太郎などによる民俗学の展開のなかで，贈与交換のもつ経済的側面は指摘されてきたが，近年では日本の社会の贈与交換が諸民族の贈与交換と比べてどのような普遍性と個別性をもつかの研究が進展している。日本人研究者による太平洋諸島の西サモア社会の互酬経済のフィールド・ワークも行われており，経済人類学は国際的にも広く認知されつつある。日本の経済史学界では，マルクス経済学そして近年は新古典派経済学や新制度派経済学の影響が強いこともあり，民俗学・人類学との交流はあまり盛んとはいえないが，資本主義社会成立以前も含めた長期の視野で経済の歴史を認識するためには，経済理論以外の発想の取り込みが重要であり，学際的研究を進める必要があろう。　　　　　　　　　　　　　　　　　　　　（中西　聡）

【参考文献】栗本慎一郎［1979］『経済人類学』東洋経済新報社
　　　　　　メアリー・ダグラス／バロン・イシャウッド［1984］『儀礼としての消費——財と消費の経済人類学』浅田彰他訳，新曜社，原著初版 1979 年
　　　　　　伊藤幹治［1995］『贈与交換の人類学』筑摩書房
　　　　　　山本泰／山本真鳥［1996］『儀礼としての経済——サモア社会の贈与・権力・セクシュアリティ』弘文堂

層が何層にも重なることとなった。7 世紀前半にハルシャ王が北インドを統一したが，集められた富を軍事費や寺院建立費用に充てたため都市経済の活性化につ

ながらず，中間層たる地方有力者の成長は，王権とともに農民の耕作権も弱め，全体として北インドは経済的に弱体化した。

　異民族の侵入を受けなかった南インドでは，それまで北インド諸都市が担っていた陸上交易も受け継ぐ形で海上交易が発達し，デカン高原のラーシュトラクータ朝は一時ガンジス川中流域まで版図に収め，また南インドのパッラヴァ朝は中国に使節を送り，同王朝では都市の商工業者らがギルドを組織し，王侯に金を貸したり，寺院の建立を援助したりした。そしてチョーラ朝では，初期には共同的土地保有が見られたが，経済発展の結果，農民層が土地保有者と耕作者に分解し，私的土地保有の進展により新たな地方領主が出現した。チョーラ朝では交易も盛んで，東南アジアでは，マラッカ海峡域に多くの港市国家が，インドシナ半島に扶南・チャンパー・カンボジアなどが建国され，東西交易を担った。

　このように，古代インド王朝が北方異民族の侵入で衰退した後，イスラーム勢力が西方から侵入するまでのインドは，分権的で都市経済が衰退した北インド諸領邦と，王権が強く海上交易で発達した南インド諸王朝が対照をなした。その結果，西方からインドに侵入したイスラーム勢力によってその後の北インドではイスラーム教国が建国されたが，南インドはイスラーム勢力の侵攻を撃退して，ヒンドゥー教国を維持し続けた。

　例えば，前述のチョーラ朝滅亡後にデカン高原に建国されたヴィジャヤナガル王国は，南インドを統一して北インドのイスラーム諸王朝と対抗し，そこでは王がナーヤカ（長官）に知行地を与え，ナーヤカは軍事力の提供と徴税の義務を国家に負うとともに，中央政府で役職を務め，独自の封建的制度が行われた。

3）第一次民族移動の時代と西ローマ帝国の滅亡

　地中海世界を統一したローマ帝国では，征服戦争の過程で獲得された奴隷を主に使役した奴隷制農場経営が広く行われたが，征服戦争の終結による奴隷供給源の枯渇や，奴隷制農場経営のもつ生産性拡大の限界などにより，奴隷ではなく自由身分の農民にコロヌス（小作人）として耕作させる農業経営が奴隷制農場経営にとって代わるようになった。ただし，天候不順による不作などに小規模経営では十分に対応し得ず，コロヌスは次第に土地所有者に従属し，地代の滞納が重なって土地に緊縛されるに至った。その結果ローマ帝国の経済力はその基盤からゆ

らぎ，4 世紀末に東西に分裂し，西ローマ帝国は 5 世紀後半に滅亡した。

　そこへ，前述のフン族に追われて黒海北方の東西ゴート族が 4 世紀末以降にローマ帝国領内へ移住し，西ゴート族がイベリア半島，東ゴート族が西ローマ帝国滅亡後のイタリアに建国し，その他ヴァンダル族が地中海のアフリカ沿岸，フランク族がガリア地域，アングル・サクソン族がブリテン島に建国した。西ローマ帝国領はゲルマン諸民族の王国に分割されたが，もともとゲルマン民族はローマ帝国境に居住し，帝国領内との人の往来や商品の流通は大移動以前から行われていた。特にガリア地域はローマ帝国治下に道路網が整備されて諸産業と商業が活性化し，都市が発展した結果，ゲルマン諸民族のローマ製品への強い嗜好が見られ，それが大移動の一因となった。

　これらゲルマン諸王国では，ローマ帝国の租税制度は基本的に受け継がれたと考えられ，王室財政のための王領地はあったが，各地の徴税権は教会や地方領主が握っている分節社会であり，それゆえ各部族は帰属意識を高めるために部族法典を整備した。とはいえ，中央集権ではない部族国家では永続は難しく，王朝交代を契機に例外的に地方統治の担い手を国王が掌握し得たカロリング朝フランク王国のみが残り，それ以外のゲルマン諸王国はいずれも東ローマ帝国・イスラーム勢力・ノルマン民族などによって滅ぼされた。

　ただし，カロリング朝では中央から派遣された地方統治の担い手（帝国貴族層）が任地で土着化して地方領主となり，国王の地方支配を弱体化させるなど，ゲルマン社会のもつ分節構造のなかに後の封建制が芽生え，ゲルマン民族の移動により西ローマ世界は西ヨーロッパ中世封建世界へ大きく転換したといえる。

　なお，西ローマ帝国が滅亡した要因については諸説あるが，代表的な考え方として，ゲルマン民族の外圧を重視する外的要因論と，人的資源の減少，奴隷と肥沃な土地の枯渇，属州経済が生産地化したことでイタリア生産品の販売市場が狭隘になったことなどの内的要因論が挙げられる。

4 ）東ローマ帝国の維持とその再編

　ゲルマン民族の移動のなかで滅亡した西ローマ帝国に対し，東ローマ帝国はゲルマン民族を排除することに成功し，その後約 1,000 年間続いた。330 年にローマ帝国の首都がローマからコンスタンティノープルに移されたが，ゲルマン民族の大移動以前からローマ帝国の経済基盤の中心は東へ移っており，属州から上が

る多大な収益により，527年に東ローマ帝国でユスティニアヌスが皇帝に即位した時点では十分な国庫金が存在した。またユスティニアヌスは，ローマ帝国以来の法典を編纂し，古代ローマ帝国の後継者を自認するとともに，後には，中国から養蚕法を取り入れて絹織物業を勃興させることに成功した。

　それらを背景にユスティニアヌスは地中海世界の再統一を目指し，ヴァンダル王国と東ゴート王国を征服し，いったんはそれを果たしたが，地中海世界の再統合はかえってその解体を促進させることとなった。征服地イタリアでは長い戦争により都市が破壊されローマ帝国の面影はなくなり，征服戦争の莫大な戦費のために，増税が実施され，市民の反乱が生じた。さらに，ラテン文化の濃い地域，オリエント地域，ギリシア・小アジア地域という文化的にかなり異なる地域を領内にかかえ，ランゴバルト族，ペルシアなどとの戦争も重なり，東ローマ帝国の財政をさらに悪化させた。

　そのなかで東ローマ帝国の再編が始まり，土地制度では，土地に緊縛されたコロヌスが同じ耕地を世襲するコロヌス制は6世紀まで存在したが，7世紀末〜8世紀前半の「農民法」では，自らの土地を耕し移動の自由をもつ農民が登場した。地方支配体制では，6世紀には地方は属州に分けられ行政権のみをもつ総督が統治していたが，9世紀には地方行政単位のテマ（軍管区）の長官が軍事権と行政権を併せもつテマ制が確立した。各テマは少数のビザンツ人貴族と多数の兵卒から構成され，兵卒は帝国から屯田を分与され，世襲的軍事義務を負う小土地所有の自由農民であった。

　東ローマ帝国の変質の背景には，630年代からのイスラーム勢力の伸張があり，東ローマ帝国は，オリエント地域・北アフリカ地域を次々とイスラーム勢力に奪われ，小アジアとバルカン半島を支配するのみとなった。その結果，コンスタンティノープルはかなりの程度地中海世界と切断され，そのなかで東ローマ帝国は，属州制度をテマ制度に転換することで軍事力を再編し，ビザンツ帝国として再建した。むろん，東ローマ帝国以来の国家制度や法，キリスト教信仰，ギリシア文化は，ビザンツ帝国の礎として継続し，その意味でビザンツ帝国はローマ帝国の遺産を近世ヨーロッパに伝えたといえる。

第2章　東西世界の対決と交流
──ローカル・ヒストリーからインターリージョナル・ヒストリーへ

1. 隋唐王朝の「世界帝国」化

1）隋の中央集権体制

　本章が扱う6世紀末〜9世紀のユーラシア大陸は，中華帝国（唐），イスラーム帝国，キリスト教国（フランク王国・ビザンツ帝国）の3つの勢力が並び立った時代で，本章でそれぞれの盛衰とその3勢力の対決と交流を描くこととする。

　南北朝時代の中国は，北朝では北方遊牧民の突厥と対抗しつつ漢化政策が進められ，北魏の時代に，後の隋・唐代に受け継がれた諸制度が導入された。南朝では江南地方の開拓と大土地所有が進み，農業生産が発展した。北朝で581年に隋を開いた文帝は，突厥に対して巧みな内部離間策を用いて突厥を東西に分裂させ，さらに南朝の陳を589年に倒して中国全土を統一した。文帝は，新都大興城（唐代は長安）を建設し，州―郡―県の3段階であった地方制度のうち郡を廃して，州が直接に県を統治することとし，行政経費を大幅に削減した。

　さらに文帝は，地方長官が自由裁量で取り立てていた上級地方官をすべて中央政府からの派遣に改め，強力に中央集権化を進めた。その結果，地方の貴族勢力は大きな打撃を受け，皇帝の権限は飛躍的に高まった。むろん，中央政府から上級地方官をすべて派遣するには，大規模な官吏登用制度が必要になるが，それを科挙（試験）制度が担い，貴族が家柄によって官職につく特権を保証した「九品官人法」は廃止され，中央の官吏は客観的な試験によって採用が決められた。

　文帝の後を継いだ煬帝は積極政治を行い，南北中国をつなぐ水路を整備し，大興城および現在の北京付近から杭州まで大運河を開削した。この大運河を利用し

表 2 - 1　唐帝国・イスラーム帝国・ビザンツ帝国・フランク王国の諸制度比較

	唐帝国	イスラーム帝国	ビザンツ帝国	フランク王国
年　代	7 〜 9 世紀	7 〜 9 世紀	8 〜10世紀 (最盛期)	8 〜 9 世紀 (カロリング朝)
法体系・宗教	律・令・格・式	一神教 クルアーン (コーラン)	ギリシア正教 ローマ法大全	ローマ教会系 部族法典
税　制	租調庸制→ 両税法＋塩専売	地租・人頭税 十分の一税 (商業)	耕作者単位の課税 村の連帯責任	貢租＋賦役
土地制度	均田制 (本籍地主義) →現住地主義	土地国有制	土地割当, 植民 (自由農民)	荘園制
軍　制	府兵制→募兵制	奴隷軍人 (マムルーク)	徴兵制	君主・家臣の契 約
地方統治	都督府・節度使→ 「藩鎮」・「方鎮」	総　督	テマ制	帝国貴族
従属国との 関係	朝貢・冊封	貢納すれば信教の自 由	ギリシア正教への 改宗	国王への忠誠宣 誓

た漕運制度で隋代以降の歴代王朝において穀物などの租税や諸物資が主に輸送され, その要地として大規模な倉庫群が設置された洛陽は全国の物流の中心となった。さらに対外的にも東突厥を勢力下に入れ, 東南アジアのベトナム地域を征服した。こうした対外的な勢力拡大と大運河の開削で東洋と西洋を結ぶ陸のシルク＝ロードと海のシルク＝ロードが隋の都で結ばれることとなり, 煬帝は西の都大興城に対して東の都洛陽を建設し, 洛陽で大規模な国際見本市を開催した。その意味で, 隋はその後の東西世界の交流時代の先駆けとなった。また隋代では, 対内的には北朝の諸制度が展開され, 国家が一定の均等規模の土地を壮年になった人々に支給し, 老いれば人々はその土地を国家に返却することを建前とする「均田制」, 課税対象を「租＝穀物」「調＝織物」「庸＝徭役」に区分して課す「租調庸制」, 徴兵方式の軍役である「府兵制」などが実施され, いずれも次代の唐に受け継がれた。このように隋の政策は革新的で, かつその後の中国王朝に大きな影響を与えたが, 朝鮮半島の高句麗への遠征や大運河建造などによる苛酷な労働と戦費が, 隋王朝への民衆の支持を急速に失わせ, 短期間で滅亡した。

2) 唐の律令体制

　隋王朝に代わって唐王朝が 618 年に成立したが, 唐は, 隋の制度を引き継いだ

律令体制の社会で，律（刑法）・令（行政法・民法）・格（臨時法）・式（施行細目）として公布された法制をもとに，隋代から「均田制」「租調庸制」「府兵制」を継承し，各村落を組織し直した隣保制度により人民を支配した（表 2-1）。そして人民の戸籍を作成し，人民が本籍地から勝手に移動しないように，戸数を基準として人為的に郷（500 戸）―里（100 戸）―保に組織した。それとは別に，農村において村―隣，都市において坊―隣の区分を設け，連帯責任を課した隣組制度を強化した。里と村と坊にはそれぞれ里正・村正・坊正という統括者がおかれ，里正は租税の徴収と兵役召集の責任を負い，村正・坊正は警察的任務を負った。人民の生産物である租税を人民自身が輸送し，あわせて人民が都市や辺境で兵役についたのである。そして人民の身分は「良」と「賤」に大別され，良民は独立の戸籍をもったが，賤民は独立した戸籍はもたず，その下層は奴隷的立場にあった。ただし，賤民が蓄財して自分を解放する道がかなり残された。

　また中央政府は，政策を立案して詔勅を起草する中書省，詔勅を審議する門下省，行政官庁である尚書省が中核をなし，尚書省の下には，官吏を選任する吏部，財政を担当する戸部，祭祀教育を担当する礼部，軍事を担当する兵部，裁判を担当する刑部，土木事業を担当する工部が存在した。地方制度は州県制がとられ，国都やそれに準ずる州を「府」と呼び，それに次ぐ大規模な州を「都督府」と呼んだ。特に北方・西方の服属地域は，制度上は中国王朝の地方制度に包摂したが，その長官に現地人の部族長を任命させて世襲させ，諸民族の社会体制とその族長の権威を維持しつつ統制し，彼らを監督する 6 つの都護府を設置した。

　このように，唐の統治体制は前代までに比べて洗練され，周辺諸国に大きな影響を与えた。例えば古代日本では律と令を基本とする法制がとられ，近代日本では唐の制度を模して東京・京都・大阪を三府として特別扱いした。朝鮮半島の新羅でも，郡県地名や官職名は一時的に唐風に改められた。ただし，均田制・租調庸制の全国一律適用は唐でも困難で，最初から戸単位で税米が納められた地域も存在する一方，華南地方では生産力が発展した地域で他地域より重税となった。また，租調庸以外に地税・戸税など別種の不均等課税目もあった。

　北方遊牧民との関係では，東突厥を滅ぼして西北遊牧民を勢力下に入れ，西北遊牧民の首長は，唐の皇帝の支配権を認め，朝鮮半島の新羅も唐への朝貢の義務を負う冊封関係に入った。こうした唐の平和のもとで，東西の人的交流は前代以上に盛んとなり，東西世界の直接的交流の前提条件が作られた。

3）唐の「世界帝国」化と周辺諸地域

　唐の「世界帝国」（東アジア地域内の世界帝国）化は，隋の対外積極政策のなかに端緒があったが，唐が仏教に加え西方の宗教にも寛容であったため，唐の都長安は多くの外国人が来訪する国際都市となり，周辺諸国に大きな影響を与えた。中国と周辺諸国との関係は，周辺諸国が中国皇帝のもとに定期的に伺候し，貢物を奉る義務がある「朝貢」関係と，中国皇帝が「朝貢」した地域支配者をその国の国王に任命する「冊封」行為で規定された。

　例えば朝鮮半島では，北部の高句麗国が成長し，5世紀に全盛期を迎えて，南北に分裂した中国の北朝と南朝双方への冊封関係に入り，朝鮮半島南部の韓族と対峙した。韓族は，小国に分かれて争っていたが，4世紀に新羅国と百済国が台頭し，北部の高句麗と対峙し，特に百済は中国の南朝との冊封関係に入り，日本（倭国）と国交を結び，南朝―百済―倭の国際系列が成立した。また新羅は，長年独自の制度を展開したが，6世紀に百済を介して中国の南朝と冊封関係に入り，高句麗と正面から争った。このように，朝鮮半島で台頭した3国はいずれも中国王朝と結んでそれぞれ勢力争いを続けた。隋は煬帝の積極政策のもとで，高句麗征討を開始し，新羅も隋に協力して高句麗と戦った。高句麗は隋の撃退に成功したが，次の唐は新羅と結んで，百済と高句麗を滅ぼし，最終的に朝鮮半島は新羅によって統一された。新羅では，もともと個人的身分制度としての官位制と族制的身分制度としての骨品制が組み合わさり，独自の官職制度が成立していたため，唐化政策が進められたがその反発も強かった。

　東南アジアでは，現在のベトナム地域が中国統一王朝の直接支配を受けることが多く，東南アジア諸国は，そこを経由して中国と交易することが多かったが，7世紀には，イスラーム勢力の伸長とともに，ダウと呼ばれる大型帆船形態のアラブ船・ペルシア船が直接唐へ来航するようになり，それら中国へ直接入貢する西アジアの船の寄港地として，シュリーヴィジャヤ王国の重要性が高まった。シュリーヴィジャヤはスマトラ島の港町で，島の山間部の産物（金・林産物・食料）の移出港としても機能したため，東南アジア諸島とシュリーヴィジャヤを結ぶ交易も発達し，単なる船の通過域ではない東南アジア貿易圏が形成された。シュリーヴィジャヤには，ダウを改良したと考えられるジャンク形式の中国船で中国商人が来航し，南シナ海・インド洋交易を担った。その後8世紀から9世紀前半は，ジャワ島のシャイレーンドラ朝がマラッカ海峡地域を支配した。

4）律令体制の破綻と制度改革

　唐では，7世紀末〜8世紀初頭に権力をふるった武皇后・韋皇后のもとで，金銭で官職や僧侶の地位を買うことが認められた。それゆえ富商や大地主たちの官僚進出が顕著となり，その収奪を受けて本籍地を離脱した逃戸を大量に生み出した。前述のように全国一律の租税制度の実施は困難で，地域による租税負担の不公平もあり，8世紀前半の玄宗皇帝の代には大量の逃戸が生じた結果，徴兵制による府兵制は崩壊し，傭兵による募兵制が採用され，傭兵軍団の指揮官として軍隊を擁する節度使が誕生した。特に，異民族出身の安禄山は3つの節度使を兼任し，中央政府に対し反乱を起こして，都の洛陽と長安を奪い，玄宗は西方に逃れた。安禄山の死後，部下の史思明が引き継いで反乱は継続され，唐は，その鎮圧のために北方民族のウイグルの力を借り，ウイグルへ莫大な報酬を与えるため，塩の専売制を実施した。中央ユーラシアの視点から見れば，安禄山・史思明の乱を起こし，それを維持させた背景に遊牧民の軍事力とシルク＝ロード交易による経済力があり，それは北方民族が本拠地である草原に足場を残しつつ南方の農耕地帯を支配する形態の王朝（最初は後述の遼）を登場させる契機となった。

　その後唐では，租調庸制が廃止され，逃戸の本籍地への送還もうまくいかず，客戸として現住地での耕作を容認するとともに，本籍地に居住していなくとも，現に耕作している農民の土地保有を認め，税目を物納制の「斛斗」と銭納制の「両税銭」の二本立てとし，土地の面積や生産力に応じて年2回徴収する両税法が開始された。これにより，均田制の原則は否定され，本籍地主義から現住地主義への転換が図られ，塩の専売制と両税法は国家財政の二本柱となり，商業活動に対する従価税も新設された。こうした制度的変化により，法令に規定されていない使職が多数登場し，軍事関係の節度使，財政関係の塩鉄使，民政関係の観察使などが大きな権限をもち，当初，辺境におかれた節度使が国内各地におかれ，観察使などとともに「藩鎮」・「方鎮」と呼ばれ，地方に割拠した。有力な節度使は，安禄山・史思明の乱後も，中央政府に租税を送らず，管内の官吏を自ら任命して半独立状態を保ち，中央政府も派閥争いの結果皇帝の権威は失墜した。

　かくして，9世紀後半に各地で軍隊や農民の反乱が続き，塩の密売商人であった黄巣と王仙芝らによる乱が全国に広まり，最終的に開封の節度使朱全忠が後梁王朝を開いて唐王朝は滅亡した。その際，開封が首都となり，長安の貴族層は大打撃を受け，南北朝時代以来の貴族制社会は，唐王朝とともに崩壊した。

2. イスラームの誕生と拡大

1 ）初期イスラーム教共同体の建設

　東アジア地域内で最初の世界帝国である唐王朝が成立したころ，西アジアでも
イスラーム帝国が誕生し，東西文明の衝突の時代を迎えた。

　イスラームの預言者ムハンマドは，アラビア半島の紅海側の町マッカ（メッ
カ）の名門の家に生まれ，生家は南のイエメンと北のシリアを結ぶ砂漠の隊商交
易を行う商人であった。マッカは隊商の町として栄え，貧富の差が広がり，ムハ
ンマドは，富の獲得に没頭する富裕者を糾弾し，弱者救済を説いた。ムハンマド
は，若者の支持を集めたが，マッカの大商人らから迫害を受け，支持者とともに
のちのマディーナ（メディナ）に移住した（ヒジュラ）。マディーナでは，信者
の共同体（ウンマ）が建設され，ヒジュラの年（西暦 622 年）がイスラーム暦元
年とされた。ウンマは，信仰を絆とし，神の使徒とされたムハンマドに信者間の
紛争の調停を委ねた。マディーナの支配権を確立したムハンマドはマッカを征服
し，マッカのカーバ神殿への巡礼をムスリム（イスラーム教徒）の重要な行事と
して教義を整えた。アラビア半島各地の部族は，イスラームの信仰を受け入れた
り，ムハンマドに納税することで盟約を結び，イスラーム国家が形成された。

　ただし，アラブ諸部族とムハンマドとの盟約は個人的な関係で，ムハンマドの
死後，多くの部族民はイスラーム信仰を維持したが，マディーナへの納税は拒否
した。これに対し，ムハンマドの後継者を意味するカリフは，離反した諸部族を
討伐して征服地をウンマの所有とし，被征服民に耕作させて村落共同体ごとに人
頭税と地租を徴収した。かくしてウンマによるイスラーム教国が再建されたが，
アラビア半島は砂漠地帯が多いため穀物があまり採れず，その後イスラーム勢力
は肥沃な土地を求めてイラク平野に進出した。当時のイラク平野では，サーサー
ン朝ペルシアのもとでゾロアスター教が国教とされていたが，先住民のキリスト
教徒らは，多神教のゾロアスター教よりアッラー一神教のイスラーム教に親近感
をいだいたとされ，イスラーム勢力はサーサーン朝を滅ぼしてイラク平野を獲得
した。その後もイスラーム勢力は，農業の発達した地域を求めて中近東・エジプ
ト地域をビザンツ帝国から奪い，東方ではイラン高原も勢力下に入れた。

　イスラーム勢力の異民族への対応は，イスラームへの改宗，人頭税を払って従

来通りの信仰を維持，戦い，の 3 通りで，征服地にはマディーナから徴税官が派遣された。また，イスラーム戦士らへの報酬は戦利品の分配から，俸給（アター）へ切り替えられ，そのなかでディワーンと呼ばれる官庁制度が作られた。

2）アラブ帝国の実像

　統治体制の整備とともに，アラブ諸部族は戦利品の獲得の権利を失って，カリフに対する不満が高まり，第 3 代カリフは殺害された。その後，シリア総督であったウマイヤ家のムアーウィヤが第 4 代カリフのアリーと争い，アリー暗殺後にムアーウィヤがカリフとなり，ダマスクスを都とするウマイヤ朝を成立させた。アリーの支持者らは，ムアーウィヤに反発してシーア派を築き，ムアーウィヤのカリフ権を承認したムスリムらはスンナ派を築いた。この両派の対立はイスラーム勢力の弱点となり続けた。ただし，ウマイヤ朝のもとでイスラーム帝国は，東の中央ユーラシアから西は北アフリカからイベリア半島まで領土を広げ，8 世紀初頭に最大版図を形成し，「イスラームの平和」の時代を迎えた。それまでのイスラーム教国がアラビア半島に拠点をおき，その経済力の基盤が隊商交易にあったのに対し，ウマイヤ朝は農業地帯であるシリアやイラク平野に拠点をおいたため，その経済力の基盤は農民からの徴税となった。

　ウマイヤ朝当初は，サーサーン朝の旧領でディルハム銀貨，ビザンツ帝国の旧領でディーナール金貨が使われたが，領域内の東西交易が活発になると共通の貨幣が必要となり，アラブ貨幣として金貨・銀貨が発行され，金銀複本位制により，官僚や軍隊への俸給支払いが貨幣によって行われた。行政用語もアラビア語に統一され，例えばイラク・イラン地方のペルシア語，シリア地方のギリシア語，エジプト地域のコプト語がいずれもアラビア語に切り替えられ，アラブ人官吏が重用された。イスラーム教の教義は「クルアーン（コーラン）」としてムスリムの共通語となったアラビア語でまとめられた。

　また，アッラーの下ではすべてのムスリムは平等との理念とともに，イスラーム帝国は税を支払えば異教徒に対してもきわめて寛容で，多くの異教徒を帝国内に抱えた。しかし税制面でアラブ人は異教徒よりはるかに有利で，例えばアラブ商人が土地を取得して地主となった際は，商人一般に商業税として課される十分の一税（ウシュル）のみを納めたが，異教徒農民は，収穫のほぼ半分に達する地租（ハラージュ）と，現金による人頭税（ジズヤ）の納入が義務付けられた。そ

の結果多くの農民が，土地を捨てて都市へ流入してイスラームに改宗したが，こうした改宗者が増大すれば税収が減るため，帝国政府は改宗者をもとの村に戻し，従来と同様の税を納めさせようとした。しかし，改宗者がもとの村に戻されても土地を再度得る見込みは少なく，改宗者の不満はさらに高まった。そこに前述のスンナ派とシーア派の対立が再度強まり，マッカの名門であったアッバース家とシーア派が結んで，ウマイヤ朝を打倒した。

3）アッバース革命とイスラーム社会の奴隷制

　750 年にウマイヤ朝を倒したアッバース家は，カリフとなると政権を安定させるために少数派のシーア派と決別し，不満をもったシーア派の反乱も鎮圧した。ただし，ウマイヤ家の一族がイベリア半島に逃れ，そこで後ウマイヤ朝を開いたため，アッバース朝の領土は，ウマイヤ朝時代より縮小した。しかし内政面では，新都バグダードが当初から国際都市を目指して建設され，ユーフラテス川から運河が引かれて水利がよくなり，バグダード周辺では耕地や果樹園が増えた。バグダードには陸路と水路を利用して，中国の絹織物や陶磁器，東南アジアやインドの香辛料，中央ユーラシアの毛織物や奴隷，アフリカの金や奴隷などが運ばれ，バグダードで綿織物・絹織物・貴金属・ガラス製品・紙などが生産された。

　この時代にアッバース朝の都バグダードと唐の都長安は，多様な民族・物資・文化が交流する国際都市として共通性をもち，両都市ともに 100 万人近くの人口を有した。アッバース朝は，戦利品として得られた土地はすべて共同体の所有とする原則から国家が土地を支配し，アラブ人も非アラブ人も農民からは同率の地租を徴収することで租税負担の不公平の問題を解決し，非アラブ人の支持を得た。また主要道路の数 10 キロメートルごとに駅舎をおき，その間をロバ，ラクダ，馬などで結ぶ駅伝網を整備し，全国の情報をカリフに集めた。

　軍事面では，ウマイヤ朝打倒に協力したホラーサーン地方のムスリムを重用し，彼らがバグダードに駐屯したが，彼らの子孫が特権を主張し始め，例えばホラーサーン総督のターヒルは，軍隊の一部を従えて任地でアッバース朝からの独立を宣言した。そのためアッバース朝は軍事力増強が必要となり，次第にマムルーク（奴隷軍人）を採用した。イスラーム社会では，奴隷に親切な扱いをすることが義務づけられ，奴隷は主人の所有物として売買，相続，贈与の対象とされたが，同時に主人の許可を得て結婚することや，解放されるための資金を蓄えることが

認められた。そのため家内奴隷が学問で才能を発揮して学者となったり，商家奴隷が主人の許可を得て取引の決済を行うことがあった。

　軍人・官僚の自立化傾向のなかで私的な所領が形成され，カリフが彼らに俸給に代わる徴税権を与えるイクター制が成立した。カリフの庇護のもとで力を蓄えたマムルークも政治に口を出し，各地で独立政権を樹立したり，カリフに対して反乱を起こし，9 世紀後半にはアッバース朝カリフの権威は大きく揺らいだ。

4）西方イスラーム世界の高度経済力

　前述のように，イスラーム勢力のヨーロッパへの侵入は，イベリア半島から始まり，西ゴート王国を征服し，さらにピレネー山脈を越えたアラブ軍はフランク王国領へ侵入し，北進を続けたが 732 年のトゥール・ポワティエ間の戦いでフランク王国宰相のカール・マルテルの軍隊に撃退された。

　その後，ウマイヤ朝滅亡時にウマイヤ家の一族がイベリア半島に逃れ，後ウマイヤ朝を開き，そのもとでイベリア半島は経済的に発展した。後ウマイヤ朝の君主もアッバース朝に対抗してカリフを称し，アッバース朝と友好関係を樹立したフランク王国のカール大帝の進撃を撃退して，イベリア半島の支配を確立した。

　後ウマイヤ朝の領国は 21 余りの行政区に分割され，異教徒には人頭税の支払いを条件に信教の自由と一定の自治が与えられた。軍隊の主力はアラブ人と北アフリカのムスリムから構成されたが，9 世紀になるとマムルーク（奴隷軍人）の採用が始まり，西方イスラーム世界でもマムルークが軍事力の中心となった。

　後ウマイヤ朝の首都はコルドバで，舗装道路や灌漑水路がめぐらされ，大モスク（教会）と宮殿を中心として市街地が拡大し，各地から商人が訪れ，都市人口は 50 万人以上とされた。工産物では，皮革製品・陶器・貴金属が生産され，毛織物・綿織物・絹織物など各種織物も織られた。さらに，西アジアで行われた灌漑農業がイベリア半島にもちこまれ，運河が開削されてさまざまな果物や稲・棉花・サトウキビなど新たな農産物が生産された。

　ムスリム商人らは，これらの産物をヨーロッパやアフリカ内陸部にもたらし，米と砂糖はヨーロッパ社会にもちこまれアラビア語を語源とする外来語となった。イベリア半島北部のキリスト教国が農業と牧畜に基盤をおいたのに対し，後ウマイヤ朝では貨幣経済が急速に発達し，西アフリカから金が流入すると金貨が鋳造され，金銀複本位制が採用された。そのなかで，イベリア半島の被征服民は次第

にイスラームに改宗し，都市の商人や職人らは改宗することで人頭税を免除された。農民は改宗しても従来通りの地租が課せられたが，アラブ人王朝のもとで，キリスト教徒の地主勢力が打倒されたことに農民が支持を与えたと考えられ，農民のイスラームへの改宗も進んだ。さらに軍人以外の家内奴隷も多数存在し，彼らには教育の機会が与えられ，家族の一員として扱われ，東方イスラーム世界と同様に西方イスラーム世界でも奴隷が活躍する社会が現出した。

3. ゲルマン人国家とキリスト教社会

1）カロリング朝の成立とヨーロッパ封建制の芽生え

　フランク王国では，8世紀後半に始まるカロリング朝のもとで中央集権化が図られ，国王により派遣された「帝国貴族層」が地方統治を担った。しかし「帝国貴族層」が任地で土着領主化したため，国王の地方支配が切り崩されて分権化が進み，ヨーロッパ封建制の芽生えにつながった。さらにフランク王はローマ教皇の支持を得るため，ローマ教会系キリスト教に改宗し，キリスト教がゲルマン社会に普及した。その中心が都市の司教教会で，農村にも小教区が作られ司祭が配置された。それにともない教会は人々の生活の救済一般の責任を担うに至り，都市に救貧施設が設立され，農村でも司祭が布教の担い手となった。

　ヨーロッパ内陸部は森林地帯が広範に広がり，森が提供する燃料・建築材料・肥料などを利用して，農民の生活が営まれた。しかしローマ属領時代に開墾が進み，ゲルマン民族の移動のなかでローマ市民の大規模所領は荒廃した。その後7世紀以降フランク王国の内政が安定すると，再び開墾活動が活発となった。

　そして肥沃な地域では小麦・大麦が栽培され，寒冷地ではライ麦や燕麦も栽培された。各農家は種類の異なる作物を同時に栽培し，耕地を三分割して交替で休閑地を設けつつ春蒔きと秋蒔きの2種類を栽培する三圃農法を行う農民もいた。さらに食用や羊毛を得るために豚・鶏・羊などが，犂を引かせるために牛が飼われた。山間部では羊やヤギへの依存度が高く，羊毛・肉・乳製品が販売されて穀物が購入された。その他，地中海世界で始まったブドウ（葡萄）栽培が現在のフランス・ドイツ地域に広まった。ボルドーを始めとする葡萄酒産地が誕生，キリスト教の浸透とともに祭礼に必要な葡萄酒の需要が増大し，イングランドなど北部へフランク王国から葡萄酒が輸出された。フランスのノルマンディー公が

1066 年にイングランドを征服してイングランド王となると，イングランドと大陸間の海峡の両側が同一領主となり，海峡間の交易は急増した。

　こうした農民と領主との関係は，後の封建社会のように階層化されておらず，領主が支配したのは自分の荘園の小作人と自らの家計で雇った隷属農民に止まり，領主裁判権も未確立であった。そのため，賦役を領主の所領で務める隷属農民から，賦役がなく国家への納税のみの自由農民まで，多様な農民が存在した。もっとも周期的に起こる戦争や飢饉が，農民の自由身分からの転落の原因となることは多く，社会全体としては隷属農民の比重が次第に高まったと考えられる。

2）第二次民族移動の時代と西ヨーロッパ封建制の成立

　大陸西ヨーロッパの大部分をカール大帝のもとでフランク王国が統一すると，ゲルマン諸民族の移動は一時収まったが，8 世紀後半〜11 世紀にスカンディナヴィア半島に居住するノルマン民族が略奪遠征を本格的に行い，第二次民族移動の時代を迎えた。そして，ノルマン人の一派はフランスの一部にノルマンディー公国を作り，イングランドも一時征服した。またノルマン人の別の一派は南イタリアとシチリアへ進出してシチリア王国を建国した。

　そのなかでカロリング朝フランクが崩壊し，各地で登場した小領主らは，城とその周囲の所有地に，地代を低額にするなどの特権を与えて農民や手工業者を集めて城下町を形成した。そのなかで中世ヨーロッパの封建制は，家臣の権利が強められる方向で展開し，家臣が同時に複数の主君に奉仕する関係が築かれ，家臣が奉仕する主君の優先順位を決めることができ，主君もそれを承知で新しい家臣を受け入れた。領主から譲渡された土地＝「封」は世襲されたが，相続者はその土地が「封」としての保有地であることは認め，付随する義務を果たすことも求められた。ただしイングランドの封建制は，大陸と異なって集権的な性格が強く，土地台帳（ドゥームズデイ＝ブック）が作成され，王はイングランドの地位あるすべての土地保有者に自分への忠誠を誓わせた。

　11〜12 世紀のヨーロッパ各地では，まず農民主導の比較的小規模な開墾が進み，その後領主・教会主導の大規模かつ組織的な開墾が進んで，領主直営地が付いた賦役型大所領の「古典荘園」が形成された。荘園内は領主直営地と農民保有地に分けられ，直営地は領主の僕婢と小経営的保有農民が耕作した。保有農民は領主直営地で賦役労働を行うとともに自己保有地で耕作して貢租や人頭税などを

納めた。保有農民は領主の支配下にあったが，奴隷ではなく土地を保有し，農具などを所有して家族を形成した。ただし，農民のなかで保有農民層が多数を占めたとは必ずしもいえず，領主的支配を免れた中小自由地所有農民と自己の経営地をもたない奴隷的従属民も相当数存在した。その場合，中世初期のヨーロッパ農村の出発点を「荘園制モデル」と「自有地モデル」のどちらに置くかは説がわかれているが，多種多様な農民が存在していたのが実態であろう。

　領主と保有農民の関係は，領主が直営地での自己経営を放棄し，貢租・税収に全面的に頼るに至ると変質した。南ヨーロッパでは商業発展のもとで領主と農民が双方の利益を目指し，保有農が貢租に代わって収穫の一定部分を領主に払い，領主は種や牧畜の一定部分を前もって負担する分益小作制度が成立した。むろん土地の売却は制限され，安定した現金収入を得ることが領主の目的であった。北ヨーロッパでは，領主は直営地を次第に保有農らに貸し出し，地代を得た。

3）ビザンツ帝国の再建と東ヨーロッパ世界の成立

　イスラーム勢力にシリア・エジプト地域を奪われた東ローマ帝国であったが，テマ制を整備して各テマを地方行政単位とし，その長官が軍事権と行政権を併せもつことで各テマの軍事力を強化し，アラブ人の攻撃に耐えて小アジアとバルカン半島を死守した。それにより，再び9世紀から繁栄の時代を迎えたが，統治体制は東ローマ帝国時代からかなり変質し，ビザンツ帝国と呼ばれた。7世紀後半〜8世紀初頭の各テマは，軍事権と行政権をもつ長官のもとで中央政府の統制が及ばない半独立政権の様相を示したが，その後9世紀にかけて中央政府は，大きなテマを分割して，テマ長官の権限を縮小させて地方行政単位とし，各テマの軍団から将兵を引き抜いて強力な中央政府直属軍を設立した。中央政府は直属軍に給料を支払ったが，活気ある商工業都市となった首都コンスタンティノープルの商工業者からも税金を徴収して財政状況を改善させてそれに対応した。

　直属軍の設立は，平和の回復に寄与し，それがますます首都の商工業の活性化を引き起こし，商工業の発達が首都の人口を急増させ，税収がさらに増大した。かくしてビザンツ帝国は経済と政治がともに好循環に入った。一方，地方農村に対しては課税台帳の大改定を行い，村単位ではなく耕作者単位で厳密な徴税を実施した。さらに税を払えない農民の分は村がその分の税を納めることとし，村に納税の連帯責任を負わせた。それゆえ，働き手を失った土地は余裕のある村人が

代わりに耕作し，代わりに耕作した「小作」人が収穫量の 9 割を得て納税した。

　国際関係に目を転じると，西ヨーロッパのフランク王国が，ビザンツ帝国の宗主権から完全に離脱するため，国王カールがローマ教皇から 800 年に皇帝の冠を受け，キリスト教世界の分裂は決定的となった。それに対し，ビザンツ皇帝は聖像崇拝禁止運動を起こすなどローマ教会からの自立を図り，ローマの伝統にギリシア文化の影響を加えたギリシア正教会が成立した。ローマ教会とギリシア正教会は，バルカン半島など東ヨーロッパ地域で布教をめぐって激しく争ったが，ビザンツ帝国の国力の充実がバルカン半島に居住する諸民族に影響を与え，バルカン半島へのビザンツ人の移住でスラヴ人・ブルガール人のギリシア化が進み，最終的に 9 世紀半ばにバルカン半島のブルガリアとセルビアでギリシア正教が受け入れられた。このようにして，西ヨーロッパ世界とは異なる東ヨーロッパ世界がビザンツ帝国を中心として 9 世紀に確立した。

4）スラヴ人の国家建設とキリスト教受容

　東ヨーロッパ世界では，現在のポーランド南東部からウクライナ地方にかけて住んでいたと考えられるスラヴ人・ブルガール人が重要で，ゴート族・フン族・アヴァール人らの移動に巻き込まれ，主に南方，西方，東方に移住した。

　南方への移住は，東ローマ（ビザンツ）帝国内への侵入をともない，ブルガール人はビザンツに帝国内への定住を認めさせ，ギリシア正教を信奉し，後にビザンツに勝利してその王はコンスタンティノープル総主教より「ブルガリア人の皇帝」と認められた。南方に移住したセルビア人は，ブルガリアとビザンツの争奪の対象として分裂状態が続き，ブルガリア滅亡後の 12 世紀後半に建国した。

　西方への移住は，チェコ人とスロヴァキア人が中心となり，チェコ人は東フランク王国・神聖ローマ帝国と結び，ボヘミア（ベーメン）王国を建国した。チェコ人はローマ系キリスト教を信奉し，神聖ローマ帝国内から多数の植民者を招き，彼らは有能な鉱山技師・職人・商人・農民としてボヘミアに定住した。その結果ボヘミアでは銀山を中心として鉱山業が発達し，多くの都市が建設され，都市民は移植されたドイツ法の下で多くの特権を得たが，それが近代になりチェコ人とドイツ人の民族対立の火種となった。またポラニェ族を中心としてポーランドが建国され，神聖ローマ帝国と結び，ドイツ人の植民を受け入れて経済や商業の活性化が見られた。ただし，バルト海沿岸のプロイセン人地域と領地が接していた

解説 I-2

マルク・ブロックと社会史

「パパ，だから歴史が何の役に立つのか教えてよ」。マルク・ブロックは，2つの大戦を経た激動の中，この問いに命をかけて答えようとした，比較史の視点をもつフランス中世史家であると同時に，心性史や全体史を掲げた「アナール派」社会史の創設者だった。そしてレジスタンスとしてナチスと闘い処刑されたユダヤ系知識人でもあった。

ブロックはまず，ルシアン・フェーブルとともに「アナール派」社会史の創始者として知られる。アナール派は，伝統的な実証主義歴史学派を政治史に偏った事件史だったと批判した。そして，社会学，地理学，心理学などの隣接科学を学際的に取り入れ，集合心性，経済活動，社会組織等に注目し，生きた人間を対象に全体性の構造的把握を目指す「新しい歴史学」を提唱した。1929年にストラスブール大学において『社会経済史年報（アナール）』を創刊したのがその幕開けだ。それは，1900年にアンリ・ベールが『歴史綜合評論』を創刊して提唱した学際的歴史研究をさらに推し進めたものだった。

ブロックは自らの実証研究でもアナール派の理想を追究した。

全体史としては，例えば『フランス農村史の基本的性格』（1931年）は，従来の歴史学がまず時代区分を行い編年順に事件を追うのに対し，ブロックは空間軸と時間軸の縦横二方向から分析した。輪作・耕地制度や家族共同体・村落共同体・階層区分の類型にもとづき，中世盛期の大開墾から中世末期の領主制の危機，そして18〜19世紀の農業革命に至るまでの時系列を分析した。

また，『封建社会』（マルク・ブロック［1995］石川武他訳，岩波書店，原著1939〜40年）も法制度論に止まらず，社会構造の全体把握を目指した。まず，異民族侵入や生活条件・心性という短期・長期の「環境」が強調される。そして，血縁・家臣制・領主制を「人と人との絆」という共通項で並置した点が独自だ。社会危機の中で「血の絆」だけでは不十分なとき，主君と家臣の関係や，領主と農民の関係が結ばれるとした。その上で3つの身分の階層区分を踏まえ，細分化された権力秩序が再編される過程を政治分析し，封建社会の類型を比較した。

人の絆が重視される背景には，干からびた歴史学に，生きた人間を取り戻そうという情熱があった。『歴史のための弁明——歴史家の仕事』（マルク・ブロック［2004］松村剛訳，岩波書店，原著1941年）でも以下のように強調される。「一見きわめて冷ややかな装いの文書や制定した者たちとはもはや無縁となったかに見える制度の背後に，↗

ポーランド貴族が，プロイセン人に対抗するためドイツ騎士団の移住を招いたことは，後のポーランドの弱体化につながり，ドイツ騎士団はプロイセン人地域を征服するとポーランドの宗主権から自立した国を建国した。

東方への移住は北方のノルマン人の東方移住と連動し，ノルマン人とスラヴ人が連合して9世紀にキエフ公国が建国された。キエフ公国では公と家来の間に擬

＼歴史学が捉えようとするのは人間たちなのである。そこに到達できない者は，せいぜいが専門知識を売物とする職人にすぎないだろう」。

心性史もその視点の延長上にある。『封建社会』において，心性は「感じ，考える，そのしかた」と定義された。自然観・時間観念や宗教的心性，そして歴史叙述や叙事詩に込められた集合的記憶まで，複数章に渡り議論されたのは画期的だった。『王の奇跡』（マルク・ブロック［1998］井上泰男他訳，刀水書店，原著 1924 年）も，民俗学と王権論を結びつけた点では心性史の先駆ともいえる。国王が病を癒す能力をもつという中世からの民間信仰が，13〜16 世紀の王権強化と結びついたと論じたからである。

実証分析だけではなく，それを総合する比較史にも心を砕いた。「比較史の方法」とは，「一定の類似性が存在すると思われる 2 つあるいはそれ以上の現象を選び出し，選び出された現象それぞれの発展の道すじをあとづけ，それらの間の類似点と相違点を確定し，そして可能な限り類似および相違の生じた理由を説明する」ことであった。そこには，比較対象が時間的・空間的に隔たり，相互影響や共通起源がありえない場合と，比較対照が同時代に隣接し，相互影響や共通起源をもちうる場合の 2 つがある。ブロックは後者を重視し，ヨーロッパの封建社会の比較を目指した。

「歴史が何の役に立つのか」という子供の問いに対し，ブロックは「理解する」ことへの歴史家の情熱を強調する。そして「もろもろの科学は，善悪についての古い人間中心主義を思い切って放棄すればするほどゆたかになる」と，価値判断の放棄による実証主義を説く。しかし，それは現代的な問題意識からの逃避を意味するものではない。彼は「現在から出発して過去を理解」するという遡行的な姿勢をも強調したのだった。

ユダヤ系アルザス人でもあったブロックは，一民族・一国中心のナショナリズムとは異なる愛国心をもち，対ナチスのレジスタンスに身を投じ，大戦末期に処刑されてしまう。しかし，亡きブロックに代わってフェーブルが，1947 年に高等研究実習学院第六部門を設立すると，そこを拠点に多彩な社会史研究が花開く。アナール学派の衝撃は戦後フランスだけに止まらず，イギリスの『過去と現代』，アメリカ合衆国の『社会史雑誌』，ドイツの『歴史と社会』，日本の『社会史研究』など，社会史の世界的流行として今に残る大きな影響を与えたのであった。　　　　　　　　　　　　　　　（髙井 哲彦）

【参考文献】竹岡敬温［1990］『「アナール」学派と社会史——「新しい歴史」へ向かって』同文舘
　　　　　二宮宏之［2005］『マルク・ブロックを読む』岩波書店
　　　　　キャロル・フィンク［1994］『マルク・ブロック——歴史のなかの生涯』河原温訳，
　　　　　平凡社

制的な扶持制があり，公が領地を巡回して貢税を徴収し，西ヨーロッパ世界の封建制の初期段階の貢税国家と考えられる。その後キエフ公国は南方へ進出してビザンツ帝国と戦い，10 世紀末にビザンツの影響でギリシア正教を受容した。

スラヴ人・ブルガール人の諸国家は，いずれもローマ教会および東ローマ帝国の働きかけでキリスト教を受容したものの，ローマ教会系とギリシア正教系に大

きく二分され，東ヨーロッパの封建制は，バルカン半島などテマ制の影響の強い
地域，ドイツ法の影響の強い地域など，複雑で多様性をもった。そして，大部分
が 13 世紀にモンゴルの侵入を受け，そこで建国以来の王朝が断絶した。

4. 東アジア・西アジア・ヨーロッパ諸勢力の対決と交流

1）（後）ウマイヤ朝・フランク王国の対決と北アフリカ

　7〜9 世紀のユーラシア大陸は，中華帝国（唐），イスラーム帝国，キリスト教
国（フランク王国・ビザンツ帝国）の諸勢力が並び立った時代であり，本節では，
これら 3 つの勢力の対決と交流の様相を，周辺諸国の動向と併せてまとめる。

　最初の衝突は，イスラーム帝国とビザンツ帝国の間に 636 年にシリアを主戦場
として生じ，ビザンツ帝国軍が大敗し，中近東はアラブ人勢力の手中に落ちた。
アラブ人勢力は，北アフリカを征服し，その後イベリア半島に侵入し，西ゴート
王国を征服してその地をアンダルスと名付けた。アラブ人は，さらにピレネー山
脈を越えてフランク王国領内に侵入したが，732 年にトゥール・ポワティエ間で
フランク王国宰相カール・マルテルの軍に敗れ，ピレネー山脈の南に戻った。

　フランク王国側から見ると，この戦いはイスラーム勢力のヨーロッパへの本格
的侵入を阻止した歴史的勝利となり，実力を示したカール・マルテルは以後国王
のようにふるまい，最終的にカール・マルテルの子供がカロリング朝フランクを
創始した。一方，イスラーム帝国側から見ると，この敗北は一過性のもので，寒
冷地になじまないアラブ人が本気でヨーロッパ征服を考えたとは思われず，住み
やすいアンダルスに戻ったのみともいえる。実際，その後のアンダルスの後ウマ
イヤ朝とカロリング朝フランクの対決では，カロリング朝のカール大帝がイベリ
ア半島に進撃した際に，後ウマイヤ朝はこれに壊滅的打撃を与え，カール大帝で
もヨーロッパからイスラーム勢力を駆逐できず，その後も後ウマイヤ朝はキリス
ト教国に軍事的・経済的に圧力をかけ続けた。

　それゆえ後ウマイヤ朝とピレネー山脈以北のキリスト教国との交易関係は弱く，
アンダルスは北アフリカ・西アジアと主に交易し，アンダルス産の繊維製品や陶
器が輸出された。北アフリカではムスリムのベルベル人が居住していたが，アラ
ブ人のような特権を得られず，不満をもったベルベル人が後ウマイヤ朝の断絶後
に自立して 11 世紀にムラービト朝を建国し，北アフリカ西部（マグリブ地方）

とアンダルスを支配し，アフリカの商業国家であったガーナ王国を支配下におい
て中央アフリカのイスラーム化に道を開いた。そのためサハラ砂漠交易が飛躍的
に発展し，北アフリカやアンダルスの手工業製品が中央アフリカ産の金と取引さ
れた。ただし，イベリア半島では後ウマイヤ朝の崩壊を機に，イベリア半島北部
でキリスト教国が建国され，キリスト教勢力によるイベリア半島からのイスラー
ム勢力の駆逐＝国土回復運動（レコンキスタ）が本格化した。

2）唐・アッバース朝の対決と中央ユーラシア

　西アジアにおけるイスラーム勢力の拡大は，東方では東アジア地域内の世界帝
国であった唐との対決を引き起こした。唐の四鎮節度使に任じられた高仙芝が，
パミール高原を越えて中央ユーラシアのタシュケントを襲って財宝を奪い，その
王を捕虜として長安に連れ去ったのに対し，連れ去られた王の遺臣が，アッバー
ス朝に援軍の派遣を求めた。アッバース朝のホラーサーン総督はそれに応えてイ
スラーム軍を派遣し，高仙芝の軍と 751 年にタラス河畔で衝突した。

　この戦いは現地の将軍同士の偶発的な衝突であったが，イスラーム軍が勝利し
て得た捕虜に紙漉き工が含まれ，アラブ人が彼らから亜麻布のぼろを原料とする
製紙法を学び，中央ユーラシアのサマルカンドに最初の製紙工場を建設したとさ
れる。東西の技術伝播として大きな意味をもったこの戦いの背景には，イスラー
ム帝国の拡大に押されたイラン系のペルシア商人とソグド商人が陸路と海路を使
って東方へ拡散したことがあり，それによって中央ユーラシアをめぐる東西交流
が活発化した。ソグド人は，サマルカンドやブハラなどのオアシス地域を拠点と
し，金・胡椒・絹織物などの奢侈品を扱う隊商交易により紀元前 6 世紀〜紀元後
9 世紀まで活躍した。彼らは，オアシス沿いに植民集落を築き，唐の代表的な詩
にもソグド人の文化が歌われた。そして唐は，中央ユーラシアの遊牧国家に対し
て，朝貢や境域での互市（市場での貿易）の仕組みを用意し，中央ユーラシアの
交通と交易を管理することでソグド人を唐の支配下に取り込もうとした。

　またソグド人は地中海のアラム文字に起源をもつソグド文字・ソグド語を用い，
北方遊牧民の突厥はソグド文字を変形させた突厥文字を考案したとされ，西方か
らの影響を受けて中央ユーラシアで独自の文化が発達した。ただし，唐のように
東アジア地域内の世界帝国が登場すると，周辺諸国もその圧倒的影響を受け，8
世紀以降の中央ユーラシアの遊牧国家では中国王朝との交渉では共通語として漢

字・漢語が使われ，文字をめぐり東西文明が中央ユーラシアでせめぎあった。

　突厥滅亡後のモンゴル高原では，8世紀からウイグル人が遊牧国家を建設して中国文化や西方の文化を積極的に受容し，ウイグルの馬と唐の絹との交易を唐に強要するとともに，漢人やソグド人のための都市を建設した。唐は官主導で馬の牧養を大規模に行い，馬の飼育に慣れたソグド人などにそれを委託していたが，8世紀に牧養地を西域異民族に奪われ，馬不足に苦しんでいた。それゆえウイグルからの馬の輸入は唐も望むところであった。このように，ウイグルやソグド人は唐の政治にも大きくかかわり，ソグド人系と考えられる中国東北部の節度使安禄山が，唐の中央政府に反乱を起こした際に，唐はウイグルの協力を得てこれを鎮圧した。しかしソグド人とウイグルの交流は続き，その後ソグド人がウイグルの内紛に関与した結果，ウイグル遊牧国家は9世紀半ばに滅亡し，それから西へ移動したウイグル人は農業社会の定住民となった。

3）イスラーム教国・キリスト教国の対決と商業交流

　イベリア半島でレコンキスタが本格化し始めた11世紀以降に，中近東でもイスラーム教国とキリスト教国の全面対決が見られた。その頃中央ユーラシアのトルコ民族は，西方へ移住してセルジューク朝を建国し，アッバース朝カリフをその支配下において小アジアへ進出した。1071年にマラーズギルドでセルジューク朝に大敗したビザンツ皇帝はローマ教皇に援軍を要請した。ローマ教皇は，キリスト教徒の聖地エルサレムをイスラーム勢力から奪回することを口実に十字軍の結成を呼びかけ，1096年から1270年にかけて7〜8回の軍事遠征が行われた。

　十字軍遠征は最終的に失敗に終わったが，そのなかで一時的に中近東の地中海沿岸に人工的にキリスト教国家が建国され，それを契機として東西交易は急速に発展した。ヨーロッパ内陸部の商人により東ヨーロッパと中近東を結ぶ南北交易が発達し，東ヨーロッパから穀物・牛・馬・木材（加工品）が西アジアに運ばれ，中近東から高級工芸品・香料・果実・絹織物がヨーロッパへ運ばれた。地中海では，ジェノヴァやヴェネツィアなどイタリア諸都市の商人が，ビザンツ帝国の首都コンスタンティノープルに商館を設け，中近東も含めて東地中海沿岸各地に植民市を建設し，東西の地中海交易の発達を担った（図2-1）。このように，十字軍遠征はこれら商人の経済的利害の要求を体現した。イスラーム勢力側でも，セルジューク朝の侵入でバグダードが混乱に陥ると，東西交易路がペルシア湾ルー

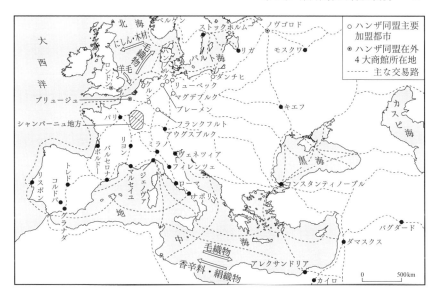

図 2 - 1　中世ヨーロッパの主な交易路

出所）成瀬治／佐藤次高／木村靖二／岸本美緒監修［1994］『山川　世界史総合図録』山川出版社，47頁の図 3 より作成。

トから紅海ルートに転換し，アラビア半島南端のアデンを起点に紅海西岸から陸路でナイル川へ運ばれ，ナイル河口のアレクサンドリアから地中海へ積み出された。このルートを掌握したカーリミー商人は，東方の産物をアデンで買い入れ，アレクサンドリアでイタリア諸都市の商人に販売した。

　エジプトは 10 世紀に北アフリカに興ったファーティマ朝に支配されたが，ファーティマ朝カリフは，税収の確保と引き換えに商工業活動を放任したため，織物業生産が発展するとともに前述の紅海経由の東西交易が盛んとなった。12 世紀にエジプトでアイユーブ朝を開いたサラディンは，カーリミー商人の交易活動を保護し，その商取引への課税により財力を蓄え，アッバース朝から自立したブワイフ朝が始めた軍事的なイクター制（分割した土地の徴税権を軍人に与える）をエジプトにも導入した。サラディンは灌漑用施設の開削と整備をイクター（分与地）保有者とその支配下の農民に義務として課して農業生産を拡大させ，エルサレムのキリスト教国を滅ぼしてエルサレムをイスラーム勢力に奪回した。

解説 I-3

アジア交易圏論

　「なぜ日本のみが非欧米地域にもかかわらず本格的な工業化を遂げたのか」。この伝統的な問いは 1970 年代以降における「東アジアの奇跡」によって修正を迫られることとなった。その結果現れたのが日本やさらにはアジア NIES の工業化をアジア内部の関係から説明づけようとする諸研究であり，浜下武志［1990］の「朝貢貿易システム論」，川勝平太［1991］の「文化・物産複合論」，杉原薫［1996］の「アジア間貿易論」などがあげられる。三氏はいずれも日本の工業化を 19 世紀後半におけるウエスタン・インパクトとそれへの対応という枠組みで捉える従来の説明の一面性を指摘したのであった。

　浜下［1990］は 19 世紀後半における西欧諸国の進出を閉鎖的なアジア社会への根本的な変革としてではなく，逆に既存の朝貢貿易システムへの参入と位置づけるものであった。浜下のいう朝貢貿易は貢使によって携えられた公式の朝貢貿易のみを指すものではなく，それに付随した商人団による民間貿易をも指すものであり，ウエスタン・インパクト以前からアジアでは華僑商人をおもな担い手とする多角的な貿易網や銀決済網が形成されていたことを強調する。そして，ウエスタン・インパクト後も朝貢貿易システムはアジア社会の編成原理として存続し続けたとみなし，日本の開国も朝貢貿易への本格的復帰と捉えたのである。浜下によると，明治初期の日本が西洋化と工業化とを選択したのは，開国後に中国商人の商業的圧力に直面し，商業的進出に失敗するなかで，アジア市場で流通できるような製品を生産することが中国への対抗手段として選択されたためであった。

　浜下同様に前近代からの連続性を強調するのが川勝［1991］である。川勝は木綿・砂糖・生糸・茶・陶磁器といった大陸アジア地域に原産する国際商品の輸入代替化を日本が中世から近世にかけてすでに達成していたことを重視する。このことが，日本が開港と同時にこれら商品の国際競争を展開させることを可能にさせたからである。

　川勝説のユニークな点は，開港後の日本の競争相手を日本同様に木綿などの自給化を達成していた西欧諸国ではなく，原産地である大陸アジア諸国であるとしたことにある。これは西欧と東アジアとでは使用価値体系（文化・物産複合）が異なるためであった。代表例である綿布を例に見よう。毛織物が冬着や上着ですでに用いられていたイギリスでは，木綿は夏着や下着として導入され，ついで北アメリカ産の長繊維棉花を利用する自給化に成功した結果，［長繊維綿─細糸─薄地布］という品質連関が成立した。これに対して日本・朝鮮・中国など東アジアは［短繊維綿─太糸─厚地布］型であり，インドは長繊維綿以外のすべてをもつ混合型であった。ゆえに，ウエスタン・インパクトはイギリスと競合するインドの細糸・薄地布生産を壊滅させた一方で，インドや東アジ／

4）東南アジア・南アジア・アフリカの商業国家

　東西の商業交流は，中央ユーラシアのシルク=ロード経由とともに，十字軍を

アの短繊維綿―太糸―厚地布生産には比較的軽微な影響しか与えなかったのである。そのため開港後にはイギリスを中心とする欧米の木綿市場からは独立したアジア域内の木綿市場をめぐって，日本対インドを中心とするアジア間競争が勃発することとなった。川勝によると，産業革命論で重視される日本紡績業の発展は，西洋への対抗の結果ではなく，文化・物産複合を共有するアジア地域間の競争に勝利した結果だったのである。

　このように浜下・川勝両氏が中世・近世からの連続性を強調し，ウエスタン・インパクトの役割を軽視するのに対し，浜下・川勝両氏の議論を受け継ぎつつウエスタン・インパクトがアジア社会変革の契機になったことも重視したのが杉原［1996］のアジア間貿易論であった。杉原がまず指摘するのは，ウエスタン・インパクトを機にアジア間の貿易関係が緊密化し，やがてはその成長率がアジアの対欧米貿易の成長率を上回るようになったという事実である。欧米の進出とともに地域間貿易が事実上崩壊してしまったラテンアメリカ・アフリカなど他の非欧米地域と比べてじつに対照的であった。

　アジア間貿易のおもな担い手は中国系商人・インド系商人であり，また川勝が指摘したアジア共通の文化・物産複合はその成長要因のひとつであった。これらは前近代からの連続性として捉えることが可能である。しかし，アジア市場の再編・強大化はウエスタン・インパクト以降の世界市場へのアジア市場の組み込みという変化がなければ決してなしえないものであった。アジア間貿易の成長は欧米列強による自由貿易の強制・インフラストラクチャーの整備（電信・定期船・金融など）を契機とするものであり，決して自生的なものではない。そして，アジア間貿易で輸出入される繊維製品や雑貨の需要増大は東南アジアでの対欧米向け一次産品の増産を通じた現地の購買力の高まりにかなり依存したものであったし，また工業化はそれに必要な機械の欧米からの輸入を前提としていた。そのため，アジア全体で見るとウエスタン・インパクトは対欧米第一次産品輸出・工業品輸入という関係を固定化させることとなる。アジア間貿易の増大というアジアの自立性は欧米諸国との従属的関係によって支えられていたのである。

　こうした背景のもとで拡大したアジア間貿易は，欧米―アジアの垂直的な国際分業体制のみならずアジア内部での垂直的な国際分業体制をも成立させることとなった。すなわち，アジア間貿易は技術移転や競争を通じて日本の産業構造の高度化や中国の工業化を進展させると同時に，東南アジアを中心とする域内他地域の第一次産品輸出経済化を招来したのである。杉原によると，両者はまさに「同じコインの裏表」であった。

（小堀　聡）

【参考文献】川勝平太［1991］『日本文明と近代西洋――「鎖国」再考』日本放送出版協会
　　　　　杉原薫［1996］『アジア間貿易の形成と構造』ミネルヴァ書房
　　　　　浜下武志［1990］『近代中国の国際的契機――朝貢貿易システムと近代アジア』東京大学出版会

契機として，ムスリム商人を媒介として東南アジア・南アジア・アフリカの間でも進んだので，ここでその拠点となった地域の商業国家の動向を概説する。

　東南アジアでは，前述のように7世紀には，イスラーム勢力の伸長とともに，アラブ船・ペルシア船が直接唐へ来航するに至り，それら中国へ直接入貢する西アジアの船の寄港地として，シュリーヴィジャヤ王国の重要性が高まった。9世紀の唐代末になると，黄巣の乱のなかで黄巣軍が広州の外国人居留民を多数殺害したため，外国人商人は広州から撤退して，商業拠点を東南アジア地域の諸港に移し，東西交易は陸路よりインド洋経路の方が発達することとなった。

　それに乗じて南インドのチョーラ朝が商業国家として発展し，東南アジアへ軍事遠征を行い，インド洋対岸のマレー半島やスマトラ島に征服拠点を多数建設した。そしてシュリーヴィジャヤ王国やシャイレーンドラ朝に大打撃を与え，チョーラ朝が東西インド洋世界を統合する一大中継拠点となった。この時期のインド洋交易では，中国独自のジャンク構造船と，アラビア半島と南インドとの馬交易の輸送に使われたダウ船が主に活躍し，インド諸港でダウとジャンクの荷物と乗客の積み替えが行われ，アラビア半島と東南アジア・東アジアが結ばれた。

　一方，アラビア半島から紅海を渡り，サハラ砂漠を越える隊商交易においては，西サハラのガーナ・マリ・ソンガイなどのイスラーム系諸王国が重要な役割を果たした。北アフリカにおけるイスラームの浸透は，武力征服によったが，西サハラへのイスラームの浸透はムスリム商人の活動が大きく，前述した北アフリカのベルベル人王朝ムラービト朝のもとでガーナ王国へのイスラームの浸透が急速に強まった。西サハラ諸王国の経済的基盤は金の産出で，ムスリム商人は主に岩塩をもって訪れて金と交換し，ムラービト朝で発行された金貨は高い信用を得た。これらの交易はアフリカ各地に形成された都市を拠点とし，専門的な商人集団による商人ネットワークが作られ，都市での定期市が発達し，アフリカ社会はヨーロッパ諸国に植民地化される以前から商業部門ではかなり成熟していたといえる。アフリカ東海岸地域でも，象牙の輸出と綿布の輸入によるインド洋交易でモノモタパ王国などが栄えた。東西の商業交流はモンゴル帝国のような世界帝国が登場して世界秩序が安定すると活発になると考えられがちであるが，実際にはそれ以前の9〜12世紀のユーラシア大陸の多極化の時代から発達していた。

　このような東西の商業交流が，東アジア地域内の世界帝国であった唐と，西アジア・北アフリカ地域内の世界帝国であったイスラーム帝国と，ヨーロッパの2大勢力であったローマ教会派諸国とギリシア正教派諸国を経済的に結び付け，11世紀以降のインターリージョナル・ヒストリーの時代を準備した。

第3章　東西世界の融合
──インターリージョナル・ヒストリーの時代

1. 東の世界の商業発達

1）宋の官僚制と経済発展

　本章で取り扱う11世紀～17世紀前半は，ユーラシア大陸の過半を版図に収め，世界帝国となったモンゴル帝国の成立とその後の地理上の発見に見られるように，域際的な人的・物的交流が進み，インターリージョナル・ヒストリーの時代となった。そこでまず，アジア商業とヨーロッパ商業の発達を，それからモンゴル帝国崩壊後にアジアとヨーロッパで成立した大国の経済に関して概説する。

　唐の滅亡後の中国では短命の王朝と小国の分立が続いたが，宋により再統一された。宋代に中国の官僚制度や貨幣制度などが完備され，交通網も全国的に整備された。制度化は精神や教育の分野に及び，社会全体がシステム化され，宋代に構築された制度の基本が清代の19世紀まで維持された。宋代に統治システムが洗練される契機となったのは，1004年に北方の遼（契丹）と宋の間で結ばれた澶淵の盟で，それにより宋が兄，遼が弟とされたものの実際は遼の立場が強く，宋が毎年遼に贈り物を送る形でその後ほぼ100年に及ぶ宋と遼との和平状況が生まれた。その盟約は漢民族優越という漢人の世界観を見直す契機となり，宋から遼へ茶，絹，香料，薬品，象牙などが送られ，遼から宋へ毛皮，人参などが主に運ばれた。遼は草原地帯の遊牧地に漢人などを移住させて生産拠点となる都市を建設し，華北に勢力を広げつつも本拠地の草原地帯に足場を残し続けた。そして盟約による和平状況の間に，宋では農業・交通・商業で革命的変化が生じた。

　農業では，西北中国から東南中国への大規模な植民移住，防潮堤・防潮堰や水

路網の設置による低湿地帯の農業基盤整備，二毛作など集約農業の展開が見られた。交通では，内河の水運と近海・遠洋の海運が，それぞれに適した船型の船の開発で発展し，商業では，都市が開放的となり市場が整備されて多様な地方特産品が遠隔地間で取引され，行（商人）や作（手工業者）の同業組合が作られた。特に宋代は小額貨幣で発行・流通銭貨を統一し，中国周辺諸民族国家の遼・西夏・金・日本などへ宋銭が大量に輸出され，宋銭が東アジアの国際通貨となった。宋代に導入された塩の販売手形（塩鈔）も通貨の代わりに流通し，宋代以降の中国歴代王朝に塩鈔は受け継がれた。こうした経済の発展を背景に，宋代の人口は急増し，開墾地も急拡大したが，それは自然林の減少など自然環境を破壊することにもなり，都市人口の増大と個別の職種の専門化とともに所得格差がひろがった。それゆえ，11 世紀後半に富国強兵の実現のために農村や都市での経済活動に政府が積極的に介入する王安石の改革が行われた。新興官僚の経済基盤を損なう改革への反発は強く，当初のねらい通りにはいかなかったが財政再建には成功し，自信を深めた宋の皇帝は新興の北方国家の金と結んで遼を倒そうとしたが，逆に金に華北を奪われ，南の臨安に遷都した（南宋）。南宋では，臨安が遠距離商業と金融の中核となり，主要港湾に貿易を統轄する市舶司が置かれた。

2）産業技術の東西伝播

　宋代の経済的繁栄は，高度な生産技術に裏打ちされていた。一般に中国の技術は早熟で，ヨーロッパより数百年早いとされるが，火薬・印刷術・羅針盤は，宋代の中国で生み出された技術として有名であり，製鉄技術・造船技術・架橋技術・織物技術・測量技術も高度に発達し，歯車の技術発達が時計や水車などに応用された。宋代で印刷術が発展した背景には，科挙制度が前代より拡充され，官僚制の整備による書物需要の急増があり，宋銭の大量発行のために金属加工技術も発達した。これら産業技術は，伝播したヨーロッパにおいてルネサンスのなかで改良され，印刷術が聖書の印刷を通してヨーロッパの宗教改革を支え，火薬や羅針盤はヨーロッパの大航海時代の技術的基盤を成した。

　これらの技術伝播は南宋時代に主に進んだ。南宋は海外貿易に力を入れ，南シナ海・インド洋の海洋ルートで，東アジア，東南アジア，インド，西アジア，東アフリカがひとつの交易圏として発展し，東シナ海で中国商人，インド洋でムスリム商人やインド商人が活躍した。ただし，技術が開発された中国でこれらの技

術が十分に応用されたとはいえない。もしそれらの産業技術が十分に応用されれ
ば，ヨーロッパより早く中国で産業革命が生じた可能性が高く，帝国主義時代に
ヨーロッパが中国より優位な軍事力をもつことはなかったであろう。それらの技
術を標準化・効率化された生産活動にいかに適応させるかが重要で，宋代の官僚
優位の体制が民間の活力ある経済活動を阻害した面は否定できない。

　この時代はまだ血族要素の強い社会で，高級官僚とそれに連なる血族が特権を
独占し，宋代の社会に見られる事業経営は血縁や同郷集団を核としており，その
活動は，より容易に利益を得られる人脈を活かした商業活動に重点がおかれた。
それゆえ，中国の製鉄技術が先進的でヨーロッパより 1,000 年以上前から鉄の鋳
造を行いながら，鉄が記念碑などに用いられ，産業向けに鉄が用いられることは
少なく，ヨーロッパのような鉄の文化は中国では根付かなかった。

　それとは逆に，商業の発達と関連して，貨幣や手形が急速に発達し，特に南宋
や金朝のもとでは紙幣が広く使われた。取扱商品の中心は，工業品ではなく農
業・林業・水産業など第一次産品で，農業内部では地租納入向けの生産から市場
向けの生産へ大きな転換が見られた。そして形勢戸と呼ばれる地主層が成長し，
佃戸（小作人）に耕地を貸して耕作させ，小作料として徴収した農作物を販売し
て利益を得た。このように宋では商業活動を支える都市と都市近郊型農業が発達
した一方，軍事力が弱く，遼・金・西夏など北方民族が華北で割拠し，そのさら
に西北でウイグル人を支配下において実力をつけたモンゴル族がそれら北方民族
の諸国家や南宋を征服して次の時代を拓くこととなった。

3）モンゴル世界の拡大

　1206 年にチンギス・カン（ハン）が開いたモンゴル遊牧国家は，中央ユーラ
シア，東ヨーロッパ，西アジア，華南を順に征服し，ユーラシア大陸の過半を占
める世界帝国を形成した。むろんその実態は，中国西域のチャガタイ家，西北ユ
ーラシアのジョチ家，西アジアのフレグ家が帝国西方を分割統治し，帝国東方を
支配したクビライ家を中心に一族 4 家が間接的にまとまる連邦国家ともいえる。

　クビライが建国した元は，遊牧国家の伝統に，定住農耕文化にもとづく中華帝
国の体系を取り込み，両者を合体させた上に，海上交易を国家主導で組織し，
「海の帝国」の側面をももった。そのためクビライは，遊牧地域に建設した夏の
都「上都」と，華北に建設した冬の都「大都」を核とする地域に，軍事・経済・

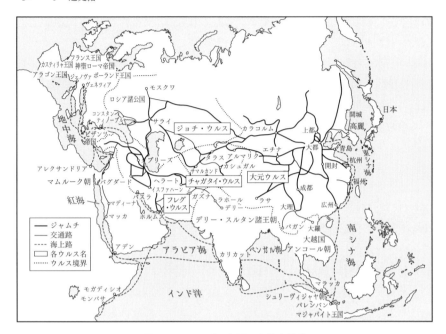

図 3 - 1　モンゴル帝国の海陸交通路

出所）本田実信［1991］『モンゴル時代史研究』東京大学出版会，巻末の図 9 をもとに作成。

交通・官営産業など特定の目的で建設された都市・集落・施設を分散して配置し，その間をきまったサイクルで宮廷・軍団・政府を引き連れて移動した。さらに，大都の中心部に港を建設し，人工の運河で海に接する港の直沽に接続した。

　南宋征服後の元は，直沽から華南の港湾都市を経由して，東南アジア，インド洋，ヨーロッパへ海上の道でつながり，遊牧・農耕・海の 3 要素をすべて握るとともに，軍事から経済へ国の基盤の重心を移した。これにより世界経済史の枠組みが生まれたといえる（図 3-1）。その端緒は，大都を中心とする陸海の交通運輸体系の整備にあり，官営生産の塩から上がる収入と商行為に課税される「商税」に基盤をおく中央財政と，直接税である土地税や戸数割税に基盤をおく地方財政とを明確に区別し，交易・商業活動を活発にするために通過税を撤廃した。その結果ユーラシア大陸の東西交易はいっそう盛んになった。

　ただし華北と華南で税制は大きく異なり，華北では人頭税と土地税がそれぞれの基準で混用されたが，華南では前代の両税法が引き継がれた。さらに発達した

交易を支える通貨体制として銀を価値基準とし，銀とリンクする紙幣「交鈔」を発行した。それとともに銅銭の使用を禁止して紙幣を専ら用いる貨幣政策を採った。工業面では，モンゴル政府は各地の工芸人・技術者を集団でモンゴル本土へ移住させ，官営工場を作り，そうした知識・技術・能力をもつ人々を人種・宗教にかかわらず尊重し，多くの異民族がモンゴル国家に仕えた。

　元寇に際しても元が送った軍隊の大部分は女真族や高麗人や旧南宋兵で，元にとって日本への侵攻は経済的な権益獲得のためと考えられる。実際，元寇の間も元と日本の交易は継続して行われ，「日元貿易」は前代以上に活発となり，日本から鉱物・工芸品などが元へ，元から銅銭・書籍などが日本へ運ばれた。

4）中央ユーラシアの伝統と変革

　同じモンゴル帝国でも，西方諸ウルス（領国）はイスラーム化することで元朝とは別の意味でモンゴル世界帝国の一端を担った。西方諸ウルスでも，有能な人材は人種・宗教を問わず登用されたため，諸ウルスに多くのムスリムの側近が仕えたが，彼らは神が征服者チンギス・カンに地上の支配権を与えたと考え，モンゴル人のカンも，統治を容易にするため，支配権の根拠を神か預言者に求め，ムスリムとして子弟を教育した場合もあり，次第にイスラーム教が普及した。

　むろん，モンゴルには中国伝来の仏教を信仰する勢力もあり，西北ユーラシアを支配したジョチ・ウルスでは，王家がイスラーム勢力と仏教勢力に分裂して内戦が生じた。そして最終的に，絶対者への完全なる帰依を求めるイスラーム神秘主義がモンゴル人の異民族統治に利用され，イスラーム教が普及した。

　中国西域のチャガタイ・ウルスは，当初遊牧民と遊牧地のみを支配したが，オゴデイ・ウルスを併合した際に都市と農村を加えたため，遊牧的慣習を好む勢力と定住化・都市化を好む勢力の対立が目立ち，後者がイスラーム化するとともに前者は別の遊牧国家を建国し，東西に分裂した。ただしモンゴル帝国各地を一定間隔で設けられた宿駅で結ぶ駅伝制度（ジャムチ）の整備により東西世界の交流は著しく進み，ウイグル商人やムスリム商人が大規模な商業活動を展開した。

　西アジアを支配したフレグ・ウルスは，バグダードを攻略してアッバース朝カリフ制度を終わらせ，エジプト攻略に向かったが，マムルーク朝の抵抗にあい，最終的に現在のイラン・イラク地域にウルスを設立し，セルジューク朝と同様に前述のイクター制を導入した。フレグ・ウルスの設立は，モンゴル帝国の西方す

べての支配を目指すジョチ家にとって納得がいかず，ジョチ・ウルスは，エジプトのマムルーク朝と結んでフレグ・ウルスを攻撃した。交易面でもジョチ・ウルスはエジプトへトルコ系軍人奴隷（マムルーク）を，インドへ軍馬を輸出して銀や香辛料を獲得した。そのためマムルーク朝の軍隊はジョチ・ウルス領出身の軍人奴隷を中核とし，ジョチ・ウルスがイスラーム化したことも両者の連携を容易にした。フレグ・ウルスはヨーロッパのキリスト教勢力と友好関係を結んでジョチ・ウルスとマムルーク朝に対抗し，西アジアをめぐる国際関係に，モンゴル勢力，イスラーム勢力，キリスト教勢力が複雑に関与した。

　経済的には，ムスリム商人とイタリア商人の交易が西アジアで盛んになり，開港地アレクサンドリアで厳密な管理貿易を行ったマムルーク朝との交易は，次第にヴェネツィア商人が独占し，彼らは東方産の香料・染料やエジプト産の棉花を買い付け，毛織物や奴隷を販売した。こうして，トルコ系軍人奴隷を媒介としてイスラーム社会にモンゴル的伝統が融合したトルコ的文化が形成された。

2. 西の世界の商業発達

1）西ヨーロッパの膨張運動

　アジアでモンゴル世界の大膨張が見られた 13〜14 世紀は，ヨーロッパでもキリスト教社会の膨張が見られ，特に周辺地域で統一国家建設の動きが見られた。それら周辺地域は「辺境」ゆえに異文化との対立と融合のせめぎ合いの場となり，異文化地域を征服し，そこへ入植して自らの不安定性を克服しようとしたと考えられる。それは，イベリア半島，ドイツ，南イタリアなどにおけるキリスト教世界の拡大の意味で，「十字軍」であったともいえる。

　ドイツでは，ドイツ騎士団の東方植民が進展し，彼らがプロイセン人を征服して建国したプロイセンが，近代になるとドイツ地域最強の国家となり，最終的に広範なドイツ帝国を成立させた。イベリア半島でも，前述のレコンキスタのなかでナバラ・ポルトガル・カスティリャ・アラゴンなどキリスト教国がせめぎ合ったが，特に毛織物工業が発達したカスティリャが，王権の保護下に地方ごとのメスタ（移動牧畜業者組合）を再編させて全国メスタを組織するなど経済的に力をつけた。その後カスティリャとアラゴンが 1479 年に同君統治（スペイン）となり，イベリア半島最後のイスラーム教国のグラナダ王国を征服した。

　レコンキスタおよびドイツ騎士団の東方植民と同時期に西ヨーロッパの南北で
も中央集権国家への芽生えが見られた。北方では，デンマーク・スウェーデン・
ノルウェーのノルマン人諸国が，14 世紀末に同君連合の同盟（カルマル連合）を
結び，16 世紀初頭まで北ヨーロッパ 3 国は統一行動をとった。南方でも，ノル
マン人が南イタリアに両シチリア王国を建国したが，そこでは高度な官僚制が
12 世紀から作られ，王室顧問団が王を補佐するとともに国王直属案件以外のあ
らゆる事件の裁判権を掌握し，国の機関に権力を集中する枠組みが成立した。

　国の機関に権力を集中する政治体制の構築は，イベリア半島のキリスト教国で
13 世紀から作られた身分制議会や，イングランドの議会などでも見られた。北
ヨーロッパやプロイセンも含め，ヨーロッパの周辺地域は，諸民族のせめぎ合い
と融合の過程のなかで，中央集権的体制と寛容な文化融合による，近代国家への
芽生えが生まれたといえる。その意味では，十字軍運動のなかで地中海西岸に建
国されたエルサレム王国が中央集権的機構を備えていたことは興味深い。そこで
は，封臣からなる上級顧問会議があらゆる問題を討議し，「エルサレム法令集」
にもとづく行政司法制度が確立し，貨幣鋳造権を国家が独占していた。

2 ）遠隔地商業の発達と都市の成長

　西ヨーロッパ・キリスト教世界の拡大は，商業の発達による商圏の拡張もとも
ない，北ヨーロッパでは，バルト海交易を基盤に都市商業が発達し，リューベッ
クなど自治を獲得したバルト海沿岸諸都市が北ドイツ諸都市とともにハンザ同盟
を結んだ（前掲図 2-1）。もともとハンザ同盟の原型とされる商人団体は 12 世紀
頃からバルト海に進出したドイツ商人によって結成されており，12 世紀から 14
世紀中頃までは商人ハンザの時代ととらえられているが，商人が自らの団結力を
通じて商圏を開拓したことを受けて 14 世紀後半からはそれらの商人の出身都市
が強力な都市連合を結成するようになり（都市ハンザの時代），ハンザ加盟都市
の商人は低関税・自由通商・居住権などの諸権利をハンザ域内で享受した。

　都市形成には地域市場や労働力供給の点で周辺農村部との関係も重要であり，
北フランスでは，都市民が領主の恣意的な課税を廃止させるべくコミューン運動
を進め，領主・市民間の協定により，領主への奉仕や金銭支払いを条件として市
民は「自由」を得た。ドイツやイングランドでは，国王や封建領主が新たに建設
した都市が次々と生まれ，イタリアでは，都市が周辺農村部を従属させた都市国

家が成立した。これらの自治都市では，都市役人が行政を担い，裁判制度の機関である参審人団体が市民自身から補充されて支配権力に対抗した。そして参審人を中核とし，職種別組合組織（ギルド）の代表や都市名望家を合わせて構成される各種委員会と都市役人の集合体である参事会によって自治組織が形成された。

　都市経済は，商人ギルドやツンフト（手工業ギルド）を形成した商工業者に担われ，北フランス諸都市では 11 世紀以降毛織物の大量生産が作業工程の分化とともに行われ，イングランドから良質の羊毛を輸入し，高級毛織物をバルト海方面や地中海方面に販売した。こうして中世封建制のもとで一時停滞した商業が再生（ルネサンス）し，それが貨幣経済を発展させ，信用取引が広範に展開した。14 世紀には輸送保険が導入され，決済が為替手形や銀行小切手を利用して行われるようになり，近代的銀行の芽生えが見られた。特に北イタリアのフィレンツェは，教皇税の徴収業務を担うことで金融業を発達させ，1252 年からフィレンツェが発行したフィオリーノ金貨は国際通貨の地位を獲得した。

　その結果，商取引の中心が市場での直接取引から遠隔地間取引へ転換した。遠隔地間交易を主に担ったのがイタリア諸都市，特にヴェネツィアとジェノヴァであった。ヴェネツィアは十字軍遠征への協力をビジネスチャンスとし，国家が自ら交易に乗り出して国営船団で利益を追求し，13 世紀初頭の第 4 回十字軍の際には，軍をけしかけてビザンツ帝国の首都を占拠し，ラテン帝国を建設させ，ラテン帝国の交易を独占した。ジェノヴァは個人主義であったが，ヴェネツィアと地中海商権をめぐって争い，亡命したビザンツ皇帝を支援して首都を奪回させた。かくして羅針盤や三角帆など東方の航海技術を取り入れて帆走性能を向上させたイタリアの商船により地中海は席捲された。

　また毛織物と並んで中・近世ヨーロッパの主要な取引品として穀物が挙げられるが，ヨーロッパの穀物流通では，物資集散の特権（ステープル権）をもつ市場を中核とし，バルト海沿岸から有力毛織物産地のフランドル地方，そして地中海域まで含む広域流通網と，都市近郊農村と都市との小規模・近距離流通とが並存する重層的な構造が成立していた。そして毛織物や穀物に限らず多様な商品が取引され，シャンパーニュ地方などで定期市が開催された。遠隔地交易を担う商人の多くはユダヤ人とイタリア人であり，イタリア諸都市国家は東方貿易（レヴァント貿易）により香辛料・絹織物などを輸入した。その後 14 世紀になるとフランドル地方のブリュージュがヨーロッパ南北交易の拠点となった。

3）ヨーロッパ封建制の変質

　西ヨーロッパにおける都市と商業の発達は，ヨーロッパ封建制が変質する契機となった。領主支配から自由を勝ち得た都市が，その特権を王によって保証されることで王に従属し，経済力をつけた王家が有力貴族より軍事的に優位に立ち，中央集権を進めたため，家臣側に主導権があった主従関係が変質したのである。

　例えばフランスでは，国王が自治都市に特許状を連発して王権を支援させ，王の軍隊が自治都市を保護する代わりに自治都市から御用金を徴収した。さらに国王は，法曹官僚を多数登用し，裁判権を道具として中央集権を進めた。逆にドイツでは，神聖ローマ皇帝の権威が衰退し，自立的な聖俗諸侯支配圏の集合体となり，その頂点に裁判権における不移管・不上訴特権が認められた 7 人の選帝侯が存在した。そしてイングランドでは，国王が 1215 年の大憲章で諸侯の人身上・財政上の権利を認めつつ，王権を支援させ，集権化を進めた。

　家臣側も，フランスやイングランドなどで身分制議会を成立させて王権を抑止しようとしたが，国王は教会の権威を部分的に利用しつつ，王を神聖化することで貴族勢力を抑えた。例えばフランス王位継承をめぐる 1339〜1453 年のイングランドとの百年戦争の戦乱のなかで，フランス王は歴代の王と同様にランスで戴冠式を行って，権力の継続性を誇示した。また，百年戦争は，歩兵による集団戦法が騎馬隊を圧倒し，騎馬の騎士層の地位が低下するとともに，傭兵軍の重要性が高まった。市民の歩兵部隊が騎士軍より優勢に立つと，市民の封建領主に対する抵抗が強まり，14 世紀にはヨーロッパ各地で，重税への反発から民衆暴動が頻発した。都市では，富裕市民と下層市民の格差が広がり，下請け労働者など下層民の暴動が繰り返され，農村でも，農業技術の進歩を享受し得た富裕農民と享受し得なかった貧しい農民の格差が広がり，農民一揆が繰り返された。そのなかで，支配層も妥協を迫られ，イングランドでは裁判所の記録で自分の保有地の権利を農民が主張できるようになり，多くの自由農民が生まれた。

　もっともドイツ東部も含め東ヨーロッパでは，封建領主が広域の直営地への土地保有農民の賦役義務を増大させ，裁判権をもとに家産制的支配を行ったため，土地保有権を失って隷農になるものが多かった。フランス・イングランドは王権を強めたが，ドイツでは皇帝とローマ教皇との対立のなかで，皇帝権が弱体化し，封建諸侯の自立性が東ヨーロッパでますます強まったことがその背景にあった。

4）ラテンアメリカの互酬社会

　西ヨーロッパで王権が伸長した 13～15 世紀に，アメリカ大陸（新大陸）では中央アンデスとメソ（中央）アメリカに独自の文化をもつ王国が存在した。

　中央アンデスでは，クスコ盆地に定着したインカ族が，15 世紀に周辺部族国家を征服して 600～800 万人ともいわれる巨大な人口を擁する王国を築いた。王都クスコを中心に全長 3 万キロメートルに及ぶと算定される道路がアンデス山脈全体を通り，インカ族は高地で牧畜を，低地でコカの葉栽培を，中間地帯でジャガイモとトウモロコシ栽培を行い，海岸部では肥料となる海藻を採取した。

　インカ王国が周辺諸国を統合し得た理念は「互酬」であった。アンデス社会は，アイユと呼ばれる共同体を生活の基盤とし，それはクラカ（首長）により統御されていた。アイユでの生活は，人々が日常の労働において同等の労働力を交換したり，老人や寡婦を協力して世話するなどアイニ（相互扶助）が大切とされ，互酬の関係を多様に展開し，広く散財して多くの人間を動かせるものが「富裕な者」とされた。クラカがアイユ民からの奉仕の反対給付として饗応したり，織物などの財を贈与する互酬の関係が存在し，クラカ層の権威は，アイユ民にどれだけ大盤振る舞いできるかにかかっており，それをもっとも実現し得たインカ王が互酬関係の頂点にたって周辺諸国を統合した。インカ王は，征服によって得た戦利品を同盟クラカ層に贈って同盟クラカ層から軍事的協力を得て，さらに征服地を広げることを繰り返して領土を広げたが，互酬の関係を被支配者との間に構築することで間接統治を行ったといえる。

　むろんインカが被征服民を服従させえた要因は贈与のみでなく，優れた農業技術にもあり，インカでは新たな農業技術をもつミティマエスと呼ばれる植民者集団が，征服地から各地に派遣され，そこを開発して肥沃な土地に変えていった。ただし，領土が広がるにつれ，ミティマエスはアイユから切り離されて王に直属するに至り，互酬関係から逸脱した存在となる。その結果インカは強力な軍事力をもったが，同時に重層的な互酬関係を基盤としたインカ王国の支配制度が内部から揺らぎ，そこへ 16 世紀前半にヨーロッパ勢力の侵入を受けた。

　メソアメリカでも，アステカ人が 15 世紀前半にメキシコ高地を統一し，広大な王国を建設した。アステカ人は，服属させた首長国から貢納や賦役を取り，隷属民を差し出させて権威を示したが，鉄製武器をもたず，天然痘など伝染病の抗体がなかったため，それらをもちこんだスペイン人に最終的に征服された。

3．アジア近世帝国の時代

1）明の建国と朝貢貿易の発達

　本節では，モンゴル世界帝国解体後に成立したアジア諸帝国の動向を概説する。
モンゴル時代後のユーラシア大陸に並立したロシア帝国，オスマン帝国，サファ
ヴィー帝国，ムガル帝国，清帝国などを「近世帝国」ととらえ，長期にわたって
安定した秩序，そのもとで実現した生産性の高い農業・手工業などの共通性を読
み取る見方がある。中国では 14 世紀後半になると，モンゴル支配を倒して漢民
族の王朝の再興を目指す動きとして各地の民衆反乱が起こり，貧農出身の朱元璋
が民衆の支持を集め，元の皇帝を北方へ駆逐して明朝を開いた。本書でも，モン
ゴル時代後の 15〜18 世紀のアジアを明朝や後述のティムール朝も含めて「近世
帝国」の時代ととらえる。

　朱元璋（洪武帝）は，南京に首都をおき，中書省を廃して皇帝権力を強化し，
科挙では儒教経典中心で道徳的能力を確かめる試験が行われた。また，大規模な
人口・土地調査を行い，110 戸を 1 里とする地方統治単位を作り，1 里のなかで
富裕な者 10 戸を里長戸，残り 100 戸を 10 戸ずつ 10 甲に分け，各甲から甲首戸
1 戸を選び，毎年 1 里長戸と 1 甲首戸が里内の事務を輪番で担当する里甲制によ
り，徴税と裁判の末端実務を民間に任せた。経済面では，塩の専売制を継続し，
農民保護政策をとりつつ官営手工業の民営化を進めた。こうした明初の性格は，
永楽帝の時代に大きく転換した。永楽帝はもともと現在の北京周辺に分封されて
おり，帰順したモンゴル人を組み入れて武力をもち，皇帝を倒して新帝に就いた
ため，首都を北京に移し，自ら北方民族に対する遠征を行う一方，部下であった
ムスリムの鄭和に南海遠征を行わせた。中国の優位性を南シナ海・インド洋の各
地に示し，それらの地域諸国と明との朝貢関係を形成することが，鄭和の南海遠
征の目的で，マラッカ（ムラカ）王国など多くの周辺諸国が明と朝貢関係を結ん
だ。そしてマラッカ国王はイスラームに改宗し，ムスリム商人との関係を強め，
それを契機に東南アジアにもイスラーム信仰が広まった。

　周辺諸国が中国王朝に対して定期的に使節を送り，貢物を献ずる代わりに，中
国王朝が周辺諸国に下され物を与える朝貢関係は，国家間の貿易ともいえる。明
朝は，民間の海外交易を禁じて朝貢貿易に一本化し，厳しい対外貿易管理政策

（海禁）を採ったが，15世紀の後半になると明朝の国内では地域経済や農民経営の商業化が進行して地域間商業が発達した。すなわち明朝は朝貢貿易の拡大とともにそこで得た銀を国家財政の支払い手段に用いるようになり，永楽帝時代まで盛んに鋳造した銅銭を用いなくなった。そのため民間市場では品質の悪い私鋳銭が大量に出回り，農産物などの日常的な売買で主に使われた。こうした銭流通の拡大により広範な農村部まで含めて市場が形成された。そこでの国内流通の主な担い手となったのが，明朝と結んだ塩商人として台頭した華北の山西・陝西商人や華南の徽州商人であった。対外的には15〜16世紀初頭は，明の海禁政策と朝貢貿易の安定期で，明の商人が直接外国商人と取引し得なかったため，明への朝貢国であった琉球とマラッカ王国が，中国商品と東アジア・東南アジア・インド洋諸国の産物との取引の中継地となった。高麗を倒して14世紀末に建国された李氏朝鮮も明に朝貢し，北方のオイラト部族も明への朝貢の際に，明からの下され物として西方との交易品を求めた。15世紀前半の中央ユーラシアはティムール朝が全盛期を迎え，オイラトを介して，明とティムールの商品が交流した。海禁政策をとりつつも明の商品はアジア全体に広く流通したのである。

　そして明朝の国内では商品経済の発達とともに銀の流通が盛んになり，税の銀納化が進み，16世紀末に地税と人頭税的性格をもつ丁税を一括して銀で納めさせる「一条鞭法」が導入された。こうした銀需要の急増が海外との貿易欲求を高めたと言える。特に長江下流域（江南デルタ）では商業的農業の発達とともに生糸・木綿生産も盛んとなり，それらが密貿易の形で海外へ輸出され，銀が明の国内に流入した。密貿易の主な相手が日本であったため，密輸集団と明朝政府との紛糾を称して「倭寇」と呼ばれ，明商人と北方遊牧民の間でも遊牧民の馬と中国産の茶などの密貿易は盛んであった（北虜南倭）。結果的に明朝も16世紀後半には民間の貿易船の東南アジアへの渡航を認め，福建地域の商人が活躍した。

2）モンゴルの後継国家

　前述のようにモンゴル帝国において中央部に位置したチャガタイ・ウルスは，遊牧文化の地域と都市・農村の定住文化の地域の両方を含んだため，14世紀になると，遊牧地域の東チャガタイ・ウルスと都市・農村地域の西チャガタイ・ウルスに分裂した。西チャガタイ・ウルスに属する部族の出身のティムールは，自力で従士団を組織し，西チャガタイ・ウルスの実権を握ると，チンギス家の末裔

を傀儡の君主に立て，モンゴル・システムを尊重・踏襲し，チンギス家の血を引く娘と結婚して婿となり，モンゴル帝国の後継者を主張した。

　その後ティムールは，現在のイラン・イラク地域を平定し，イスラーム教カリフの代理として自国のイスラーム化を進めた。さらにティムールは，元朝を中国から追い出した明朝を打倒すべく兵を中国へ進めたが途中で死没し，以後明朝とティムール朝の二大強国が並立した。ティムール朝では，モンゴル系遊牧民社会を主に軍務庁が，イラン系定住民社会を主に財務庁が管轄する二元体制がとられ，行政上の実権はイラン系財務官僚が握った。

　ジョチ・ウルスの先住民はトルコ系諸民族が多く，支配層のモンゴル人が少数であったため，早くからトルコ語が用いられ，ウズベク・ハンの時代にウズベクがイスラームに改宗したことでイスラーム化が進んだ。つまりモンゴル人がトルコ系先住民に同化しつつ，全体としてイスラーム教が浸透する過程をたどった。しかし，ジョチ・ウルスから 15 世紀に，クリム・ハン国，カザン・ハン国，アストラハン・ハン国などが独立し，トルコ系諸国が割拠したためモンゴル勢力は大きく後退し，それらではトルコ系言語が採用されてトルコ化が推進された。

　こうしたモンゴルの後継国家を見ると，チンギス家の子孫が王となるモンゴル社会の伝統は，元朝が中国から撤退してからも根強く継続した。ティムール家は事実上の君主でありながらチンギス家の子孫を立て，ロシア帝国においてもモンゴル王家の末裔の貴族が尊重された。よって，中国本土のみを中華帝国と捉えると，明の成立は異民族支配を駆逐した漢民族国家の建国となろうが，前近代のユーラシア世界では民族国家そのものの概念は確立しておらず，元朝撤退後も中国本土にモンゴル人を含む多様な民族が残った。

　モンゴル人は，各地を征服するとともにその地に定住し，それぞれの地域文化と同化しており，またモンゴルの支配下のトルコ系被征服民が軍人奴隷として，エジプトのマムルーク朝やインドの奴隷王朝の基盤となるなど，モンゴルの活動は，ユーラシアと北アフリカをひとつの世界に結ぶ役割を果たした。

3）ムガル帝国のインド統一

　前述のようにイスラーム世界では奴隷の自由度が高く，軍人奴隷が活躍し，北インドでは 13 世紀初頭以降奴隷出身のムスリムの武将により諸王朝が開かれた。一方，南インドではヒンドゥー教国が乱立する分裂時代が続いていた。ティムー

ル朝が 16 世紀初頭にトルコ系遊牧民のウズベクの攻撃を受けて滅亡した後に，ティムール家とチンギス家の両方の血を引くバーブルが王朝を開いた。その王朝により，17 世紀にインド統一が果たされたが，「モンゴル」のアラビア語訛りである「ムガル」とその王朝は呼ばれ，被征服民はモンゴル人王朝と認識していた。しかし歴代のムガル皇帝の多くはヒンドゥー教のインド人を妃に迎えてインド化を進めた。前述のようにモンゴル人は，各地を征服しつつ征服地の先住民に同化することで世界を結ぶ役割を果たしたが，インドでも同様であった。

　ムガル帝国の経済基盤は地租であった。その決定方法は地域により異なり，10 年間の平均産出高の 3 分の 1 を金納とするザブティ制，収穫物を広場に集めて国家と農民で分配するガラ・バフシー，農作物の生育状況より収穫量を予想してその 3 分の 1 を地租とするカンクート制などが実施された。ムガル帝国建国期はポルトガル商人がインド洋交易を支配していたが，港町を拠点として交易から上がる税収に経済的基盤をおくポルトガル海洋帝国と，農耕地の地租に経済的基盤をおくムガル内陸帝国は利害対立せず，17 世紀までの両者は共存し得た。

　ムガル帝国の軍事・官僚機構は，マンサブダーリー制度とジャーギールダーリー制度を中核とし，官職者すべてに一代限りのマンサブ（位階）が与えられ，官職者の給与は帝国から一定額の徴税を認められた土地として与えられた。給与地（ジャーギール）は短期の所替えが原則であり，ムガル皇帝はジャーギールを帝国各地に分散・分割して授与し，所替えを頻繁に行うことで官職者の在地勢力化を防ぎ，官職者が皇帝と個人的に結びつくこととなり，中央集権体制の構築に成功した。しかし官職者が短期間しか給与地を保有しないため，給与地からの収奪が苛烈になる傾向があり，それが農民反乱を引き起こす構造的問題があった。またムガル帝国と同盟して存続を認められたラージプート族諸侯は，所替えの原則が適用されない特別な給与地が与えられ，分権的性格は残った。

　ムガル帝国はインド化を進めるため，非ムスリムに課していた人頭税（ジズヤ）をアクバル帝が 16 世紀後半に廃止したが，17 世紀後半のアウラングゼーブ帝は熱心なムスリムで，南インドへの領土拡大を進めるとともにムガル帝国のイスラーム化を急速に進め，非ムスリムへの人頭税を復活した。これに対し，ヒンドゥー教徒のラージプート族諸侯や農民らは各地で反乱を起こし，18 世紀に各地で地方勢力の自立が相次ぎ，イギリス勢力が本格的にインドに進出した 18 世紀半ばにはムガル朝はデリー周辺の地方勢力に過ぎなかった。

４）オスマン帝国のヨーロッパ進出

　モンゴル人が西アジアに侵入した際に，モンゴル人の支配を嫌った先住トルコ人が小アジアのヨーロッパ寄りに移住し，イスラーム教国のオスマン朝トルコが建国された。オスマン朝は，14 世紀にバルカン半島に進出し，ビザンツ帝国から領土を奪い，1453 年にコンスタンティノープルを征服してビザンツ帝国を滅亡させた。オスマン朝は大都市を手に入れ，ビザンツの権威を受け継ぐことで，遊牧国家の慣習を払拭し，永続する帝国となった。オスマン朝はコンスタンティノープルをイスタンブルと改称し，領内のキリスト教徒らに人頭税（ジズヤ）を課したが，それぞれの教会組織のもとで宗教的・社会的自治を認めた。

　奴隷身分の軍人で権力を固める旧来の伝統はオスマン帝国に受け継がれ，加えてウラマーと呼ばれる知識人が官僚機構に取り込まれて序列化され，両者が文武の両輪となった。バルカン半島ではティマール制が施行され，軍事奉仕を代償に「封土」として指定された土地の徴税権を与えられる契約が，皇帝と在郷軍団の司令官の間に交わされた。ただし，「封土」は頻繁に所替えが行われ，ティマール制下の農地は国有地が原則で，農民は国有地の永代借地人として耕地を子孫に相続できたが，売却・移動の自由はなかった。

　一方，オスマン帝国はイラク・エジプト・アラビア半島などを征服したが，それらの地域では従来の体制を維持し，州に分割して各州の総督を介した間接統治を行った。アラブ社会の構造はオスマン帝国成立後もあまり変わらなかった。

　オスマン帝国は，インド洋と地中海を結ぶ貿易ルートを掌握したが，収入さえ得られれば宗教にこだわらず，ヴェネツィアなどイタリア諸都市の地中海貿易はさらに発達した。イスタンブルは，国際貿易の中心となり，例えば，アドリア海沿岸の港町ドゥブロヴニクでは，バルカン半島がオスマン朝に征服されて関税障壁が取り除かれた結果，商人の活動がさらに容易となり，オスマン帝国に貢納金を納める代わりに関税面で優遇を受けてバルカン半島での交易を独占した。

　またオスマン帝国は，バルカン半島をめぐりハプスブルク家と対立し，ハプスブルク家と対抗していたフランスと同盟してカピチュレーションと呼ばれる通商特権を与えた。その後イングランドにも通商特権を与えたが，特にフランスはオスマン帝国内での領事裁判権と聖職者派遣の自由を得て，地中海貿易の拠点を得た。17 世紀のイランではサファヴィー朝が全盛期を迎え，国内交易はペルシア人やユダヤ教徒が主に担い，国際交易はアルメニア人が主に担う分業体制がとら

解説 I-4

フランクのアジアに対する眼差し

　アンドレ・グンダー・フランクは，かつて後進国・未開発諸国の近代化・工業化をマルクス主義の立場から議論した従属理論の代表的な左翼の論客である。彼の初期の代表作である『世界資本主義と低開発』では，ラテンアメリカを事例として，衛星（satellite）から中枢（metropolis）への余剰の移転は中枢の「発展」と衛星の「低開発」を同時にもたらすとし，そのなかで「低開発」は決して「未開発」を意味するものではなく，世界経済に統合されることによって新たなかたちで創出される「状態」だと主張した。彼の議論には，彼自身の政治的信条が強く反映しており，それは搾取と抑圧に苦しめられている被支配者の側に無条件に立ち，彼らのために貢献したいというフランク自身の願望によるものであった。

　そのような従属理論の論客であったフランクが 1998 年に新たな世界史認識を強烈なインパクトとともに世に問うたのが大著『リオリエント――アジア時代のグローバル・エコノミー』である。そのなかで彼は，それまでの自らの認識を大きく転換させ，西洋中心史観に覆われた従来の多くの経済史家に共有された世界史像を革新しようと試みた。

　『リオリエント』においてフランクは銀の流れに特に強い問題関心を寄せる。銀は主にラテンアメリカからヨーロッパへ流出し，その大部分がさらにヨーロッパからアジア（主として中国）へと流れ蓄積された。この世界的な銀の流れについては，D. O. フリンの議論に強い影響を受けており，彼の世界史認識のなかでフリンの議論は一定の役割を担っている。フランクは「金銀を収奪された側が貧困化し，収奪した側が富国化した」と考えており，この認識に立つ場合，アジアは富国化したこととなり，1800 年頃までヨーロッパよりアジアの方が豊かであったとする新たな世界史認識を描き出している。そしてフランクはこの世界史認識から近代ヨーロッパにおける資本主義を新たなかたちで相対化し，アジアの世界システムにおける地位を根本的に見直すことを試みた。いまだ論争は続いているものの，フランクの新たな世界史認識により，西洋中心史観にもとづくアジア停滞論は大きく改善されつつある。

　それに対し，フランクとともに世界システム論の代表的論者である I. ウォーラーステインと S. アミンは，近代世界システムの起点を 1500〜1800 年頃に求め，それは同時に「資本主義世界経済」ないし「世界資本主義システム」の起点でもあったと論じた。そして近代世界システムは，「世界経済」「世界帝国」「ミニ・システム」ないし「貢納制的システム」「共同体的システム」等，それ以前から存在した諸システムと共存したと考えた。両者にとって，近代世界システムが地球上の唯一の世界システムになったのは 1800 年前後である。この点についてフランクは，B. K. ギルズとともに近代世界システム概念をヨーロッパ中心主義的と批判し，「現在の世界システムは少なくとも 5,000 年の歴史を有して」おり，「この世界システムにおける西洋社会が優勢になっている近年の状況は，おそらく一過性のものにすぎない」とし，自らの論題を「ヨーロッパ中心主義に対する人間中心的な挑戦」であるとした。過去 5,000 年の世界システムはひと↗

＼つであり，ウォーラーステインやアミンが提起した「近代世界システム」や「世界資本主義システム」もこの世界システムの一部であると考える「連続説」を主張した。フランクはこの自らの考えをさらに発展させて『リオリエント』を執筆した。

　『リオリエント』のなかでフランクは「5,000 年世界システム論」に関する 2 つの大きな論点を提示した。ひとつは 1800 年頃まではアジア（特に中国とインド）は世界経済にとってヨーロッパより重要な役割を担っていたこと，もうひとつはヨーロッパ中心主義的な社会理論の批判である。その議論のなかで，近代の資本主義の概念について「5,000 年世界システム」という「連続説」を強調し，世界規模での貨幣市場を通じたグローバルな分業，商業，金融を有した経済制度が 5,000 年間成立していたと指摘した。またフランクの世界システム論にとり重要な概念としては，位階状になった諸中心を有する唯一の世界システム内の「500 年周期」の循環運動が挙げられる。近代における世界システム内部の拡大傾向は 15 世紀に始まり，それが主としてアジアを基盤として 18 世紀まで継続し，アジアはその後停滞傾向に陥り，この機に乗じてヨーロッパが拡大に転じて 19 世紀のヨーロッパの優位な地位が確立したと論じた。

　フランクの議論を通観したとき，彼の議論が従属理論の頃から一貫性を有していたことが見て取れる。ひとつは世界経済を単一のシステムとして考える点である。左翼運動が世界的に停滞し，自らの議論の中心をラテンアメリカからアジアに据える大転換をしても，フランク自身の視座そのものには変更がなかった。第二の点としては虐げられる人々へ無条件で奉仕する姿勢である。「低開発の発展」（development of underdevelopment）を論じるなかで中枢の「発展」と衛星の「低開発」は「コインの表裏」であると論じたことは有名である。彼の徹底した西洋中心史観を批判する姿勢には，現在のアジアに残る深刻な貧困や不平等が根底にあり，アジアには潜在的な発展の契機があったにもかかわらず，植民地支配がそれらを歪曲したために十分に達成されなかったと彼自身は捉えていた。

　フランクは亡くなる直前まで『リオリエント』の 19 世紀の続編を執筆していた（フランクが亡くなった後，遺稿を数名の研究者が分析・編集し，2014 年に刊行している）。生前にその草稿を受け取った研究者により，現在も世界中のさまざまな場で活発な議論が展開されていることは，彼が世界中の研究者に常に刺激を与え続けてきた証左である。今も彼の研究に対する批判は多いが，彼の紡ぎ出した言葉には彼自身にしかない説得力があったことは誰も否定しない。　　　　　　　　　　　　　　　　　　　　（西村　雄志）

【参考文献】D. O. Flynn［1996］*World Silver and Monetary History in the 16th and 17th Centuries*, Aldershot : Variorum

　　　　A. G. フランク［1978］『世界資本主義とラテンアメリカ——ルンペン・ブルジョワジーとルンペン的発展』西川潤訳，岩波書店（原著 1972 年）

　　　　A. G. フランク［2000］『リオリエント——アジア時代のグローバル・エコノミー』山下範久訳，藤原書店（原著 1998 年）

　　　　A. G. Frank edited and with an introduction by R. A. Denemark, and afterword by B. K. Gills［2014］*Reorienting the 19th Century : Global Economy in the Continuing Asian Age*, NewYork : Routledge

れた。そしてオスマン帝国とサファヴィー朝との間で，アルメニア商人によりアレッポを拠点としてインド洋・カスピ海と地中海を結ぶ絹交易が発達した。

4. ヨーロッパ近世王国の時代

1）イングランド・フランス百年戦争と中央集権国家確立

　本節では，ヨーロッパ諸国における諸侯・騎士の没落と王権の伸長の結果，絶対王政につながる中央集権国家がヨーロッパで成立した過程を概説する。アジアにおいてモンゴル時代後の「近世帝国」の共通性が指摘されるとともに，ルネサンスや宗教改革により中世ヨーロッパの価値観が大きく変容した後のヨーロッパについても，16〜18世紀を世界的にみてひとつの重要な時代である「近世」としてとらえる見方が強まっている。本書も，15〜18世紀のユーラシア大陸を近世帝国の時代のアジアと近世王国の時代のヨーロッパとして対比させている。まず，西ヨーロッパで最初に絶対王政の芽生えが見られたイングランドとフランスを取り上げる。フランスは，王位継承やヨーロッパ有数の毛織物業地帯であったフランドルの支配をめぐる1339〜1453年のイングランドとの戦争で，一時領土をかなり失ったものの，最終的にカレーを除くフランス領全域からイングランド勢力を放逐し，国家主権を確立した。イングランドも，それに続く内乱のなかで多くの貴族が没落し，国王が中央集権的な国家を形成することに成功した。

　14世紀中葉の黒死病（ペスト）の大流行は，ヨーロッパの地域によっては人口の半分近くを奪い，そのなかで人々の救済につながらない既成のローマ教会への批判が生じた。宗教改革と呼ばれる教会刷新運動は，教会ではなく聖書に信仰のよりどころを求めるもので，金属活字印刷術の発明と相まって急速にドイツからフランス・イングランドへ普及した。そして西ヨーロッパ諸国の君主は，ローマ教会を支持して新教徒を弾圧するか，新教徒を支持してローマ教会と対抗するかの選択を迫られた。イングランド国王は，両派の対立を利用して宗教勢力の権限を削減し，フランスでは長期の宗教戦争の下で経済が悪化の一途をたどった。それゆえフランス国民の多くが強い権力をもった国王の統治を待望し，絶対王政への道が開かれた。17世紀のフランスは，人口と農工業生産の減少や物価の下落など暗い側面が強調されがちであるが，17世紀後半に，ボルドーのワイン・造船・紙やリヨンの絹など製造業が成長し，全体として生産と人口を回復した。

そうした経済的基盤が長期にわたるフランスの対内・対外戦争を支えた。

　イングランドでは 16 世紀前半にそれまで主要輸出品であった羊毛を原料として毛織物業が定着したが，17 世紀に入っても同国産毛織物は半製品で，仕上げ工程をアムステルダムなどの織物業者に依存していた。そのため国際競争力は不十分で，アメリカ大陸への植民地建設もスペインに遅れをとったため鉱山資源を得られなかった。一方，16 世紀末にハプスブルク家の支配から独立したオランダは，バルト海貿易と地中海貿易を組み合わせることで商業国家として発展し，1602 年に連合東インド会社を設立してアジア市場に進出するとともに，23 年のアンボイナ事件でイングランド勢力を東南アジアから追い出した。17 世紀後半の両国間の戦争と 18 世紀後半からのイングランド国内の産業革命は，イングランドによる豊かなオランダへの挑戦であり，イングランドは 1651 年から数回にわたり航海法を制定し，オランダ船の中継貿易排除とイングランド船利害保護に始まり，後にイギリス本国をイギリスの全植民地貿易の中継地にする方向へ拡張された。それに対し，1688 年のオランダ軍のイングランド上陸とその翌年のオランダ公のイングランド王即位（名誉革命）は，劣勢に立ったオランダの巻き返しとも考えられ，以後イングランドとオランダは友好関係に入った。

2）ロシアの自立と東ヨーロッパにおける農奴制の形成

　ビザンツ帝国滅亡後，ロシアでは大公イヴァン 3 世が，ビザンツ最後の皇帝の姪を妃に迎え，ギリシア正教の庇護者となり，モンゴルの支配から自立して北東ヨーロッパの政治的統一を推し進め，経済制度を転換させた。中世ロシアの農民は，負債のために特定の主人に隷属した農民を除き，恣意的な専横領主から生活を守るため，移転の自由を行使し得た。しかし，16 世紀末にはロシア皇帝が農民の移動を禁止するようになり，土地とその主人に縛られる農奴が生まれた。

　17 世紀にロシアではロマノフ朝が成立し，君主専制が強まり，ロシア南部の肥沃な土地での本格的な開拓が始められた。当時，トルコ系遊牧民の侵入を防ぐためコサックと呼ばれる自由な戦士団が辺境防備にあたり，彼らがロシアのシベリア進出の担い手となった。成立当初のロマノフ朝は，貴族や聖職者に国有地を封地として与え，その世襲化を認めたが，農民への税負担の不公平から重税逃れの逃亡が多発したため，各農家の負担能力をつりあわせるべく 17 世紀末から耕地割り替えが普及し始めた。それから 18 世紀前半にかけてのピョートル大帝時

＃ 解説 I-5

フェルナン・ブローデルと全体史

　ブローデルは，歴史を異なる周期・持続性をもつ3つの波動に喩え，全体史を目指した。長期持続とは，例えば地理学の領域だが，文化の領域をも含み，「きわめて緩慢な変動のパターン」「完成に数百年を要する動き」をもつ。中期持続とは主に経済史の領域で，景況・変動局面（コンジョンクチュール）とも呼ばれる。10年から50年の周期的運動を行い，「コンドラチェフの波」などの景気変動をも含む。物価，人口，賃金，利子率等が挙げられる。短期持続とは政治史の領域で，戦争，外交，政治など，「事件」を指す。ブローデルはこの事件史を敵視し，長期持続を最重要視した。

　ブローデルは主著『地中海』（フェルナン・ブローデル［1999］浜名優美訳，藤原書店，原著1949年）で，16世紀の地中海をこの三層に分けて分析した。「環境の役割」，「共同の運命と全体の動き」，「事件，政治，人間」の三部で構成されるが，その各部が長期・中期・短期に対応する。まず環境は長期持続として，「緩慢な潮の流れ」のように「数百年以上にわたるプロセス」であった。地形，気候や陸路・海路・都市によって，地中海は物理的一体性をもっていた。次に経済・政治・文化・戦争は，200年間の人口増加と「長い16世紀」中の物価上昇が規定する中期持続である。しかし，それらの没落とともに，地中海の貿易や帝国も17世紀にかけて衰退を始める。最後に，戦争や条約，外交などの「事件」は短期持続である。16世紀後半のスペイン帝国とトルコ帝国の覇権争いが，10年前後の6時期に区分されて詳述される。三層の歴史の相互関係は直截には述べられないが，フェリペ2世の軍事・外交は，人間集団の経済活動なしには成立せず，さらにその経済構造は環境的前提が決定的だという遡及論が，最大の強調点である。

　ブローデルは，『物質文明・経済・資本主義 15〜18世紀』（フェルナン・ブローデル［1985-99］村上光彦他訳，みすず書房，原著1979年）で対象地域・時代をさらに広げ，15〜18世紀の世界の経済について再び三層の歴史叙述を試みる。同書は「日常性の構造」「交換のはたらき」「世界時間」の三部で構成されるが，そのうち前二者は，『地中海』でいえば長期持続と中期持続に相当する。

　15〜18世紀の経済は，「物質文明」を1階，「市場経済」を2階，「資本主義」を3階の三層構造とする。「物質文明」は，人口，食料品，衣服・住居，技術，貨幣，都市など，「自給自足的」な「古代の社会・経済の延長」であり，市場経済の「基盤をなす基本的活動」である。それは，人々の「可能事と不可能事のあいだ」の「境界線」を規定したが，それは15〜18世紀に「ほとんど変化しなかった」。中層は「市場経済」であり，市での「「正常」な商取引」が典型例である。そして上層が「資本主義」であるが，これは一般的な定義とは異なる。15〜18世紀に新たに生じた「市場経済」の次の段階であり，大商人による投機的取引や資本蓄積を指す。

　さらに，「世界時間」では，三層史から離れて，『地中海』を別の形で一般化した「世界＝経済」（エコノミ＝モンド）を提唱する。これは，「地球全体に広がっている」↗

「単一市場」の「世界経済」、いわゆるグローバル経済とは異なる。その定義は以下の通りである。「地球の一片に過ぎないが、経済的に自律性があり、おおむね自給自足することができる。そして、域内で行われる連絡および交換によって、一定の有機的統一が付与されている」。「世界＝経済」は、時代によって境界が「ゆるやかに様変わりする空間」でもある。「中心都市」が周辺を支配し、「中心地帯」、「周辺地帯」、そして「中性的地帯」という地域的階層が作られている。「世界＝経済」は古くから複数あり、古代フェニキアもその原型だった。18 世紀以前のロシアやトルコ、中国、インドも、独立した「世界＝経済」である。他方、11 世紀以後のヨーロッパは最初の「世界＝経済」であった。15 世紀のヴェネツィア、16 世紀のアントウェルペン、17 世紀のアムステルダムを中心都市とした。南北アメリカも、16 世紀の新大陸「発見」をもって、その周辺に組み込まれた。

　ブローデルは他領域に多数の崇拝者を生んだ。特にウォーラーステインは、ニューヨーク州立大学にフェルナン・ブローデルセンターを設立し、アメリカ合衆国での後継者を自任した。彼の世界システム論は、中心・周辺の動態論を含め、ブローデルの「世界＝経済」を引き継いだものである。しかし、ウォーラーステインが 16 世紀以後に成立した世界システムのみを対象とするのに対し、ブローデルの「世界＝経済」は 15 世紀以前にも複数存したと強調する多元性が異なる。

　ブローデルは名実ともにアナール派社会史の後継者だった。フェーブルを継ぎ、1949 年にコレージュ・ド・フランスの近代文明史講座の教授に就任し、1956〜72 年に高等研究実習院第六部門の主催者となり、1957〜69 年に『アナール』誌の 3 人目の編集長を務めた。社会史研究の中心機関として、1962 年には人間科学館を設立し、1975 年には高等研究実習院第六部門を社会科学高等研究院として独立させた。

　しかし、彼の壮大な構想力は、肝心の歴史学では他の誰にも真似ができず、全体史は分解を余儀なくされた。例えば計量経済史は、全体史を時系列史の束に分割した。ラブルースの物価史を代表とする中期持続の分析は、社会史や心性史などの長期持続の数量化にも応用された。アナール学派の「世代」として同じ傾向をもつ歴史家集団を探すなら、第二世代はブローデルに加え、この時系列史家群だということもできる。さらに第三世代といわれる歴史人類学は、マクロな構造史・時系列史を放棄し、空間的にも時期的にも極小化したミクロな全体把握を目指した。例えば小村の数十年間を包括的かつ濃密に描写したのである。しかし、細分化・専門化の結果、「歴史の破裂」を招き、マクロとミクロの結合が課題となっている。　　　　　　　　　　　　　　　　　（高井 哲彦）

【参考文献】フェルナン・ブローデル他［1987］『ブローデル 歴史を語る——地中海・資本主
　　　　　義・フランス』福井憲彦他訳、新曜社（原著 1986 年）
　　　　フェルナン・ブローデル［1995-96］『文明の文法——世界史講義』松本雅弘訳、み
　　　　　すず書房（原著 1987 年）
　　　　井上幸治編集・監訳［1989］『フェルナン・ブローデル』新評論
　　　　F. ドス編［2000］『ブローデル帝国』山上浩嗣他訳、藤原書店（原著 1986 年）

代に，軍事力を賄う経済基盤として工業化が進められ，マニュファクチュアが多数設立されたが，工場労働者の圧倒的部分は出稼ぎ農民と不法な逃亡農民であった。人口調査も徹底して行われ，人頭税を課して財政基盤を安定させるなど，君主専制と農奴制を基盤としつつ上からの産業化が進められた。

　一方，ロシアの隣国ポーランドは，西ヨーロッパ向けの穀物生産に特化し，貴族の直営農場で，農民の土地緊縛がさらに強まる「再版農奴制」が展開したため都市経済は衰退した。17世紀後半にヨーロッパ各地でジャガイモの栽培が始まると穀物の需要が急減し，ポーランド経済は大打撃を受け，ロシア国境沿いのコサックがポーランドからロシアへ臣従の対象を変えたため両国間の戦争が始まった。敗北したポーランドは，最終的に18世紀後半にロシア・オーストリア・プロイセン3国に分割された。

　ドイツ騎士団の東方植民をもとに建国されたプロイセンでは，騎士が封建制の衰退とともに領地経営に専念し，ユンカーと呼ばれる農場主となった。ユンカーは西ヨーロッパ向けの穀物生産で経済力をつけ，そこで耕作した農民は耕作地の世襲的権利をもたず，賦役も多く農奴制が採られた。ただしプロイセンはポーランドと異なり，フランスから追放された新教徒を受け入れ，彼らの手工業技術をもとに都市工業化を進め，徴兵制を導入して飛躍的に軍事力を増強した。そしてロシアと後述のオーストリアとあわせて，東ヨーロッパの三大強国となった。

3）地理上の発見と世界商業の展開

　南ヨーロッパでは，イタリアでルネサンスと呼ばれる近代科学の価値観が芽生え，それをもとに宗教改革や地理上の発見が行われた。ただし，宗教改革に必要な印刷術や地理上の発見に必要な羅針盤技術は，中国から伝播したもので，ヨーロッパの新しい動きは，アジアの科学技術的・経済的優位性を克服する試みとして行われたといえる。そのなかでフランス・イングランド・ドイツでは，前述のように宗教改革が重要な意味をもったが，地中海に面したイタリア・スペインは，海上交易の掌握へ向かった。16世紀前半の地中海は，東半分の制海権をオスマン帝国が握り，1571年のレパント沖の海戦でスペイン・ヴェネツィア連合軍がオスマン帝国軍に勝利したが，オスマン帝国もその後すぐにチュニジアを攻略し，地中海を二分する勢力均衡状況となった（図3-2）。

　フランスと結んでスペイン・オーストリアのハプスブルク家と対抗したオスマ

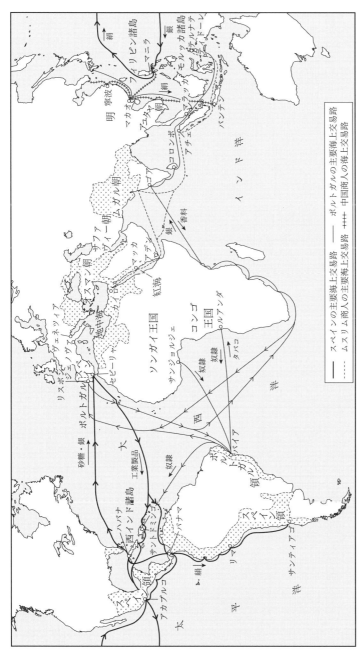

図 3 - 2　16世紀のスペイン・ポルトガル・ムスリム商人の主要海上交易路

出所）川北稔／桃木至朗監修・帝国書院編集部編［2009］『最新世界史図説タペストリー［七訂版］』帝国書院，30-31頁をもとに作成。

注）取引商品とポルトガルの主要海上交易路は，成瀬次高／木村靖二／佐藤次高／岸本美緒監修［1994］世界史総合図録』山川出版社，61頁も参照。

ン帝国の構想に危機を覚えたスペインは，地中海交易から大西洋交易へ重点を移
し，大西洋を経由してアジアと結ぶ新航路の開発を支援した。その先駆は，スペ
インの隣国ポルトガルとそこに拠点をおくジェノヴァ商人で，ポルトガル船が
1488年にアフリカ大陸南端を発見し，1498年に大西洋から直接インド洋へ到達
する航路が開拓された。スペインもジェノヴァ人のコロンブスを支援し，コロン
ブスは大西洋を東へ横断してアジアに到達することを目指し，1492年に偶然ア
メリカ大陸（新大陸）を発見した。ポルトガルとスペインは，新発見の領土の領
有権をめぐって交渉し，大西洋の中央に境界を設けてその東側をポルトガル，西
側をスペインと割り当てた。その後の新航路の開発は急速で，アメリカ大陸はス
ペインにより先住民の帝国が征服され植民地となり，1519〜22年にポルトガル
人のマゼラン隊により世界周航が行われ，文字通りの世界商業が開かれた。

　もっとも，東地中海の制海権を握ったオスマン帝国が，貿易を保護したため，
ヴェネツィア商人を中心に地中海交易も発達しており，新航路発見後もアジア＝
ヨーロッパ交易において，地中海ルートとアフリカ大陸南端ルートは競合し続け
た。その背後には地中海ルートを主に掌握したヴェネツィア商人とアフリカ大陸
南端ルートを開発したジェノヴァ商人の商権をめぐる争いがあった。新航路発見
にイタリア人が重要な役割を果たしたように，新航路の発見後も地中海と大西洋
は一体となって世界交易の拡大に寄与したといえる。アメリカ大陸との交易はヨ
ーロッパ社会を大きく転換させ，タバコ・ジャガイモなど新商品が移入され，ス
ペイン領ネーデルラントの港町アントウェルペンはヨーロッパ最大の商品市場と
なった。そしてアメリカ大陸の鉱山開発でヨーロッパに大量の銀がもたらされ，
人口増加の影響もあってヨーロッパの物価水準が高騰した（価格革命）。

4）ハプスブルク家の世界戦略

　地理上の発見後，アメリカ大陸とアジアの利権を国家規模で開発したのはハプ
スブルク家で，最初はオーストリアの地方領主であった同家は，婚姻政策でヨー
ロッパ各地の領土を手に入れ，16世紀初頭に同家出身で神聖ローマ皇帝となっ
たカール5世は，スペイン・ナポリ・ミラノ・オーストリア・ハンガリー・ボヘ
ミア・ネーデルラントなどを領有するヨーロッパ最大の君主となった。その後同
家は，オーストリア系とスペイン系に分かれたが，スペイン王フェリペ2世はポ
ルトガル王も兼ね，アメリカ大陸とアジアに利権を有する世界帝国を築いた。

　フェリペ 2 世は，広大な領土を統治するため高度な官僚国家を形成した。各地域の行政は「副王」を名乗る派遣官僚が責任を負い，中央政府に各地域を統括する諮問会議が設けられ，諮問会議は副王の監視にあたると同時に各地域の利益代表も兼ねた。9 つの副王領に対応する 9 つの諮問会議が提出した意見書が国王の決済を受けて各地の副王宛てに交付され，大学は官僚養成機関となった。この帝国の財政基盤は，アメリカ大陸の植民地から得られた富で，アフリカの黒人奴隷の導入による銀山の開発と砂糖栽培として進められた。また，ナシオンと呼ばれるポルトガル系商人ネットワークが，マラッカ（ムラカ）を拠点に東南アジア産の香料貿易を盛んに行い，後にフェリペ 2 世がポルトガル王を兼ねると，ナシオンは大西洋交易にも力を入れ，奴隷・銀・香料・織物を世界規模で交易するに至った。スペインは，アジアではフィリピンのマニラを拠点に，アメリカ大陸の植民地で得た銀（メキシコ銀）を中国や東南アジアへ運んで中国産の絹・陶磁器やインド産綿布を買い入れ，アメリカ大陸やヨーロッパへ運んだ。こうして 16〜17 世紀の東南アジアは世界交易の中継点となり，世界各地の商人が集まった。

　ただし，ハプスブルク帝国を単なる植民地帝国と捉えるのも一面的で，ハプスブルク家は，本来選挙で選ばれる神聖ローマ皇帝を 15 世紀以降は事実上世襲しており，ローマ教会側を代表する世俗君主として，イスラーム勢力やキリスト教新教徒に対抗する義務があった。イスラーム勢力のオスマン帝国に対して，オーストリア＝ハプスブルク家がバルカン半島の支配権をめぐり争ったが，フェリペ 2 世も地中海の制海権をめぐりオスマン艦隊と戦って勝利した。また新教徒が中心となったスペイン領ネーデルラントの反乱をイングランドが支援したのに対し，イングランド征服を計画して艦隊を派遣したが，これは失敗した。

　ネーデルラントの反乱をめぐってハプスブルク家は，17 世紀前半にスウェーデン・フランスなどを相手に戦い（三十年戦争），結果的に北部ネーデルラントがオランダとしてスペインから独立したことで，同家の世界戦略は潰えた。それを契機に経済的には，北部ネーデルラントが国際商業の中核となり，政治的には，フランスがヨーロッパの覇権を握った。なお 17 世紀のオランダ経済は，高度な都市化，多額の投資，多大のエネルギー消費，職業の多様化と分業の進展などにより，その近代性が高く評価されており，産業革命によって生じる工業型の近代経済成長とは別の意味合いの近代経済成長もあり得ると主張されている。

第4章　資本主義の生成と「近代」社会の登場
―― ナショナル・ヒストリーの勃興

1. 前近代の市場経済と近代の市場経済

1）市場経済の質の転換と資本主義的生産の諸要素

　前章までに述べたように，市場経済システムは，前近代においても社会の重要な一要素であった。しかし，近代以降の市場経済は，それと異なる次元で社会を規定し，近代国家の成立とともに，新たなベクトルでグローバル化が進展した。それは「国民国家」を基盤としつつ国際化・域際化が進む流れであり，17世紀までのグローバル化とは異質なものであった。ゆえに，本章の冒頭で，前近代と近代の市場経済の質的変化を簡単に押さえる。

　前近代と近代のもっとも大きな経済的相違は，前近代で行われなかった資本主義的生産が近代に行われるに至ったことである。それゆえ，近代の市場取引商品の多くが資本主義的生産のもとで標準化され，商取引に際する競争力として価格が大きな意味をもつに至った。前近代の遠隔地間取引では，消費者が生産者の情報を得ることは難しく，商品の信頼は取引する商人の信用力に依存し，商人主導の市場経済であったのに対し，近代の遠隔地間取引では，交通・通信網の発達で，消費者が直接生産者の情報を得られ，また資本主義的生産により，商品の品質がかなり均一化されたため，生産者主導の市場経済へと質が転換し，それにより，市場経済の浸透範囲がいっそう拡大して市場経済社会と呼べる状況となった。

　したがって，まず資本主義的生産の歴史的位置付けを考察する必要がある。資本主義的生産の重要な要素として，資本と労働力と生産手段（主に土地）が挙げられ，資本主義を生み出す原初的な資本蓄積（本源的蓄積もしくは原始的蓄積）

は，労働力と生産手段が分離される過程と考えられてきた。生産手段の代表例は土地であり，農民が土地を追い出される事態が想定され，生産手段から切り離された農民が，生計を立てるために自己の労働力を販売して資本主義的な雇用関係が成立することで，資本主義的生産は開始されたと考えられる。また資本家が資本主義的生産を行うための工場を建設するためには，立地する土地が商品化される必要があるとも想定された。そして資本主義的生産がより大規模に行われるためには，多くの資本を糾合する必要があり，資本の商品化も重要とされた。

　ただし，これらの諸要素の商品化とその所有権のあり方とは別の問題であり，この両者を組み合わせて，前近代の市場経済と近代の市場経済の特質を考える必要がある。さらに，資本主義発展の基本的要素である経済合理性を追求するための競争原理が機能するか否かも重要な論点で，以下，土地・労働・資本の順に，商品化と所有権の問題を概説する。

2）土地の商品化と所有権

　前近代の主要生産業は農業であり，もっとも重要な生産手段は土地であった。土地は農業のみならず，工業においても工場設立のために必要であり，農業や工業生産では再生産できないものでもあった。それゆえ古代から豊かな土地の所有権をめぐり民族内・民族間の争いが生じ，広い土地を所有したものが富を蓄積して支配階層となった。そして，土地所有権をもつ支配階層間では，領地の有償割譲なども行われており，その意味での土地の商品化は支配階層間では早くから存在したともいえる。しかし，前近代社会では経済活動の直接の担い手となる生産者や商人に，法的に保障された土地所有権が認められておらず，生産者や商人が大規模に土地を取得し，大規模な農業経営や工場生産を行うには制約が大きかった。もちろん，前述した古代ローマや東ヨーロッパの大農場経営やサマルカンドでの製紙工場生産など，支配階層がそれを行うことは可能であったが，その収益が生産の担い手にほとんど還元されないため，そこから生産者が資本家として成長するのは困難であった。

　その意味で，前近代から近代への転換が，農地解放をともない，農民など被支配民に土地所有権が認められ，それが法的に保障されたことは大きく，農民が土地を集積して資本主義的生産を進めたり，商人が土地を取得して工場生産に進出したりすることが見られた。土地所有者の広がりと所有権の法的保障は，土地が

商品化して土地を担保に資金を借りるシステムが成立したこととも相まって，社会に多数の資本家が誕生する制度的前提となり，そのことにより経済合理性を高める生産へ移行する競争原理が働く要素ともなった。

3）労働力の商品化と所有権

　資本主義的生産の主要素の労働者は，世界で最初に資本主義的生産が開始されたイングランドでは，15世紀末〜17世紀中葉に，封建領主や地主層が農地を牧羊地として利用するため農民を追い出して生垣や塀で囲い込むこと（「囲い込み」＝エンクロージャー）で登場したとされた。さらに18世紀初頭にイングランドやスコットランドなどが合同して成立したイギリスでは，18世紀に地主層が，資本主義的な大規模借地農業経営に適合的な大土地所有のために小規模な農民の土地や共同地を囲い込み，非合法の前者（第一次〔牧羊〕エンクロージャー）に対し，後者（第二次〔議会〕エンクロージャー）は食料増産の観点から議会が承認したため，前者より大規模に展開された。その背景に17世紀後半に普及した新農法（ノーフォーク農法など）による農業革命があり，それは耕作と畜産を組み合わせ，家畜を畜舎で飼育し，従来の牧草地も輪作に組み入れて，四圃作やそれ以上の多重輪作を行い，畜舎で得られた良質の肥料を耕地に投入して農業生産性を上げる仕組みであった。エンクロージャーは農民を土地＝生産手段から切り離すもので，農民は封建的束縛から自由になるとともに生産手段からも「自由」（＝喪失）になり（二重の意味の「自由」），農業労働者として雇用されたり，都市に流入して雇用されるほかなくなった。

　ただし，労働力の商品化は，前近代から奴隷労働として実現しており，古代ギリシア・ローマに見られるように，奴隷が生産の担い手となった社会は存在した。これまでの研究では，奴隷労働は労働生産性が低いとの暗黙の了解があり，実際古代ギリシア・ローマの奴隷制農場は順調に生産拡大を遂げたのではなかった。しかし奴隷にも，自らの解放につながるような労働インセンティブを与えられれば，十分な労働力として期待でき，第2章で述べたように，イスラーム社会では，奴隷は主人の許可を得て結婚することが可能で，解放されるための資金を蓄えることも認められた。その結果イスラーム社会では，奴隷出身ながら学問で才能を発揮して学者として名を上げるものや，商家奴隷が主人の許可を得て取引の決済にあたるなど，奴隷に活躍する場が与えられた。

　むろん，労働力の商品化と労働力の所有権は別次元の問題で，奴隷労働は商品化されていたが，その労働力の所有者は奴隷自身ではなく奴隷主で，その意味で親切な扱いをされた奴隷でも職業選択＝営業の自由はなかった。そこが前近代と近代の大きな相違であり，奴隷は最終的には「自由」な労働者になり得ず，その「自由」を得た近代労働者を雇用して資本主義的生産は達成されたのである。

4）資本の商品化と所有権

　前述のように，土地の商品化・労働力の商品化は，前近代から部分的に実現されており，支配階層による資本主義的生産は可能であったと考えられるが，前近代では資本主義的生産はあまり進まなかった。その根本的理由は，資本の商品化が不十分であり，土地や奴隷労働力の所有権を支配階層が独占していたため，資本主義にとって重要な競争原理が生産面で機能しなかったことにある。ここでは資本の商品化について主に検討するが，前近代でも，17 世紀には東インド会社など株式会社の成立が見られた。しかしオランダ・イギリス・フランスなどで成立した東インド会社は，国策会社的性格が強く，軍隊を所持し，政治的権限もある程度付与されていた。したがってその株式が自由に売買されたとは考えられず，資本の商品化は国家的利害に制約されていた。

　一方，民間でどの階層が主な資本の所有者になったかに関しては，西ヨーロッパにおける資本主義の成立と関連させて論争となっている。有力な見解のひとつはスウィージーが主張した，資本主義形成の原動力を封建制下で発展した貨幣経済＝商業資本に求めるもので，主に遠隔地商業によって成長した商業資本が原料・労働手段などの前貸しによって小生産者層を問屋制に編成し，その問屋制商業資本が産業資本に転化した。したがって資本の所有者は商人中心となる。もう一方の有力な見解はドッブが主張した，商業ではなく封建制下の農村工業に産業資本の源流を求めるもので，資本の所有者は生産者中心となる。むろん実際には両方の可能性が確認され，どちらの見解が資本主義社会をより深く認識させてくれるかを問いつつ，両見解の意義を考察する必要がある（解説 I-6 を参照）。

　この他，資本の所有者として政府や地主も考えられるが，資本家間の十分な効率化競争が働くほどに資本家が分散していることと同時に，会社制度の定着を通してそれら多数の社会的資本を集中する仕組みが存在していることが，資本主義的生産には必要で，前近代から近代への制度変革がそれを可能にした。

2. 近代国家と資本主義の歴史的前提の東西比較

1）アジアにおける官僚制の展開

　制度的枠組みの変化と経済的内実の変化の2つの局面の組み合わせで資本主義的生産の定着の有無の分岐点が設定されたので，それらの変化に先行する制度的枠組みと経済的内実の東西比較を行う。東のアジア世界と西のヨーロッパ世界は，互いに独自の文明圏を形成しつつ，10〜17世紀にかけて融合した世界を作り上げたが，東西の独自性は内包されており，それが18〜19世紀の近代国家と資本主義成立のなかで再び，東西の顕著な相違となって現れた。

　まず政治的枠組みとして，近代国家の主要な要素とされた官僚制を取り上げる。一般に，支配権力の恣意性を排除して法治国家にすることが資本主義経済を安定させる政治的枠組みと考えられるが，それを実現する組織として官僚制が着目されてきた。やや単純化して官僚制を貴族支配と対置させると，貴族支配のもとでは，世襲した貴族が政治的実権を握り続け，能力に応じた政治活動が行われず，貴族が領地を所有しているため恣意的な政治的決定を行いやすい。一方官僚制では，能力を評価されて登用された一代限りの官僚が，法を規範として政治を行い，彼らは領地を所有しておらず客観的な政治的決定を行いやすい。

　現実には，官僚制はヨーロッパよりも中国で高度に発達し，宋代の中国では，厳密な官僚登用制度が整備され，きわめて高い教養を備えた上級官僚が全国から選ばれた。しかし，上級官僚に高い教養を求めすぎた結果，その能力は主に文化や技術開発に向けられ，政策を実施する中級・下級官僚との落差が極端に大きくなり，官僚制が二重化したとされる。皇帝と上級官僚層は一元的な君臣関係を構成し，専制主義を形成するが，中級・下級官僚は，専門的行政の直接的執行者でありながら皇帝とは君臣関係がなく，わずかな俸禄と手数料＝（賄賂）で生活し，専門的統治技術は中級・下級官僚に蓄積された。その結果，次第に中国専制国家は，統治能力を自ら失い，上級官僚により開発された多様な技術を応用して生産に活かす能力に欠けた。実際，宋代の経済的繁栄は高度な生産技術に裏打ちされていたが，それらの技術を十分に応用したのは，技術が伝播したヨーロッパであり，中国では，その後も貨幣経済は発達したものの，工業化はそれほど進展せず，第一次産品中心の市場経済が展開し続けた。

2）ヨーロッパにおける統治システム

　ヨーロッパでは，前章でも述べたように変容する封建体制の中で国王が権力を集中し，それを補佐する宮廷官僚や常備軍が形成されるようになっていた。イタリア諸都市のように政治の担い手（参事会）と経済活動が同調していたようなところもあり，ドイツ諸都市では，複数の同職組合を母体とするツンフトが，領主から任命された官僚らと双務的な関係の下に自治が行われた場合が多かったが，中間権力である都市参事会が次第に宮廷官僚よりになったことで，領主の権限が強まる都市が多かった。一方，地理上の発見以来ヨーロッパ経済の基軸国となったスペイン・ポルトガルの宮廷は，国家的利害を代表するかたちで新大陸運営や商業ルートの確保で大きな利益を得る一方，宮廷費や膨大な帝国を維持するための巨額の軍事支出を余儀なくされ，むしろ莫大な財政赤字を抱えるに至った。スペインは，通商を特権商人や団体に依存し，国内産業を十分に育成することなく，手工業製品の供給を外国，特に自国領のネーデルラントに依存したため，とりわけオランダ独立戦争以後はその国家的プレゼンスを急速に失うことになった。

　他方，スペインから独立したネーデルラント北部 7 州（現在のオランダ）では，都市部以外の地域の封建的性格や，都市部においてすら必ずしも市民社会的な政体ではなかったとの指摘もあるが，自由貿易が基調となり，加工工業が育成され，また地場の農業・漁業製品も組み込まれつつ，首都アムステルダムがヨーロッパにおける通商の中核として機能した。またフランス諸都市では，近世後期に同職組合などからなる中間団体が分裂したり，中間団体に所属しない人びとが増大するなかで，王権が官僚制や治安機構の強化によりその統治権限を強めた。

　そしてフランスのユグノー戦争やスペインのネーデルラント抑圧の時期に技術移転を受け，大衆レベルの経済活動が国民的レベルで拡がりをみせたイングランド（イギリス）では，王権の恣意は貫徹され得ず，オランダ公をイングランド王として招いて行われた市民革命（名誉革命）によって王権の恣意は議会主義の中に封じ込められた。ただし近年はイギリスの市民革命を，貴族，ジェントリィ（大地主）層が国王権力を圧倒する過程における政変として理解する傾向が大きい。それ以降のイギリスは自由主義的政策を基調としつつ国力を蓄積してオランダを凌駕し，資本主義的展開の道をいち早く進むことになるが，議会主義化したイギリスもなお，対外的には当面，輸入防遏と輸出促進を通してその貿易差額で国力を拡充する重商主義的行動様式を維持した。

＃ 解説 I-6

ドッブ-スウィージー論争とプロト工業化論

　イギリスのマルクス経済学者モーリス・ドッブは，精神面や経営面を強調するヴェルナー・ゾムバルトやマックス・ウェーバーらドイツ歴史学派の影響の強かった近代西欧経済史研究の史的整理を試みた。ドッブは，資本-賃労働関係を資本主義の本質と理解するマルクス経済学的視角にもとづいて，「封建制から資本主義への移行」をめぐる独自の見解を提起する。国際的「移行」論争を惹起したドッブの主張は，第一に，封建制生産様式の内実をなすものは農奴制にほぼ一致し，第二に，資本制生産様式は封建制社会内の小経営生産様式の社会分化過程から生まれた，第三に，前期的商業資本はこの移行過程において資本主義をむしろおしとどめるブレーキの役割を果たした，というものであった。ドッブ説は，大塚久雄に代表される「中産的生産者層の両極分解」説にほぼ一致するものであった。

　ところがアメリカ合衆国のマルクス経済学者ポール・スウィージーはドッブの主張に異を唱えた。第一に，封建制の「基動力」は何だったのかとの問題提起を行い，封建制を農奴制と同一視するドッブ説に疑問を提起し，第二に，したがって封建制衰退の原因は何か，第三に，14世紀の農奴制解体期から16世紀後半の過渡期をいかに性格づけるべきか，という重要な問題提起を含むドッブ説批判を展開した。スウィージーは，単にドッブを批判するのみならず，封建制を「使用価値のための生産体制」，資本主義を「交換価値のための生産体制」とそれぞれ提起し，過渡期を「前資本制商品生産体制」であると結論付け，封建制の衰退と資本主義の生成を促進した要因を商業，とりわけ遠隔地商業に求めたのである。

　日本から「大塚史学」を形成する高橋幸八郎を含む歴史家が両者間の批判と反論にコメントを加えることによって，「封建制から資本主義への移行」をめぐるドッブ-スウィージー論争は，「移行」をめぐる国際的論争へと発展した。1950年代を通じた「移行」論争は結論を見出すことなく終結するが，多くの点で見解を異にしたドッブ-スウィージー間で，次の点に関する完全な見解の一致が確認された意義は大きい。実際に都市へ逃亡した農奴の人数ではなく，農奴が逃亡するかもしれないという恐れだけで，封建制の衰退ないし「危機」を招くほどの譲歩を領主に強いることができたという認識が，大西洋を跨いだ両巨頭の間で共有されたのである。論争は，ウォルト・ロストウが提起した「離陸」概念の再検討を経て誕生したプロト工業化論をはじめとする，後継の経済史研究に大きな影響を及ぼすこととなった。

　プロト工業化論は，アメリカ合衆国のフランクリン・メンデルスによる「フランド↗

3）分業型プロト工業化の展開

　資本主義の歴史的前提としての商品経済の進展は，全世界が横並びで同じ段階を経たわけではなく，各地域の自然条件や社会条件の違いから，多様な展開を遂

＼ル・モデル」の構築（Mendels［1972］）を嚆矢とする。18世紀フランドル地方における農村工業化を検証したこのモデルは幅広く受容され，フランドル域外への適用可能性をめぐる論争が国際的に活発化した。

　プロト工業化は，農村部において手工業生産が拡大した，産業革命に先立つ時期を分析対象とした概念である。すなわち，産業革命に至る長期発展過程の人口・経済動態を解明する仮説ないし分析手法として，工場制手工業化ではなく農村工業化が経済発展のエンジンだった「工業化前工業化」時代を検証するための概念である。具体的対象時期は，イギリスの場合，17世紀から18世紀，ヨーロッパ大陸諸国の場合，18世紀から19世紀初頭，である。プロト工業化論は，歴史的に限定された特定の地域空間における農村工業史研究という，伝統回帰的側面を強く有した。だからこそ，「フランドル・モデル」は，マクロ経済指標を駆使した計量経済史分析が大勢を占めていた経済史学界に旋風を巻き起こした，といえよう。

　プロト工業化論は，輸出工業生産に特化する工業村落とこれに食料を供給する穀作村落との地域内結合に関する実証研究である。3つの課題に焦点が当たった。第一に，農村工業化の起源をどこに見出すか，である。農村工業がある特定の地域に定着し，他では根付かなかったのはなぜか，という問題提起である。第二に，農村工業の発展が，地域経済・社会にいかなる影響をもたらしたか。すなわち，農村工業の発展が，人口のみならず，経済の多様な要素に及ぼした影響に着目する。第三に，農村工業の局面から工場制手工業の局面への移行が，いかにしておこったか。動力機械の導入，工場制度の採用を促した要因は何か，を解明しようとするのである。

　メンデルスは，産業革命あるいは工業化の開始に関する，換言すれば，ロストウが「離陸」として整理した18世紀から19世紀の経済成長に関する，理論的枠組みの構築を意図し，家内手工業から工場制手工業へという，産業組織上の変化を中心的課題に設定した。欧米歴史学の伝統回帰を象徴するプロト工業化論では，1960年代隆盛を誇った計量経済史的方法論は後景に退いている。経済学的専門用語が頻出するメンデルスの論理構造は，まさにアメリカ合衆国的であるが，問屋制家内工業に着目したその構造は，ドッブ−スウィージー論争においても顕著であったドイツ歴史学派やマルクス経済史学の伝統に強く依拠しているのである。　　　　　　　　　　　　　　　　　（藤田　憲）

【参考文献】大塚久雄／高橋幸八郎／松田智雄編著［1960-62］『西洋経済史講座──封建制から資本主義への移行』岩波書店

　　　　　Franklin Mendels［1972］"Proto-industrialization : The first phase of the industrialization process", *Journal of Economic History*, No. 32

　　　　　斎藤修［1985］『プロト工業化の時代──西欧と日本の比較史』日本評論社

げた。ただし，単なる多様性の強調は，地域の数だけ歴史はあるとの結論に止まるため，それら各地域の特徴を捉えるためには，各地域の展開を比較し，それらを類型化し，差異が生じた要因を考察する作業が必要となる。経済学の古典では，

生産力の飛躍的上昇の出発点を分業の開始に求めており，類型化のポイントとして分業のあり方がまず考えられる。むろん流通過程を専門に担う商業が生産過程の農業から分離する意味での分業は，前近代社会でも広く見られ，特にインド社会では，古代よりカースト制度のもとで社会的分業は高度に進展していた。それに対しここでは，資本主義的生産につながる工場制工業生産の担い手がどのような職種から分離して登場したかに関する分業を取り上げる。

　近代社会直前の工業化に関して，西ヨーロッパではプロト工業化として論じられた。その要点は，生産性の低い農村において農業生産で暮らせない農民が低賃金の農村工業に従事し，就業機会の存在が結婚年齢の引き下げにつながり出生率を引き上げ，人口増加の結果，過剰な労働供給のもとで賃金水準が低位に安定したという理解である。そのメカニズムの妥当性には議論の余地があるが，近世の西ヨーロッパ農村で土地なし農民層が拡大し，農民の事実上の賃労働者化が進展するとともに，農場経営者も出現したことがある程度証明されている。

　例えば14世紀末近くのヨークシャーのストラフォード郡には，織布工，仕立工，靴屋，皮革工，石工，鍛冶屋，刃物工，車大工，毛織物商，肉屋，パン屋等々，農業以外に多様な職業が営まれていた。またイギリスではおおむね15〜16世紀に中産的生産者層の分解により，雇用者と被雇用者が現れ，例えば毛織物工業では，工場形態をとるマニュファクチュアの成長も見られた。もちろん，この時点のマニュファクチュアの経営者には農業を兼営したものも多く，農閑期における農民の臨時雇用の例も見られた。

　このように，農民が自己保有地での生産から離れて労働者予備軍として登場した分業が近世西ヨーロッパで見られた。こうした農村工業化は特定の地域で見られ，工業内の工程間分業が地域間分業として生じており，特定の生産に特化した産地が各地で見られた。そこでの工場生産は，まだ近代的資本－賃労働関係には至っていないが，農村工業の発展が資本主義的生産への道を切り拓いた。

4）兼業型農村工業化の展開

　前述の地域間分業は，西ヨーロッパのみでなく東アジアでも広く見られ，その意味での商品経済の進展は，世界的規模で進展したと考えられるが，農民層分解のあり方は，西ヨーロッパと東アジアで大きく異なった。例えば近世日本では，18世紀から遠隔地市場向けの特産物生産が各地で進展したが，農民が賃労働者

化することはなく，小農生産が維持され続けた。その背景には，近世日本の農民的商品生産がプロト工業化のモデルと異なり，農業生産性の高い地域で進展し，その地域の農民に離農への誘因はなく，農家副業として織物生産などが行われたことがある。そしてこうした副業収入の存在が，小農経営の維持にプラスに働き，農民層分解を押し止めて，農民の賃労働者化を阻止した。

　18 世紀中国においても，農業生産性の高い江南地域で，綿業と絹業を中心とする工業と農業を複合的に行う小農経営の展開が見られ，西ヨーロッパで見られた分業型プロト工業化と異なる形態で進んだ兼業型農村工業化を東アジアに見出すことができる。むろん，その背景には，小麦生産が中心の西ヨーロッパと稲作生産中心の東アジアという農業形態そのものの相違や，農民層分解が進んだイギリスに対して，農奴制が強固に残存した東ヨーロッパなどヨーロッパ内での相違もあり，兼業型と分業型を単純に東西の特徴とみなすことには留意が必要である。

　とはいえ，その後に機械制大工場生産が定着する過程で，社会的分業の進展度合いは，労働市場のあり方に大きな影響を与え，分業型社会では，早期に労賃のみを収入源とする労働者階層が成立したのに対し，兼業型社会では，家族構成員の一部が農閑期の出稼ぎ労働や家計補充的労働に出ることで，本業の農業収入を補う労働市場が成立し，本格的な労働者階層はなかなか成立しなかった。

　むろん，ここでは労働者階層の成立の遅れを，近代社会の成立の遅れと位置付けるつもりはなく，複数の収入源をもつ兼業型の方が，経済的危機への対応力は強いとも考えられるので，異なる「近代」社会のあり方については後述する。

3. 封建制の崩壊と資本主義の生成

1）集権的封建制と専制帝国

　経済史学での経済発展段階論では，資本主義に先行する段階として封建制が位置付けられ，商品経済の進展を取り込む支配階層の対応として絶対王政が志向されたとされた。さらに絶対王政への被支配者層の反発から，絶対王政が打倒されて近代国家が成立し，経済活動の自由が保障されたなかで産業革命が生じ，資本主義社会へ転換したと大筋で考えられてきた。しかし，産業革命に先行して絶対王政が打倒された「近代」国家は，イギリス・フランスなど少数で，君主専制のもとで近代化・産業化が進められた国家が 18・19 世紀に多かった。こうした封

建制の動揺を世界的に共時的状況ととらえたのが「17世紀の全般的危機」説である。そこでは，17世紀中期に始まった寒冷期が飢饉や疫病の蔓延をもたらし，世界各地で戦乱や反乱が同時多発的に生じたことが強調された。とはいえ，そうした全般的危機への対応のあり方はアジアとヨーロッパでは大きく異なっており，その分岐点には，封建制のあり方が大きな影響を与えていたと考えられ，まず君主専制のもとで近代化・産業化が進められたアジアの専制帝国を取り上げる。

もともと「封建」の概念は，古代中国の君臣関係のあり方として生まれ，地方領主に土地を封じてその封土での年貢徴収権や裁判権を認める間接統治形態としての封建制か，地方を郡・県に区分し，中央から任命した官吏を赴任させ，年貢徴収などを担当させる直接統治形態の郡県制のどちらを採用するかの選択として重要であった。その後中国では，第2章で述べたように隋・唐代に中央集権的な地方統治が整備され，領域の拡大とともに辺境にはある程度の自治権が与えられた地方長官が任命されたが，郡県制が地方統治の基本制度とされた。さらに科挙制度の整備とともに高度に洗練された官僚制が導入され，後代の中国でも，中央集権的体制は王朝交代の混乱期を除いて基本的に維持された。

近世インドでは，諸王国が短期に交代するなかで，ラージプート族諸侯が独立した地方政権として存在したが，ムガル帝国がラージプート族を支配下に収めて17世紀にインドを統一した。第3章で述べたように，ムガル帝国のもとでラージプート族諸侯は，所替えのない給与地が与えられて分権的性格は残ったものの，官職者の給与地として与えられた土地はいずれも所替えの原則があり，中央集権的な地方統治が実施された。また，近世西アジアでは，ヨーロッパと西アジアにまたがる帝国を築いたオスマン帝国のもとで，アラブ社会では州に分割して各州の総督を介した間接統治が行われたが，第3章で述べたように，バルカン半島では農地は国有化が原則とされ，在郷軍団の司令官に封土が与えられたものの，封土は頻繁に所替えが行われ，中央集権的な地方統治が行われた。

ムガル帝国・オスマン帝国に近世中国の明も含めてアジアの近世帝国は，基本的に中央集権的な専制帝国を維持し，明が海禁政策をとり，ムガル帝国がインド洋交易に無関心で，オスマン帝国も交易はアラブ商人とイタリア商人に任せてそこからの流通課税の取得に専ら関心を示したように，全体として内向きの体制がとられ，そのことがポルトガル・オランダ・イギリス・フランスなどが次々とインド洋・南シナ海沿岸の主要な港に拠点を築き，海上交易を把握することを許す

ことになった。こうした内向きの傾向は北東アジアに領土を拡張したロシア帝国にも見られ，ロシアも含めてアジアの近世帝国は，本土領が広大であったがゆえに，封建制と直接統治を使い分けたが，中央集権的直接統治の比重が高く，専制君主的性格が当初より強かった。そのため，貴族層が強大な権力をもつ可能性は少なく，後述する西ヨーロッパのように，貴族層への対抗から国王が商工業者層と結んでその経済活動を積極的に保護する方向性は見られなかった。

　なお，「17 世紀の全般的危機」は世界的な銀流通の収縮とも関連させて論じられており，それが中国経済に与えた影響は大きかったと思われる。それに加えて前述の寒冷化の影響もあり，17 世紀の中国では自然災害と戦乱が重なり，そのなかで明朝が滅亡し，寒冷化のなかで食料を求めて華北へ侵入した北方民族により清朝が開かれた。その一方で，17 世紀の日本は，徳川幕府の成立で長年の戦争の時代が終わり，開墾の進展による食料の増産に成功したため，世界全体で人口が減少ないし停滞したなかで，例外的に人口が大きく増加した。

2）分権的封建制と絶対王政

　続いて，産業革命に先行して絶対王政が打倒され，「近代」国家となったイギリス・フランスにおける封建制を検討する。西ヨーロッパの封建制社会は 8〜11 世紀にかけて成立し，封建領主と直接生産者である農民との関係では，領主直営地が付いた賦役型大所領の「古典荘園」が形成された（第 2 章）。古典荘園では農民は領主に地代を領主直営地における賦役（無償労働）で支払った（労働地代）。ところが，14 世紀頃になると，黒死病が流行して人口が激減し，イングランド・フランス百年戦争（1339〜1453 年）があり，1381 年にイングランドで大きな農民一揆（ワット・タイラーの乱）が起こった。領主は農民に譲歩し，領主直営地は解体され，農民が領主に払う地代は，生産物地代あるいは貨幣地代に転換した（純粋荘園制）。こうして農民は賦役から解放され，結婚税や恣意的な地代決定など，人格的隷従からの解放も進んだとされる（農奴制の解体）。

　このことは，古典荘園においては剰余生産を担うのは領主直営地だったのに対し，純粋荘園では剰余部分は基本的に地代として領主の手に入るものの，必要生産部分も剰余生産部分もともに農民経営の中において行われるに至ったことを示す。それゆえ純粋荘園制下で定額貨幣地代になっている地域において生産増加が生じると，生産総額に占める地代の比率は低下し，物価上昇が起こると，生産総

額に占める地代の比率はやはり低下した。実際，ヨーロッパでは 16 世紀初頭から後に「価格革命」と呼ばれるようになる大幅な物価上昇が生じ，地代負担がきわめて軽くなる農民が一部に現れ，事実上，封建地代から解放されていく独立自営農民（ヨーマンリー）も登場するに至った。

　この結果，封建領主層の経済的基盤は次第に弱体化し，分権的性格が強かった西ヨーロッパ封建制においても，国王中心の中央集権的政府が成立する可能性が高まった。その場合，国王側は都市を経済的基盤とし，フランスでは国王が自治都市に特許状を連発して王の軍隊が自治都市を保護する代わりに都市から御用金を徴収し（第 3 章），前述のイングランドとの百年戦争の結果，最終的にカレーを除くフランス領全域からイングランド勢力を放逐し，国王が中央集権的国家を形成した。イングランドでも，百年戦争に続く内乱のなかで多くの貴族が没落し，やはり国王中心の中央集権的国家が形成された。両国の国王は，商工業が発達した都市の商工業者の経済力に依存して常備軍を編成し，封建領主の貴族層の軍事的役割を減少させるとともに，門閥によらない新興官僚を登用して貴族層の政治的役割も減少させ，絶対的な権限をもつに至った（絶対王政）。

　ただし，絶対王政の保護のもとで，都市の商工業は発展したが，それは近代の資本主義へは直接にはつながらなかった。中世都市では同職団体のギルド（ツンフト）が強力で，メンバー間の平等維持を図るため，原料・道具・製品の量，職人・徒弟の数，価格・販売場所などさまざまな対内的規制を行った。それゆえ工夫，改良の類いは必ずしも良くは思われず，対外的にも都市の市場を独占して競争を排除しようとする傾向があった。むろんギルド規制の中には，検査や規格化など市場の健全な発展にとって積極的な意味をもつと評価できる機能もあったが，産業革命につながる技術革新は，ギルド社会のなかからは生まれず，特権勢力の独占的地位への民衆の不満が次第に絶対王政への不満として醸成された。

3）「市民革命」と自生的資本主義の生成

　前述のように絶対王政は，国内商工業や貿易を保護育成する政策をとり，その限りでは資本主義の発展と敵対しなかったが，その権力基盤に制約され，小農民や小生産者層の分解を阻止したり一部に特権を付与したりしたため，次第に「営業の自由」を求めて資本主義を発展させようとする勢力との対立が深刻化した。その対立を解決したのが市民革命で，典型的には，ピューリタン革命・名誉革命

を含めてのイングランド革命（1642〜89 年）やフランス革命（1789〜99 年）が挙げられるが，革命によって生じた社会的変化に大きな違いがあった。例えば，フランス革命では土地所有状況に大きな変化が起こり，フランスは分割地農（小土地所有農民）の国となったが，イングランド革命では事実化していた私的所有の追認などのほかには大規模な土地所有権の移動は見られず，その後のイギリスは大土地所有の国になった。その意味で，イングランド革命の「下からの革命」としての性格は弱かったが，資本主義が社会に広く浸透して社会全体を規定するには，それまで封建制を維持してきた政治機構や社会制度を根本的に変革する必要があり，両国ともそれを達成したのは市民革命であった。

　市民革命による政治機構や社会制度の変革で重要なのは，土地所有も含めた私的所有権と「営業の自由」の法的保障である。本章の冒頭で述べた資本主義的生産に重要な 3 要素のうち，土地の商品化と所有権が，一般市民レベルで確立し，土地から切り離された労働者が社会階層として成立する一方で，「営業の自由」のもとで資本蓄積を進めた多数の新興資本家階層も成立し，次節で述べる産業革命のなかで生まれた新技術を利用した資本主義的生産が自生的に開始される社会状況となった。絶対王政の経済社会介入的性格への批判から生じた市民革命によって成立した新政府は，こうした経済の動きになるべく不介入の方向性を示し，ある程度の自由主義的政策のなかで，民間主導の資本主義が誕生した。絶対王政下の諸制度を桎梏と感じた階層が市民革命によって資本主義発展の道を切り拓いた意味で，絶対王政は封建制廃棄を誘発し，資本主義発展に一定の寄与をした。

　ただし，イギリス政府は北アメリカ大陸の植民地に対しては，本国商品の販売市場や原料供給地とするために積極的に介入し，植民地人がイギリス領以外から輸入する砂糖に高率の税を課したり，本国製鉄業の原料となる銑鉄の本国への輸入は免税としたりした。さらに 1760 年代に植民地への課税を植民地議会を無視して本国が発布したことが，植民地側の本国への不満を拡大し，アメリカ独立戦争が勃発した。植民地側は，独立宣言で基本的人権・人民主権・革命権などの諸権利を認める民主的政治原理を表明したことで，アメリカ独立戦争は，植民地の本国からの独立のみでなく市民革命の意味合いをもった。1783 年にイギリス本国はアメリカ植民地の独立を認め，アメリカ合衆国が成立し，アメリカ合衆国では 1830 年代から本格的な産業革命が開始され，資本主義的生産が定着した。

4）「上からの変革」と組織的資本主義の生成

　ただし，東ヨーロッパやアジアにはイギリスやフランスのような市民革命を経験せずに，資本主義的生産を進めた国が多い。その内実は，第5章で述べるが，ここではそこでの制度的変革と資本主義の特徴を簡単にまとめておく。

　東ヨーロッパでは，荘園での領主直営地がかなり後まで残存し，封建領主の貴族層の権限が強く，特にドイツでは領邦国家が分立して統一的な絶対王政は成立しなかった。ただしそのなかでもロシア・プロイセン・オーストリアなどでは，皇帝・王が貴族勢力に対して皇帝・王権を強化するため，商工業を保護して財政的基盤を確保しようとした。18世紀後半にそれら3国の君主のエカチェリーナ2世（ロシア）・フリードリヒ2世（プロイセン）・ヨーゼフ2世（オーストリア）は，17世紀の市民革命とその後の産業革命を経て工業化を急速に達成したイギリスに対し，上からの近代化・工業化を進めて「啓蒙専制君主」と呼ばれた。ただし，啓蒙専制国では市民層の力が弱く，工業が未発達な農業社会であり，土地貴族的な領主が隷属農民（農奴）の強制労働を用いて直営地を経営したため（農場領主制），君主も貴族層との妥協の上で農業を含む経済振興を図った。

　それゆえ啓蒙専制国での近代化・工業化は，一般民衆に市民的自由や諸権利を認めるには至らず，大規模工場の設立主体は主に支配階層であった。資本主義的生産の3要素のうち，土地と資本を支配階層が提供し，農民の出稼ぎなどを主な労働力として資本主義的生産が行われた。それは，土地と資本の商品化と所有権の確立後に生じたイギリスの自生的資本主義と異なる国家介入的な組織的資本主義であり，イギリスへの対抗のために，社会変革をともなわずに国内の工業化を進めるべく啓蒙専制君主が行った「上からの変革」であった。

　アジアでも同様に，ヨーロッパ工業国に対抗すべく「上からの変革」がオスマン朝・日本・中国などで試みられた。オスマン朝については後述するが，欧米諸国の要求で開港を余儀なくされた日本では，1868年に明治維新が断行され，新政府のもとで土地改革や殖産興業政策が実施された。明治新政府では天皇の君主権が強く，市民的自由や基本的人権はかなり制限されたが，土地所有権と「営業の自由」は認められ，近代的商法の成立で有限責任の株式会社制度が定着したことで，資本主義的生産は順調に進展した。一方中国の清朝では，日本の明治維新にならっての改革が19世紀末に試みられ（戊戌の変法），立憲君主体制が目指されたが，保守派の反対で挫折し，清朝はその後半植民地化の道をたどった。

4. 産業革命と「近代」社会の登場

1）産業革命の歴史的意義

　産業革命という言葉は，産業技術の大規模な，あるいは急激な革新の意味で使われる場合があり，その始まりの画期とされるジェームズ・ワットが蒸気機関の発明特許を取得した 1784 年は，「人新世」という新しい概念とともに再び注目されている。すなわち大気化学者クルッツェンは，地質学に基づいた地球の時代区分として多くの面で人間活動が支配的になった現代に至る時代に「人新世」という用語を与え，その開始を産業革命の始まりと石炭の燃焼による大気の「炭素化」の両方を象徴する 1784 年に求めた。そこで，まず世界で最初にその事態が生じたと考えられる 18 世紀後半以降のイギリスの変化の内実から，産業革命の経済史的意義を検討し，その上でほかの諸国の産業革命について考察する。

　イギリスでは 18 世紀前半における飛び杼の発明を契機として綿織物の生産が急増し，それが 18 世紀後半にジェニー紡績機，水力紡績機，ミュール紡績機などの相次ぐ発明を促して綿糸の大量生産が可能になった。それがまた織機の改良を刺激することになり，力織機が発明され，さらに織機や紡績機に改良蒸気機関が利用されるに至った。こうして綿工業において機械制工場が普及し始め，労働生産性が著しく上昇し，生産量は飛躍的に増大した。やがて機械，鉄などの関連工業部門も大きな発展を遂げ，人々の働き方や暮らし方も大きく変わった。1760 年頃から 1830 年頃に進展したこうした事態が産業革命であった。

　このような事態の展開は発明や技術革新のみが起こしたのではなく，新技術が大きな変化を起こしうるための前提が形成されていたことが重要である。イギリスでは 17 世紀後半以降，前述の新農法の普及によって小麦生産量が増加し，その結果小麦価格が下落したため都市民衆の購買力は増大した。それゆえ砂糖や茶など輸入品，チーズや食肉，陶器等々の消費が大きく伸び始め，そのことが社会的分業を全国的に展開させ，国内市場の統合が進んだ。18 世紀中頃までには道路網が全国的に整備され，18 世紀後半には運河の建設が大きく進展した。フランスとの戦いに勝って海外市場が拡大していたことも重要な要素であった。

　他方，新農法の普及は囲い込みの進行と表裏一体で進められ，地主から大規模な土地を借りた借地農業資本家が賃金労働者を雇用して行う資本主義的農業も発

展した。そして，土地を追われた農民は，その一部は農業労働者になり，多くが都市に流入した。つまり，工業のための労働力も豊富に供給され，工業の機械化の前提として工場制手工業（マニュファクチュア）もある程度展開していた。

　こうした産業革命の変化を激変と捉えるか緩慢な変化と捉えるかの見解は分かれているが，近年のイギリス産業革命研究を整理したクラフツによれば，その変化の実態は以下のようにまとめられる。① 雇用構造に革命的な変化があった。② 伝統的産業はあまり技術的進歩の影響を受けず，労働生産性はほとんど変化しなかった。③ 経済成長の全体的速度の加速は認められたが，かなり穏やかであった。④ 設備投資の増大とともに経済成長率は上昇し，生産性の増加は加速したが，経済の大部分において生産性増大は 19 世紀前半には緩慢なままであった。⑤ イギリスの工業化により，多くの労働者が工業部門に従事するに至ったが，従事した工業労働者の労働生産性の水準はあまり高くなかった。

　つまり，表 4-1 のように生産量の比重の変化は，工業と第一次産業（鉱業も含む）の間でそれほどの変化はなくその背景にイギリス工業の労働生産性の低さがあったことになるが，労働力の比重の変化では 18 世紀後半から 19 世紀前半の産業革命期にヨーロッパ一般よりイギリスの方が農業の比重がかなり減少し，工業の比重が増大したので，イギリスでは，産業革命により資本主義的生産は定着したと考えられる。実際イギリスでは 1825 年に初めての景気循環的な過剰生産恐慌が勃発し，資本主義は経済活動全般を主導する存在になった。そして資本家と労働者という 2 つの階級が成立し，資本家は政治的発言権を増すべく選挙法改正の実現を目指し，労働者は労働組合を結成するなどの労働運動を起こした。経済と社会のこのような資本主義化は，単に農業の中に資本主義的経営が出現したとか，工業製品を作るマニュファクチュアが増えたことなどからは起こりえない。その意味で，産業革命は資本主義を確立させたという大きな意義をもった。

　また，クラフツがまとめたマクロ経済的数量分析にもとづく緩慢な変化に特徴付けられた産業革命像に対しては，集計的分析によってマクロ的に把握すれば地域的差異は平均化されてしまうが，地域によって産業革命のもった変革性は異なるとの地域論的視点からの批判がある。例えば産業革命以前から主要な毛織物産地であったイングランド西部では，織元が準備・仕上工程でマニュファクチュアを，紡糸・織布工程で大規模な問屋制を営み，機械制工場への移行は遅れたが，ランカシャー綿工業では問屋制資本家がジェニー紡績機などを導入して紡績工場

表 4-1　1700～1840年におけるイギリスとヨーロッパの経済
構造変化

（単位：%）

		1700 年	1760 年	1840 年
①（正規雇用）男性労働力	工業			
	イギリス	18.5	23.8	47.3
	ヨーロッパの水準	12.6	16.9	25.3
	農業			
	イギリス	61.2	52.8	28.6
	ヨーロッパの水準	72.0	66.2	54.9
②生産量	工業			
	イギリス	20.0	20.0	31.5
	ヨーロッパの水準	19.3	21.3	25.2
	第一次産業（鉱業も含む）			
	イギリス	37.4	37.5	24.9
	ヨーロッパの水準	51.4	46.6	37.2
③（人口比）都市化	イギリス			48.4
	ヨーロッパの水準			31.4

出所）N. F. R. クラフツ「産業革命」（A. ディグビー／ C. ファインスティー
ン編［2007］『社会史と経済史』松村高夫他訳，北海道大学出版会）
83頁の表 5-4 より作成。

を設立し，小生産者的発展は部分的に止まったとされる。

2）産業革命と勤勉革命

　イギリス産業革命の方向性は，労働生産性の低水準を設備投資の拡大による機
械制大工場生産を進めることで克服し，いわゆる「世界の工場」となることであ
り，不熟練労働力による大量生産体制に帰結した。そして綿工業に加え，製鉄業
や機械工業でも技術革新による工業化が進んだ。むろん，この段階での大量生産
は，標準化された品質の生産物の量産を意味するに過ぎないが，イギリスの大工
場以上に作業の効率化を図ったのがアメリカ合衆国の大企業で，1920 年代にい
わゆる「フォード方式」として大量生産体制は完成された。ただし，アメリカ合
衆国でも 1870 年代から 1920 年代まで業種によっては，中規模企業による多様な
専門生産が広く展開していたことが明らかにされており，工業化を目指すその他
の国がいずれも大量生産体制を実現したわけではなく，それぞれの国の状況によ
り工業化のあり方も多様となった。大量生産体制と対置してクラフト的生産体制
をもうひとつの工業化のあり方と位置付けたのは，ピオリとセーブルであったが，

彼らは，機械と作業工程は熟練工の技能を高めるもので，機械化は熟練をさらに必要とするとの考え方に立ち，こうしたクラフト的生産を大量生産に代替し得る技術発展のモデルとした。そして，ヨーロッパ諸国の工業化のなかにクラフト的生産体制が保存されたことを指摘した。

　フランスでは20世紀初頭でもクラフト的な相互扶助主義の伝統が職場に残り，工場ではなく熟練労働者による地方のコミュニティが労働者の組織化の舞台となった。ドイツでも基幹産業で結ばれたカルテルやアメリカ合衆国産小麦の流入に対する保護主義的対応により国内市場が再組織化され，クラフト生産的なパラダイムが国民経済にとって中心的な存在であった。ピオリとセーブルが挙げたフランスのリヨンの絹織物産地やドイツのゾーリンゲンの金属加工業では，「柔軟な専門化」の過程をたどり，専門的熟練生産を維持しつつ近代化が推進された。

　一方日本でも，農業における労働投入の増加が一人当たり労働時間の増大という形をとって前近代から近代にかけて長期的に進んだことが明らかにされており，労働集約的産業の成長に日本の労働慣行が適応していたともいえる。そして速水融は，近世日本で資本集約から労働集約への農作業の転換があったことを指摘し，「勤勉革命」と名付けた。特に18世紀の日本で「勤勉革命」的変化が進んだ背景には，前節で述べたように17世紀の日本で開墾が急速に進んだことがあり，18世紀初頭に量的な土地開発が限界に達したことへの対応でもあった。こうした労働時間の増大は副業や兼業も含めての増大で，現金収入の増大につながったと考えられるが，近代日本の農業は，肥料を多く投入して土地生産性も上げることが目指され，増大した現金収入のかなりの部分は肥料購入に充てられたと推定でき，最終消費財市場の拡大には十分につながらなかった。イギリスでさえ産業革命によっても生産水準はあまり向上しなかったが，国際競争力が弱く，国内市場に依拠する要素の大きい近代日本では，大量生産体制が定着する可能性は低かった。

3）「近代」社会と資本主義の確立

　資本主義の基本原理は，競争によってより合理的な経済活動が普及し，それによって全体として社会的富が多く蓄積されるようになることであり，そのためには，より公正な競争が行われ，経済活動の自由が保障されることが必要であった。前近代の社会でも経済活動の競争は行われたが，冒頭でも述べたように，人格的依存関係によって律せられた面が強く，公正な競争に必要な市場情報の共有は不

十分であった。その意味で，資本主義の確立には，さまざまな封建的規制が廃され，経済の担い手に等しく私的所有権が認められ，そうした「営業の自由」や私的所有権が君主の恣意性ではなく，法律によって保障されることが重要であり，それを実現した「近代」社会の確立が必要となった。

　また，「近代」社会の確立には，それを持続させる欲求を人々がもち続けることが重要で，資本主義の確立により，全体としての社会的富の蓄積が，前近代よりも明らかに進んだことを人々が感じることが必要であった。その意味で，「近代」社会の確立と資本主義の確立は，互いに密接に関連した。その社会的富の蓄積は，西ヨーロッパにおいては産業革命の果実として実現されたが，各国の産業革命は，それが自生的に生じたイギリスと異なる道をたどった。とはいえ，イギリスと無関係に生じたわけではなく，アメリカ合衆国はイギリスから独立し，イギリス産品との競争のなかで大量生産体制を構築し，ドイツもアメリカ合衆国産品などとの競争に対する保護主義が国内の工業化のあり方を大きく規定した。

4）アジア専制国家の「近代」

　ただし，資本主義原理が社会を貫徹する「近代」は，世界史的視野で見れば部分に過ぎず，アジア専制国家には別の「近代」があった。世界が同じような経済発展段階の経路をたどるとの見方では，資本主義原理が社会を貫徹する「近代」はアジアにおいては，ほとんどが第二次世界大戦後あるいは現代になってようやく経験したこととなるが，ヨーロッパ近代の同時代的影響をアジアも受け，そのなかでは別の「近代」が醸成されたと考えられる。

　そのうち近代ヨーロッパの影響をもっとも直接的に受けたアジア専制国家は，オスマン朝であった。オスマン朝は，バルカン半島に領土を拡大したことで，ヨーロッパ諸国と国境を接し，ヨーロッパ外交に関与するに至った（第3章）。オスマン朝はフランスと結んでオーストリア・スペインと対峙し，長期にわたってヨーロッパ諸国に圧力をかけ続けたが，17世紀末の戦いに敗れたオスマン朝は，1699年にヨーロッパ諸国とカルロヴィッツ条約を結び，これを契機にヨーロッパ世界とオスマン朝の力関係は，前者が優越した。この時点でイギリスは市民革命をすでに経験しており，ロシアでもピョートル1世が近代化に着手していた。18世紀のオスマン朝は，印刷所の設置に見られる近代化の萌芽が見られたが，本格的な新体制は，18世紀末からのセリム3世による西洋式歩兵部隊の創設に

解説 1-7

マックス・ウェーバーと大塚史学

　マックス・ウェーバーは，近代ヨーロッパ社会に特有の資本主義が，物質の本源性を主張する唯物論者による指摘のように，経済的契機それ自体の展開として成立したのではなく，資本家の営利追求や黄金欲から生まれたものでもない，と主張した。ウェーバーによれば，近代資本主義社会の発展を主導した「資本主義の「精神」」は，禁欲的プロテスタンティズムから決定的構成要素としての現世的禁欲を受容したとき，誕生した。そのうえで，日常生活全般の合理化を要求する生産的精神としての「資本主義の「精神」」が支配的となった社会では，営利追求が自己目的となり，貨幣のために貨幣を追求することが倫理的善ないし責務と考えられるようになる，と言及する。このような「精神」に資本主義の本源性を見出そうとする観念論的主張は，大塚久雄の経済史研究に多大な影響を及ぼすこととなった。

　はじめに，『新装版 政治・社会論集』所収の阿部行蔵訳『プロテスタンティズムの倫理と資本主義の「精神」』（原著：1905年）に附された訳者解題を手掛かりとして，ウェーバーの近代資本主義観を把握しよう。阿部は大塚久雄と同世代の神学者・社会思想史家で，旧東京都立大学で教鞭をとった人物である。戦間期よりプロテスタント・バプテスト派姫路教会の牧師をつとめ，大戦期にバークレイ・バプテスト神学校（カリフォルニア・カレッジ）卒業と「日米交換船」での送還を経験した阿部の研究業績については，折原浩ら今日の「ウェーバー学」研究者によってその水準の高さが指摘されている。

　阿部によれば，ウェーバーの問題関心は，「近代資本主義とは何か？」，「なぜ近代資本主義は近代ヨーロッパにだけ成立したのか？」という焦点に収斂していた。「ウェーバーは，近代資本主義をたんに経済の問題（生産・流通・分配・消費の過程）としてとりあつかっているのではない。このような狭義の意味での経済を問題にしながら，それと同時に近代資本主義を人間生活のあらゆる分野と関連を持つ人間＝存在の問題として捉えようとしているのである。換言すればウェーバーは，近代資本主義の性格を解明することを手がかりとして，ヨーロッパ文明やヨーロッパ的人間の存在構造を明らかにしようとしているのであり，この問題の解明なしには（ウェーバーをふくめて）ヨーロッパ的人間の生き方を自覚的に決定することはできないと考えているのである」。こうしたウェーバー流近代観は，大戦直後，豊田四郎ら唯物論者により「大塚史学」と批判的に命名された学派にいかなる影響を及ぼしたのだろうか。

　大塚久雄の学説体系は，戦間期における日本資本主義論争が提起した近代日本の構造的特質，とりわけ日本近代の「半封建的」地主制という前近代性を批判した「講座派」の鮮烈な問題意識を継承し，ウェーバー社会学から示唆を受けつつ，マルクス経済学↗

始まった。19世紀前半のマフムート2世の治世に中央集権化が進められ，官僚主導の行政改革とともに税制・司法・教育の近代化が進められた。

＼を読み込むことで成立した。そのうえで，大塚説のフランスおよびドイツ経済史への援用をそれぞれ図った高橋幸八郎と松田智雄によって，大塚史学は誕生したのである。「講座派」の指導者たる山田盛太郎のマルクス的再生産過程表式分析にもとづく「日本資本主義における再生産過程把握」を踏襲した大塚は，戦後日本の民主化が「封建制」の除去から始められなければならないと提起した。大塚の理解によれば，戦前日本資本主義の軍事的・半封建的基盤は，近代資本主義的性質を有しつつも，前近代的諸関係が生産様式に色濃く反映された社会構成体だったのである。近代資本主義社会は，封建的共同体内生産力の発展による個の自立と共同体の終局的解体にもとづくウェーバー的「近代的人間類型」の究極的成立の結果，初めて成立しうるものであった。

　唯物論的マルクス経済学と観念論的ウェーバー社会学の大塚久雄による総合は，以下のようなシェーマにもとづいて実現可能となった。近代資本主義的生産関係は，生産手段を有し，労働者が有する労働力を商品として購入する資本家，および，生産手段を有せず，労働力を商品として販売するしかない労働者によって織り成される。こうした生産関係の発展が，マルクス的＝山田盛太郎再生産表式にもとづいて持続的に行われるようになると，神から与えられた職業にあらゆる誘惑を振り払って従事することを条件に容認された利潤追求は，もはや宗教的信仰という後ろ盾を必要としなくなる。ウェーバーがヨーロッパにおける近代資本主義誕生に決定的に重要だったと指摘する「資本主義の「精神」」の後退，換言すれば，職業観念の脱宗教化である。資本家たちは，神のためではなく，自己実現のために，自由に剰余価値の追求に邁進することができるようになった。つまり，信仰心とは無縁のところで，ときとして近隣窮乏化さえもいとわず展開される自由な利潤追求が，資本主義社会において一般化していったのである。

　大塚史学は，こうしたシェーマにもとづいて，独立した市民＝企業家の形成過程に，「封建制」の基礎をなす共同体の解体と市民的自由の確立を見透しつつ，戦後日本の民主化に理論的基礎と展望を提示した。しかし，「進んだ」欧米と「遅れた」日本という大塚史学的パラダイムが転換した70年代以降，ともすれば欧米に対する「追いつき追い越せ」論となっていた大塚史学的「近代化論」に対する支持基盤は，急速に揺らいでいく。「世界システム」論の隆盛をはじめとする経済史研究のグローバルな進展，在外一次史料への接近可能性の上昇に由来する実証水準の向上も，大塚史学衰退の要因であった。
　　　　　　　　　　　　　　　　　　　　　　　　　　　　　　　　（藤田　憲）

【参考文献】堺憲一［2009］『新版 あなたが歴史と出会うとき』名古屋大学出版会
　　　　　小野塚知二／沼尻晃伸編著［2007］『大塚久雄『共同体の基礎理論』を読み直す』日本経済評論社
　　　　　マックス・ウェーバー［1988］『新装版 政治・社会論集』阿部行蔵他訳，河出書房新社

　ただし，オスマン朝の誤算はイギリスの経済成長が急激過ぎたことで，当時のオスマン朝の最大の貿易相手国のイギリスからオスマン朝への綿糸輸出は，1825

年を基準に 60 年に約 40 倍，綿布輸出では約 60 倍となり，オスマン領内の伝統的な手機による紡績業は大打撃を受けた。ただし，国内の鉄道網の未整備のため外国産品のオスマン領内陸部への浸透は緩慢で，伝統的手工業は一気に衰退したわけでなく，イギリス産綿糸と染料を用いる織物工場や染色工場も繁栄した。

　一方，オスマン朝は土地所有権に関しては，土地国有の原則を再確認すべく 1858 年の土地法で，国有地における農民の用益権を保証する土地証書を直接個々の農民に交付しようとしたが，私的土地保有の観念を農民は理解し得ず，在地の有力者が自分の名義で土地を登録させ，有力者のもとに土地が集積された。

　このようにオスマン朝は近代化を進め，1876 年に制定された憲法で，オスマン朝のすべての臣民が宗教の如何にかかわらず「オスマン人」と呼ばれることが規定され，以後「国民国家」への道を歩むことになった。ただし，イスラーム主義の大原則は堅持され，オスマン皇帝は，イスラーム的近代国家を主導する「啓蒙的な専制君主」であると強調された。

　インドでは，18 世紀前半にムガル朝は衰え，そこへ産業革命を経たイギリス勢力が進出し，19 世紀初頭にはムガル朝の領土はほぼすべてイギリス軍に占領され，ムガル皇帝は外国勢力の年金生活者となった。18 世紀のインドはムガル朝の衰退と自立的な多数の国家の台頭による戦乱のなかで，全体として経済的停滞が生じたが，広範に手工業が展開しており，手工業製品と農産物は自給状態にあり，さらに輸出もされたことから銀と金が流入した。

　18 世紀後半以降のイギリスの植民地政策は，植民地をイギリス本国への農産物や鉱物資源の供給地とし，イギリス本国の工業産品を植民地へ輸出させるもので，インド手工業は不利な立場に追い込まれたが，低賃金労働力による低価格と高品質でイギリス産品と対抗した。しかし，植民地政策に支えられてイギリス産業革命が進展し，イギリス工業産品の国際競争力が高まると，最終的に農業国インドが工業国イギリスの経済的植民地となった。

　17 世紀末に中国を統一した清朝は，明朝の国内支配体制を基本的に継承し，民間に私鋳銭の発行を認め，「銭（銅）」が現地通貨として機能し，その上位で地域間の決済を「銀」が担う銀銭（銅）二貨制が採られた。その中で商工業者の同業者団体である「行会」が組織され，清朝は彼らに流通面の徴税を請け負わせてその存在を認めた。土地税制でも清朝は，人頭税的性格を持つ丁銀を土地税の地銀にくり入れて一本化し（地丁銀），その徴税を有力地主に請け負わせた。中国

では貿易制度のことを「互市」と呼ぶが，清代にも朝鮮・琉球・タイなど朝貢国があり，朝貢貿易が行われたものの，清朝は明代の海禁政策を改め，「互市」を民間にも開いた。清朝には積極的に朝貢国の範囲を広げる意図はなく，ロシアとも朝貢関係によらずに国境を「条約」で確定した。中国の対外交易は，明代から清代にかけて，双方向の貿易独占としての朝貢一元体制から，参入の自由を基調とする互市の制度へと展開したと言えよう。ただしヨーロッパ諸国への警戒心は強く，互市の場所として清朝は，1757 年以降，ヨーロッパとの交易港を広州（広東）に限定し，特許商人の広東十三行に交易を行わせた。

　その後ヨーロッパとの交易は，産業革命を迎えた西ヨーロッパ諸国が海外への販路拡大を目指すなかで増大し，清朝も 1839 年に東南アジア諸国との朝貢政策をゆるめ，ヨーロッパとの交易に力点をおいた。その背景に，広東貿易の利益掌握をめぐる清朝内の中央と地方との対立があり，正規の税額以外に慣習や地方的合意による正額外の課徴を原資として「地方財政」の体系も現れた。中央と地方との対立にイギリスの利害が連関してアヘン戦争は始まり，その後のアロー戦争も含めて清朝はイギリス・フランス軍に敗北し，多数の港を開港させられた。そして新たに開港された寧波の商人らがやはり新たに開港された上海を拠点に勢力を拡大し，清朝は新たな事態に対応する富国強兵政策を採り，軍需工場や紡績工場が設立された。ただしそれらの工場は官営工場中心であり，中国で民間主導の工業化が進んだのは 20 世紀に入ってからであった。その一方，清朝を含め東アジアでの貿易の商権は，交易人脈をもつ中国商人が握り，中国の伝統と西洋の近代を機能分担と位置付け，思想的伝統を維持する方向性が見られた。

　こうしたアジアの「近代」化は，自国を工業化し，国民国家としての凝集性を高める意味で，欧米の「近代」と同様にナショナルなヒストリーを語りうる時代の到来といえるが，欧米諸国の産業革命との対抗の側面をもたざるを得なかったように，一国史的に完結するものではない。その国民国家的性質はインターナショナルな環境の中でこそ確立するといえ，ナショナル・ヒストリーの勃興とインターナショナル・ヒストリーの成立はほぼ同時であるといえる。その場合，前近代社会では経済面・軍事面でヨーロッパ諸国よりアジア専制帝国が優越していたと考えられるが，近代期のアジアは，全体として資本主義原理が社会を貫徹する欧米の「近代」に対し，経済面・軍事面の国際競争力で劣ることとなり，資本主義が世界を再編成するに至った。その点について，次章で詳しく述べる。

第5章　資本主義による世界の再編成

──ナショナル・ヒストリーからインターナショナル・ヒストリーへ

1. 海を基軸とした経済圏

　本章では主に 19 世紀の世界を対象として，資本主義が一国の経済システムに止まらず，これまでとは違う新しい世界を形成したことを把握する。新しい世界を形成する直接の原動力は，前章で見たように産業革命を経て巨大な生産力を築き上げたイギリス資本主義を代表とする欧米資本主義の国際競争であった。ただし，膨大に生産されるようになった工業製品の販路を求めて欧米諸国が海外の市場を拡大しつつ世界市場を形成してゆく過程は，同時に，そこへ包含される諸国における抵抗や協調を引き起こし，各国において多かれ少なかれ社会変革が進む過程でもあった。そして，欧米諸国へ輸入される原料や半製品と欧米諸国から輸出される工業製品は，いずれも大部分が海洋貿易を通して行われ，大海を基軸とした経済圏を新たに形成する過程でもあった。

　そこで，本章では，大海を基軸として世界を 3 つの経済圏に分け，それぞれのなかでの欧米資本の展開とそれへの抵抗と協調を示した各国の動向を概観する。そして，大西洋交易と密接に結びついたヨーロッパとアメリカ，インド洋交易と密接に結びついた西アジア・南アジア・東南アジア，太平洋交易と密接に結びついた東アジアとオセアニアをそれぞれ組み合わせ，「ヨーロッパ・大西洋経済圏」「西アジア・インド洋経済圏」「東アジア・太平洋経済圏」とする。

　ヨーロッパ・大西洋経済圏では，まず自生的に資本主義が生成したイギリス・フランスの動向を両国の土地制度の相違の視点から整理する。次いで，プロイセンなど，「上からの変革」によって工業化を進めた中部ヨーロッパの資本主義を

取り上げ，同様に皇帝が「上から」改革を試みたが実質的には農奴制を解体し得なかったロシアと，その逆に封建制を経験せず近代期に奴隷制が展開したアメリカ合衆国の展開を，奴隷制度と資本主義の視点から概観する。

　西アジア・インド洋経済圏では，まずオーストリアやロシアと隣接しており，ヨーロッパ資本との対抗と協調のなかで産業化と近代化を進めた二大イスラーム教国のトルコとイランの動向を概観する。次いで，イギリス資本の支配を受け，イギリスの植民地となったインドの動向を軸に，インド洋交易の展開を整理し，インド洋交易と東シナ海交易を含むアジア間交易圏が，ヨーロッパ勢力の進出でどのように再編されたかを，東南アジア諸国の動向と併せて概観する。

　東アジア・太平洋経済圏では，中国を基軸とする朝貢体制が，ヨーロッパ勢力の進出によりどのように変容したかについて中国と日本の動向を概観し，太平洋交易の拡大により世界市場での重要性を増したオセアニアについても触れる。

　その上で，生産と流通の両面から近代資本主義の総括的な考察を最後に行う。

2. ヨーロッパ・大西洋経済圏

1）土地制度と近代資本主義

　市民革命を経て近代社会を迎えたイギリスとフランスであったが，その過程で確立した土地所有関係は，大きく異なった。イギリス革命では，それ以前に成立していた私的大土地所有が所有権として追認されたことで大地主制が定着したが，フランス革命では，封建的土地所有関係が本格的に解体され，多くの小土地所有農民（分割地農）が誕生し，それらの私的土地所有権が認められた。その意味では，フランス革命の方が，「下からの革命」の性格が強かったといえる。

　ただし，それはイギリス革命の先駆性を否定するものではない。イギリスでは，第一次エンクロージャー運動のなかで，市民革命に先だって封建的土地所有が実質的に解体されて私的大土地所有が成立しつつあり，市民革命はそれを所有権の付与の形で追認した。その意味で，イギリスでは「革命」というよりも自生的な「変革」がゆるやかに進んだといえる。ただし議会による土地所有権の追認の意味も大きく，土地所有関係の実態は，市民革命後の農業革命と第二次エンクロージャーによって劇的に変化して，私的大土地所有が確立するに至った。

　イギリスとフランスの土地所有関係の相違は，両国資本主義の生産形態の相違

へつながった。大土地所有を実現したイギリスでは資本の集中が容易で，多額の設備投資を必要とする機械制工業が民間主導で成立したのに対し，小土地所有農民が広範に存在したフランスでは，資本の分散化が見られ，大量生産にそぐわず，熟練労働力の存在意義が強かった。むろん，機械制工業による量産の方が，熟練労働による専門生産より単位当たりの生産コストは低かったと考えられ，品質はともかく量と価格の面で国際競争力は強かったため，フランスでも1830年代以降の七月王政下に政府主導で大規模な工場制が普及し，熟練労働者の地位は低下した。ただし，全体的推移としてイギリスほどには機械制大工業が定着せず，前章で述べたクラフト的生産体制による「柔軟な専門化」生産が根強く残った。

　それに対し，私的大土地所有が成立したプロイセンでは，1850年代以降に産業投資銀行が成立すると資本の集積が見られ，機械制工業による重工業が発展し，後に大型企業体が成立した（後述）。全体として，低価格と標準化された品質を武器にまずイギリス製品が世界市場で大きな地位を占め，フランスは高品質ではあったが価格面でイギリス製品ほどの競争力をもたなかったため，世界市場で遅れをとり，19世紀後半以降は，世界市場でドイツ製品が低価格と標準化された品質を武器にイギリス製品に迫る勢いを見せた。

2）地主制・小農制とイギリス・フランスの資本主義化

　大地主制下のイギリスでは，地主利害保護のため，1815年に穀物法が制定され，小麦の国内価格が一定水準以下になると小麦の輸入を禁止する保護政策が採られたが，国内食料品価格の低下による賃金コスト引き下げと，穀物輸入相手国への円滑な工業品輸出を図りたい産業資本は，20年代になると穀物法撤廃を求めた。そして，1839年にマンチェスター商業会議所の後押しで反穀物法同盟が設立され，綿製品の生産と輸出の拠点であったマンチェスターやリバプールが反穀物法運動の中心になった。その後運動は，食料品価格の低下を望む労働者の一部をも包摂して国民運動の形態をとり，政策転換は避け難くなった。また，資本主義生成期に重要な出資者となった地主層も，資本主義の定着とともに，地主としてよりも出資者としての利害を優先させるに至り，自由貿易運動は，イギリス政府の政策が地主利害重視から産業資本利害重視へと転換する契機となった。

　1840年代の関税改革と穀物法の撤廃による政策転換は，一方的な自由貿易化であったが，当時のイギリスは国際競争力に勝り，互恵的通商条約の必要はなく，

その後のイギリス製品の輸出は順調に発展した。1860 年代のイギリスは，石炭採掘量・銑鉄生産量・棉花消費量ともに，フランス・プロイセン・アメリカ合衆国・ロシアいずれよりも 2〜3 倍以上を占め，イギリスはいわゆる「世界の工場」となった。そして海外投資も拡大し，ロンドンは国際金融市場の中核となった。

　ナポレオン戦争後のフランスでは，ブルボン朝復古王政の下で保護貿易政策がとられ，製鉄業・繊維工業などが成長し，1830 年からの七月王政期に，本格的に産業革命が進展した。ただし，もっとも工場制が普及した繊維工業でも，問屋制前貸を受けた農村家内工業が 1840 年代まで支配的であり，繊維工業では絹工業がアメリカなどへの輸出を拡大したが，それは熟練労働による高級品の競争力が優れていたからであった。製鉄業でも木炭を使った農村の零細な製鉄業が1840 年代まで発展を続け，高品質で地域的な市場の需要に適合していた。全体として 19 世紀前半におけるフランスの工業化は，イギリスとは質の異なる熟練労働に基盤をおいた中小経営による高品質の生産が中心であった。そして，鉄鋼などの基礎的生産財や綿織物などの大衆消費財部門で，高い原料価格や狭い国内市場のために大工場の全面的発達が制約される一方で，農村家内工業として綿織物や金属製品など日用品の生産が広くみられる二重構造が形成された。

　実際，19 世紀前半のフランスは，農業が支配的な国で，農民の土地所有は細分化する傾向にあり，農村社会で中核となる自作農や定額小作農の下に，分益小作農が位置した。一般に，定額小作は，収穫の約 6 分の 1 から約 3 分の 1 を現物または貨幣で小作料として納付するもので，分益小作は，収穫の約 2 分の 1 を小作料として納付するものであった。分益小作農は生活が苦しく，農村工業や農業労働者として雇用されたり，出稼ぎに従事するものが多かったが，小作農ではない純粋な農業労働者の数は非常に少なかった。都市工業では，高賃金を獲得した熟練労働者が階層をなす一方，パリの都市改造事業のために多数の非熟練労働力がパリに集まったが，職人組合を結成したのは，都市手工業の熟練職種にほぼ限られた。職人組合とは別に，相互扶助組合も急速に拡大し，これらが七月王政下の主要な労働争議において指導的役割を果たした。

3）農場領主制とプロイセンの資本主義化

　ヨーロッパのエルベ川以東はスラブ人居住地域であったが，12〜13 世紀にドイツ人の植民が進み，16 世紀頃に農場領主制が成立した。農場領主制は農民に

賦役が課され，人格的隷従もともなうような領主 農民関係を基礎としたが，領主直営農場は商品生産を行い，穀物を輸出した。エルベ川以東も含むヨーロッパ中央部は，18世紀末にはプロイセン，バイエルン，ザクセン等300余の領邦国家が分立する状態にあり，領邦国家では，絶対王政的な体制が採られ，土地所有形態はおおむねエルベ川以西が純粋荘園制，以東が農場領主制となっていた。工業はライン川流域などである程度の発展を見せ，領邦間の経済的関係も深まりつつあり，工業化の中心となった中南部ドイツにはバイエルン王国やザクセン王国が成立したが，ドイツ統一の動きは，辺境に位置したプロイセンから生じた。

　1806年にナポレオン軍に敗れてプロイセン絶対王政は崩壊の危機に直面したが，国王は07年に「十月勅令」を出し，領主への人格的隷属の廃止，職業選択の自由など市民的諸権利を承認した。この勅令から始まる一連の改革を指導したのが貴族官僚出身のシュタインとハルデンベルクである。「十月勅令」以後もさまざまな法律等が出されて「営業の自由」の承認，ギルドの特権の廃止などが行われたが，この改革にとっての中心的な課題は農場領主―農民関係の解体であった。それは，王領地では農民に土地「所有」権を付与し，それまでの賦役（労働地代）を貨幣地代に改める形で実施された。農場領主下の農民に関しては，農民を，自立的農業経営が可能か否かを基準に「調整可能な」農民とそうでない農民に分け，「調整可能な」農民は，「保有」地の約2分の1～約3分の1を領主に渡すことによって賦役を廃止され，残った「保有」地を「所有」地にすることができた。しかし，その他の農民は土地をほとんど与えられなかった。

　したがってこの農民解放は，上層農民のみの解放であり，かつ有償解放であった。また，共同地の分割と土地交換も進められて，旧領主や上層農民は所有地を拡大するとともに一括化し，賦役を失った旧領主の眼前には，生産手段から分離され雇用されるしかない農民がいたため，旧領主は，雇用労働力を使って自らが直接に大農場を経営する「ユンカー経営」を成立させた。プロイセンは，この改革によって旧農場領主をユンカーに転化して農村支配の支柱にし，上層農民を自作農化して租税確保の基盤にした。この改革は，イギリス・フランスへ政治的・軍事的に対抗しうる経済力をもつ必要があるとの判断から始まり，旧制度を廃棄して工業化を推進しようとし，資本主義的工業化の条件を上から創出するものであった。ただし，全体として「上からの改革」は一気には進まず，ドイツ資本主義が本格的発展の道を進むには，改革後にも克服されるべき課題が残った。

4）中部ヨーロッパの産業化とドイツ統一

　ドイツ地域がイギリス・フランスに対抗する経済力をもつためには，中央集権国家による「上からの改革」が必要であったとの見解とは別に，ドイツ地域が多数の領邦国家からなる地方分立状態であったことが，地域間競争の圧力となり，ドイツ地域の工業化を促進したとの見解もある。実際，ドイツ地域で産業化が進展したと考えられる1830年代には，ドイツ地域に強力な中央集権国家は存在しておらず，ライン川流域の中小領邦国家が連なる地域で，綿工業を中心とする産業革命が生じたともいわれる。そして，ライン川下流域では，その中からライン西インド会社と呼ばれる貿易商社も設立され，大西洋交易へ進出してライン川流域圏にとっての新市場をラテンアメリカに開拓する役割を果たした。

　このことは，産業革命を国民経済の枠組みで論ずることの限界を示しており，プロイセンに代表されるように中央集権国家の強みを活かした政府主導の産業化の流れと，ライン川流域で領邦国家のなかでは辺境に位置する地域に自立的経済圏が形成される流れの2つがドイツ資本主義を形成する源流になったと見ることができる。例えばライン川最上流域の綿工業地帯は，国境をまたいで複数の関税圏に分属しつつ，資本と労働力の集積によって域内で企業家が再生産され，資本の継続的な再投下が行われる自立的な経済圏であった。このような中部ヨーロッパ各地の地域工業化の進展は，麻工業地帯のシュレジエンをめぐりオーストリアとプロイセンが争い，18世紀中葉にそこをプロイセンに奪われたオーストリアが，国内に統一的関税地域を設定してボヘミアの綿工業を保護したように，産業化をめぐりドイツ地域の各領邦国家が競争する状況をもたらしたのである。

　19世紀のプロイセンでは，「農民解放」が行われ，「営業の自由」も認められたが，イギリス製品との競争の激化は貧民の増加を招き，社会問題が深刻化した。そして1848年にオーストリアの都ウィーンとプロイセンの都ベルリンでそれぞれ三月革命が起き，ドイツ憲法の制定を目標に，フランクフルト国民会議が結成された。これらの革命運動は最終的にオーストリアやプロイセンなど領邦国家側に抑え込まれたが，この騒動は工業化政策の推進を可能にする強力な国民国家形成（ドイツ統一）の課題を浮き彫りにした。

　三月革命に先立って1834年にドイツ関税同盟が発足し，それは対外的には同盟内産業の保護に，対内的には領邦間関税障壁撤廃による同盟内商工業の発展に，大きく貢献していた。そして，三月革命後に領邦国家はさらなる工業化促進政策

を推し進めた。鉄道建設の推進や産業育成のために投資銀行が設立され，1850
年代にルール地方にドイツ重工業の中心が形成され，ドイツ地域とフランスの国
境地帯のザールでは石炭業が発展した。

　一方，オーストリアでも，1848年の革命期に決められた農民（農奴）解放が
53年にようやく実施され，50年代に鉄道敷設や繊維工業の近代化が進展した。
ただし，全人口に占める農業人口の比率はプロイセンに比べるとかなり多く，し
かもそれらの農民は，農奴制時代の後遺症と大地主制の圧迫により，購買力がか
なり低かった。そのため国内市場は狭く，産業育成に保護関税政策の必要を実感
したオーストリアは，ドイツ関税同盟への加盟を企図した。しかし，工業化が進
展したプロイセンが自由貿易主義の立場をとってオーストリアの加盟に反対し，
ドイツ統一をめぐる両国の対立が激しくなった。そして1861年にプロイセン王
に就いたヴィルヘルム1世は宰相にビスマルクを起用し，強引な統一政策を始め，
66年にオーストリアとの戦争に勝利して北部の諸領邦を統一し，70〜71年のフ
ランスとの戦争に勝利してドイツ帝国を樹立した。その後のビスマルクは，2回
の国際会議をベルリンで開き，ロシアの南下政策を押さえ，植民地設立の条件を
列強間で合意した。その結果列強によるアフリカの植民地分割が急激に進んだ。

　ドイツ帝国では，1870年代に，貨幣の統一，中央銀行の設立など経済的統一
を推進する諸方策が次々と実施され，工業化が急速に進展した。そしてフランス
からの多額の賠償金の取得で「会社設立ブーム」が生じ，企業間の連携や連合も
進展した。1890年代中葉からは，大企業による市場独占が目指され，ルールの
炭鉱地帯に石炭シンジケートが設立され，重工業部門でカルテル化が進められた。
こうして，ドイツ製鉄業はイギリス製鉄業に対抗し得る存在になった。

5）農奴制とロシアの資本主義化

　19世紀前半のロシアは農奴制が広がり，皇帝（ツァーリ）が支配するきわめ
て専制的な国家であった。農民の多くは国家から人頭税や兵役を課され，各々の
領主から賦役を課される隷従的な農奴であり，農村共同体では，土地の定期割替
が行われたり，租税納付の連帯責任が負わされるなど，共同性が強く残った。む
ろん，農奴制時代にも綿工業，製糖業，鉄鋼業などがある程度発展したが，農奴
制社会では工業の発展に限界があり，西欧諸国の工業に対抗することは難しかっ
た。1853〜56年のクリミア戦争での敗北でそのことを痛感したロシア皇帝は，

「上から」農奴制を解体することを決断した。それは，西欧諸国に軍事的に対抗しうる国家を作るための工業化政策の開始でもあった。

　1861 年に行われた農奴解放で農奴は領主への隷属から解放されて，人格的自由，営業の自由を認められ，従来の保有地が「分与地」として与えられた。ただし，領主は全体の半分近くまでを「切取地」として私有することが認められ，旧農奴はさらに分与地を「買い戻す」必要があった。その場合，買い戻し価格の大部分を国家が立て替えて払い，その分を旧農奴は長期間にわたり国家に返済することとなった。良好な土地を切り取られて分与地のみでは経営が成り立たなくなった農民は，旧領主（地主）から借地したが，借地料は労働（雇役）で支払う場合が多かった。こうして，「切取地」により大土地所有者になったものの賦役を失った旧領主が労働力を確保し得た。そして，旧領主は労働力の雇役により大農場主となり（雇役制），穀物など農産物を西欧に輸出した。

　また，農村共同体（ミール）は農奴解放によっても解体されず，旧農奴の「分与地」の買い戻し手続きは共同体の連帯責任でなされることとされた。こうして国家はミールを一種の行政機関のように位置づけて農民統制を図った。農民には人頭税など直接税，さらに砂糖，たばこなどへの間接税が課され，上述の買戻し金の支払いとともに農民を圧迫し，現金収入が必要となった農民たちは，工場，建設現場，鉱山などに出稼ぎに行った。このような状況では個々の農民経営が大きく発展することは難しく，農業生産力はあまり伸びなかった。

　ただし，国家による工業化政策は強力に推進され，鉄道建設が進み，鉄道網の形成は国土の広大なロシアの国内市場を統合し，綿工業をはじめとする各種工業の発展に貢献した。また，南ロシアなどでは石炭や石油の採掘も進展し，アメリカ合衆国産灯油がロシア市場から一掃されるなど，ロシアの工業化は着実に進展した。工業化に必要な生産財の輸入もあり，ロシアでは農奴解放後に輸出入が大きく増加したものの，1870 年代半ばまでは貿易収支はおおむね赤字であった。生産財の輸入は，零細な農民経営および雇役制地主農場の産出する穀物の輸出によって賄われたが，それだけでは足りず，資本輸入によって可能となっていた。1880 年代以降は貿易収支が黒字になったが，資本輸入にともなって生ずる対外返済ならびに利子・配当支払いが貿易収支の黒字額を超え，経常収支はおおむね赤字となった。したがってさらなる資本輸入が必要になり，ロシア資本主義は外資依存の構造を定着させていった。

解説 I-8

ロストウ／クズネッツの経済発展論

　第二次大戦後，列強による植民地体制は崩壊し，アジア・アフリカを中心に多くの新興国家が誕生した。これら政治的独立を達成した新興国家は，経済的自立とりわけ工業化を目標とした。当時の東西冷戦の下で，これら諸国が工業化のために資本主義体制と社会主義体制のいずれを選ぶかは国際的に注目され，両体制の優劣が論じられた。

　アメリカ合衆国の経済史家ロストウは，国務省勤務を経て 1950 年からマサチューセッツ工科大学教授となっていた。ロストウは世界の主要国の工業化と経済成長の過程を分析し，1960 年に『経済成長の諸段階』を発表した。同書には，「一つの非共産主義宣言」という副題が付けられており，マルクス主義に対する強い対抗意識をもって書かれた。マルクス主義の発展段階論では，人類社会は，アジア的生産様式・古代奴隷制・封建制・資本主義を経て社会主義に移行し，最終的には共産主義社会が実現されると説く。これに対して，ロストウはマルクス主義の発展段階論とは異なり，すべての国がいずれはアメリカ合衆国が達成したのと同様な高度大衆消費社会に到達できるとした。

　ロストウの経済成長段階論では，「1 人当たり生産量の増加」を主な指標とし，すべての国は以下の 5 つの成長段階をたどることになる。

　第一段階は「伝統的社会」であり，封建制以前の社会のすべてがこれにあたり「経済的技術の生産性に上限をもつ」社会である。第二段階は「離陸のための先行条件」の時期と呼ばれ，「近代科学の知識が農業および工業の新しい生産函数という形をとりはじめ」る。第三段階は「離陸」（take-off）であり，「社会における経済の基本構造および社会的・政治的構造は変形され，それから以後，着実な成長率が常時，維持できるようになる」重要な時期である。「離陸」は，イギリスでは 18 世紀後半，フランス，アメリカ合衆国，ドイツも 19 世紀に経験し，日本やロシアも 19 世紀末には経験した過程であるとされ，これは従来の経済史でいう産業革命に対応する。第四段階は「成熟への前進」であり，「離陸」した「社会が広範な近代的技術を大量の資源に有効に応用し終えた時期」である。第四段階を経た社会は，第五段階であり最終の「高度大衆消費社会」（the age of high mass-consumption）に到達する。

　以上のように，「離陸」こそロストウ経済成長論の基軸的概念であり，発展途上国に離陸の先行条件を作り出すことが開発戦略の方針となる。また，この発展段階説によ↗

6）奴隷制とアメリカ合衆国の資本主義化

　19 世紀初頭のアメリカ合衆国はおおまかにいえば，北東部が工業・金融地帯，北西部が開拓農民の農業地帯，南部が棉作地帯という産業構造であった。棉花は黒人奴隷を使役したプランテーション（大規模農場）で生産され，アメリカ合衆国の経済発展の原動力は，奴隷の増加に表れる南部棉花地帯の拡大であった。そ

＼って発展途上国を資本主義陣営に引きとめることができると考えられた。こうして，1960 年代アメリカ合衆国の発展途上国政策はロストウ理論をもとに展開された。

　しかし，ロストウの発展段階論については，マルクス経済学の側からだけではなく，非マルクス経済学からも批判・疑問が提出された。ロストウは「離陸」の説明として，投資率の急激な上昇と持続をあげている。しかし，投資率の急激な上昇は統計的に証明されていない。また，「離陸のための先行条件」期と「離陸」の区別が明確でないなど，実証面でいくつかの問題があった。

　クズネッツは，19 世紀半ば以降の各国の経済統計とりわけ国民所得統計を推計・整備し，先進諸国の経済成長に共通に見られる特徴を分析した。彼は，先進国の経済成長において，高い人口増加と 1 人当たりの国民所得の持続的上昇が同時に開始された点を指摘し，こうした成長を「近代経済成長」（Modern Economic Growth）と名づけた。クズネッツは，「近代経済成長」は，18 世紀半ばのイギリスから欧米諸国に波及し，19 世紀末には日本も参加したことが確認されるとした。

　また，クズネッツは経済成長と所得分配の関係を考察し，経済発展が進展すると初期において所得分配は悪化するが，次第に改善するとの逆 U 字仮説を提唱した。クズネッツの研究が出発点となり，経済成長と所得分配に関する各国別の実証研究がはじまった。しかし，逆 U 字仮説は証明されず，むしろ両者の間には何の関係もないとする批判的研究が近年多く出ている。

　いずれにせよ，ロストウとクズネッツの研究が出発点となって，経済発展論は詳細な実証研究を積み重ねてきている。しかし，それらに共通する問題は，先進国の経験をもとにして，発展途上国も同様の単線型の発展をすると前提していることにある。工業化の始まる時期における当該国がおかれた国際環境やそこにおける当該国の位置を無視し，18 世紀の経済発展と 20 世紀（さらに 21 世紀）の経済発展を同列に論じることには問題がある。

（小島　健）

【参考文献】W. W. ロストウ［1961］『経済成長の諸段階――一つの非共産主義宣言』木村健康／久保まち子／村上泰亮訳，ダイヤモンド社（原著 1960 年）

　　　　　S. クズネッツ［1968］『近代経済成長の分析』（上・下）塩野谷祐一訳，東洋経済新報社（原著 1966 年）

　　　　　S. クズネッツ［1977］『諸国民の経済成長――総生産高および生産構造』西川俊作／戸田泰訳，ダイヤモンド社（原著 1971 年）

してアメリカ合衆国南部の棉花生産量は 1790 年の約 157 万ポンドから 1834 年の約 4 億 5,750 万ポンドに増大した。このころ北西部の農産物は主にミシシッピー川の水運を利用して南部方面の市場に運ばれ，北西部と南部は深く結ばれていた。また，北東部がイギリスなど西ヨーロッパからの工業製品流入の制限を求めたのに対し，南部はヨーロッパへの棉花輸出を増やすために工業製品の輸入制限に反

対であり，南部＝北西部連合対北東部という対立関係が生まれた。

　ところが南部＝北西部連合は西部開拓とともに崩壊した。解体の契機は「土地問題」と「奴隷州問題」の発生にあり，「土地問題」は西部に広がる「公有地」（先住民の土地）を小区画に分割して払い下げるか，大区画のまま一括して払い下げるかの対立で，開拓農民は前者を支持し，南部プランターは後者を求めた。これは農民的土地所有にもとづく農業が展開するか，大土地所有にもとづくプランテーション経営が発展するかの分岐点であった。「奴隷州問題」は，新たにアメリカ合衆国に加入する州を奴隷制禁止の自由州とするか，奴隷制を認める奴隷州とするかをめぐる対立で，19世紀初頭にも生じたこの対立は1820年のミズーリ合意によって収まっていたが，50年頃から再び大きな問題になった。南部プランターの勢力を排除するため自由州を求める開拓農民に対し，南部プランターは奴隷州を求め，こうして南部＝北西部連合は解体に向かった。その中でも，南部プランターの利害を代表する大統領が1820〜30年代に選ばれたため，そのもとで南北融和が図られ，黒人差別意識が北部白人労働者層にも植え付けられた。

　一方，アメリカ合衆国では1840年代後半から鉄道網建設が本格化し，53年にはシカゴ―ニューヨーク間鉄道が開通し，北西部・五大湖周辺の開拓農民による農業と北東部沿岸諸都市が直結された。そして北西部の農産物は南部を経由することなく北東部の大消費市場に運ばれ，北東部の工業製品も北西部を市場にすることができた。両地帯は互いに相手の発展を促進する要因となり，利害の共通化が進み，代わって南部は孤立した。1860年の大統領選挙でリンカーンが当選すると南部諸州はアメリカ合衆国を離脱し，61年に南部のみで連邦国家を樹立した。しかし北部は南部の分離を容認せず，5年間にわたる内戦が勃発した。戦況は当初，南部に有利に展開したが，人口，経済力などで優る北部が1863年頃から優勢となり，南軍は65年に降伏した。リンカーン共和党政権は1861年に北東部工業の利害に沿って保護関税政策を採用するなど，戦争中に次々と重要な政策を実施し，西部の開拓地に5年間居住して耕作した入植者に対して160エーカー（約65ヘクタール）以下の公有地を無償で譲渡する，というホームステッド法を62年に成立させた。この政策によって西部の農業は大いに発展したが，それは同時に拡大する国内市場をアメリカ合衆国工業に提供し，南北戦争後に鉄鋼業・綿紡績業などが急激に成長した。そして，ヨーロッパからの移民労働者にも支えられ，アメリカ合衆国は1880年代後半に銑鉄生産量，90年代末に棉花消費量が

表5-1　輸入地域別アメリカ大陸への輸入奴隷数推計

(単位：千人)

地　域	1451～ 1600 年	1601～ 1700 年	1701～ 1810 年	1811～ 1870 年	合　計
イギリス領北アメリカ	—	—	348	51	399
スペイン領アメリカ	75	293	579	606	1,552
カリブ諸島	—	464	3,233	96	3,793
ブラジル	50	560	1,891	1,145	3,647
その他	150	25			175
合　計	275	1,341	6,052	1,898	9,566

出所）矢内原勝「大西洋奴隷貿易のアフリカへの影響」（矢内原勝／小田英郎編［1989］『アフリカ・ラテンアメ
　　　リカ関係の史的展開』慶應義塾大学地域研究センター）14頁の表2 より作成。

いずれもイギリスを凌駕し，世界一の工業国となった。

　リンカーンは 1863 年に有名な奴隷解放宣言を行い，戦争終結直後には共和党
急進派の人々は解放奴隷の経済的自立を目論んで，大土地所有を解体し，旧奴隷
に土地を分与しようとした。しかし，その試みは失敗に終わり，実際に南部に定
着したのは，折半小作制（シェアクロッピング制）であった。すなわち，旧奴隷
主は土地を細分化して道具や役畜も含めて旧奴隷に貸与し，旧奴隷は生産物（穀
物，棉花など）の半分程度以上を現物地代として旧奴隷主に支払った。南北戦争
により，奴隷主は地主に，奴隷は従属的借地農に編成し直された。奴隷解放が不
徹底に終わってしまったこの事態は，アメリカ合衆国経済における南部の位置を
固定化し，以後長い間にわたって深刻な社会問題を抱えることにつながった。

7）奴隷貿易とアフリカ・ラテンアメリカ関係

　前述のようにアメリカ合衆国の資本主義にとってアフリカから輸入された黒人
奴隷は大きな役割を果たしたが，表 5-1 のようにアメリカ合衆国へ輸入された黒
人奴隷よりもはるかに多数の奴隷がラテンアメリカ地域（中央アメリカ・南アメ
リカ）に輸入された。大西洋奴隷貿易を媒介として，アフリカとラテンアメリカ
は密接な経済関係を築いたといえる。その場合，黒人奴隷の輸入がラテンアメリ
カ経済に与えた影響と，黒人奴隷の輸出がアフリカ経済に与えた影響の双方を理
解する必要がある。その視点で，アフリカ・ラテンアメリカ関係を概観する。

　ラテンアメリカに輸入された黒人奴隷は，現地で砂糖・コーヒーなどのプラン

テーション栽培の労働に従事したが，イギリス・フランスなどでの市民革命の影
響をうけて，19 世紀には奴隷解放への動きが活発となった。もっとも輸入され
た当初からラテンアメリカの黒人奴隷は，白人や現住民との混血を繰り返すこと
で，自由身分を得ようとする傾向が強く，アメリカ合衆国と異なり，ラテンアメ
リカでは 18 世紀後半から黒人奴隷制は自然と弱体化していた。特に，フランス
革命を契機としてフランス革命政府が奴隷制を廃止したフランス領西インド諸島
では，奴隷が本国からの独立を求めて蜂起して 1804 年にハイチと国名を定めて
独立し，以後イギリス・フランス領ラテンアメリカ諸国の独立が相次ぐとともに，
イギリス・フランスは大西洋の奴隷貿易を廃止した。そしてメキシコも 1824 年
に独立したが，40 年代後半のアメリカ合衆国との戦争に敗北してカリフォルニ
アをアメリカ合衆国に割譲し，その直後にカリフォルニアで金鉱が発見されたた
めアメリカ合衆国ではゴールドラッシュが生じたが，メキシコ側から見ると，重
要な鉱物資源を失い，その後の工業化は遅れた。

　また，奴隷貿易の廃止は必ずしも奴隷制の廃止につながらず，アメリカ合衆国
南部やスペイン領キューバ・ポルトガル領ブラジルなどでは強固に奴隷制が維持
された。イギリスとフランスにとって工業製品の輸出先かつ第一次産品の供給地
としてラテンアメリカとアフリカが重要となったのに対し，キューバやブラジル
はかつての植民地帝国であったスペインとポルトガルに最後に残された主要植民
地で，そこからの収奪がスペインやポルトガルの財政維持に不可欠であった。そ
のためブラジルは，ポルトガルの王子を皇帝に迎えて独立した。

　とはいえ，アメリカ合衆国の南北戦争で，合衆国の北部産業資本勢力が，南部
奴隷制支持勢力に勝利すると，それと前後してラテンアメリカの奴隷制は全体と
して廃止された。特に，1701〜1870 年に 300 万人以上の奴隷を輸入したブラジ
ルでは（表 5-1），それまで奴隷輸入にあてられてきた巨額の資本が工業化とヨ
ーロッパからの移民導入に向けられ，以後産業化と近代化が進展し，共和政が成
立した。ただし，解放奴隷が自作農となる可能性はきわめて少なく，主にヨーロ
ッパ人が大土地所有者となり，経済的支配関係が形成された。キューバでも 19
世紀末に独立運動が生じ，それを契機にアメリカ合衆国はスペインに戦争を仕か
け，キューバは独立したものの，事実上アメリカ合衆国の保護国となった。

　一方，奴隷貿易の活発化とともにアフリカ沿岸部族のなかから中間商人が出現
し，そのなかにはブラジル帰りの元奴隷も存在した。そして中間商人には，奴隷

貿易で得た富をもとにヨーロッパ人と対等に取引し得たものもいた。この奴隷貿易は，武器や雑貨などの工業製品がヨーロッパからアフリカに輸出され，それとの交換で得た奴隷がアメリカ大陸や西インド諸島に運ばれ，それとの交換で得た砂糖・棉花・タバコ・コーヒーなどがヨーロッパに運ばれて売られる三角貿易の一角を成していた。その結果，ヨーロッパ・アフリカ・アメリカ大陸は巨大な分業関係に入り，ヨーロッパでは資本蓄積が進んだが，労働力を奪われたアフリカの社会的被害はとても大きかった。

3. 西アジア・インド洋経済圏

1）オスマン朝の産業化と近代化

　産業革命を契機としたヨーロッパの工業化の圧力を最初に受けたアジアの専制国家は，ヨーロッパと国境を接するオスマン朝であった。イギリスの工業化の結果，オスマン朝へも大量のイギリス産綿製品が流入したが，鉄道網の未整備のため外国製品の内陸部への浸透は妨げられ，直ちにオスマン朝領内の伝統的手工業が衰退したわけではなかった。それに対しイギリス資本はオスマン朝の鉄道建設事業に出資し，1866 年にオスマン朝領内最大の貿易港であったイズミルとその後背地を結ぶ鉄道がイギリス資本によって建設された。その後オスマン朝領内の鉄道網は，バルカン半島を中心にイギリス・フランス資本によって整備されたが，前章で述べたように，1876 年に憲法を制定して近代化を進展させたオスマン皇帝アブデュルハミト 2 世は，新たにドイツ資本を導入することで，イギリス・フランス資本と競合させ，オスマン朝の立場を有利にしようとした。

　そして 1888 年にハイダルパシャ（イスタンブル）―イズミト間鉄道のアンカラへの延長鉄道敷設権と営業権をドイツ銀行に与え，1903 年にバグダード方面への鉄道敷設権もドイツ資本へ与えた（図 5-1）。一方フランスにはシリア鉄道の敷設権を与えてドイツと対抗させ，20 世紀初頭には，イスラーム勢力の資本でダマスクス―マディーナ間の鉄道を完成させて，イスラームの聖地とオスマン朝の首都が鉄道でほぼ結ばれた。この時期，舗装道路網・海運網の整備も進展し，オスマン朝の交通網は急速に近代化した。交通網の近代化によりオスマン朝の農業は国際市場に直結されることとなり，農民は棉花など海外市場向けの商品生産を拡大し，農地の開墾活動も進んだ。ただし，前章で述べたように，オスマン朝

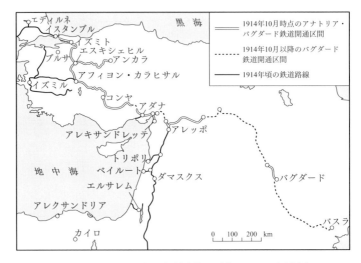

図5-1　オスマン朝の鉄道路線図（小アジア・中近東）

出所）Rand Mc Nally［1945］"Commercial Atlas and Marketing Guide" Rand Mc Nally & Company, Seventy-Sixth Edition, p. 532 のトルコ・シリア・イラク図をもとに作成。

注）アナトリア・バグダード鉄道の開通区間は，杉原達［1990］『オリエントへの道』藤原書店，281-282頁，1914年頃の鉄道路線は永田雄三編［2002］『新版 世界各国史9 西アジア史 II』山川出版社，309頁を参照した。

では土地国有の原則があったが，地方の有力者が大農場を事実上私有しており，海外市場向け商品生産の利益の恩恵を受けたのは，一部の地主層に限られた。

　オスマン朝の近代化を円滑に行うには，地方からの税収の確保が重要で，19世紀中葉のオスマン朝は，徴税請負制を廃し，従来免税特権を享受してきた人々からも等しく徴税し，税収増を図った。さらに法による臣民の生命・名誉・財産の保障や，徴兵制の適正な施行など大規模な西欧化の改革が進められた（タンジマート）。しかし，徴税請負人に代わる官吏の数は足りず，徴税請負制のもとで利益を得ていた在地の有力者の協力が得られなかったため，税収は伸び悩んだ。結果的に，徴税請負制は期間限定で幾度となく復活し，地域によっては20世紀に入るまで継続した。それに加えてクリミア戦争（1853〜56年）によりオスマン朝の財政は破綻に直面した。

　クリミア戦争の戦費調達のため，オスマン朝はイギリス・フランスの銀行団から800万ポンドの借款を行い，通貨流通量が急増したため，オスマン朝の紙幣は流通価格が額面の半分近くに暴落した。オスマン朝は，1856年に設立されたイ

ギリス資本系のオスマン銀行に銀行券発行の特権を与える代わりに，暴落した紙幣の回収を依頼した。オスマン銀行はフランスの資本家と協力して紙幣を回収すると，オスマン銀行を解散してイギリス・フランス資本でオスマン帝国銀行を設立し，それ以後オスマン帝国銀行が独占的に銀行券を発行する権限をもった。

　その後も借款は続き，1873 年から 74 年の大飢饉により税収が大幅に落ち込み，オスマン政府は 75 年に債務の履行延期を宣言して財政破綻状態となった。1881年には，オスマン朝の累積した債務やロシアとの戦争の敗北によるロシアへの賠償金支払いのためにオスマン債務管理局の設立が決定され，イギリス・フランス・オーストリア・ドイツ・イタリアおよびオスマン帝国銀行とオスマン政府からそれぞれ 1 名ずつの構成で組織された理事会で運営された。

2）エジプト・イランにおけるヨーロッパ資本とイスラーム「民族資本」

　オスマン朝の属州であったエジプトでは，18 世紀末のナポレオン遠征が近代化の契機となり，ナポレオン撤退後にエジプトを事実上支配したムハンマド・アリのもとで，土地税の徴税請負制を廃止して土地をすべて国有地とし，政府が土地税を直接徴収する改革が行われた。また農産物の専売制が導入され，絹織物工場も建設された。ただし，養蚕・絹織物業の振興を目指したアリの計画は失敗に終わり，アリは棉作・綿工業へと関心を移して棉花栽培を奨励した。その結果，1820・30 年代にエジプトの産業化は進展したが，棉花専売制のもとでは，農民の棉花栽培への意欲は上がらず，生産は次第に停滞した。

　その後アリは，ナイル川の堰堤建設を進め，ナイル川の流れを制御して通年灌漑体系を目指したが，それと密接に関係していた農産物専売制は，輸出商人と農民の直接取引が進展したことで有名無実化し，アリの没後の 1854 年に廃止された。それゆえ，エジプト政府は，ナイル川の堰堤建設費の支出増大の一方で専売制廃止により財政収入は減少し，慢性的な赤字財政に悩まされ，次第にイギリス・フランス資本から借入をせざるを得なくなった。特にイギリスは，アメリカ合衆国での南北戦争後に合衆国産棉花の輸入が減少して，エジプト棉花の輸入が増大したことで，エジプトに強い経済的利害をもち，エジプト政府へイギリス資本は積極的に融資した。ただし，エジプトも特定の国の資本に依存することなく，イギリス資本で鉄道建設を進めると同時に，フランス政府の保証でスエズ運河の開削を進めた。その後イギリス政府はスエズ運河会社の株を買収して経営権を握

り，エジプト政府の財政は最終的にイギリス・フランス両国による共同管理下に
おかれ，そのもとで負債償還計画が立てられた。ヨーロッパ人の監視体制への不
満から1882年にエジプト民衆が蜂起し，イギリス軍がそれを鎮圧したことで，
それ以後イギリスが実質的にエジプトを軍事占領することとなった。

　このようなヨーロッパ資本への従属は，トルコ民族のなかにナショナリズムを
醸成し，第一次世界大戦においてオスマン朝がドイツ・オーストリアと結んでイ
ギリス・フランス・ロシアと戦う背景となった。オスマン朝は，第一次世界大戦
への参戦を決定すると，対外債務支払いの停止とカピチュレーションの廃止を一
方的に宣言した。外国企業が享受してきた特権が廃止され，「民族会社」への政
府支援が決定された結果，第一次世界大戦中にイスラーム勢力やトルコ人により
多数の会社が設立され，敵国企業の接収と「民族資本」への譲渡が進められた。
そしてアラビア半島でも，イスラーム教の改革を唱えるワッハーブを支持するア
ラブ人がアラブの名門サウード家と結んで，18世紀中葉にワッハーブ王国を建
国し，アラブ人の独立運動に影響を与えた。

　一方イランでは，サファヴィー朝が17世紀前半に最盛期を迎え，オスマン朝
と西アジアを二分したが，18世紀に入り遊牧民の侵入でサファヴィー朝が滅亡
し，長い混乱の後に18世紀末にカージャール朝が成立した。カージャール朝の
成立期は，ヨーロッパでフランス革命が生じた時期で，ナポレオンのエジプト遠
征に危機感を覚えたイギリスは，ナポレオンの西アジアへの進出を抑えるべく
1801年にカージャール朝と同盟条約を結んだ。それにより19世紀のイランは必
然的にヨーロッパの国際関係に巻き込まれることとなり，以後イギリス資本とロ
シア資本が積極的にイランへ進出した。

　その背景に，イギリス・イラン・ロシア間の貿易があり，イギリスは綿製品を
イランへ輸出し，イランは絹織物をヨーロッパへ輸出したが，同時にイランは綿
製品もロシアへ輸出し，ロシアがイギリスへ小麦を輸出したことで，イギリス・
イラン・ロシア間の三角貿易が成立した。その貿易決済を円滑に行うため，19
世紀末にイギリス系銀行（帝国銀行）とロシア系銀行（ペルシア割引貸付銀行）
がイランに設立され，ペルシア割引貸付銀行は，その後ロシア国立銀行の傘下に
入り，ロシアによるイラン金融支配の担い手となった。ただし，イギリス・ロシ
アの金融的支配のもとでも，イラン民族企業家の成長が見られ，例えばトゥマニ
ャンツ社は，割引貸付銀行から巨額の融資を受け，イラン・ロシア間貿易に従事

して経営を拡大し，ロシア国内にも生産拠点を設けた。このようにイギリス・ロシア資本との経済的諸関係のなかで，イラン民族資本が生成するに至った。

3）インドの植民地化と「産業化」

　1600年に設立されたイギリス（イングランド）東インド会社は，インドで当初ポルトガルやオランダに押されたが，ボンベイ（現ムンバイ），マドラス（現チェンナイ），カルカッタ（現コルカタ）を拠点として17世紀までには両国を圧倒した。イギリス東インド会社に対抗する勢力として17世紀後半にフランスがインドへ進出したが，1757年のプラッシーの戦いでイギリス東インド会社軍がベンガル太守とフランスの連合軍を破った。こうしてイギリス東インド会社は支配領域を拡大し，その後同社のインド人傭兵（シパーヒー，セポイ）による1857年の反乱を制圧し，ムガル朝は58年に滅亡した。イギリスは同年にイギリス東インド会社を解散してインドの直接統治に乗り出し，1877年にはインド帝国の樹立を宣言して，イギリス国王であるヴィクトリア女王をインド皇帝とした。

　イギリス東インド会社は，インド社会に対してまず私的土地所有制度を導入した。農民に土地所有権を与え，「地税」納入義務を課そうとし，北インドでは中央権力への貢納の徴収・納付を代行していた地方の武装階層である土豪（ザミンダール）を土地所有者と定め，土豪が東インド会社に地税を納めることとした。それまでの重層的な土地権利関係が単純化され，農民は土豪から土地を借りる小作農に，土豪は地主に，それぞれ再編され，地主は農民から得た小作料から地税を払い，残りを自己の取り分にした（ザミンダーリー制）。他方，ザミンダール層が弱かった南インドでは農民が土地所有者とされ，農民が東インド会社に地税を納める義務を負うことになった。地税は貨幣による納付で，地租納付義務者となった日本の自作農と同様に，生産物の現金化に際して大規模な商業資本から不利な条件を課されたりして，やがて自作農から転落してゆく例もあった。これは農民（ライヤット）の語に由来してライヤットワーリー制と呼ばれる。ライヤットワーリー制の運用においてイギリス東インド会社支配以前との連続性がみられ，イギリス東インド会社の植民地支配は現地の状況に適合する形で進められた。

　またイギリス東インド会社にとって地税に次ぐ財源として塩専売があり，そこに商社と国家の両方の性格を持った同社の特徴を読み取れる。イギリス東インド会社は塩専売で高利を得るため高塩価政策を採り続けたが，その結果，塩の密輸

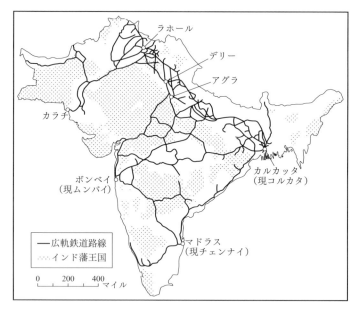

図5-2　インド帝国広軌鉄道路線図（1920年代）

出所）アンスティ［1942］『印度経済の研究』末高信訳，有光社，156-157頁に挿入の付図
　　　をもとに作成。
注）イギリス領ビルマは除いた。出所資料の記述より1920年代の状況を示すと推定した。

や塩投機が頻発し，1830年代に高塩価政策を放棄した。商社の性格より国家の
性格を優先させたイギリス東インド会社はそれ以降国家的性格を強めたとされる。
しかし最終的に，イギリス政府は同社を解散させ，直接統治を選んだ。

　植民地化にともない，インドでは伝統的な手工業が破壊されていった。インド
では国内の上・中流向けの，あるいは海外向けの上質綿布の生産が盛んであり，
その技術水準は高く，インド産綿織物キャラコはイギリス本国へも流入した。し
かし，機械制工業によって作られた安価なイギリス本国産綿製品がインドに大量
に流入し，インドの綿製品消費に占めるイギリスからの輸入品の割合は急増した。

　伝統的産業への打撃は農業においても重要な事態を生じさせた。イギリス支配
の拡大・定着とともに，イギリス人によるインド「開発」投資が盛んに行われ，
プランテーションによってアヘン，棉花，ジュート，米，小麦，茶などの輸出向
け農産物を生産する農業が発展した。しかしその反面，生活の基本を支えてきた
従来からの自給的農業は衰退し，こうした農業発展のあり方には，単に伝統的農

業が破壊されただけに留まらない問題があった。輸出産業となったインド農業は
世界市場に直結したが，このような農業はインド民衆用の食料を豊富にするもの
ではなく，また，工業原料が大量に生産されても国内工業の発展にはあまりつな
がらなかった。つまり，インドにおいては，各々のプランテーションや個々の地
域それぞれが世界市場と結びついたのであり，イギリス勢力と日本勢力がインド
棉花買い付けをめぐりインドで競争することも行われた。その背景にはインド政
庁にイギリス本国に送金する義務が課せられたことがあり，インド政庁は中国へ
のアヘン輸出や東南アジアやアフリカへの綿製品輸出に加え，日本などへも棉花
を販売して外貨を得る必要があった。

　またインドは鉄道網がよく発達した国であるが，その多くは植民地時代にイギ
リスが建設したものといわれる。その場合，インドの鉄道網の大きな問題点は，
主要路線が港湾都市に集中したという路線網パターンであった（図 5-2）。カル
カッタ，ボンベイ，マドラスのような大きな港から広軌が出発し，内陸へ伸び，
先の方では次第に標準軌に，さらに狭軌に，と替わりつつ枝分かれしていった。
このパターンでは人口稠密地域から工場地帯への労働者の輸送，大消費地間の製
品輸送など，インドの国内経済活動のために期待される機能は果たしにくい。し
かし，港に降ろされたイギリス工業製品を内陸の市場へ効率的に配送し，また内
陸部の食料・原料を効率よく港に集荷して輸出する用途には，効果的であった。
インド経済のためよりもイギリスのためにインドの鉄道は作られた。

4）アジア間交易の再編と東南アジアの産業化

　16 世紀以降ポルトガル・スペイン・オランダと東南アジアへの進出が見られ，
それにより東南アジア地域では 17 世紀にかけて西ヨーロッパ諸国との交易が発
達し，その後 18 世紀には中国市場志向の交易へと変化した。ただし 18 世紀に中
国—東南アジア交易が拡大した背景には，北西ヨーロッパにおける消費社会の発
展にともなう中国—北西ヨーロッパ間の茶貿易の拡大があり，広州での茶の買い
付けのために北西ヨーロッパの商人が東南アジア産品を広州へ大量に持ち込んだ
ことがあった。その後 19 世紀後半以降は，さらに多様な経路で東南アジアは世
界経済に組み込まれた。その場合，東南アジアの産品が流通したのは主にアジア
域内であり，アジア市場発達の背景には，インドと日本における綿業の発達，東
南アジアでの米・砂糖など第一次産品生産の拡大やヨーロッパ向け第一次産品の

解説 I-9

ガーシェンクロンとアジアの工業化

　「工業的により進んだ国は，より発展の進んでいない国に，それ自身の未来の姿を示す」(『資本論』)。ガーシェンクロン [2005] (原著：1962 年) はマルクス主義史学により共有されたこのテーゼを批判し，戦後歴史学に大きな影響を与えた記念碑的作品である。彼はマルクスのテーゼはきわめて広い意味の一般化でしかないと考え，「後発国の発展は，まさにその後進性のゆえに，先発国の発展とは根本的に異なる傾向があるかもしれない」ことに注目すべきであると提起した。すなわち，最初に工業化を成し遂げたイギリスと後発国とでは工業化の速度・過程が相当に異なり，その結果形成される工業の生産構造・組織構造も相当に異なると論じたのである。

　根本的な違いは「後進性の利益」である。後発国は先発国では数世紀間かかった技術発展の最新成果を技術導入によって短期間で手に入れることができる。このため後発国では，工場規模の大型化が短期間で進み，工業生産が急速に拡大することとなる。鉄鋼生産でドイツがイギリスを追い抜いたのはその好例である。

　だが，「後進性の利益」は自然成長的に実現されるものではない。後発国では技術導入の可能性があるにしても，資本の稀少性，企業家や熟練労働力の不足，工業化に対する不信感などの問題があったからである。そこで，この矛盾を止揚し，工業化が開始される際に重要な役割を果たしたのが，後発国特有の制度とイデオロギーである。これらが先発国と後発国との違いをさらに大きなものとした。

　制度では後進性の程度に応じて，銀行と国家とが重要な役割を果たす。すなわちイギリスの銀行が商業銀行として手形割引など短期資金を供給する役割を果たしているのに対し，フランス・ドイツなど大半の大陸諸国の銀行はユニヴァーサル・バンクとして，大衆預金などを工業化のための長期資金に転換する役割を担った。そのため，多額の設備投資資金を要する重工業を中心に，銀行の製造業に対する影響力は強化された。一方，農奴解放が遅れた影響で大陸ヨーロッパ以上に後進的位置にあった 19 世紀のロシアでは国家が大きな役割を果たす。鉄道建設にあたって国内企業に優先発注することで成長を促進するとともに，課税政策を通じて所得を投資へと振り向けた。

　また，これら大陸諸国ではイギリスの自由放任の精神は，工業化計画を推進するうえで不適合であった。そのため，サン・シモン主義 (フランス)，フリードリヒ・リストの工業化論 (ドイツ)，正統派マルクス主義 (ロシア) といった各国独自のイデオロギーによって「停滞の壁を打ち破り，人々の想像力を掻き立て，彼等のエネルギーを経済発展に奉仕するように仕向ける」ことが行われたのであった。

　ガーシェンクロンは日本に注意を促しつつ，主要な関心をロシアとヨーロッパとに向けていた。だが，1960 年代末葉以降，日本さらには東アジア経済の「奇跡」が疑いようのないものとなると，これら東アジア諸国の発展を説く際にもガーシェンクロンの視角が直接・間接に影響を与え，工業化における日本やアジアの特色が浮き彫りにさ↗

＼れてきた。

　日本経済史では明治政府の勧業政策や日本銀行を頂点とする金融網の信用供給など諸制度が工業化に果たした役割について詳細な議論がなされてきた。例えば中川［1967］は明治期企業家の「組織化された企業者活動」に注目する。中川が特に重視するのは，幕末開港によって諸商人が今まで未経験であった外国貿易に直面したという事実であり，それに「成功することなくして工業化は一歩も進まないという状況」であった。連合生糸荷預所事件や総合商社の発展などはいずれもこの状況に対応するための貿易に関する「組織化された企業者活動」であり，こうした活動が日本の工業化における「乏しい諸資源の高度に有効な利用」や「主導的産業の国際競争市場への進出」を可能にしたと中川は論じた。

　また，イデオロギーについては中岡［2006］による維新期の勧業政策に対する評価を紹介したい。中岡は当時の主要産業の成長を維新期の勧業政策と直結させる見解を否定する。にもかかわらずそれが意味をもったのは，欧米に留学した指導者が現地で衝撃を受けたものを順次国内に移植することにより，民衆に工業文明の強烈なデモンストレーション効果を及ぼしたからであった。そして，明治の時代的情熱は，この上に政治変革への民衆の期待が重なることによってつくられたのであり，この情熱が在来産業の発展——日本が「低開発の発展」を免れた最大の理由——を引き出したのだと論じた。

　NIES・ASEAN など戦後アジア諸地域の成長については，「開発主義」の視点から分析した末廣［1998］が注目される。末廣は，従来「抑圧体制」としての側面が強調されてきた開発主義国家について，それが「成長イデオロギーの国民的共有」を不可欠とする体制であったことを重視する。すなわち，戦後のこれらの地域では，クーデター・戒厳令を通じた長期独裁政権が相次いで誕生したが，それは伝統的な権力観や秩序意識に依存する「固有の民主主義」と経済開発を通じた「豊かな社会」の実現とを国家権力の正統性の基盤としていた。各国政府は限られた資源・資金の集中的な管理運営や労使関係への積極的介入を実施すると同時に農村改良やインフラ整備などの社会政策を通じた生活改善を重視したのである。実際，これらの地域では所得の不平等を改善するかたちでの経済成長が実現した。そして皮肉なことに，このことは抑圧的な政治体制を存続させる一因となったのである。　　　　　　　　　　　　　　　　　　　　　　　　（小堀　聡）

【参考文献】アレクサンダー・ガーシェンクロン［2005］『後発工業国の経済史——キャッチアップ型工業化論』絵所秀紀他訳，ミネルヴァ書房
　　　　　末廣昭［1998］「発展途上国の開発主義」（東京大学社会科学研究所編『20 世紀システム 4』東京大学出版会）
　　　　　中岡哲郎［2006］『日本近代技術の形成——〈伝統〉と〈近代〉のダイナミクス』朝日選書
　　　　　中川敬一郎［1967］「日本の工業化過程における「組織化された企業者活動」」（『経営史学』第 2 巻第 3 号）

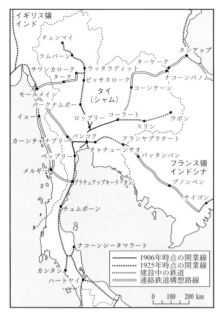

図5-3　タイ（シャム）王国鉄道路線図（1925年時点）

出所）柿崎一郎［2000］『タイ経済と鉄道』日本経済評論社，138，163頁をもとに作成。
注）＝は隣接したイギリス領，フランス領との連絡鉄道構想路線を示す。

輸出の拡大があった。すなわち，インドと日本の綿業の発達が，中国を中心とするアジア域内へのインド産綿布と日本産綿糸の供給をもたらし，そこへの原料供給としてインドでの棉花生産が拡大し，インド棉花が日本へ輸出された。また，マレー半島やオランダ領東インド（インドネシア）では，ヨーロッパ向けのゴム・砂糖のプランテーション栽培が行われ，それらの地域やインド農村の労働者の飯米需要が増大し，それに向けての米生産がインドシナ半島で拡大した。

　このように東南アジアは，西ヨーロッパの工業化を契機とする世界市場への編入と同時に，アジアの国際分業体制に組み込まれることで，貿易が拡大した。むろん，それにより東南アジア地域が多くの富を得たとは必ずしもいえず，東南アジアでは内部に過剰労働力が滞留していたため，輸出部門での貨幣賃金水準はかなり低位にあった。なお貨幣賃金水準がかなり低位であったにもかかわらず，東南アジア農民が輸出向け生産に向かった要因として，植民地支配のもとでの強制的生産の側面は各論者とも認めるが，それに加えて農民の側の経済的社会的地位の向上欲求という主体的選択の側面を指摘する説があり，そのことが，植民地支配による東南アジア経済の従属性をより強調するか，従属性に加えて東南アジア農民自身の主体的判断の要素も認めるかの見解の相違につながっている。

　東南アジアに対して上述のような異なる見方が生じたのは，東南アジア諸地域の経済状況にかなり相違があったからと考えられる。そこでまず，強制栽培制度が展開され，従属性がより強く見られたオランダ領東インド（インドネシア）を

取り上げる。19 世紀初めにインドネシア（ジャワ）の支配権をめぐってオラン
ダとイギリスが争ったが，最終的にオランダの支配権が確立し，19 世紀中葉以
降オランダ民間資本が本格的に進出して土地所有関係に直接介在することとなっ
た。特に，1830 年のオランダ本国からのベルギーの分離独立は，オランダ政府
の財源の縮小をもたらし，以後オランダは本国産業革命の財源をジャワに求め，
ジャワで砂糖の強制栽培制度が広範に展開することとなった。

　強制栽培制度の下では，植民地政庁からの割り当てで，毎年強制的に原料の甘
蔗作付地が決定され，甘蔗作付地では，早期に稲の収穫を済ませて甘蔗畑への転
換が行われた。甘蔗の供出村落は工場の近くの村落とされ，甘蔗畑を提供した村
落は代わりに工場から離れた村落の水田を受け取った。こうして農民は，稲作と
甘蔗栽培の輪作による計画的農業経営を否定され，耕地交換により農作業の効率
は悪化し，農民経営は不安定となった。甘蔗の収穫・工場への運搬は賦役労働で
担われ，工場では，雑業を担う賦役労働と，甘蔗の加工過程を担う「賃労働」に
分かれていた。その他，各種の賦役労働が存在し，こうした農業経営への制約が，
食料不足を慢性化させ，食料移入を恒常化させることとなった。

　さらに，強制栽培制度を可能にする土地所有関係を，植民地政庁は編成した。
すなわち，植民地政庁が最終的土地処分権をもち，在地首長層に土地処分権と租
税・賦役収取権を部分的に付与する形式をとり，農民の土地保有に関しては，耕
地の「共同的保有」を進め，土地保有農民は賦役を負担し続けた。こうしてオラ
ンダ植民地政庁は，強制栽培制度によって約 6 億ギルダー余の莫大な純益を本国
に送金したとされる。その後植民地政庁は，本国産業資本の要請に応え，1870
年の農地法と農地令を画期として民間企業主導の植民地経営に転換した。そこで
は，村落外の土地で農民の保有権が明確でない未耕地は，オランダが自由に処分
できる「国有地」とされ，民間農園経営者が植民地政庁との長期租借契約によっ
て進出できる土地とした。こうして，大規模なプランテーション＝「資本主義」
的農園経営が展開し，そこで需要される大量の労働力は，インドネシア内の他に，
マレー半島や中国からも調達され，プランテーション労働者に供給される食料や
その他消費物資も，専ら領外市場に依存することとなった。

　一方，東南アジア地域のなかで，イギリス勢力とフランス勢力との緩衝地域と
して独立を保ったタイ（シャム）では，19 世紀に輸出市場向けの農業生産の拡
大が，農業フロンティアを生み出し，そこでの耕作民は，逃亡や役人との共謀な

どにより賦役を免れるようになり，領主である貴族層を経済的に弱体化させた。また，都市部では中国南部からの移民商人と労働者が都市階層を形成し，それら新興勢力を保護しつつ，国王が各地の徴税請負制度を官僚による直接徴税へと転換し，中央集権的で絶対主義的な支配を確立した。そして19世紀後半のラーマ5世の治下で近代化が推進された。

　ラーマ5世は，運河の計画地や首都近郊に新たな王族地を集積し，物的基盤を創出するとともに，歳入業務を王室の直接支配下におき，中央の治安維持能力を増大すべく常備軍と警察を創設した。さらに都市商人層を保護し，中国商人（華僑）に加えて西ヨーロッパの貿易業者も優遇し，近代化の遂行のため専門知識をもつ多数の外国人を雇った。さらに，イギリス・フランス勢力との間で積極的に国境画定を進め，確定した国内市場の統一を図るため，鉄道網の整備を急速に進めた（図5-3）。土地所有制度に関しては，灌漑施設建設を進めて開墾可能地を拡大し，開墾地への移住農民が小土地保有者となることで，地主的大所領形成への流れを阻止したが，灌漑施設以外の農業技術の発展への政府の支援がなく，タイ農業は，粗放的低収穫の稲作水準に止まった。一方，都市では精米・米穀貿易関係の外資系企業が多数設立され，王室資産もそれらの企業に投資された。

　タイ政府が，西ヨーロッパ勢力の活動範囲を意図的に制限したため，西ヨーロッパ勢力は，労働者を組織し，インフラ整備を自ら行い，農民層を強制するような政治権力をタイではもつことができず，西ヨーロッパ勢力の事業は都市周辺領域でのみ展開された。それゆえタイの農民は，貧しい生活水準ではあったものの何を栽培するかの選択権はあり，タイの農民が綿糸や綿布の生産を行わずに稲作に特化したのは，小農個人の自由な選択の結果とも評価された。

4. 東アジア・太平洋経済圏

1）中国における商業経済の展開と東アジア世界

　中国では明末清初の時期（16〜17世紀）に経済・社会の大きな変化が生じた。その変化の起点は，稲作農業の本格的な発展である。灌漑・排水技術の向上によって，河川下流域のデルタ地帯がはじめて安定的な穀倉地帯になった。これにより，経済と人口の中心は，大陸性気候の北方の平原部から，温暖湿潤気候の南方の河川流域に移動した。さらに，同時期には，アメリカ大陸原産のさつまいもや

とうもうこしが伝来し，穀物生産が不安定な地域での開発を可能とした。穀倉地帯で急速に増加した人口は，内陸・山岳部へと移動し，中国人の居住空間が拡大した。そしてこの時期に，貨幣経済が急速に発展した。茶・絹織物・陶磁器に代表される中国の特産物は，古代から世界的に輸出されていた。16 世紀になると，南アメリカ・日本で鉱山が開発され，中国の特産物を購入するために銀，銅といった金属が中国に大量かつ恒常的にもたらされた。これにより中国では，遠隔地・高額の取引は銀，農村・小額の取引は銅が用いられるようになり，銀銅二貨制が定着した。この流れを追認する形で，税も従来の現物から貨幣で徴収されるようになった。長らく，前述の特産物は中国でしか生産できなかったため，世界中の銀が中国に集積し，それに先に見た人口増加が重なることによって，中国では空前の経済的拡大が 18 世紀半ばまで続いた。

　経済の外延的拡大に合わせて，手工業と商品経済の発展がみられた。特に，穀倉地帯として繁栄した長江下流域の江南地域（江南デルタ）では，農村での商品作物の栽培が進展し，従来の行政都市の近郊農村では，絹織物や綿織物を製造する手工業が農家の副業として発展した。江南の手工業品は，水運を通じて各地に販売された。商業化を背景として，穀倉地帯を中心に，市鎮と呼ばれる行政機能をもたない純粋な経済都市が急増した。ただし，あらゆる産物，製品が全国的に取引されていたわけではない。水運，海運の利便性が整わない地域では，物流は徒歩で移動できる範囲に留まっていた。農村から徒歩で移動できる圏内では，定期市が開かれ，農民同士での余剰作物や余剰労働力の交換が行われた。このように，中国の国内市場は，江南のように遠隔地交易と商品経済が高度に発達した地域と，局地的な範囲で細分化された農村市場とが併存する二重構造下にあった。それは同時に中国国内の地域間の不均等発展をもたらすことになり，土地所有関係においても大規模な富農経営が展開したり，佃戸（小作農）が在村地主から土地を借りて耕作し，地主に佃組（小作料）を納める地主・佃戸関係（佃戸制）が形成されるなど複雑な様相を示した。

　このような繁栄のメカニズムは，18 世紀末から限界に到達した。耕地の拡大の余地が小さくなり，人口が停滞した。さらに，イギリスが中国茶の代価として，インド産のアヘンを持ち込んだため，中国では銀が逆に流出するようになった。その結果，中国の国内物価は下落していき，経済不況が到来した。このような経済の不安定な状況を背景として，社会的弱者の不平が強まり，農民反乱が頻発す

るようになった。19 世紀半ばには太平天国の乱と呼ばれる大規模な反乱が発生
し，中国の南方地域に深刻な経済的打撃をあたえた。この反乱によって，本来避
けられるはずの死をとげた人の数は数千万人とも言われる。

　清は，銀が国外に流出することを防ごうとし，アヘン貿易をめぐりイギリスと
対立を深めた。1840 年からはアヘン戦争が起こり，イギリスに敗れた清は，
1842 年に南京条約を結び，欧米諸国と自由貿易を行うことになった。南京条約
とその後相次いで欧米諸国と締結した条約は，関税自主権の喪失，治外法権の存
在など，中国には不利な条項が多々含まれていたため，不平等条約と呼ばれる。
ただし，条約の不平等性が問題となるのは，19 世紀末以降で，条約締結時には，
不平等であるという認識は中国側になかった。当時はまだ汽船による大量輸送の
革新が不十分で，ヨーロッパと中国の間でコストに見合う貿易品はそれほど多く
はなかった。事実，欧米の工業製品は，中国市場で売れ行きの不振が続いた。ま
た，アヘンの中国での生産が進捗し，インド産アヘンの輸入は以後恒常的に減少
した。加えて，中国の一次産品の輸出も輸送コストの問題から停滞していた。

　中国の国際貿易が発展するのは，1880 年代からである。この頃から汽船の技
術が向上し，エジプトのスエズ運河が本格的に利用されるようになった。さらに，
西ヨーロッパで金本位制が普及すると，それまで貨幣として利用されていた銀が
大量に市場に放出され，世界的に銀が余るようになった。中国は，銀を貨幣価値
の中心に置き続けたので，銀は再び中国に集中するようになり，国内物価は上昇
基調に反転した。かつ銀が金に対して割安になった結果，為替相場の下落と同じ
効果が発生して，中国の一次産品の輸出が急増した（図 5-4）。

　上海，香港は，外国の商社，金融機関，海運会社が集積し，中国国内のみなら
ず東アジア地域を代表する港湾都市として発展した。このような近代的なサービ
スを利用することで，外国貿易を通じて富裕化する中国人が誕生した。彼らは，
交易ネットワークを日本，朝鮮，東南アジアにまで広げ，東アジア在来の商業を
掌握していた。また，汽船を利用することで，海外に労働者，移民としてわたる
中国人も増え，その一部は移住先で中華街を形成し，とりわけ東南アジアでは，
現地経済の中で大きな存在を占めた。

　19 世紀末になると，インドの工場で製造された太い綿糸が大量に中国市場に
入り，中国の農村手工業に再編をもたらした。それまで江南から綿糸を購入して
いた内陸部の農村で広く歓迎され，中国各地で農村副業としての手紡業が減少し

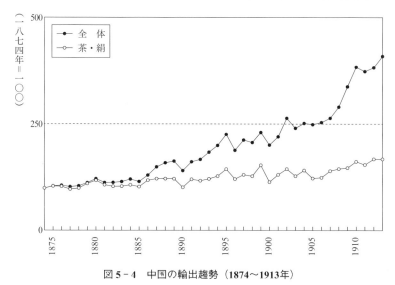

図 5-4　中国の輸出趨勢（1874〜1913年）

出所）木越義則［2012］『近代中国と広域市場圏』京都大学学術出版会，61頁。

ていった。この時，中国全土で機械製綿糸の市場が生まれ，20世紀になると，日本と中国の近代紡績業が発展する上で重要な基盤になった。この他にも，徐々に外国製品が中国にも浸透するようになった。例えば，マッチ，ランプ用の灯油，石鹸など日用雑貨が庶民に受け入れられた。

　アヘン戦争と太平天国の乱は，清の財政と統治構造の転機になった。相次ぐ戦乱に対応するために，清は従来の地租に依存した硬直的な財政構造から，流通税，臨時税に依存するようになった。外国貿易の発展により，清は安定的な関税収入を確保することができた。そして，それを担保として欧米諸国から借金をすることで，軍事力を増強し，王朝の延命をはかることができた。ただし，海外からの借入は日清戦争前までは控えめで，その総額は清の中央歳入の約40％の4,000万両で，その元本と利子の支払いも日清戦争前に関税収入からほぼ終えていた。清が大々的に外債に依存するのは，日清戦争と義和団事件の賠償金を課せられてからである。表5-2は，日清戦争直前の清の中央財政の推計である。同表によると，歳入の43％は関税を含む流通税であり，地租の比率は28％まで低下した。また，歳出の22％は皇帝とその家族，そして北京在住の官僚や兵隊の手当であり，27％は列強からの圧力に対抗するための準備，そして列強との戦争と内乱

表5-2　清朝中央政府の財源収支（**1890年代初**）

（単位：万庫平両）

歳　入	地　租	2,509
	貢　租	656
	塩専売（塩釐金を含む）	1,366
	釐　金	1,295
	海関税（1893年）	2,199
	常関税	100
	国産アヘンへの課税と釐金	223
	その他諸税，捐納など	550
	合　計	8,898
歳　出	中央官庁経費，宮内費，八旗俸給	1,948
	海関経費	248
	公共事業費	150
	近代式軍隊費，沿岸防衛費	800
	満洲防衛費	185
	甘粛省と中央アジアでの行政軍事経費	480
	北洋艦隊経費	500
	南洋艦隊経費	500
	鉄道建設費	50
	広西省・貴州省・雲南省への穀物援助費	166
	省行政・省軍隊経費	3,622
	外国借款への元本と利子の支払い	250
	合　計	8,898

出所）木越義則［2020］「中国伝統経済の変容」（堀和生／木越義則『東アジア経済史』日本評論社）91頁。

を鎮圧するための軍事費に費やされた。例えば，近代式軍隊の整備，軍艦の購入，ロシアの侵攻への備え，そして辺境における反乱の鎮圧があった。地方に駐屯する軍隊の経費を含めるならば，軍事費は60％に達したと推定される。

また，地方の反乱に対処するため，地方官が流通税を徴収することが認められた。これにより地方官の権限が強化された。権限を強めた地方官は，直接反乱の平定，外征に関与する中で，西洋の技術が優れていることを認め，積極的に地方で西洋の文物を取り入れた。これを洋務運動と歴史学では呼ぶ。洋務運動と呼ぶとあたかもこの時期から西洋化に向けての国家的取り組みが興隆したかのような印象を与える。しかし，清の中央では外国の知識を取り入れることへの根強い反感があった。そうした雰囲気の中にあっても，西洋文物に理解を示す皇族が一部いて，その庇護を受ける形で，洋務運動は地方で展開することができた。地方官も旧式のエリート官僚であったから，中華帝国を否定したわけではない。王朝を維持したまま，西洋の軍事・産業技術を利用することが目指された。これを「中体西用」と呼ぶ。したがって，19世紀末であっても中央と地方の関係が劇的に変化したわけではない。中国で中央が弱体化し，地方主導で近代化が進められるのは，清朝が倒れ，軍閥と呼ばれる地方の軍人が割拠してからである。

洋務運動の活動範囲は，軍事工場のみならず，欧米人が中国で行っていた近代

事業全般，例えば鉱山，海運，電信，紡績にわたっていた。しかし，その活動は，日本のように産業革命には直接的には結実しなかった。この時の近代事業は，あくまでも官主導で欧米諸国に奪われた国内の権益に対抗したにすぎない。清は，民間主導での近代事業を認めなかった。地方官たちは，地元の商人，地主から近代事業の資金を募った。しかし，「官督商弁」あるいは「官商合弁」と呼ばれたように，官僚が経営に大きく関与するという実情には変わりがなかった。中国で民間主導での工業化の動きは，日清戦争以後に始まり，それが本格的に勃興するのは第一次世界大戦以後のことである。

　中国の工業化が日本に比べて相対的に遅れた理由は，民間の資金を近代事業に結びつける改革が実施されなかったからである。例えば，金融制度の改革は，日清戦争以降にようやく形式的に始まり，中央銀行制度に基づく通貨の統一は1930年代まで達成されなかった。また，西洋技術の導入の要となる教育制度の改革も遅れ，儒教的な教養から離れて，西洋近代科学へ重きを置く改革の方向性は，これも日清戦争以降にようやく日本を見習う形で端緒がついた。さらに，土地制度改革は，地主層の利害の前にもっとも遅れ，近代を通じて達成されず，化学肥料や近代的農法の導入の試みも20世紀前半期にようやく実施されたが，その範囲は非常に限定されていた。

　以上のように，明末清初から形成された伝統的な中国の経済社会は，西洋起源の交通革命の影響を受けることで，対外関係を中心に変貌を遂げ，中国人の経済活動は東アジア全域に拡大した。他方で，国内の近代工業化に向けた改革は立ち遅れ，結局，その試みは，中華民国，中華人民共和国へと持ち越された。

2）日本資本主義の生成と朝貢体制からの離脱

　日本は19世紀末に産業革命を達成し，第二次世界大戦前のアジアで唯一の帝国主義国として欧米諸国と対峙することとなった。そのプロセスは「脱亜」と呼ばれるが，「脱亜」には，産業革命を未達成のアジア諸国から脱して欧米諸国の仲間入りをする意味の他に，朝貢関係を基軸とする中国中心の東アジア伝統世界からの離脱の意味もあったと考えられる。すなわち日本は，1853年のペリー来航に始まる列強の圧力に屈して日米和親条約を結び，開港したが，その際伝統的な東アジア域内の外交関係を規定する朝貢方式ではなく，ヨーロッパ域内の外交関係を規定する条約方式を採り，以後，条約方式にもとづいて清や近隣諸国との

解説 I-10

カール・マルクスと日本資本主義論争

　マルクス主義が日本の社会科学に与えた影響は決して無視しえない。特に唯物史観として知られる彼の歴史把握は大きな影響を及ぼした。「社会の経済的構造こそ，法的および政治的な上部構造がその上にそびえたつ現実的な土台であり，さらに一定の社会的意識形態が対応する現実的な土台である。…（略）…経済的土台の変化に伴い，巨大な上部構造の全体が徐々に，あるいは急速に転換する」（マルクス『経済学批判』序言）。政治・宗教など精神的なものは，根本的には経済のあり方やその変化に制約されると論じたのである。

　1920年代になると，ロシア革命がマルクスの予言の実現として受け止められたことにより，社会主義革命への期待は世界各地で大きく高まった。これは日本でも例外ではなく，左翼陣営によって革命戦略が議論されるようになる。そして，戦略を立てるには打倒されるべき対象——国家権力——の特徴が唯物史観に即して把握されねばならない。1920年代後半から30年代前半にかけての日本資本主義論争は，このような実践的な課題のなかで展開され，そして分析対象とされた国家権力の弾圧により終止符を打たれたのであった。

　講座派と労農派との間で展開されたこの論争では，当時の国家権力を創出した明治維新の性格がその「土台」となる経済構造の分析を通じて議論された。「万世一系」の天皇制と高率の現物小作料を特徴とする「地主—小作」関係とに日本の特殊性を見出したのが，「日本資本主義発達史講座」刊行に参加した論者を中心とし，コミンテルン・日本共産党と深い関係を有した講座派である。山田盛太郎『日本資本主義分析』（1934年）などによると，徳川幕府下の零細耕作農民の大部分は明治維新によっても耕作地を所有することができず，高利貸的寄生地主から借地することになった。しかも両者は対等な契約関係ではなく，小作は地主の「経済外的強制」をうける半農奴的状態にあり，この半封建的地主制が高率小作料を可能にした。そして，高率小作料は高額の地租収入と農村からの低賃金労働力の流出を導き，これを基盤として日本の軍需偏重の工業化，帝国主義的侵略が進展した。以上から，山田は日本資本主義を軍事的半農奴制的と規定する。一般に講座派では，日本の国家権力はこの経済構造を土台とした絶対主義天皇制であり，明治維新は市民革命ではなく絶対主義的変革にすぎないとされ，社会主義革命以前に民主主義革命が必要だとされた。

　一方，雑誌『労農』の同人を中心とする労農派は，日本をあくまでも一般的な資本主義経済とみなす観点からの分析を追究した。櫛田民蔵によると高率小作料は資本主義の成立過程で自作農・小作農が増加し，小作地需要が増加した結果であった。経済外強制ではなく経済的強制であるとされたのである。さらに向坂逸郎は，山田が指摘したような封建的な残存物は資本主義の発展とともに消えていくと論じ，産業革命が進展した明治30〜40年代に力点をおく彼の分析を批判した。労農派では明治維新はフランス革↗

＼命などと同様の市民革命であり，日本でも即座に社会主義革命が可能であるとされた。封建的な政治勢力が残存するにしてもその経済的な基盤を欠いていることが強調されたのである。

　両派の根本的な問題点は，その正反対の結論にもかかわらずいずれもあまりに経済のみで説明しようとした結果，（弾圧下という状況も勘案すべきとはいえ）戦後に川島武宜・丸山眞男らが着手したような絶対主義天皇制・イデオロギーの内的構造そのものに関する分析が志向されなかったことであった（滝村［1977］）。また，地主制研究が進展した反面で工業についての分析が手薄であるという点でも両派は一致していた。論争当初，野呂栄太郎『日本資本主義発達史』（1930年）は工業の急速・高度な資本主義化と農業の停滞とを不均衡発展として描いたものの，32年テーゼなどで天皇制の絶対主義的性格がより強調されるにつれ，工業化についての関心は低下していった。

　とはいえ，このことは論争内容が放擲されるべきことを意味しないであろう。彼らが提起した既存体制への強い批判精神や学問と実践との関係から肯定的・批判的に学ぶべきものは決して少なくない。また，今日の歴史研究にもさまざまな手掛かりを示してくれるであろうし，実際に多くの論点が戦後史学に継承された。ここでは服部［1967］を紹介したい。

　講座派に属しながら彼らへの内部批判も展開した服部は1933～34年の諸論文で，『資本論』を手掛かりとすることにより，幕末開港前の日本を「厳密な意味でのマニュファクチュア時代」と規定した。つまり，開港前の時点にすでに桐生の絹織物業などのマニュファクチュアが全国的大市場の開拓や賃労働者を利用した経営の大規模化を進める程度にまで工業化が進んでいたことが，幕末における欧米諸国からの「外圧」を跳ね返し，さらには資本主義化を可能にしたと論じたのである。服部に対しては，土屋喬雄らから有力な批判がなされたものの，農村工業化についての研究はその後大きく発展した。また日本が植民化を免れ，さらには産業革命を遂げた要因を欧米列強諸国の動向だけではなく国内の経済的要因からも説明しようとする問題意識は戦後にも受け継がれた。その代表作が，石井［1984］である。石井によると，開国後日本との貿易に乗り込んだ外商は通商条約によって居留地内での取引に活動を限定されながらも，たえず日本国内での経済活動に乗り出すことを志向していた。これを防いだのが各種日本商人の活動である。開港場の巨商は三都の有力商人との信用機構を背景として外商相手に大口の現金取引を行っており，このような商人的対応が外商に内地侵入・経済的植民地化を断念させ，国内流通過程からの資金を日本商人に蓄積させることを可能にした。そして彼らに蓄積した資金が後の産業革命を支えることにもなったのである。　　　　　　　（小堀　聡）

【参考文献】石井寛治［1984］『近代日本とイギリス資本──ジャーディン・マセソン商会を中
　　　　　心に』東京大学出版会
　　　　　滝村隆一［1977］『新版　革命とコンミューン』イザラ書房
　　　　　長岡新吉［1984］『日本資本主義論争の群像』ミネルヴァ書房
　　　　　服部之総［1967］『服部之総著作集Ⅰ　維新史の方法』新装版，理論社

新たな関係を築こうとした。その結果，東アジア域内の外交の主導権をめぐり日本と清は対立し，日本は，清を仮想敵国として富国強兵・殖産興業政策を進めた。こうした動きは，アヘン戦争での清の敗北と，欧米諸国の日本への開港圧力を好機と捉えて，日本が中国中心の朝貢体制から離脱を図ろうとしたともみられる。

　ただし，条約締結後に 1859 年から始まった欧米列強との貿易によって綿糸・綿織物・毛織物などヨーロッパ商品が大量に日本へ流入し，日本国内の織物業は大きな打撃を受けた。もっとも，日本からの輸出もあり，蚕卵紙・生糸・茶などの農産加工品が主に輸出されたため，それらを生産した農民の所得は増加したと考えられ，国内市場の拡大による在来綿織物業の発展も見られた。貿易の開始は必ずしも国内産業に負の影響だけを与えたわけではなかった。

　明治維新後の政府は，家禄を与えられていた旧支配階層の華族・士族に公債を交付して禄制を全廃し，華族・士族を公債所有者に転化させた。ただし公債交付額が禄高によったため，下級士族は公債の利子収入のみでは生活できず，公債を売却して起業を試みたものの失敗する場合も多かった。このように，秩禄処分は必ずしも順調に進んだわけではなかったが，土地改革の前提としての封建的土地所有権の否定として重要で，1873 年の地租改正条例によって進められた地租改正は，封建地代（年貢）の納入から，地価を定めて土地所有者に地券を発行し，地価の 3 ％（後に 2.5 ％）を地租として国家に金納させる方式への変更であった。それにより旧領主の年貢徴収権は維新政府＝国家へ移され，封建制下では保有権でしかなかった農民の土地に対する権利が私的所有権として確立し，農民は領主に封建地代を払う必要はなくなり，国家に貨幣で納税することになった。

　ただし，日本では幕末時点ですでに土地保有権の質入や売買が行われており，事実上，土地を集積した富農が出現し，零細な農民や土地保有権を喪失した農民に土地を貸与する実態が展開していた。その状況のもとで地主を土地所有者にすることが進められ，地主制は追認された。もちろん自作農は土地所有権を認められ，地租納入義務者になったが，地価の高さに規定されて地租額が多く，しかも豊作・凶作にかかわらず固定額の納入が必要で，また貨幣で納入するためデフレ期にも農作物を必ずしも有利ではない条件で現金化せねばならなかった等々の事情により困窮する自作農が増大し，小作農に転落する自作農も多かった。

　日本では，地租改正を中心とする一連の改革によって私的土地所有権が認められ，農民の人格的自由も認められたが，地主制がそのまま残り，それが拡大され

た点で農民解放としては不十分であった。また地価の算定が農民あるいは農業の収益実態から乖離し，議会が開設されずに農民に租税審議権がないまま，政府の必要額から逆算して地租額が決定された点で，地租の前近代的性格は残った。そして，高額の地租は小作料の高さにも影響を与え，多くの小作農が農業で資金蓄積を進めるのは困難であった。むろん，高率小作料は，小作需要の多さに規定された結果とする見方もあるが，近代的な借地料とみなすのに困難がともなう小作料の性格の曖昧さは，農民解放が不十分だったことを示すといえる。

　以上の構造をもつ近代日本では資本家となる可能性は，秩禄処分で大規模な公債所有者となった華族や上級士族，地租改正と自作農の没落を契機として土地集積を進めた大地主，幕末期の商品経済の発展と開港による市場拡大により利益を蓄積した商人などにあったと考えられ，国家も地租などを官営工場の設立に向けるなど資本主義の直接的担い手の一翼を担った。

　ただし，華族や上級士族の多くは，初発の段階で株式投資の担い手となったが，それを運用する資質に欠け，官営工場も赤字経営になりやすく，多くは民間に払い下げられた。その結果官営部門は軍工廠・製鉄所・鉄道などに限定され，地主と商人が民間資本の重要な担い手となった。地主層は 1880 年代前半の松方デフレ期には，自作農の没落が進展して土地を手放す農民が増加したため，土地集積に資金を投じたが，松方デフレ後に地主制が安定すると，やがて有価証券投資などの農外投資を積極的に行うようになった。商人層では，維新政府と個人的に結びついて御用を引き受けた「政商」が，官営工場の払い下げの担い手となって商人から資本家への転換を図り，一方，地方有力商人層が，松方デフレ後に各地で生じた会社設立（企業勃興）の担い手となった。その後，日清戦争（1894〜95 年）での勝利を契機に会社設立はさらに進み，政府の積極財政による日清戦後経営もあり，日本資本主義が成立した。日清戦争の勝利により台湾を植民地として獲得した日本は，20 世紀に入ると日露戦争期に朝鮮（大韓帝国）を保護国化し，最終的に 1910 年に大韓帝国を日本に併合した。こうして日本は，日露戦争で獲得した南樺太・関東州なども合わせ，植民地を持つ帝国となった。

　前章で触れた「市民革命」的性格と「上からの変革」的性格を，明治維新のなかに読み取ると，開港以前には自生的な下からの資本蓄積が進展していたが，開港以後の最幕末期の混乱のなかでその流れは止まり，地租改正後には国家主導の上からの資本蓄積が進展したと整理できそうであるが，実際にはより複雑な過程

が進行していた。近代初頭の日本は，1870年代後半の激しいインフレと80年代前半の激しいデフレを経験し，インフレ期に商人層はかなり資金蓄積を進め，デフレ期に地主層がかなり土地集積を進めた。その意味では，「上からの変革」の色合いの濃い近代前期の殖産興業時代にも，後の民間資本の担い手となる商人層・地主層の資本蓄積は進展し，それが結果的に，日本が欧米列強と伍して第二次世界大戦前にある程度資本主義を発展させえた要因ともなった。ただし，近代日本における封建的土地所有解体は不十分で，市民的自由が十分に確保されたわけではなかったことに留意する必要があろう。

3）オセアニアと太平洋交易

　18世紀末にイギリスが現在のオーストラリアに植民を開始した背景には，合衆国独立によるアメリカ大陸植民地の喪失や，亜麻やマスト材などの海軍の戦略物資の調達などがあったといわれる。初期のオーストラリア移民は，囚人とそれを監督する役人と兵士によって構成されたが，19世紀中葉の金鉱発見後は，自由移民がオーストラリアに殺到し，金はオーストラリア最大の輸出品となった。その結果，イギリス本国はオーストラリアの自治を認め，自治政府のもとでオーストラリアは産業化を進めた。その象徴が鉄道で，1860年に総延長500キロ程度の鉄道網が，19世紀末に約17,000キロに達した。ただし，入植地間の対抗意識のために軌道の幅が統一されず，オーストラリアの経済的統合にはマイナスであった。また，非ヨーロッパ人移民は制限され，白人国家体制が採られた。

　移民では制限されたアジア人であったが，オセアニア諸国と東南アジア・東アジア諸国との交易は次第に拡大した。特にナポレオン戦争時に戦場となったスペインから良質の羊が世界に放出されると，オーストラリアの入植者はこれらの羊を手に入れて改良し，羊毛を金と並ぶオーストラリアの代表的輸出品とした。

　一方，東アジアにとっても19世紀後半のアメリカ合衆国による太平洋進出は，太平洋交易を拡大する契機となった。特に日本では，幕末開港が，イギリス・フランスとの開港（ウエスタン・インパクト）とアジア間交易圏への本格的編入（イースタン・インパクト）のみでなく，アメリカ合衆国との太平洋交易の開始（パシフィック・インパクト）の意味をもち，アメリカ合衆国への生糸輸出が，日本の外貨獲得につながり，機械や棉花による入超構造を下支えした。そして日本最大の総合商社であった三井物産は，19世紀末までは，中国やイギリスとの貿

易を主に担ったが，20 世紀に入るとアメリカ合衆国との取引の比重をかなり増大させ，オーストラリアとも羊毛取引を活発に行うようになった。

　もっとも，太平洋はかなり広く，定期汽船航路が開設されたものの燃料・食料の補給基地は重要であり，太平洋のほぼ中心に位置したハワイがその役割を担った。19 世紀のハワイ諸島はカメハメハ王朝による統一国家が成立しており，多様な外国人が移住し，主に中国人や日本人を労働者として欧米人が砂糖のプランテーション経営を行う経済が成立した。製品の輸出先が主にアメリカ合衆国であったことからハワイ経済は次第にアメリカ合衆国へ依存するようになり，19 世紀末にはハワイはアメリカ合衆国に併合された。アメリカ合衆国は，19 世紀末のスペインとの戦争に勝利すると，東アジアにおけるスペインの植民地のフィリピンを獲得し，ハワイとフィリピンを基盤として太平洋に商圏を拡大した。このように，19 世紀末に太平洋交易が発達することで，世界交易は地球上の 3 つの大海をすべて結ぶこととなり，ナショナル・ヒストリーの時代を経た新たな地球規模のインターナショナル・ヒストリーの時代を迎えることとなった。

5. 生産・流通面から見た近代資本主義

1）土地所有関係・資本—賃労働関係と生産形態

　本章の最後に，生産・流通面から 19 世紀資本主義の全体像をまとめる。そのうち，生産面は，土地・労働力・資本が資本主義的生産の重要な要素であったので，土地所有関係と資本—賃労働関係の視点から整理し，流通面は，国家関係の重要な視点として輸送網への国際投資と関税を取り上げて整理する。

　本章で概説したように，各国の土地所有関係は，その国の主要な生産形態と大きく関連した。大土地所有が発達した国では，資本の集中を図りやすく，機械制大工業が成立しやすかったが，それが私的大土地所有か国家的大土地所有かによって工業化の方向は異なった。私的大土地所有が発達したイギリスでは，民間資本により機械制工業が発達したが，ロシアでは有償で農奴解放が行われ，国家が肩代わりした旧農奴の土地購入金を長期間にわたり国家に返済する必要があり，その間は土地の売買が認められず，農奴としての実態は残された。

　ロシアのこうした土地所有関係のもとでは，土地から上がる収益のかなりの部分が国家や旧領主に入り，国家主導の工業化が進められざるを得ない。それゆえ，

民間大資本の競争の側面が弱く，ロシアでは大量生産は実現されたが，それを効率的に行い，競争力を強めるインセンティブはあまり働かなかったと考えられる。しかも，土地所有関係は，農民の購買力を媒介として国内市場の広がりにも大きな影響を与えた。アメリカ合衆国では，奴隷解放宣言によっても旧奴隷の実態の改善はあまり見られず，南部の国内市場はそれほど拡大しなかったと考えられるが，西部開拓によって自作農が大規模に創設されたことで，国内市場が飛躍的に拡大し，以後，合衆国では植民地市場に頼らない工業化が可能となった。

　一方，フランスのように小土地所有農民が広範に存在した国では，民間資本の集中は容易ではなく，国家主導で機械制大工業の定着が目指されるとともに，他方で広範な中小経営が存続し，そこでは農業と工業の兼業も一般に行われた。ただし，それゆえフランスの資本主義的発展は遅れたと見るのは一面的であり，熟練労働力に依存した中小経営の方が，高品質の製品を生産できる可能性もあり，また多様な需要に対応できる面もあった。

　一般に，資本主義的生産では労働者は生産手段から切り離され，独占的に生産手段を所有する資本家のもとで働くため，そこでの労働は，単純化されると想定される。その結果として，労働者の賃金は代替可能な労働の対価として低く抑えられ，低賃金労働のもとで機械が導入されて生産が行われたことで，きわめて競争力の強い商品が大量に生産されることとなった。

　イギリスはこのような状況を体現して「世界の工場」といわれたが，競争力の源泉が価格のみでなく，品質の場合もあり，イギリス製品が世界市場を十分に席捲し得たわけではなかった。実際，中国や日本の在来綿布とイギリス産綿布では，前者が厚地布に対し，後者が薄地布とかなり品質が異なり，厚地布に慣れた生活様式の中国や日本は急激に薄地布が普及する市場環境にはなかったと考えられる。その点では，フランスのように多様な需要に対応するため，無理に品質の標準化をせずに，熟練労働者の技を活かした生産を行う形態も存在意義はあり，機械が進歩して，機械制大工業でも多様な製品を生産できるようになるまでは，クラフト的生産は資本主義的大量生産と住み分けが可能であった。

　また，価格競争力の面から低コストを追求するには，アメリカ大陸で行われた奴隷生産が合理的に見えるが，劣悪な労働条件ゆえに労働者の労働へのインセンティブを維持することができず，労働生産性がかなり低下するマイナス面も見られた。イギリスでも，価格競争力を重視するために劣悪な労働条件下で長時間労

働させたため，労働者の健康が損なわれることが多く，社会問題化した結果，資本家は労働条件を改善せざるを得なかった。

　同様に，農奴解放後のロシアでも，実質的に解放農奴が国家や旧領主の債務奴隷化した状態では，彼らの労働への意欲を保つことはできず，農業生産が伸び悩んだように，労働生産性を維持するには，労働者に労働への意欲を保つのに必要な労働条件（賃金・労働時間など）を，資本側が確保することが重要であろう。そして，今ひとつの問題は，価格競争力のある商品でも，流通網が未整備な段階では，それを広く市場に行き渡らせることはできず，19 世紀に欧米産商品がアジア市場に進出した際には，価格よりもむしろその点が問題であった。

2）輸送網・関税政策と流通形態

　本章で述べてきたように，欧米資本主義諸国（列強）は，自国製品をアジア諸国へ売り込む過程で，オスマン朝，インド，タイなどいずれも鉄道網への投資を積極的に行った。海路は，自国汽船で容易に輸送し得たが，港からの内陸部は 19 世紀中葉のアジア諸国では鉄道網がほとんど未整備であり，欧米産商品が内陸部に普及することは困難で，内陸部ではアジア諸国の伝統的産業の産品が使用されていた。それゆえ，欧米諸国がアジア諸国を自国製品の商品市場化するためには，輸送インフラへの投資を併せて行う必要があり，欧米列強のアジア市場への進出は，貿易と資本輸出を組み合わせて行われた。

　アジアの側も完全に植民地化された地域を除き，オスマン朝，タイ，清などは，欧米列強の資本を受け入れつつ特定の国に依存せずに，欧米列強間を互いに牽制させ，自国の利益を得ようと努めた。前述のようにオスマン朝は，イギリス・フランス・ドイツ資本を競合させ，イスラームの民族資本でも鉄道網の整備を行い，清も民族資本で鉄道敷設を進めつつ，欧米列強に地域を分割して鉄道敷設権を与えた。日本も最初の鉄道建設は，イギリス資本で行ったが，その後の鉄道網の整備はほぼすべて自国資本で賄い，外資排除方針を貫いた。アジア諸国が欧米列強から借款する場合も，複数の国からの共同借款の場合も多く，清は，日清戦争の賠償金も部分的に欧米列強からの借款により充当した。その意味で，資本輸出の面で欧米列強の意思がアジア諸国に対して自由に貫けたわけではなかった。

　また，輸送網整備後の商品流通でも，完全に植民地化された地域以外では，そこからの利益を欧米列強が十分に吸収できたわけではなく，清は，アヘン戦争の

敗北による多数の貿易港の設定を契機に，対外貿易や国内の商品流通に対して関税や釐金税などを新たに課し，財政基盤を土地税から流通税に転換させた。釐金税は，19世紀半ばの太平天国の乱に際して地方官が国内流通から流通税として徴収を開始し，それ以後重要な地方財源となり，開港場では貿易に関税が課せられ，中央政府はそれを中央の財源として重視した。商品流通の局面でも，清の開港場に欧米商人が進出したものの，結果的に東アジア域内貿易では中国商人が，欧米産品を含む商取引の主要な担い手となり，中国商人は，有利な商品であれば中国産・欧米産を問わず積極的に取り扱って流通利益を確保した。実際，中国商人には欧米商人に雇われて活動した買弁商人が多数存在し，彼らは契約にもとづき欧米商人の代理として活動する一方，独立した商人の地位も確保していた。

　それに対し日本では，欧米商人の国内での活動への危機意識が強く，通商条約で日本国内での欧米商人の通商権を認めず，開港場での外国商人との取引でも，国家と民間資本が総力を挙げて日本の貿易商を支援して商権の確保に努めた。こうした外資排除・外国商人排除の方向性が日本の独立性を保てた要因との議論があるが，日本の対応はアジア市場における日本商人のネットワークや商権の弱さの裏返しでもあり，清はアジア市場における中国商人の強みを活かして，欧米列強勢力を取り込み，制度的疲弊をきたしていた土地制度に代わる新たな財源を確保して近代化を図ろうとしたともいえる。そうであれば，欧米列強のアジア進出に対し，清と日本はそれぞれの強みと弱みに応じた弾力的な対応をとったと考えられ，両国のその後の方向を決めたのは，欧米列強ではなく，近代化政策と日清戦争を通した両国自身であった。その意味で，欧米列強の進出による東アジア社会への規定性を強調し過ぎることは問題であろう。

第6章　資本主義世界経済体制の転回
——インターナショナル・ヒストリーの時代

1. 19世紀末ヨーロッパ大不況とアジアの産業化

1）大不況と各国経済

　1873年のウィーン証券市場の暴落の影響は世界に波及し，各国の金融市場は大いに混乱した。これ以後1895/96年までの間，イギリス，フランス，ドイツ，アメリカ合衆国やその他の工業諸国は「19世紀末大不況」と呼ばれる長期の停滞の局面に入った。この不況は世界経済の中核であるイギリス発ではなかったこと，さらに瞬く間に世界同時不況というかたちで拡がったことで，当時における地球規模にまで拡大した経済の枠組の緊密性を端的に示すものとなった。本章はそうしたインターナショナル・ヒストリーの時代である19世紀末以降の世界経済の構造とその変質に着目していく。

　大不況直前までの工業諸国の高い経済成長に比べ，この時期の成長率は長期にわたって低迷し，利子率も下がり続けた。経済活動の停滞は，雇用や起業を収縮させ，ヨーロッパ諸国からアメリカ大陸への移民が大きなピークを迎えたのも1880年代であった。経済政策の指針も多くの国々で転換され，イギリスでは金融センターとしての地位に由来する利害が主に優越して自由主義・自由貿易が維持されたが，他の多くの国では保護貿易主義への転換ないしその徹底が図られた。そのなかで後発工業国に属したアメリカ合衆国とドイツが，組織立った技術開発や，それらを援用した生産設備，各種の社会的および生活上のインフラ拡充に成功し，世紀末には英仏を大きく凌駕する工業国としての地位を築いた。他方イギリスでは製造業の近代化は大きく進展せず，また米独の競争力の飛躍的上昇や各

国の保護貿易主義，輸入代替工業化の進展などでその市場圏はさらに狭隘化した
が，それまでの富の蓄積を基盤に対外投資などで引き続き大きな収益を上げた。
また金融取引センターとしての制度的・機構的インフラにおいてもイギリスは傑
出していたため，「世界の工場」から「世界の銀行」へとその経済的位置の中心
を移した。その間，フランスも金融的蓄積に成功する一方，農業国型の経済構造
ゆえに国内投資が振るわず，資金はより有利な国外の投資先を求めるに至った。
このようにして，世界経済の中心において，イギリス，フランスが金融センター
としての位置を占め，アメリカ合衆国，ドイツがその技術的・経済的興隆ととも
に工業センターとしての位置を占めるという大不況脱却後の典型的な構造ができ
あがった。

　他方で欧米以外の地域では，周辺工業国として工業化を始動させた国や地域，
周辺従属地域となった国や地域が存在した。ただし工業化といっても，そこでは
中核諸国の側圧を受け，伝統社会をその担い手が自ら解体したことによる工業化
が主流となったため，いわゆる市民社会が構成されることはほとんどなく，たい
ていは伝統社会由来の個別の条件下でそれぞれに独特な前近代的社会経済関係が
構築された。また経済的自律性を奪われたとされる地域においても，例えば中国
のように，公式には清朝という帝国が維持され，相応の工業化を遂げた例もあり，
またイギリス資本の流入により換金作物の生産が広く行われたインドのようなケー
スもあった。他方で一次産品に特化したモノカルチャー経済のもと，当該生産
物の価格変動に一国経済が翻弄され，結果的に経済発展が生活水準の上昇につな
がらない国や地域も広く存在し，その様態は一様ではなかった。

２）東アジア・ラテンアメリカ地域の工業化

　19世紀末の東アジアでは，帝国主義候補国同士（帝国主義については次節およ
び解説 I-11 を参照）の戦争である日清戦争が行われ，その勝敗がその後の両国の
分岐点となった。清朝は，敗戦の反省から近代国家構築を目指し，ドイツ陸軍を
模した軍制改革，科挙を廃止したうえでの学校制度の導入，産業振興のための商
部（商工業を所管する官庁）の設置を行った。商部は同業団体である商会の設立
を奨励し，商会が中国の民族資本家らの利害を代表した。そして中国でも 19 世
紀末から工場設立ブームが生じ，その主な担い手は国際貿易を通して資本を蓄積
していた中国商人であった。清朝の工業化は鉱山や製鉄に及んだが，日本への賠

償金支払いのために資金が不足し，清朝は諸外国から借款してその資金を賄い，また開発した大冶鉄山の鉄鉱石を日本へ輸出する契約を日本政府と結んだ。その後日本政府は，同鉄山の鉄鉱石の輸入契約量を拡大し，結局大冶鉄山は日本への輸出向けに特化したため，清朝では19世紀末に漢陽鉄廠（製鉄所）が設立されたものの原料不足となり，充分には操業することができなかったと考えられる。

　一方日本では，日清戦争の勝利で賠償金を獲得できたことに加え，日清戦争後に得た遼東半島をロシア・ドイツ・フランスの三国干渉により清朝に返還したため，返還した遼東半島の代わりに報償金を清朝から得た。こうして豊富な資金で日本は日清戦争後の工業化を進めることができた。日本の日清戦後経営の重点は官営八幡製鉄所の建設であったが，国内では製鉄原料の鉄鉱石が十分に調達できなかったため，前述のように日本政府は資金不足に陥っていた清朝と大冶鉄山の鉄鉱石の日本への輸入契約を結び，その結果官営八幡製鉄所は軌道に乗り，製鉄業が軌道に乗らなかった清朝との分岐点となった。つまり，日本と清朝の明暗を分けたのは欧米列強のアジアへの進出ではなく，日清戦争であったともいえる。

　またラテンアメリカ諸国の多くは，ナポレオン戦争後に宗主国（スペイン・ポルトガル）が弱体化したことで独立を果たしたものの，自由貿易のもとでイギリス製品が大量に流入して地場産業の多くは解体された。そして，新たに商人や農場開発主により，コーヒー，カカオ，タバコ，サトウキビ，棉花などのプランテーション生産が行われるようになり，またアルゼンチンやウルグアイ，パラグアイなどでは牧畜や穀物生産が主に行われた。またメキシコ，ペルー，チリなどで，かつてはスペインによって進められた資源開発（後にメキシコやベネズエラでの石油採掘）はイギリスやアメリカ合衆国の資本によって展開されるようになり，あわせて鉄道建設も各地で進められた。

3）欧米での技術開発と大型企業体の叢生

　一般的産業投資が不調な大不況期は技術革新の時代でもあった。新しい製鋼法が開発され，それに合致した生産設備が構築され，またその技術を援用したインフラストラクチャーや建造物が次々に建設された。アメリカ合衆国やドイツなどの後発工業国を中心に，電気や化学などの新たな産業分野も勃興し，それは多様な製造物の出現や新たな都市・生活インフラをもたらした。こうした新たな技術基盤の開花は欧米先進工業諸国にとってもさらなる近代化であり，そうした技術

やそれを援用した製品・インフラは周辺地域にも輸出され，それぞれに各様の近
代化をもたらした。当初は主に都市部に偏っていたとはいえ，人々が多かれ少な
かれ新しいライフスタイルを享受する世界が形成されてきたことは確かであり，
またそれが大不況からの脱却と世紀転換期の成長にも大きく貢献したことから，
これらの新たな技術革新は「第二次産業革命」と呼ばれることもある。

　化学工業ではタール染料が開発され，またソーダの新精製法の発明により石鹸，
洗剤，ガラスや紙パルプ製造，各種化学薬品や医薬品の開発が進み，さらに各種
肥料や爆薬製造へと生産は展開した。電気機器でもエジソンやシーメンスの発明
に端を発し，その普及が発電，変電，送電などの設備の開発と相まって進行した。
またそれを推進した大事業会社の背景には常に大型の金融機関が介在していた。

　鉄鋼業などの既存の産業でも目ざましい技術革新が進展し，従来のパドル法に
替わってベッセマー法，シーメンス＝マルタン法，トマス法が，用途や規模に応
じて援用され，従来の錬鉄より格段に優れた各種の鋼が，桁違いに大きなスケー
ルで生産されるようになった。これは大規模プラントの建設を促し，大型鎔鉱炉
や各種機械のさらなる発展へとつながった。特にドイツやアメリカ合衆国などで
は製銑，精錬，圧延の三工程をすべて含む一貫製鉄所として設備が建設され，ド
イツのクルップ，バーレ，アメリカ合衆国のカーネギーなどの大製鉄企業体が垂
直的統合を繰り返しながら大経営組織を構築した。内燃機関も発展し，ガソリン
自動車の開発につながり，今日のモータリゼーションの基礎が築かれた。農業部
門でも機械化は進み，一般生活領域でもミシンなどの機械が浸透した。新製鋼法
の確立にともない，都市の鉄鋼建造物や鉄橋などの大型インフラも築かれた。

　このように新しい技術を援用して巨大な建造物やプラントを構築し，また大量
の重工業素材製品や大型機械を製作していくためには，有機的に構成された大型
の企業組織が必要となった。それとともに雇用形態や労働編成も大きく変化した。
企業の管理・営業部門や，研究開発部門が拡大し，生産部門でも技師層が中核と
なった。従来個別の企業が市場経済的に取引関係で結ばれていた生産過程が，ひ
とつの企業体の中の「見える手」（A. J. チャンドラー）によって合理的に組織さ
れ，それが総体として有機的に機能するようになった。

　他方で生産量の微調整はますます困難になり，必ずしも幅広い大衆需要に立脚
していなかった当時の生産は，市場に規定されながら行われるよりも，まず自ら
の組織の内部調整を行い，さらに多様な「独占」の手法を用いた外部の市場の操

作を行うことでようやく維持されるようになった。生産過程の現実が理念的な自
然調和の世界からますます遠ざかったことになる。実際に 1880 年代，さらには
90 年代以降にも種々の地域，業種で，カルテルをはじめさまざまな協調行動が
とられていた。ロックフェラーらによるスタンダード・オイル・トラストの例に
見られるように，それはときとしてスキャンダルとして採り上げられ，アメリカ
合衆国では 1890 年のシャーマン反トラスト法などにより厳格な独占禁止が規定
された。ドイツでも数々のカルテルやシンジケートなどの販売独占が構築された
が，国益上の観点の優越から概してアメリカ合衆国よりも「独占」に寛容であっ
た。フランスでも石炭業や金属工業でカルテルが結ばれたほか，ソーダ製造のソ
ルヴェイなど，技術的優位により事実上の独占が成立するような場合もあった。

　確かに事業活動はこうした大型経営や独占一辺倒ではなく，また技術革新を行
った大型企業体も既存の手工業的熟練を要する業種と有機的な関係を維持し，在
来手工業や熟練の一定の連続性も維持されていた。それでも，新しい社会で労働
力編成や職業教育のあり方全般に変化が表れ，このような大規模生産によって最
新技術に依存した経済社会が構築される中，大型企業体の存在自体がもたらす市
場規制力を完全に排除することは現実的ではなく，アメリカ合衆国でも 20 世紀
以降，弾力的な運用を余儀なくされた。

4）社会問題と社会改良

　19 世紀末大不況期は社会問題の再発見の時代でもあった。失業や低所得によ
る貧困問題，病気や障害などに起因するさまざまな生活の不安定，教育の欠如，
劣悪な居住環境などは工業諸国の都市部や工業地帯ではすでに常態的現象となっ
ていたが，大不況期に入ると就労機会が狭まり，その深刻度はいっそう高まった。

　それまでの貧困対策はヨーロッパ諸国の公的なものとしては「救貧法」および
それに類する公的扶助，また民間のものとしては慈善活動や，共済などの団体的
自助に委ねられてきた。しかし救貧法には落伍者としてのスティグマ（社会的烙
印——第 13 章参照）やさまざまな懲罰的扱いがともない，慈善活動では包括的，
普遍的対応ができず，さらに共済等も集団的自助に自ら拠出して参加できる恵ま
れた被用者に範囲が限定されていた。そうした状況下で生活逼迫者の集団が顕著
に増大すると，1840 年代の「飢餓の時代」からヨーロッパ諸国で一定の広がり
を見せていた社会主義運動があらためて強まった。しかもそれまでの社会主義運

動はドイツのラサール派に代表されるような比較的穏健なものまでを広く含んで
いたのに対し，1870 年代以降の社会主義運動は資本主義経済体制そのものを否
定し，社会主義革命を志向する急進的なマルクス主義運動へと集約される傾向を
もち，非熟練，臨時雇，低所得の労働者層を広く結集するようになった。この動
きは体制の脅威と認識され，各地の政府当局はこれを弾圧した。

　他方でこの時期には知識層や社会的諸事業に従事する専門家らの間で，従来の
救貧法や慈善などに依拠して社会問題に対応することの限界や問題性が指摘され，
より積極的な対応の必要性が説かれるようになった。特に問題が先鋭化していた
イギリスでは，労働者の生活実態に関する調査により，貧困の実態があらためて
浮き彫りになり，低所得者への生存保障が医療なども含めて救貧法のみでしか対
応できない実情が大いに問題になった。

　結局イギリスでは世紀末までに社会保障に関連する種々の措置がスティグマと
不可分な救貧法の枠外に出され，個別の対応に再編された。こうした動きは後の
老齢年金や 1911 年の国民保険法（対疾病・失業）につながった。ドイツでは
1880 年代に世界で最初の法定社会保険制度が導入され，疾病，労災，老齢・障
害が対象とされた。この他先進工業諸国でも社会問題の深刻化にともない，相前
後して社会保険制度が導入され，その後の社会保障の基本的なかたちとして定着
した。唯一アメリカ合衆国だけは公的な社会保険等の制度を設置せず，その後も
企業内福利厚生に依拠する傾向が強くなった。日本や中国ほか，周辺工業地域で
は，工業化にともなう社会問題や生活保障はあまり問題にされず，労働条件に関
する規制も曖昧なまま，低賃金や厳しい労働環境が強いられるのが一般的であっ
た。

2. 世界経済の不均衡と帝国主義

1）工業化時代の新たな繁栄と国民意識の形成

　いわゆる「中核」の工業諸国では，19 世紀末以降，都市の風景は一変した。
電信・電話，大陸を隔てた遠隔地との海底ケーブルを経た交信，電気のある生活
や都市空間が出現するとともに，街ではバスや市街電車が走り，特に過密化した
大都市では地下鉄や空中空間を活用した高架鉄道などがそのネットワークを拡げ
ていた。精錬・製鋼技術の躍進にもとづく巨大な鉄骨建造物が各所に見られるよ

うになり，海上，陸上交通も目ざましい
発達を遂げ，世界経済の緊密化に大いに
貢献した。マスメディアも発達し，統制，
バイアス，誤報などを免れないとはいえ，
世界のさまざまな情報が一般市民の中で
も流通するようになった。多様な文明の
利器の登場が，社会階層ごとに受ける影
響は異なるものの，ライフスタイルや，
労働環境のあり方にまで変化をもたらし
た。そして世紀転換期には「ベル・エポ
ック」という言葉に表象されるように，
ある種楽観的な輝かしい未来が展望され
ていた。

**図6-1 建設中のエッフェル塔（1889
年完成）**

出所）エッフェル塔100周年記念展行委員会／
群馬県立近代美術館編［1989］『エッフェ
ル塔 100年のメッセージ』エッフェル塔
100周年記念展行委員会。

　都市部と農村部，特に前近代的な社会
関係が残存していたような地域などとの
差はあるが，概して都市部のこうした社
会的および生活インフラの変化は，人々
の思考のあり方にも影響を与えた。社会経済的階層間の垣根は厳然として存在し
たにもかかわらず，同じ文明を共有し合っている，ないし同じ文明に支えられて
生活をする者としての一定の共同感情が発生した。擬似的にでも似通ったライフ
スタイルをとる中で，労働者アイデンティティは相対的に稀薄化し，顕著な国民
的アイデンティティが生成した。社会主義運動は社会改良運動へと収斂していく
傾向が主流となり，今日の用語法でいう社会民主主義，あるいは穏健な労働組合
運動への志向が強まった。

　また20世紀への転換期には欧米地域以外でも，ラテンアメリカやアジアなど
の各地域で独立国，植民地を問わず民族意識が高揚し，欧米から技術や文化の移
入をする一方で，それに対抗して自主的な工業化を図る，あるいは反植民地運動
を展開するなどの動きが発生した。

2）西ヨーロッパ諸国の生産・資本輸出能力の拡大と帝国主義的緊張

　この時代は生産ポテンシャルと需要の不一致，所得格差と国内需要の脆弱性，

投資先を求めてさまよう多額の資金が世界経済を大きな不均衡の渦に巻き込んでいた。各国はその緩衝材を海外権益の拡張・強化に求め，19世紀末以降は「帝国主義」の語に表されるように政治的緊張が著しく高まっていた。

　当時生産の基軸となった大型企業体は，生産調整の機動性に欠けるために独占形成に活路を見出したが，それにも限界があった。また基幹産業や技術集約型産業でアメリカ合衆国やドイツなどが覇権を握るようになる一方，周辺工業諸国での産業の興隆も顕著であり，国際競争の圧力はさらに高まった。それゆえ独占的調整を有効にし，海外投資を安定化させていくため，海外での政治的・経済的覇権の掌握に各国とも力を入れ，それは国際政治上の緊張をいっそう高めることになった。

　1900年頃～第一次大戦勃発時における世界の通商関係，資本・労働力の移動は一見すると順調であった。多角的貿易網が発達し，世界は分業の利益を十分に享受していたかのようであり，それは一面において真実であった。各国が金本位制を導入し，円滑な決済の条件も整えられていた。ただし貿易の枢要な部分は中核—周辺間の垂直的分業関係であり，市場や投資先，食料・原料等の調達先をめぐる緊張はむしろ高まっていた。この他に天然資源の権益も列強の主要な進出要因であり，この時期は技術革新にともない石油や稀少性のある非鉄金属の重要性が高まっていたため，大国間の緊張はより熾烈となった。さらに植民地や勢力圏の拡張・維持のための戦略上，いくつかの地域の地政学的位置関係が重要な意味をもつようになり，バルカン半島や中東，北アフリカなどの特定の地域をめぐる紛争が，とりわけ顕著となった。

3）アフリカ・アジアにおける帝国主義

　西欧諸国は北アフリカとは古くから接触があり，19世紀に入るとオスマン帝国の弱体化に乗じ，英仏が北アフリカの覇権をめぐって争い，イギリスはエジプトを，フランスがマグレブ諸国を保護国化した。アフリカは元来資源の宝庫であったが，サハラ以南の地域に対しては近世以来，ヨーロッパ人は西アフリカの沿岸の拠点港のみに展開し，そこは奴隷貿易のための人狩りや象牙などの採集品を得るための場所でしかなかった。しかし西欧における新たな技術の進展とさらなる工業化のなかでその資源に注目が集まり，また熱帯性の風土病に対するワクチンも活用されるようになった1880年代から，列強諸国のアフリカ内陸進出が一

気に進行し，英仏を先頭にスペイン，ポルトガル，また新たに力をつけたドイツ，イタリア，ベルギーなどの西欧諸国による争奪戦が始まった。

　ドイツ帝国宰相ビスマルクは1884年のベルリン会議で列強間の利害調整を行い，現地の人々の意識とは無関係に一方的にアフリカの分割が行われた。それに従い各国は鉱山開発や農業資源開発を行い，またヨーロッパ製品の市場としても着目し始めた。侵入してくるヨーロッパ人に対し，現地の帝国ないし部族は抵抗を試みたが，軍事装備の圧倒的違いのもとで制圧された。その後もモロッコ戦争やファショダ事件，ボーア戦争など，列強間の局地的な紛争は絶えなかったが，第一次大戦勃発前までにエチオピアやリベリアなどごくわずかな例外を除き，アフリカ全土が列強によって分割支配された。

　東アジアでは，日清戦争後に前述のように日本が工業化を進めるとともに，清朝からの賠償金をもとに銀本位制から金本位制へ移行したことで国際金本位制の枠組みに入り，一方，ヨーロッパ諸国のうちロシア・ドイツ・フランスは三国干渉を行って日本の中国東北部（満洲）への進出の意図をくじいたが，逆にイギリスは，1902年に日英同盟を結んでロシア・ドイツ・フランスを牽制した。工業化の進展で原料・機械の輸入が増大し，貿易赤字に苦しんでいた日本にとって，日英同盟は日本が発行する外債をイギリスが引き受けてくれることを意味しており，望むところであった。そして戦費調達の目途が立った日本は，中国東北部（満洲）及び朝鮮の権益をめぐって1904〜05年に日露戦争を始めた。ただし，イギリスが日本と同盟したことは，19世紀末にスペインとの戦争に勝利してフィリピンを獲得し，遅ればせながらアジアの利権に関与し始めたアメリカ合衆国の警戒を呼び起こし，アメリカ合衆国は日露戦争の休戦を仲介し，その後も日本とイギリスの分断を目指した。そして1921〜22年のワシントン会議で日英同盟が廃棄され，日本とイギリスにアメリカ合衆国・フランスが加わって四カ国で中国の利権の調整をする体制となり，アメリカ合衆国の意図は達成された。

　日露戦争を終結させるポーツマス条約により日本は満洲の諸権益や領土（樺太南部など）を得たが，辛勝のもとでアメリカ合衆国の仲介を受けており，賠償金を獲得し得る状況ではなかった。内実を知らされなかった日本国内では賠償金がないことへの不満が高まったが，この戦争を機に日本の国際的な地位や発言力は確実に高まり，1910年に日本は朝鮮半島を併合した。ロシアでは1905年にシベリア鉄道が開通し，躍進のための社会的インフラは整いつつあったが，同年の

解説 I-11

古典的帝国主義論と自由貿易帝国主義論

　欧米資本主義諸国による植民地獲得競争が激化した 1880 年代以降，それを推進する思想・政策を意味する用語として広く用いられるようになったのが，帝国主義（imperialism）である。では，なぜ各国は帝国主義的行為を繰り返したのであろうか。その根本的理由を各国政治家個々人の思想や野望にではなく，彼らの背後にある経済に見出したのがホブソン『帝国主義論』（1902 年）やレーニン『帝国主義論』（1917 年）であった。

　ホブソンが帝国主義の背景として強調したのはイギリス本国の経済的事情，すなわち過少消費・過剰資本である。国内の過少消費が過剰資本を招き，さらには海外への資本輸出を増加させており，それによって利益を得る金融業者らが海外膨張政策の推進勢力だと結論づけたのであった。そして，労働者への分配を増加させ，国内消費を増加させることによって，帝国主義は抑止できると考えたのである。

　これに対して，帝国主義をホブソン以上に経済的要因のみから説明し，それは社会主義革命によってしか解決し得ないとしたのがレーニンである。レーニンは帝国主義を「資本主義の独占段階」と規定し，資本主義が商品輸出を典型とする自由競争段階から資本輸出を典型とする独占段階へと移行したことを示す現象だと論じた。具体的には，① 自由競争を通じて資本が増大するとともにより少数者に集中していく（独占資本の成長）。② 銀行資本が巨大化するとともに業務を通じてその顧客である企業（産業資本）の情報を詳細に把握し，企業合併の斡旋や役員派遣などを通じて産業資本への影響力を強める。銀行資本と産業資本との関係は密接化し（この銀行を中心とする関係は「金融資本」と定義される），少数の金融資本が国家の政策に大きな影響を及ぼすようになる（金融寡頭制）。③ 金融資本は有利な投資先を求めて資本輸出に積極的に取り組む。④ 巨大化した資本は一国の枠を超えて国際カルテルを締結し，世界市場を経済的に分割する。⑤ 資本主義列強は自国籍資本の市場や原料を確保するため，植民地を競って獲得し，世界を領土的に分割する。

　こうして金融資本の巨大化とともに資本主義列強による世界の分割が進み，20 世紀初頭には完了する。だが各国の支配面積はその生産力と比べると不均衡なものであった。すなわち，19 世紀後半から 20 世紀初頭にかけてドイツ・アメリカ合衆国に工業生産力を凌駕されたイギリスが依然として最大の植民地領有国であった一方で，ドイツ・アメリカ合衆国の植民地面積はイギリスよりもはるかに少ない程度にとどまっていたのである。特に，アメリカ合衆国に比べて国内の市場・原料可裁量が小さいドイツにしてみればこれは由々しき不均衡であった。この不均衡がもたらしたものこそが第一次世界大戦である。レーニンは大戦勃発について以上のような経済学的説明を提示したのであった。

　ホブソンやレーニンといった古典的見解はいずれも帝国主義を説明する際に資本輸↗

出を重視し，これと植民地獲得競争が本格化した 1880 年代以降を帝国主義の時代とみなした。そして，それ以前の時代は自由貿易の時代であり，世論は植民地拡張にむしろ反対だったとする。このような自由貿易と帝国主義とを明確に区別する見方を批判したのが，ギャラハー／ロビンソンの「自由貿易帝国主義」(imperialism of free trade) 論であった（1953 年）。彼らは自由貿易全盛期である 1840〜71 年にかけてのイギリスの領土拡張がその後 30 年間の拡大に匹敵することを指摘し，イギリスの海外膨張は自由貿易の時代から連続していると論じた。

「自由貿易帝国主義」論はイギリスの従属下にある地域を非公式帝国と公式帝国とに区分する。非公式帝国は政治的・経済的にはイギリスの従属下にあるものの公的な支配をともなわない地域のことであり，東インド会社支配下のインド，19 世紀南アメリカ諸国，19 世紀後半から 20 世紀初頭にかけての中国などがそれにあたる。一方，公式帝国は政治的・行政的支配をともなう地域（植民地・保護国）である。そして，イギリスの海外膨張政策の基本原則は，「できるならば非公式的に，やむを得ぬ場合には公式的に支配を拡大する」というものであった。すなわち，イギリスの要求するような最恵国待遇付きの自由貿易協定を当該国に締結させ，当該国をイギリスの製品販売市場・原料供給基地として再編成させることができれば，わざわざ武力干渉によって公式帝国化する必要はないと判断されていた。非公式帝国は直接的な支配を必要としない分，公式帝国に比較して官僚や軍隊の維持に必要なコストを低く抑えることができたからである。イギリスがこうした方針をとることが可能だったのは，自身が，航路の安全を保障し自由貿易を相手に強制する軍事力（砲艦外交の展開）と自由貿易で他の競合国を圧倒する経済力とを備えていたからであった。

「自由貿易帝国主義論」は，帝国主義を資本主義列強による植民地獲得の時代（19 世紀末から第二次世界大戦まで）固有の現象とみなす議論に修正を迫るものであり，第二次世界大戦以降も先進資本主義諸国による発展途上国への経済的・政治的支配が続いていることを指摘する新植民地主義論とも響きあう。つまり，資本主義成立以降の世界秩序における支配—被支配関係の連続性に目を向けさせるものであった。だが，その一方でこの連続性と同時に存在した変化，すなわち 19 世紀末大不況期において重化学工業化が経済覇権の多極化をともないつつ進展したことが植民地獲得競争開始の背後に存在していたことは著しく軽視されることとなった。自由貿易時代，植民地時代，戦後の冷戦体制下，そして冷戦後を通じた連続性と変化とをどう統一的に把握するのかが今後の研究課題だといえよう。

（小堀　聡）

【参考文献】J. A. ホブスン［1951–52］『帝国主義論』矢内原忠雄訳，岩波文庫

　　　　　　V. I. レーニン［2006］『帝国主義論』角田安正訳，光文社古典新訳文庫

　　　　　　J. ギャラハー／R. ロビンソン［1983］「自由貿易帝国主義」(G. ネーデル／P. カーティス編『帝国主義と植民地』川上肇他訳，御茶の水書房)

「血の日曜日事件」などに見られるように，この戦争をひとつの契機として，社会の緊張が表出するようになった。

中国では，日清戦争や義和団事件による莫大な賠償金支払いや，日露戦争後のさらなる欧米日製品の流入があったが，生糸，茶に代わる一次産品の開拓により輸出が拡大して貿易黒字が定着し，外債なども発行されていた。つまり中国は世界経済により深く組み込まれるようになっていたのである。他方で政治的には，産業化における専制国家体制の抱える制約から脱却するため，立憲君主制を志向した改革の動きが清朝内部にも生まれたが定着せず，逆に反清朝の動きが活発化して1911年の辛亥革命に至り，翌年に中華民国が成立した。孫文が南京に臨時政府（以下，南京政府を国民政府と表記する）を樹立した後，対立する袁世凱が大総統に就任したが（北京政権），それ以後は各地の軍閥の台頭で混乱し，欧米列強や日本の侵入，干渉を受けることになった。

イギリスの直接統治下のインドでは，伝統産業や個別農民経営の破綻が広く進行した一方で，棉花やアヘン，穀物，ジュート，インディゴなどの商品作物のプランテーション生産が拡大し，産品の輸出収益は巨額のイギリスへの支払いを通じてイギリス国際収支安定のための安全弁として機能していた。ただしインドでも，棉花の買い付けをめぐる日英の争いや，インド独自の工業化などに見られるように，単なる本国―植民地間双方向の関係のみでは捉えられない側面が広く存在し，こうした錯綜した諸局面にも十分に留意する必要がある。またその他の周辺諸国の多くは，世紀転換期前後の欧米諸国の急激な産業化にともなう原料や食料需要の拡大に促され，そこに展開する（主に欧米の）資本は一次産品の生産体制をより強固にしつつ供給を拡大した。それが後の農業不況の際の困難の根源となるのだが，当時は急激な需要の伸びの中で一次産品特化，モノカルチャー体制が固定化した。

4）第一次世界大戦の勃発と総力戦体制

世界経済の不均衡と利害対立のひとつの帰結として，1914年に第一次世界大戦が勃発したといわれる。輝かしい未来を予期させる生活環境や技術の革新の進展の足下には厳しい政治的緊張関係が存在し，本格的な武力衝突が発生すると，それら文明の利器が次々に軍事転用され，かつてない悲惨な戦闘がもたらされた。装甲車や飛行機などが投入されるとともに，海では戦艦や潜水艦が活動し，魚雷

や機雷などを用いた戦闘ないし破壊工作が行われた。だがもっとも戦闘を苛烈な
ものにしたのはライフルや機関銃などの火器であった。これらは従来の騎兵突撃
戦を無意味化させ，大勢として防御有利の状況をもたらしたため，結果として塹
壕戦となり戦線は長期にわたり膠着した。この状況に対し用いられたのが毒ガス
であり，多数の犠牲者と後遺障害者を出した。

　この戦争は世界史上初の本格的な総力戦となった。あらゆる生産要素が軍事最
優先で投入され，国民的規模で人々を巻き込む激しい消耗戦になった。植民地で
も戦闘が行われ，その拡がりはまさに世界大戦の様相を呈した。さらなる軍事生
産強化のために戦時動員体制が敷かれ，経済の循環そのものが統制され組織され
た。これを機にそれまで対立色が強かった労使政が一定の協力関係のもとに結集
することもあり，ドイツについては「組織資本主義」の成立とする理解もある。
しかし，国民的レベルの連帯性が強まり，一国内経済の調整を支えたことは着目
に値するが，経済過程への国家的介入の契機を一義的に戦時経済に求める考え方
には批判がある。

　いずれにせよ大戦の実相は苛酷なものであり，民需製品が逼迫し，国民生活に
耐乏を強いた。終戦間際の窮乏は食料にもおよび，実際に餓死者がでたところも
あった。結局大戦は関連各国各地域をすべて合計すると 2,000 万人近くにもおよ
ぶ戦死者と非戦闘員の死者を数え，ヨーロッパを戦場とした旧来型の戦争である
1870〜71 年の普仏戦争での双方の人的損害が負傷者も含めて 40 万人強，また民
間人が大掛かりに戦乱に巻き込まれるものではなかったことを考慮すれば，第一
次大戦による損害の桁違いの大きさがよくわかる。だが，このような近代戦がも
たらす悲惨な結末について，当時の人々がまったく予想していなかったわけでは
ない。もとより，それを押してまで戦争から得られるほどの積極的な利益はそれ
ぞれの参戦国には存在せず，また戦争などにはならないだろうという楽観論がむ
しろ支配的であったということに近年は注目が集まっている。地政学的な連関や
政治的野心，あるいは「帝国主義」などで表される経済的な利害関係など，一部
の要因に依拠して戦争原因を論じることの限界と，さまざまな局面に着目した複
合的な理解の必要性が，今特に意識されているところである。

3. 第一次世界大戦後の世界経済

1）第一次世界大戦とロシア革命

　19世紀の経済社会の矛盾の発露のもうひとつの代表例が，社会主義革命であった。農奴解放後の農民に対する厳しい公租や土地買戻し金の賦課，資本財輸入に主に起因する国際収支危機下での穀物の飢餓輸出などにより，世紀転換期のロシアは大きく疲弊し，ナロードニキなどの反体制運動も圧殺された。その中で本格的な工業化を目指して1890年代から財務長官ヴィッテの経済改革が進められたが，大衆生活の窮乏の末にデモとその暴力的鎮圧へと至る1905年の「血の日曜日事件」（ロシア第一革命）を招いた。ヴィッテはこれを収拾した後，立憲君主制の政体に移行させるべくドゥーマ（国会）を新設し，初代首相に就任したが，諸利害の調整に成功せず，退任に追い込まれた。その後を継いだストルイピンは保守的な貴族官僚の出自であったが，社会・経済の前近代性の払拭は急務だとの認識により，自立的農民や産業企業の育成などに向けた経済改革を進めた。しかし成果を見る前に彼自身が暗殺され，改革は頓挫した。

　第一次大戦にはロシアも当時の国際的諸関係の中で参戦し，戦争遂行と近代化のために，立憲君主制のかたちでケレンスキー臨時内閣が成立した。しかし大戦末期の1917年，レーニンが率いるボルシェビキ（ロシア社会民主労働党の「多数派」，後ソビエト共産党）がそれを排斥して政権を掌握し，一連のロシア革命を通じて22年には社会主義計画経済にもとづくソビエト連邦が成立した。

　その後農業から商工業，金融業に至るまでの集団化，国有化が進められたが，計画が意図通りに進行しない現実の前に，1921年より統制を緩め，市場経済の論理を援用した新経済計画（NEP）の体制が敷かれたが，レーニンの死後に権力を掌握したスターリンは，NEPのような柔軟路線を廃して厳格な計画経済を実施した。1928年に始まる第一次五カ年計画以降，中期目標を逐次構築しながら社会主義経済の発展につなげようとする意図がくみ取れるが，当初は生産財生産に集中的に生産要素が投入され，また農業をコルホーズと呼ばれる集団農場のもとに強制的に再編して食料を供出させるとともに，計画の名の下に移住強制などが断行され，抵抗する者に対する大量殺戮が行われた。後の1934年以降，共産党指導部においても意見を異にする人々の大々的な粛清が行われ，反対すること

自体を認めない強権体制（いわゆる「スターリン体制」）が構築された。

2）ヴェルサイユ体制下のヨーロッパ経済

　第一次大戦終結後の 1919 年，ヴェルサイユ条約により講和が結ばれ，そこで併せて民族自決の原則から東欧・バルカン諸国やバルト三国，フィンランドなどの独立が確認された。またアメリカ合衆国大統領ウィルソンの提唱により国際連盟が創設され，大戦の悲惨な経験をもとに，武力によらない多角的な国際交渉の枠組みが設けられた（ただし当のアメリカ合衆国はモンロー宣言の貫徹に執着する上院の反対で加盟しなかった）。また第一次大戦は総力戦であったため，人的・物的被害以外にも各参戦国の財政に著しい負担を与え，イギリスもその資産を消耗し，逆にアメリカ合衆国に対して多大な借款を抱え込んだ。他のヨーロッパ諸国も直接あるいはイギリスを通して多大な戦時借款を抱え，世界でアメリカ合衆国だけがヨーロッパに対する一方的な債権国となった。

　このような財政逼迫と対米借款償還のために，欧州戦勝国は敗戦国に多額の賠償金を要求した。ドイツにはヴェルサイユ条約により 1,260 億マルク（現在の購買力換算で数百兆円規模）の賠償金が課され，その容赦ない請求はドイツの国家財政の問題の次元を超え，内政の不安定や，経済危機を介して強硬な対外政策につながっていく根源となった。

　こうして，アメリカ合衆国を別にすれば，第一次大戦の根底にあった国際的な経済問題，工業国の不況や大量失業問題，また周辺国の停滞や貧困の問題は依然として継続し，さらにはいっそう悪化した。特にドイツは賠償負担に喘ぎ，支払いが滞ったため，フランス，ベルギー両軍は制裁としてドイツ西部の中心的石炭・鉄鋼業地帯であるルール地方を占領した。それに対しドイツは「消極的抵抗」と呼ばれる操業拒否をもって対抗し，その間の当該地域住民の生計を維持するため多大な国費による給付金が注入された。また産業連関の広がりにより操業停止の影響はドイツ全国に及び，そこでの生計保障にも多大な費用が必要とされた。もとよりドイツでは終戦時に帝政を廃し，民主国家である「ヴァイマール共和国」（通称）を樹立し，各種の社会保障給付制度を実施・拡充させる中でインフレ体質が定着していたが，1923 年には過大な通貨供給へと帰結したため，インフレ急伸に火が着き，ハイパー・インフレーションを招来した。その結果，同年 11 月には通貨価値は戦前の数兆分の 1 に減価し，それに対してインフレ昂進

中の8月に首相に就任したシュトレーゼマンが，土地等を信用の背景とするレンテンマルク（1兆マルク＝1レンテンマルク）の発行を通じ，それを終息させた。しかしその後もインフレ不安の傷は癒えず，以後のライヒスバンク（当時のドイツの中央銀行）の通貨政策は常に引き締め基調で推移するようになった。

　他方でアメリカ合衆国以外の世界中を覆った経済の停滞状況の打開を図るため，国際連盟の枠の中で数次にわたり国際会議が開催されたが，例外なく不調に終わり，通商上の何らかの協調体制を築くことは叶わなかった。依然として工業国における生産能力としての人的，物的資源は有効に活用されず，失業問題は恒常的なものとなっていた。貿易量も第一次大戦前と比較して著しく縮少したため，古くからの通商の制度的インフラをまず整備すべく，各国で停止状態にあった金本位制の復活に向けての努力がなされ，1920年代後半に順次再開されたが，大恐慌期に兌換圧力に耐え切れず，相次いで廃止された。

　それでも1925〜28年の時期，西欧各国の生産水準は相対的には良好で，第一次大戦前のレベルあるいはそれに近い水準まで回復した。生産設備や都市の生活環境はさらに近代化され，百貨店，ラジオや雑誌などが普及した。だが総じて不況であることに変わりはなく，また工業国の不況に起因しつつ，一次産品の販売不振，価格低落も顕著となり，アジア地域へも不況が波及した。このように大恐慌が勃発する前の1920年代にすでに世界的には深刻な農業不況が蔓延していた。

3）フォーディズム的大量生産体制の成立

　第一次大戦後に工業国中ほぼ唯一の大型債権国となったアメリカ合衆国では，潤沢な資金を背景に，当時としては例外的に大衆消費社会的状況がもたらされ，フォーディズム的大量生産体制を可能にした。フォーディズムとは，テーラー・システムにもとづく科学的労務管理法による工業製品の大量生産・廉価供給体制の構築と労務政策の一環としての高労働分配率を想定したモデルだが，こうしたかたちが現実のものとなり，それがなお需要を喚起してさらなる大量生産の余地を作り出す好循環が生み出された。

　都市インフラの整備拡充も進み，高層ビル群が軒を連ねる現代的な都市景観の原型がこの頃できあがり，エンパイヤステート・ビルディングやゴールデンゲート・ブリッジ建設などの巨大プロジェクトももちあがった（竣工はともに大恐慌期に入った後の1930年代初頭）。郊外には瀟洒な庭付き一戸建て住宅が並び，車

やラジオ，洗濯機や冷蔵庫のような家電も普及した。ただしアフリカ系アメリカ人やアジア系移民，またエスニシティによる出自にかかわらず単純ないし非熟練労働に従事する一群の人々の生活状況は，改善されなかった。

　なお1928年になると合衆国企業の好業績および高配当ゆえに株価の著しい上昇が見られ，多額の海外投資が引き揚げられ，米国内の株式投資に振り向けられた。これによりヨーロッパでは大恐慌勃発以前にすでに資金不足に見舞われ，金融市場は混乱していた。アメリカ合衆国内においても農業不況は深刻であり，農工間の格差はますます広がり，大きな社会問題になっていた。

4）西アジアの植民地化と中国の近代的再編

　西アジアから北アフリカにかけての地域では，オスマン朝の弱体化のもと，19世紀後半より英仏などの西欧列強がその権益を拡大していた。前章で述べたようにオスマン帝国も粘り強く西欧勢力に対抗していたが，イギリスのアラブ民族運動支援や第一次大戦の敗北により，その版図を著しく縮小させた。ケマル・アタチュルクは占領軍支配に抵抗しつつ，またトルコの自立とその要となるべきいっそうの近代化を期して1922年にオスマン朝を廃し，翌年トルコ共和国を樹立した（トルコ革命）。そのなかで政教分離を徹底するとともに，文字表記，暦，服装，その他さまざまな社会慣習や経済制度の改革を行い，トルコの国際的地位の回復に努めた。他方でイギリスは，アラブ人自身の統一国家を建設するという意図に反し，戦後同地域を委任統治領化し，イギリスがイラク，トランスヨルダン，パレスチナを，フランスがシリアとレバノンを手中に収めるかたちで分割統治を行った。またイギリスはシオニズム運動の高まりに対し，パレスチナにおけるユダヤ人自治国家の樹立も約束しており，後に問題となる。その一方，イギリスはすでにアングロ・ペルシア石油会社の株式の50％を所有することで事実上イランの石油開発利権も独占していた。またイラクの，さらにサウジアラビアをはじめとする湾岸の諸王国・首長国の石油開発利権も国際石油資本（石油メジャー）に集約された。そしてこれら一連の動きが，今日の欧米とアラブ世界との間に横たわるさまざまな問題のひとつの大きな根源となるのである。

　中国では清朝末期以来，辛亥革命を経ても，各地の軍閥が割拠する中，国民的利益を代表するべき十分な国家機能が中央政府において果たされず，日欧米の帝国主義的進出のもとで政治的には半植民地化されていたといわれる。しかし他方

で綿紡績業や製粉業，さらには上海などを中心とした機械工業において，顕著な発展が見られるようになった。各地に外国人商工業者が進出する租界が設けられ，日本をはじめ諸外国は自国民保護の名目で軍隊を派遣し，また各国は勢力範囲や資源，戦略的意味の大きい交通インフラの権益をめぐって争ってはいたが，租界は外国人のみならず中国系の企業，商人の近代的な経済活動を保障する役割も果たしていた。諸外国が行った工業投資，交通投資が中国の近代部門の形成にもたらした影響は小さくなかった。

　第一次世界大戦後の日本は，それ以前にドイツが保有していた青島（チンタオ）の権益を引き継ぎ，山東省により広く展開した。鉄道建設や在華紡の進出も顕著であり，これが民族紡の近代化や中国の開発にも寄与した。しかし，前述の1922年のワシントン会議では日本の突出が抑えられ，米英仏日による新四国借款団の結成とともに中国各地における帝国主義諸国の権益のバランスが図られた。そこで日本は満洲進出とその開発を独自に推し進め，ソ連も1923年のコミンテルン主導の国共合作（南京の国民政府と共産党）を進行させつつその影響力を行使した。結局1928年に国民政府主導で中国はあらためて統一されたが，その後も日本やソ連の介入や国共内戦などで，政治的混乱は続いた。ただしこうした諸外国の一連の干渉や主権侵害があったとしても，中国を帝国主義とそれに抵抗するナショナリズムという文脈でのみ理解することは妥当ではなく，中国経済の自律的積極的な動き，また伝統的な社会構造の継続にも，十分に留意する必要がある。

4. 資本主義世界の恐慌とソ連経済の推移

1）大恐慌の勃発とその波及

　1929年10月24日木曜日のニューヨーク株式市場の相場崩壊は，28年にニューヨーク市場で特に顕著になった「バブル経済」の崩壊ともいえる現象であった。1928年初頭以来ニューヨーク市場上場株の配当金が急上昇し，同市場の同年の株価急伸は，通常の配当の上昇に応じた常識的な変動域をはるかに超えた異常なものとなっていた。図6-2に見られるように相場崩壊以降，買い支え努力や若干の値戻りの動きもあったが，それを上回る下降を繰り返しながら株価はみるみるうちに下落した。一斉に流動性選好が高まり，各種債権・証券類の価格は軒並み

図 6 - 2　ダウ平均株価（ニューヨーク株式市場）の推移

出所）ダウ・ジョーンズ社公表ニューヨーク市場特定銘柄平均株価。

暴落し，それは生産縮小や投資停滞にもつながった。金融政策的にも高金利がか
えって不利に働き，事態をいっそう悪化させたといわれる。

　大恐慌の発生でヨーロッパからの資金引き揚げは本格化し，それは当地の金融
機関の財務状況に厳しい打撃を与えた。オーストリアのクレジット・アンシュタ
ルト（Creditanstalt）をはじめ（1931 年 5 月），さまざまな金融機関が破綻し，そ
れを機に世界的な金融恐慌が発生した。アメリカ合衆国でも金融機関の財務や支
払い能力への疑問，それについてのさまざまな風説が飛び交い，取り付け騒ぎが
発生した。これは信用システムが崩壊に瀕する非常事態であり，この騒ぎを沈静
化させ，事態をいったん収束させるため，アメリカ合衆国では急遽銀行休業日が
設定され，世界各地でもモラトリアムなどの措置がとられた。

　企業活動も大きく減退し，アメリカ合衆国，ドイツの 1932 年の生産高指数は，
29 年の 50 ％を下回った。これは大量失業と並行しており，1932 年の失業率はド
イツが 45 ％弱，アメリカ合衆国が 37〜38 ％に及び，この水準は 33 年まで続い
た。世界貿易も著しく縮小し，一次産品輸出に一国経済が依存するような周辺国
には致命的な打撃となった。またこの打撃は工業製品の需要低迷というかたちで
中心工業国へも跳ね返った。このようにして景気停滞の悪循環（デフレスパイラ
ル）は世界的規模で一気に進行した。金本位制についても，各国が兌換圧力に耐

えかねて次々に離脱し，以後は輸出振興のための各国の通貨引き下げ競争が始まった。

　このような不況状態に直面して各国がとった対外経済政策は，まずは保護主義であった。自由貿易主義支持においてもっとも一貫した態度を維持してきたイギリスも，1932年のオタワ協定にもとづき英連邦内各国・地域に対してのみ帝国特恵関税を適用することで域外に対する高率輸入関税を設定した。これによっていわゆるスターリング・ブロックが形成され，同地域がイギリスを中核に実質的に囲い込まれた。同様にフランスもフラン・ブロックを，アメリカ合衆国もドル・ブロックを形成した。このように関税によって世界中の地域が主要国に囲い込まれ，需要のブロック外への漏出が防止された。従来の多角的自由貿易網と国際的分業体制は崩壊し，主に双務的関係にとって代わられた。日本は1932年に中国東北部に傀儡国家として満洲国を樹立し，そこから，華北地方に向けて円ブロックを拡大させていった。

　ドイツでは「生存圏」（Lebensraum）などと称される領域の積極的拡張が図られた。そこでは自国が自給自足できるような政治的支配圏の確立が急務とされ，そのターゲットとして東欧や南東欧を組み入れるべく，ドイツはやがてオーストリア，チェコを併合し，さらにバルカン半島や，ポーランド，ウクライナ方面に侵攻していくことになる。日本も「満洲は日本の生命線」「大東亜共栄圏」などのスローガンを打ち立てつつ，日本，満洲，中国北部をひとつの経済共同体に見立て，欧米の侵入を排除して日本を盟主とする共存共栄圏を設けることを眼目とした。そして南太平洋まで含むより広いエリアを日本の国防圏に位置づけ，関係各地にさらなる傀儡政権を樹立させたが，そこでは資源確保も重要な意味をもっていた。

2）経済危機と積極型経済政策の導入

　株価大暴落や世界金融恐慌の影響は直ちに全世界に波及し，1930年代に世界は大恐慌期に入った。従来の社会経済秩序や慣行にとらわれることなく，各国はその状況の打開にあらゆる手段を動員し，雇用創出事業やさまざまな経済統制に手をつけた。自由主義的経済原則を旨とするアメリカ合衆国においてすら，1933年の全国産業復興法（National Industrial Recovery Act : NIRA）により，生産統制を通じて企業利潤の確保を図り農産物価格の下支えをする試みがなされ，さらに最

低賃金規制を設定して需要を拡大させることが企図された。また失業問題に対しては，テネシー川開発公社設立の例のように公共事業などで就労機会を一時的にでも創出しようとする方策がとられた。

　しかし産業統制にあたる NIRA に対して違憲判決が下され，これにもとづくそれぞれの措置は実施不能になり，替わって 1935 年の社会保障法や全国労働関係法（通称：ワグナー法）などの個々の立法で当面の生活危機への対応がなされた。これら一連の措置がいわゆるニューディール政策で，理論的にケインズが示したような乗数効果が理解され期待されたわけではないが，当時の急場しのぎの雇用対策が実質的にそれに近い措置につながった。その他の多くの国でも事実上ケインズ主義的となる雇用創出事業が行われ，機能不全に陥った市場経済の中での国家の積極的な役割が期待されるようになった。自由主義を経済の支配秩序としてきた多くの国民経済で介入主義が一時的にせよ積極的に受容されたという事実は，戦後各国で福祉国家体制が構築されていく上で強固な基盤となった。

　対照的にドイツではインフレに対する抵抗感から財政拡張をともなう公共事業を行う余地がなく，緊縮財政の中でデフレがいっそう進行する状況にあった。失業者を公共的な労務に動員することにより雇用創出事業に近いことは行われたが，失業給付やその他の失業対策基金は枯渇し，最後のセーフティーネットである公的扶助を受けもつ地方自治体財政も破綻していた。ドイツの経済社会は，世界経済の沈滞が底を打つまでの，そしてまた軍需生産が雇用を創出するようになるまでの数年間はきわめて厳しい状態に耐えていかざるを得なかった。

　こうした経済危機は，アジア・ラテンアメリカ諸国にも大きな影響を与えた。前述のようにイギリス・フランスが本国と植民地（自治領を含む）をもとにブロック経済を形成したため，アジア・アフリカ地域のイギリス・フランス植民地は，それぞれスターリング（ポンド）・ブロックとフラン・ブロックに編入された。またラテンアメリカ地域は，主にアメリカ合衆国の資本で鉱山開発などが行われたため，その多くがドル・ブロックに参加し，カナダもアメリカ合衆国との経済的つながりが強かったため，オタワ協定に基づくイギリスとの関係を維持しつつ，ドル・ブロックにも結び付いた。一方，オセアニア諸国はイギリス連邦の自治領としてスターリング・ブロックに，アルゼンチンもイギリスとの結び付きを強めてスターリング・ブロックに連なった。そして中国では，国民政府が北京政権を打倒して 1928 年に南京を首都としたが，34 年から世界恐慌の影響が波及し，経

済は打撃を受けた。

　中国国民政府は，1935年に銀を国有化し，国民政府が設立した「中央銀行」などが発行する紙幣を強制通用させる幣制改革を行って恐慌対策を進めた。この幣制改革により国民政府は貨幣の供給量を自由に決められることになったが，これが可能になった背景にイギリスとアメリカ合衆国の協力があり，国民政府の法定通貨はイギリスポンドおよびアメリカ合衆国ドルと無制限に交換可能とされ，その信用力が確保された。このようにイギリスのみでなくアメリカ合衆国も中国の利権に深い関心をもっており，日本の過度の中国進出がアメリカ合衆国との対立を招くことは必然であった。中国では，1920年代から民間主導の工業化が進み，それを支えるべく国民政府は27〜35年に多額の国内債を発行したが，それを引き受けた政府系四大銀行が幣制改革の中で発券銀行として急成長を遂げた。それとともに軽工業中心の中国の工業化も着実に進展し，1936年には中国は労働集約的な製造品の大部分を自給できるようになった。増大してきた日本から中国市場への輸出もそのために頭打ちとなり，日本は1937年に日中戦争によって事態の打開を図ろうとした。

3）経済危機とファシズム国家の登場

　とりわけ深刻な経済的苦境の下にあったドイツ，イタリアなどの一部の国では急進的な政権が成立し，国民生活にかなり踏み込んだ経済統制を強行するとともに，国内外に対しきわめて過激で，軍事的手段をも厭わないファシズム的手法が断行された。ファシズムとは，イタリアのムッソリーニが「結束」を意味する語を自らが率いる政党名に冠したことに由来し，イタリアのファシスト党の実践にも見られるような，苦境の克服のために個人の自律性を極端に抑圧しつつ強力な権威主義体制を志向する政治的運動が一般にそう呼ばれるようになった。ドイツの「国民社会主義ドイツ労働者党」（通称ナチス〔蔑称でもある。あえてニュアンスを含ませない場合はNSDAP〕）政権に対しても，日中戦争開始後の日本の政府に対しても用いられる表現である。

　ファシズム政権は一般に著しく高まった危機意識の中で支持を受け，これに応えるかたちで人為的に仮想国民共同体を形成してきた。このままでは生きる経済的・物理的拠り所を失うという人々の不安や危機意識とともに共同体の論理をフル活用しつつ，体制の安定と国民的利害や「生存圏」の確保に動いた。そして物

事を迅速に決定し，強制力の強い措置を実行するために民主的プロセスは排除されるか，大きく制約された。これはドイツでは指導者原理として政治過程に導入された。また共同体の生存のために個人の自律性，多様性は排除される，すなわち共同体のための自由の放棄や自己犠牲が求められ，個人主義的自律性はエゴイズム，あるいは国民にとっての害悪として非難された。ドイツでは「強制的同一化」として，政党やあらゆる団体の一本化，多様性の排除が徹底された。

　共同体の対内倫理と対外倫理の二元性も徹底しており，自由や個人の自律性を返上し共同体のメンバーとして生きる途を選べば保護の対象となり，外部に対しては徹底して抑圧的，ないし敵対的態度がとられた。ドイツの場合，地理的に内部にいながらも，反体制の自国民はもちろん，強制的同一化に納まらない自国民，共産主義者ほかナチス体制になじまない思想をもつ者，ナチスが公認しない芸術家や同性愛者などのマイノリティ，さらには宗教や生活規範の異なるユダヤ人やロマ人などが外部者として位置付けられた。ただし自由や個人の自律性が奪われたといっても，私的所有権をはじめとする市民的権利がすべて否定されたわけではなく，またしばしば統制経済とは言われつつも，一定レベルの利潤が保障されるかたちで個別の企業が自立して存続したことなども指摘されている。

　対外行動としてドイツは 1938 年にオーストリアを併合し，さらに同年ドイツ人が多数居住するチェコスロバキア内のドイツ国境周辺（ズデーテン地方）を要求した。ミュンヘン会談を経てそこを併合した後，翌年さらにチェコを併合し，ドイツ人の「生存圏」の確保のためにさらなる軍事侵攻を展開した。

　このナチス・ドイツによるファシズムは，ナチスがあくまで民主的プロセスを経て実権を掌握したものであったため，共同体内部者である国民の生活には，危急の状況下においてなお，相応に配慮していかざるを得なかったのに対し，日本のファシズムは天皇制ファシズムとも呼ばれ，上からの権威に立脚して進行したもので，それは戦時の危機下においてより厳しく大衆の耐乏を強いていくことにつながった。しかし経済危機や満蒙問題に起因して軍部が台頭する背景には大衆の政界・財界に対する不満が存在し，ドイツ・イタリア型の下からのファシズムと本質的に変わるものではないという議論もある。だがいずれにせよ，もともと広大な植民地をほとんどもたず，それぞれに経済危機の打開に苦慮する中で強硬な侵略政策に向かうことになるのは，ドイツ，日本，さらにはイタリアのいずれにも該当することであった。その結果，政治的緊張の高まりとともに第二次世界

解説 I-12

社会主義計画経済システムの諸特徴

　社会主義経済は，重化学工業を中心とする生産力の増大・経済効率を一義的に追求した体制であって，目標とするところは資本主義経済と変わりはなかった。その意味では，社会主義体制も，まさに20世紀世界経済の歴史のなかから生まれた存在だったといえる。ところが，その目標の実現において，社会主義経済は資本主義経済に大きく水をあけられる結果となった（例えば東ドイツの生産性は，西ドイツのそれの1/3程度に過ぎなかった）。この較差が生じた具体的なメカニズムに関しては，実証的な研究の蓄積によって，今後より詳細に解明されていく必要があるが，較差を生む根本的な原因となったと考えられるのが，計画経済のシステム的な諸特徴である。これら諸特徴については，これまで社会主義経済の理論研究においてさまざまに考察されてきた。それらの存在によって，社会主義計画経済は市場経済に比べ非効率な状態とならざるをえなくなっていたのである。社会主義経済というものを我々が理解するにあたって，まずは知っておくことが必要だと思われるそれら特徴について，ここで主なものの内容を説明しておくこととしたい。

　計画経済は，市場ではなく，中央当局の作成する計画によって経済が制御される体制であった。だが，計画の作成自体，「情報の非対称性」という問題が存在することによって，厳密なものとはなりえていなかった。「情報の非対称性」とは以下のようなことを指す。

　そもそも，生産企業の現場の情報というものはきわめて複雑なものであって，それが中央計画当局に完全に伝達・集約されるのはありえないことであった。それに加えて，計画当局から企業指導部・企業の末端の労働者に及ぶまで，各部署それぞれの利害関心は異なっており，情報伝達にはさらに歪みが生じていた。社会主義計画経済下では，中央当局は当然ながら効率最大化による最大の生産を目標としていたものの，生産計画の達成に責任を負う企業指導部は，少しでも低い生産計画を受け取ったほうが有利であり，企業の生産能力を隠しておこうとする傾向をもった。また，ある年に高すぎる計画達成度を記録すると，翌年の計画課題が高くなる恐れがあるため，生産能力を最大限に発揮することを避けようともした。労働者たちも，出来高給制度の下で自らの賃金をより上昇させるために，少しでも低い労働ノルマの設定を望んだ。これら各部署間で利害が異なるなかでは，それぞれに都合の良い情報のみが上位部署へ伝達されがちとなってしまう。実は，このような問題は，市場経済でも同様に起こりうることであるものの，インセンティブ制度や意図的に誤った情報を流す者の排除など，それを防止しようとする働きが存在する。だが，国家独占的な体制であった社会主義経済下では，インセンティ↗

大戦が地球上のさらに広い範囲を巻き込みつつ勃発した。これに対して米英は1941年の大西洋憲章で応じ，その内容は翌年年頭の連合国共同宣言に引き継が

ブ制度を拡大しようとすると企業の自立性を高めすぎることにつながり，また問題のある者をたびたび排除していては，国全体の生産が滞ってしまうというジレンマを抱えていた。こうして必然的に「歪んだ」情報にもとづいて中央で作成される計画は，現場の能力を十分に発揮させるような厳密なものとはなりえていなかった。そうした厳密でない生産計画に従う企業現場の運営は，当然ながら厳格なものとはなりえず，現場において非効率な実態が発生することへとつながっていたのである（塩川［1999］，盛田［1994］）。

　このほか，ハンガリーの経済学者コルナイは，「ソフトな予算制約」という考え方を用いて，社会主義経済が常に「不足の経済」となってしまう原因を説明しようと試みた。
　資本主義企業が生産を行う場合，まずは予算上の制約が存在し，その範囲内で効率的に生産するためにはどうすべきかが至上命題となる。予算に応じて原材料や労働力への需要量も決められるのである。社会主義企業においても，もちろん政府から与えられる当初予算がある。だが，この範囲内で生産が実現できなくても，企業には，政府から追加的資金の与えられる可能性が大きかった。なぜなら，計画経済の下では，計画伝達の遅れや，原材料・部品の供給遅れといった状況が常態化しており，それら企業指導部の責任ではない要因によって生産コストが上昇した場合は，追加投資をしてやる必要があった。ほとんどが国営の企業であるという状況下で，計画された生産が実現されないと国全体が困難に陥ってしまい，また国の名誉という面からも，予算をオーバーするからといって安易に国営企業を倒産させることはできなかったのである。こうして企業にとっては，予算制約とは「ソフト」な存在であった。予算制約が「ソフト」になると，さまざまな財に対する企業の需要量も「ソフト」となり，企業には，財・労働力をとりあえずあるだけ欲しがるという傾向が生じることになる。このことは，企業による財のため込みという現象につながる（これは期末の突貫作業によって生産計画を達成するための準備ともなる）が，すべての企業がこうした傾向を有する結果，経済全体としては常に不足の状態が生じてしまう。財の「売り手市場的状況」が常態となり，また労働力に対しても同様の需要が存在することから失業も消滅してしまう（実際社会主義諸国では，失業が存在しなかった）。こうなると，ある程度質の悪い製品だろうが，能力の低い労働力だろうが，あれば「売れる」のである。こうして企業指導部には，優れた製品を生産するというインセンティブが働かなくなり，また厳しく管理すると労働者はよその企業へ逃げてしまうため，厳密な生産管理のなされないことが一般的となっていたのであった（コルナイ［1984］）。　　　　　　　　　　　　　　　　　　　　　（石井　聡）

【参考文献】塩川伸明［1999］『現存した社会主義──リヴァイアサンの素顔』勁草書房
　　　　　　盛田常夫［1994］『体制転換の経済学』新世社
　　　　　　コルナイ・ヤーノシュ［1984］『「不足」の政治経済学』盛田常夫編訳，岩波書店

れた。

4）計画経済下のソ連経済

　ソ連は資本主義世界の経済に直接連動しないため，1930 年代の世界大恐慌から免れつつ大きな躍進を遂げたともいわれるが，折々の五カ年計画が意図通りに達成されたわけではなかった。生産の重点も生産財，とりわけ重化学工業や電力産業に向けられ，大衆は欠乏生活を強いられた。それにもかかわらず十分に達成されなかった計画目標は 1933 年に始まる次の五カ年計画にも反映され，民生をさらに圧迫した。

　白海・バルト海運河の開削などの大型土木事業の実績や，基軸素材である粗鋼生産の上昇推移など，ソ連経済の発展を示すデータなどは確かにあるが，集中的に多くの労働力を動員して遂行された事業や経営の実績であり，そこには政治犯などの強制労働も含まれていた。当時政治犯の数は顕著に上昇し，不足がちの労働力を補うためにあえて政治犯が作り出されたということも指摘される。つまり，ソ連の経済成長は，当時の諸国で過大評価されており，そのことが第二次世界大戦後にソ連の指導のもとに社会主義陣営が形成され得る要因ともなった。

　さらにソ連国内では，食料や生活物資の欠乏も厳しい課題であった。1930 年代は食料供給の逼迫が常態化した時期で，32 年の不作に続き翌年は飢餓状態がピークを迎えた。食料供給が極限まで逼迫し，その状況や背景についてはなお諸説があるが，とりわけウクライナでは「ホロドモール」と呼ばれる甚大な飢餓被害が発生したことが指摘されている。こうした状況にもかかわらず，強硬な工業化方針に変わりはなく，スターリン体制維持のために以後は恐怖政治の時代へと入っていった。これが自由主義市場経済のもたらす問題を資本主義の止揚とともに克服する試みのひとつの結末であった。

　その一方，ソ連は中国共産党への支援，モンゴルの属国化を進め，また中央アジアでの南下政策の野望を抱きつつ国際関係を取り結んできた。第二次大戦の終盤，1945 年にはアメリカ合衆国，イギリスとともにヤルタ会談に臨み，そこで大戦後の世界の枠組みや国際連合の設置が取り決められた。これをもってソ連は，かつて帝政ロシアがヨーロッパ・アジアにまたがりその存在感を示していたとき以来，あらためて国際社会への本格的復帰を果たしたことになる。

　以上において見てきたように，20 世紀への転換期における近代技術に立脚したグローバル化と繁栄の帰結は，自由貿易に立脚した国際経済秩序の崩壊を決定

的なものにした。もちろんそれ以前に国内的にも調整抜きには市場は機能しない構造になっており，市場経済を廃止するという選択肢も現実的なものとして考えられた。そこから社会改良や社会主義革命の動きが実際にも起きてきた。

　自由主義的世界秩序自体はもともと中核―周辺問題に見られるように必ずしも公正なものではなかったが，形式的には市場を媒介とする国際経済秩序は存在した。しかしその不安定化と崩壊の中で，各国はときに協調し，ときに競争し，さらにさまざまな駆け引きとともに謀略をめぐらせ，またときにあからさまな対立を経て，大恐慌期を挟んだ 2 度にわたる世界戦争をもたらした。

　このような経験から，一方で介入主義的に（国内的均衡であれ国際間の均衡であれ）社会・経済政策を適切に遂行していくことが国家に求められるようになり，他方でアメリカ合衆国が自由世界の主導的役割を引き受けつつ各国が協調してそれまで実現され得なかった自由・無差別貿易体制を構築していくという，一見相反する志向が共存する戦後体制の生成へとつながった。それと同時に，社会主義計画経済を旨とする数多くの国家群が存在する東西冷戦体制が現出し，さらには周辺地域の政治的独立とともに南北問題をはじめとする新たな問題の諸相が出現するのである。

第7章　第二次世界大戦後の経済社会の展開
―――インターナショナル・ヒストリーからトランスナショナル・ヒストリーへ

1. 戦後経済体制の確立

1）アメリカ合衆国を中心とする自由主義世界の成立

　戦後の国際経済秩序の再構築にあたり，西側世界およびそれと連携している非工業諸国間では，アメリカ合衆国主導で自由・無差別多角的貿易システムの再構築が目標とされた。その貿易ネットワークを可能な限りスムースに機能させるための国際通貨体制を決定したのが，1944年にアメリカ合衆国北東部のブレトンウッズで開催された連合国通貨金融会議である。そこでは弾力的な信用供与を可能とする精算同盟案を主張するケインズと，金の後ろ盾による通貨価値の安定を期するホワイトが争うかたちとなったが，結果的にはドルが金にリンクし，アメリカ合衆国以外の各国は自国通貨を固定相場でドルとリンクさせ，その信用を担保する準備を金為替（この場合はドル）で維持することができる金為替本位制が採用されることになった。こうした戦後の国際通貨システムをブレトンウッズ体制という。

　このように各国通貨の為替相場を安定させ，かつ最終的には金に裏打ちされる安全な通貨を十分な流通量をもって国際取引に介在させることが構想されたが，その際に国際収支が常にバランスする保証はない。そこで収支が悪化した国への融資や各国為替政策の監視，調整などの任にあたる国際通貨基金（International Monetary Fund : IMF）の設立が予定され，1947年から業務を開始した。また終戦後の復興を当初の目的とし，その後は低開発国, 貧困国の経済基盤整備のための事業を行ってきた国際復興開発銀行（International Bank for Reconstruction and Development：IBRD，通称「世界銀行」）もほぼ同時に活動を開始し，経済的に不利益を被っている地域を包含しつつも国際的自由貿易を機能させ，それをさらに振興させていく任にあたった。この両者はともに，戦後世界の安全保障と経済社会の発展・振興を目的に掲げる国際連合（United Nations）の専門機関として機能した。

　自由貿易網の再構築にあたっては両大戦間期の経済的困難，特に大恐慌期にブロック経済化が進行し，一部の国をファシズムに走らせたことへの反省が基本的な共通認識として存在した。それゆえ国際貿易機関（International Trade Organization：ITO）などの国際機関を設立して自由で無差別な貿易体制をより徹底させていくよう計画されたが，関連諸国で批准を得ることができず，暫定的なものとして「関税および貿易に関する一般協定」（General Agreement on Tariffs and Trade：GATT）が締結され，以後多角的貿易交渉（ラウンド）が継続的に開催された。GATT は 1995 年の世界貿易機関（World Trade Organization：WTO）の設立によって発展的に解消されるが，当時の ITO の不成立は，各国における国内経済の安定や均衡と対外的均衡を両立させる困難をはじめ，理念どおりの自由貿易体制を構築することがいかに困難であり，IMF などの調整・監督機構の重要性やブレトンウッズ体制の本質的不安定性をその初頭より表象していたともいえる。

2）資本主義諸国の戦後体制

　ここでさらに個別に西側資本主義諸国の戦後の国内的経済秩序のあり方を見てみよう。1930 年代の不況や大戦の苛酷な経験により，資本主義市場経済の調整メカニズムに対する不信は各国で大きく膨らんでいた。自由主義の代表ともいうべきアメリカ合衆国さえ，一時はニューディール政策やワグナー法，社会保障法などで国家介入の実践があり，戦後これを完全に逆行させることはできなかった。

　イギリス，フランス，ドイツなどでは運輸，通信，電力などの各種インフラ系産業や石炭・鉄鋼などの基幹産業，金融業等の重要産業の国有化が本格的に検討され，イギリス，フランス両国では戦後政権のもとでそれが実現した。その主眼はこれら重要生産物を常時安定的に供給できる体制を構築しようとするもので，イギリスでは住宅市場や医療供給などの生活に密着した領域を市場経済のメカニズムからあえて外すような措置もとられた。フランスではイギリスよりもさらに多くの業種を包摂しながら国有化が行われ，「混合経済」（Économie mixte）の名のもとで公的セクターと私的セクターが並存する経済体制が指向された。そこで

は，基本的に資本主義に留まりながらも，「ディリジスム」（Dirigisme）と呼ばれる強力な官僚主導体制が築かれた。

　1949 年に西側（米・英・仏）占領地域を母体に建国されたドイツ連邦共和国（西ドイツ）では，一時基幹産業の国営化の構想が保守，革新双方の政治勢力から提示されたが，計画や統制などに対する反発は大きく，またヴァルター・オイケンらのオルド自由主義の影響を受けつつ，「社会的市場経済」と称される自由主義的介入主義が志向された。そこでは自由主義の基盤の維持を名目とした社会給付の充実や，コーポラティズム的労使関係の構築を通じて，結果的に高い労働分配率や国民負担率（定義については第 13 章の後掲図 13-1 参照）がもたらされた。このほかドイツ以上に国家が社会的機能を積極的に引き受けることになるスウェーデンでは，さらに高い国民負担率をともなう福祉国家体制が築かれたが，南欧諸国で見られたように，同様の任務に対し国家が財政的，制度的基盤を欠き，伝統的にもインフォーマルなコミュニティの果たす役割が大きかった非介入型も存在し，社会経済のあり方と国家権力との関係は，戦後もなお多様であった。

　またヨーロッパの復興に対してはマーシャル・プラン（正式には欧州復興計画〔European Recovery Program：ERP〕）にもとづく援助が，その初期局面で大きな意味をもった。本来は自国の国土や経済システムが破壊されたヨーロッパの連合国を対象としたものであり，ソ連や東欧諸国にも呼びかけがなされたが拒絶され，逆にイタリア，オーストリア，西側ドイツが対象に加えられた。旧枢軸国の工業解体方針を転換して再工業化の途を歩ませることになるこの復興計画の変更は，生成する冷戦構造の中でこれらの国々も西側陣営の一員として包摂するためのものへと変化し，トルコやギリシアまでもが援助の対象にされ，ソ連・東欧圏を囲むかたちとなった。また援助受け入れ機関としてヨーロッパ経済協力機構（OEEC）が設置され，援助側のアメリカ合衆国，そしてカナダも参加した。ヨーロッパの復興が一段落した 1961 年以後，同機構は，ヨーロッパや北アメリカ地域における各国の自由で対等な貿易関係を構築し促進するための経済協力開発機構（OECD）へと発展的に解消し，日本もそれに加盟して，いわゆる先進工業国の自由貿易圏の一翼を担うことになった。

　さらに，ヨーロッパ独自の協力関係では，シューマン・プランを基礎としてまず 1952 年にヨーロッパ石炭鉄鋼共同体（ECSC）が結成され，これまでのような資源をめぐる争いの芽を摘み，基幹産業製品の適正価格・安定供給を目指して加

盟各国が協力する体制が築かれた。またヨーロッパ内部の生産諸資源の自由な流
通と対外共通関税の構築，さらには共通農業政策を目指して設立されたヨーロッ
パ経済共同体（EEC）と，未来のエネルギー源として当時期待が高まっていた原
子力エネルギーの共同開発・管理のために設けられたヨーロッパ原子力共同体
（Euratom）の設置を定めたローマ条約が1957年に締結され（発効はともに58年），
ECSCとこの2つが機関併合条約により67年に統合されてヨーロッパ共同体
（European Community : EC）が結成された（原加盟国はベネルクス三国とフランス，
ドイツ，イタリアの計6カ国）。それは域内の経済的自由と相互協力の利益を最大
限活用しつつ，関税同盟や通貨統合を促進してヨーロッパの地位を引き上げるべ
きものであり，1986年にはその加盟国数を12カ国に拡大させた。そして1992
年のマーストリヒト条約（93年発効）にもとづき，単一市場や共通外交・安全保
障政策，司法・内務協力を柱とし，また単一通貨への道筋をつけつつ，ヨーロッ
パ連合（EU）へと発展することになる（95年には加盟国は15カ国）。

　戦後日本は今日に至るまで，その国民負担率や社会給付比率がヨーロッパ諸国
と比較してかなり低いが，それは日本が放任主義的国家であったことを必ずしも
意味しない。日本では，終戦後の傾斜生産方式に始まり，官僚主導の産業規制，
許認可行政や指導・監督体制の強化を通じて市場管理が行われてきた。国が運営
してきた旧三公社五現業や国の財政投融資を受けてきた事業体などの例もあるが，
他方で公的セクターが直接カバーし得る範囲は，制度的にも，財政面からも，比
較的狭く限定されてきた。そして民業主体の体制が維持され，国家の社会的機能
の間隙や不足は自ずと個々人あるいは民間セクターが主体的に補わざるを得なか
った。年功序列や終身雇用慣行に典型的に見られるように，日本の労使関係は良
くも悪くも権利関係をあえて明確にしない擬似共同体的性格にその特徴があるが，
福祉体制もこうした企業社会依存型であり，その場に応じた非公式な官民協調型
で形成された事実上の福祉国家体制がもたらされた。

3 ）社会主義諸国の戦後体制

　東側陣営の盟主，ソビエト連邦も当初は他の戦勝連合国とともに戦後世界の政
治・経済秩序の構築に携わっていたが，その指針における違いが早くに表面化し
た。終戦時のソビエト軍占領地域に位置した東欧諸国において，ソ連を雛形とし
た中央統制的性格の強い社会主義計画経済体制が構築され，そのソ連自体におい

てもスターリン体制の下，五カ年計画にもとづき，引き続き重化学工業や軍事産業を中心とした生産が強力な独裁により維持された。同盟国（事実上の衛星国）となった東欧諸国との間でも，1949 年設立の経済相互援助会議（西側の通称はコメコン〔COMECON〕）を通じ，東ドイツやチェコスロバキアに主導的工業国としての負担を課し，ハンガリー，ポーランドにもそれに次ぐ役割を求めつつ，ブルガリア，ルーマニアなどの農業国まで包摂していくという強固な分業体制が構築された。しかし現実には各国とソ連との双務的な関係が主となり，こうした分業関係はあまり機能していなかったという議論もある。他方，チトーが主導するユーゴスラビアは中央管理統制型ではなく，経営の自主管理型を旨とする独自の社会主義路線を打ち出していた。

　第二次世界大戦後の中国は国民党政権と共産党勢力との内戦の結果，後者が前者を排除して中華人民共和国を建国し，国民党政権は台湾に逃れて中華民国として資本主義陣営に加わった（なお，1971 年まで中華民国が国際連合の常任理事国として中国を代表していたが，本章では以下便宜上，中華人民共和国を中国，中華民国を台湾と表記する）。中国は当初はソ連と近い関係にあったが，スターリンの死後，1956 年にフルシチョフが彼の批判を行い，柔軟路線，平和共存路線に転じたところ，中国がこれを「修正主義」と非難して溝が深まった。同国は戦後の建国時以来一貫して思想統制の強い国であったが，当初の社会主義路線（大躍進政策）が不調で，実質的にはかなり柔軟化していたところ，毛沢東を中心に1960 年代の文化大革命で急激な締め付けが行われ，思想政策も含んだ「徴農」が大々的に行われた。しかしその結果は思わしくなく，飢餓状態すらまねくことになった。また共産党内の粛清や，事業家層，知識人層，文革に批判的な人々の追及が公然と行われ，この只中で中ソの溝も決定的なものとなった。いずれにせよ，資本主義がもたらす搾取と人間疎外に満ちた経済社会の諸関係を社会主義計画経済へと止揚し，人間的な社会を取り戻そうとする一連の歴史過程のひとつの結末として，権力の集中と独善を通じた異様な人権抑圧や殺戮などを導いた事例があったことは否定できない。

4）第三世界問題の生成

　植民地化されていた地域の多くは第二次大戦後に独立を果たし，なかでもインド，パキスタンや，ベトナム，インドネシアなどは比較的早く独立した。特にイ

ンドやインドネシアは開発主義的観点から五カ年計画などを策定しつつ工業化の基盤を整えようとしたが，それがただちに有効に機能したわけではなかった。それでも政府や企業，金融機関などが緊密に連携しながら経済成長を志向する「キャッチアップ型工業化」への途は世界各地の後発諸国で緒についた。さらに東アジア・東南アジア地域においては，戦前に日本の政府や企業が建設したインフラ設備等の現物資産が接収され，これらの地域に対する戦後賠償の一部として配分された。またその後も物資や製品など，おもに現物での賠償支払いが行われ，当該地域の発展に相応の効果をもたらした。

　他方で戦勝国であるイギリス，フランス，オランダなどの諸国は新興独立国の再植民地化すら企図することがあり，1946 年以降 8 年にわたる第一次インドシナ戦争は，まさに宗主国フランスと現地（ベトナム，カンボジア，ラオス）反植民地勢力との戦闘であった。またフランスはアメリカ合衆国からの援助を受ける一方，反植民地勢力はソ連や中国から武器供与を得ていた。このように旧植民地の独立においても東西冷戦は影を落としていた。

　朝鮮戦争でもその主権をめぐって大韓民国（韓国）と朝鮮民主主義人民共和国（北朝鮮）が 1950 年から約 3 年間にわたって争い（朝鮮戦争），ここでも韓国がアメリカ合衆国軍を中心とした国連派遣軍の支援を受け，北朝鮮がソ連，中国の援助ないし参戦に支えられるという冷戦下での東西の代理戦争の様相を呈していた。多大な犠牲を出したのち，休戦協定により結果的に「北緯 38 度線」に近いところに軍事境界線が引かれ，ひとつの民族が 2 つの国家に分断された。その後現在に至るまで境界線の南北で両軍が対峙する状態が継続している。

　イギリスの委任統治領であるパレスチナではアラブ人とユダヤ人の入植者との激しい対立が続き，イギリスはその双方に対し制御不能の状態になっていた。国連に委ねられたパレスチナ分割決議がまとまらないまま，アメリカ合衆国の後ろ盾のもと，1948 年にユダヤ人国家であるイスラエルが一方的に建国された。これに反対するアラブ諸国とイスラエルとの間で第一次中東戦争が勃発し，国連の調停でイスラエルの独立は確定したが，大量のパレスチナ難民（アラブ人）を生む結果となり，その後今日に至るまでパレスチナ問題として長く影響が残ることになる。なおパレスチナ側では 1964 年にパレスチナ解放機構（PLO）が結成され，さまざまな抵抗や交渉を経た後，94 年以降はパレスチナ自治政府として国連にもオブザーバー参加するようになった。ヨルダン川西岸地区とガザ地区を自

治区域としているが，今なお厳しい緊張状態が続いている。

　莫大な石油を埋蔵する中東地域では，戦前には同地域でほとんど権益をもって
いなかったアメリカ合衆国の石油メジャーの存在感が一気に高まった。戦前から
サウジアラビアと密接な関係にあったイギリスはもはや財政支援も軍事支援も行
う力はなく，サウジアラビアの安全保障との密接な連携において，アメリカ合衆
国が中東の軍事拠点と石油利権を大きく拡大させた。また従来はアングロ・ペル
シア石油会社（この間アングロ・イラニアン石油会社へと改名）をつうじてイギ
リスの独占的権益のもとにあったイランでは，それに対する非難が強まり，一時
は石油国有化が実現されたが，結果的に国際石油資本の対抗を受けて挫折した。
そして米英に与したパーレビ朝が石油メジャーとともに利益をあげつつ西欧志向
の近代化を試みたが，さまざまな社会問題を生み出した。その一方，各地で資源
ナショナリズムが高揚し，その動きは1960年の石油輸出国機構（OPEC）の設立
にもつながった。

　インドシナ戦争や朝鮮戦争などの混乱が終息した後，1955年にはインドネシ
アのバンドンで日本を含む29カ国の参加によるアジア・アフリカ会議（バンド
ン会議）が開催された。そこでは国の大小を問わない各国の主権の尊重，内政不
干渉，植民地主義的侵略の排除と，紛争の平和的解決などが謳われ，東西両陣営
のどちらにも属さない第三の立場を貫く指針が強調された。そしてその精神は
1961年の非同盟諸国首脳会議の発足や，UNCTAD（解説I-13「南北問題」参照）
に引き継がれていくが，結果的には世界各地の旧植民地の独立のたびにそこでの
影響力（ひいては資源）をめぐって米ソの政治的ないし軍事的介入が繰り返され，
第三世界は東西対決に翻弄されることになった。

2. 高度成長時代の展開と南北・南南格差の拡大

1）資本主義諸国における大衆消費社会と社会主義下の工業化

　第二次大戦後の西側工業諸国の高度成長の主要な要因のひとつとしてよく挙げ
られるのが，大衆消費社会の到来である。大戦により伝統社会の秩序や格差が解
消され，また戦後改革の一環として多くの国で資産の平準化が進行した。さらに
戦後のコーポラティズム的労使関係の生成・確立を通じて，労働分配率も着実に
上昇した。ヨーロッパにおいてはマーシャル・プランの援助を受けつつ，また皮

肉にも朝鮮戦争のよう
な動乱が復興中の工業
諸国に特需をもたらし，
生産体制の再構築に弾
みがつくことになった。

　1950 年代以降大衆
所得は上昇し，食料や
生活用品，さらには耐
久消費財への需要も高
まり，そうした需要に
応えるだけの生産条件
もすでに整っていた。
これが大量生産，大量
消費の合理性を活かし
た利潤や所得の拡大に
つながり，それがさら
なる大量生産，大量消
費の余地を生み出して
いくという好循環が形
成された。第二次大
戦後の主要工業国の
GNP／GDP の推移に
ついて，図7-1の1950
〜73 年を参照してほ
しい。終戦直後の水準
から 1970 年代初頭に

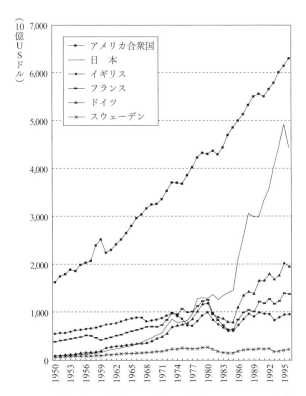

図7-1　第二次大戦後主要工業国の実質 GNP／GDP の推移

出所）OECD［1970］*National Accounts 1950-1968*, OECD［1998］*National
　　　Accounts 1960-1996*, Vol. 1.
注）1950〜68年が GNP，1969〜96年が GDP，本表は，1990年＝1として
　　各年の物価指数の推移を時系列で作成し，それで各年の名目 GNP／
　　GDP 名目値を除すことにより，国民所得規模の実質的な推移を表現し
　　たものである。例えば1965年のアメリカ合衆国の名目 GNP は7,009億
　　ドルだが，1990年を1とした物価指数が0.251であるため，7,009億÷
　　0.251≒2兆7,924億ドルがグラフの数値となっている。なお，一見す
　　るとスウェーデンの国民所得がとても低いように感じられるが，人口
　　が少ないためであり，1人当たりに直せば上位2国（アメリカ合衆国，
　　日本）を十分に上回る水準である。

かけての各国の経済成長，特にアメリカ合衆国の高い水準での成長と，戦後の厳
しい状況での低い水準から再建が始まった日本やドイツの急速な追い上げが顕著
に見てとれる。1950 年代後半以降は競争的な環境下で複数国の企業が製品の性
能，デザイン，その他の魅力を競い合い，また積極的に社会の需要を掘り起こし
つつ新製品が開発された。

　社会主義諸国でもソ連の五カ年計画のようなかたちで着々と工業化は進められたが，複雑な産業連関を取り扱う計画そのものの困難と現場のモティベーションの問題が大きな制約条件となり，計画は停滞した。各国中央当局は労働英雄制度などを活用して意欲を鼓舞しようとしたが積極的効果はなく，他方でイデオロギー上の締め付けやノルマの引き上げがいっそう強化された。ただ，ノルマを引き上げて量的な生産性を上げても，質的な面におけるイノベーションに繋がるものでもない。そして東ドイツでは労働ノルマを一斉に引き上げた1953年，自生的にベルリンや各地方の都市部を中心に暴動が発生した。それ自体は結局鎮圧されたが，それ以後国家当局は表面的なスローガンないしイデオロギー教育で民心を鼓舞する従来の手法と並んで，賃金，労働条件，生活環境，物価調整等において，国民にかなり迎合的な措置をとらざるを得なくなった。

　東ドイツに限らず，1956年のハンガリー動乱や69年の「プラハの春」に見られるように，自由を欠き停滞する社会の中で，イデオロギー上の締め付けへの抵抗は，しばしば大きな騒擾として表れた。いずれもソ連軍の介入により強権的に解決されたが，その後のそれぞれの政府当局は，従来よりいっそう柔軟な対応を余儀なくされた。むろん社会主義体制が必ずしも強権一辺倒の政治体制であったわけではない。むしろ建前上の厳格さの裏で一定の緩さもあったがゆえに，40年もの間，一見窮屈な計画経済が維持され得たとも指摘される。それでも結果的には，実質的な生産性や，技術，所得レベルで計った生活水準において，西側経済に大きく水をあけられたことは歴然たる事実であった。

2）福祉国家体制への方向性

　20世紀への転換期に社会改革の制度化が始まり，とりわけ1930年代に市場機能がほとんど麻痺する状況のなかで国家や地方政府が経済過程に関与する傾向はすでに著しく強まっていたが，戦後は国が社会保障や雇用，ひいては経済成長などに責任をもつという位置づけが，形態や程度の差こそあれ，かなり一般的に定着した。こうした体制を本書ではさしあたり「福祉国家体制」と呼ぶが，主要工業諸国の国民負担率は以前に比べて桁違いに上昇し，また戦後各国の高度成長がそれを可能にした。さらにその契機として，資本主義のアンチテーゼとしての社会主義の存在，冷戦体制を積極的に挙げていく議論もあるが，国家福祉の拡張の論理を敢えてそのようなかたちで狭める必要もないだろう（詳細は本書第12章・

第 13 章を参照）。

　また，最低所得保障という領域からさらに進んで，機会の平等の保障，市場の失敗や人間疎外（ここではアマルティア・センがいう，市場での権原〔entitlement〕の欠如に起因する諸問題を含意）の排除のためのさまざまな給付を積極的に充実させていく傾向が，1960 年代から特に強化された。ただし日本や南欧などの例に見られるように，その共同性のあり方によっては国民負担率が必ずしも福祉国家体制のあり方を直截に表すものでないことには注意を要する。

3）南北問題の諸相

　バンドン会議の後，とりわけ 1950 年代末以降，旧植民地の独立の動きはいっそう進行した。1960 年が「アフリカの年」と呼ばれるように，この時期にはアフリカ諸国の独立ラッシュが続いた。しかしこれらの国々の多くでは，他の南の国々同様，もっぱら価格弾力性の低い一次産品の生産・輸出にその経済が依存していた。価格弾力性が低いということは，世界市場において供給過多が生じると直ちに価格暴落につながるとともに，同じような一次産品を産出する競合地域が世界的な広がりをもつなか，当該国の不作（供給過少）が単価の上昇によって補完されることもないため，大きな不安定要素を抱えることになる。かつまたこれらの国々の多くは依然としてそうした一次産品中心のモノカルチャーの経済構造を保持していた。

　多くの北の工業国では多様な産業が混在する経済構造をもつことによって一国経済全体の安定性が維持されてきたが，それに比べてモノカルチャー型の新興諸国の経済基盤は前述のように脆弱であり，かつまたそれらの国々は欧米工業国への資本的従属状態から脱却できずにいた。またモノカルチャーの問題のみにとどまらず，後発諸国のさまざまな状況を踏まえつつ，GATT の不合理性（不公平性）を指摘し，新興工業国，低開発国の経済振興と北の工業諸国との経済格差の是正を積極的に唱えたのが，非同盟諸国首脳会議であり，UNCTAD であった。確かに北の工業国における著しい成長をよそに南の諸国の停滞や北との格差はその後も拡大したが，その後の UNCTAD の定期的開催に見られるように，途上国の連帯と問題提起もまた確実に世界の経済問題の核心に位置するようになった。

　しかし冷戦の中で米ソ両陣営がそうした新興国の経済体制に影響を行使すべく介入し，それが部族対立などとも絡み合うことにより，豊かな資源や成長の潜在

＃ 解説 I-13

南北問題

　南北問題とは，北の先進工業国と南の発展途上国との間に著しい経済的格差が存在し，そこから生じる諸問題を指す。この言葉は 1959 年末にイギリスのロイド銀行会長フランクスが，ニューヨークを訪問した際はじめて用いたとされる。彼は，先進工業国と発展途上国との間の南北問題が東西対立とともに現代世界の二大問題のひとつであり，西側諸国が東側諸国に対して優位に立つには南北問題の解決が重要な課題であると述べた。したがって，この言葉は東西冷戦下の主導権争いの産物として，戦略的意味をもつ言葉であった。

　しかし，南北問題を有力な銀行家が問題とせざるを得なくなった背景には，戦前とは異なる第二次大戦後の国際情勢がある。すなわち，第二次大戦を契機に植民地体制が崩壊し，政治独立を獲得した旧植民地諸国が，先進国に対して経済的自立を要求するようになっていた。南北問題は，1960 年代以降，発展途上国の発言力が増す中で，フランクスの意図を超えて広く使用されるようになった。

　戦後誕生した国際連合には，新興独立国が次々加盟し，1960 年は多数のアフリカ諸国が加盟したので「アフリカの年」と呼ばれた。翌年の国連第 16 回総会で，1960 年代を「国連開発の 10 年」とする決議がなされた。同決議を受けて，1964 年に第一回国連貿易開発会議（UNCTAD）が開催された。UNCTAD は国連総会直属の常設機関として認められ，南北問題が国際的に議論される場となった。

　発展途上国は，UNCTAD 開催の前に要求を統一し戦術を検討することで交渉を有利に進めようとした。そのための第一回の会議が 1967 年にアルジェで開催され，77 カ国が参加し「アルジェ憲章」を採択した。このことから，発展途上国グループを「77 カ国グループ」と呼ぶようになったが，参加国はその後も増加した。

　UNCTAD を主導した初代事務局長でアルゼンチン出身のプレビッシュは，世界経済を一次産品を産出する周辺国と工業製品を輸出する中心国からなるひとつのシステムとして把握し，需要の所得弾力性が低い一次産品は輸出価格が工業品に比較して低くなり貿易上不利を蒙るとした。そこで，プレビッシュは周辺国が保護貿易の下で工業化を促進し，一次産品輸出に依存した経済構造を脱却することを開発戦略の基本とした。

　プレビッシュの主張は発展途上国の多くで受け入れられ，経済的自立を目指した輸入代替工業化政策が採用されることになった。しかし，輸入代替工業化は狭隘な国内市↗

力があるにもかかわらず内戦と貧困に苦しめられるという多くの事例が発生するようになった。他方で南の各国では自国資源を有利に活用する，あるいは国外資金を導入しつつ輸入代替工業化を行うなどの試みがなされ，また他方で，資本不足の中で労働集約的な軽工業を中心にその振興を図りつつ輸出指向の工業化を遂げた NICs（Newly Industrializing Countries）と呼ばれる新興工業国も生まれたが，

￥場という限界に加え原材料の輸入増大による国際収支の悪化をもたらした。

そこで，1960 年代，UNCTAD や他の国際協議で，途上国は，先進国に対して輸出の拡大と援助額の増大，援助条件の緩和を要求した。こうして，一部の一次産品での国際商品協定，援助の改善，途上国からの輸出に対する一般特恵供与などを発展途上国は獲得した。しかし，1960 年代，先進国と発展途上国との経済格差は縮小するどころか拡大し，1970 年代初頭に南北問題は深刻化した。

1972 年の第三回 UNCTAD の前年に開催された 77 カ国グループ閣僚会議は「リマ宣言」を採択した。宣言は，それまでの先進国依存の戦略を転換して，自国内の人的・物的な資源を有効に動員する発展戦略をとることを内容とした。

「リマ宣言」を受ける形で，石油輸出国機構（OPEC）による石油価格の引き上げがなされ，1970 年代に世界は 2 度の石油危機に見舞われた。この戦略は中東の産油国には大きな利益をもたらした。また，資源に恵まれない韓国，台湾，シンガポールなど東アジア諸国はそれまでの輸入代替工業化戦略から輸出指向工業化戦略に転換し，工業品輸出を急増させ新興工業国・地域（NIES）と呼ばれるようになった。

ところが，南の諸国は，石油戦略により莫大な富を得た産油国や工業品輸出に成功したアジア NIES と，他方，アフリカや南アジアのような最貧国に分裂することになった。いわゆる南南問題が発生し，最貧国では飢餓，人権侵害，環境破壊など深刻な状況の下におかれ今日に至っている。

さらに，1980 年代末から 90 年代初頭にかけての東西冷戦の終焉は，南北問題のありかたにも影響を与えた。まず，西側先進国の関心は南から東（旧社会主義諸国）に向かい，西からの援助を受け，また西の多国籍企業が進出した東側諸国が経済的に発展を経験することになった。

1990 年代以降の世界における市場経済化の波は発展途上国にも及び，こうした環境に対応して経済成長を達成する国が増大し，南北問題は新しい局面を迎えることになった。特に，21 世紀に入るころから人口規模の大きなブラジル，ロシア，インド，中国（BRICs）が経済的に急成長し，世界経済において大きな影響力をもつようになった。

（小島　健）

【参考文献】西川潤［1979］『南北問題——世界経済を動かすもの』日本放送出版協会
　　　　　　森田桐郎［1967］『南北問題』日本評論社，（新訂版 1972 年）
　　　　　　游仲勲／本山美彦／徳永正二郎［1980］『南北問題をみる眼』有斐閣（新書）

それらのすべてが順調な発展を維持できたわけではなかった。

これらの国々での急激な工業化への動きは，市場経済下の自生的な成熟を待つというよりも，テクノクラートにより中央管理的に，さらには政府と企業，金融機関などの実質的な連携とともに推進されることが多かったが，それはときとして開発独裁のような形になることもあった。これが相応の成果につながるケース

もある一方，独裁，利益独占，汚職などの問題や，さまざまな利害対立を通じて
内戦などが誘発され，経済・社会にさらなるダメージが与えられることもあった
（開発独裁については第 12 章および第 5 章解説 I-9「ガーシェンクロンとアジアの
工業化」も参照）。結局は本章解説 I-13「南北問題」でも述べられているように，
同じ南の内部でも，一部順調な発展の途を進む新興国が出現する一方，多くの
「周辺」諸国が低開発と貧困に苦しむという，いわゆる「南南問題」がより深刻
なかたちで現出するようになった。

4）高度成長の終焉

1960 年代も後半に入ると，50 年代に高度成長を遂げた国々の多くがその成長
テンポを鈍化させた。ただし成長率が鈍化したといっても，実質的な高度成長の
流れは継続し，国民所得や一般的生活水準は上昇し続けた。ただし多くの国では
耐久消費財やその他の需要に支えられた景気が一巡し，かつてのような高い成長
率を再び経験することはなかった。

それとともに通貨問題が，戦後西側経済世界に大きな問題を生み出した。それ
はドル危機とポンド切り下げである。1960 年までには日本やドイツの貿易収支
が安定し，為替管理が大きく緩和され（日本は 64 年に IMF 協定 14 条国から 8 条
国に移行），ブレトンウッズ体制はようやく本格的にその展開の緒についたが，
それと並行してその基軸通貨であるドル自身の危機が進行し始めた。それ以前は
他の通貨が十分な決済機能を発揮できる状況になかったため，決済通貨としての
ドルの需要は著しく高まっていた。アメリカ合衆国本国でのコントロールを外れ
たドルが大量に流通し（ユーロドルの膨張），そこに加えて産油国の余剰がドル
で蓄積されたため（オイルダラー），ドル残高はさらに高まった。このようにし
て 1960 年代には，大量のドルが世界にあふれていた。

他方で，西ドイツ・マルクや日本円の重要性が相対的に上昇したうえ，1960
年代のアメリカ合衆国ではベトナム戦争関連による意図せざる景気過熱によりイ
ンフレ圧力が高まっていた。さらに貿易赤字に起因するドル為替の下方圧力，す
なわち円やマルクの過小評価の問題が，水面下でブレトンウッズ体制を切り崩す
潜在力として存在した。ふるくからの国際通貨ポンドは，イギリス産業の生産性
の慢性的停滞，累積する国際収支赤字や財政赤字により，1967 年に固定相場制
の枠のなかで，その切り下げを余儀なくされた。そしてドルについても，アメリ

カ合衆国の財政赤字，国際収支赤字，またときにはフランスなどの政治的意図の
もとで兌換圧力が極度に高まることもあった。その結果 1971 年，当時のアメリ
カ合衆国大統領ニクソンはドルの金兌換停止を宣言し，それはその通貨価値の絶
対評価に依拠してきた国際経済に大きな混乱をもたらした（ニクソン・ショッ
ク）。その後ドルの価値は段階的に下落し，国際通貨システム自体が，当面は一
定のコントロールを維持しつつも変動相場制へと移行した。このようにして，ブ
レトンウッズで想定された自由貿易にもとづく国際的な均衡体制の想定は，実態
において大きく裏切られるかたちとなったのである。

3. 低成長時代の到来と環境問題の表出

1）西側工業国の停滞と新興工業地域の隆盛

　戦後の高度成長は 1960 年代後半にすでに鈍化しており，ニクソン・ショック
とそれにともなう混乱は各国に波及し，ブレトンウッズ体制を解体に導いた。ま
たこの時期，世界経済を震撼させたのが 1973 年 10 月の OPEC のカルテルによ
る原油価格の高騰，すなわちオイル・ショックであった。この直接のきっかけは
第四次中東戦争だが，その根源は前述のように西側工業国と資源産出国との軋轢，
植民地時代以来のしこりや南北問題，より決定的にはアメリカ合衆国の支援を受
けたイスラエルとアラブ諸国との数次にわたる戦乱と大量の難民を生み出したパ
レスチナ問題など，歴史的に蓄積されてきたあらゆる政治経済的諸問題が凝縮さ
れた結果と考えられ，単に石油産出国が彼らの言う正当な利益を求めたことにと
どまるものではない。とりわけその背後には資源ナショナリズムが存在し，オイ
ル・ショックに相前後する時期から中東各国の石油産業への経営参加やその国有
化が相次いだ。それでもなお，当面は石油メジャーがその販売組織として機能し，
産油国とメジャーの協力関係は中東各地での生産調整すら可能にしていたが，
1979 年のイラン・イスラーム革命でパーレビ朝が放逐され，シーア派の宗教指
導者であるホメイニに率いられたイラン・イスラーム共和国が成立した。石油産
業は再度国有化され，当面の原油供給は大幅に削減された。またこの革命を機に
アメリカ合衆国とイランとの関係は著しく険悪となった。この年 OPEC も第二
次カルテルを打ち出し，アラブの産油国は石油メジャーとの長期の販売契約を
次々と打ち切った。その結果 1980 年以後は，すべての石油メジャーが原油をス

ポット市場で調達するようになった（第二次オイル・ショック）。

　1970年代の石油価格の高騰による衝撃は非常に大きく，当時あらゆる工業国で悪性のコストプッシュ・インフレーションが発生し，それはインフレと景気悪化が同時に進行するスタグフレーションへとつながった。多くの国で景気対策や失業対策が講じられたが，少なくともケインズ主義的財政出動に関しては十分な乗数効果が得られることなく，ただ単に財政赤字を膨張させるだけのケースが大勢を占めた。こうした苦境は主要工業国のGDP成長率，国家財政収支，インフレ率などにも顕著に反映された。

　コストプッシュ・インフレーションへの対応は一般論として何らかの形でそのコストを下げることがもっとも直接的な対応策であり，また原油価格が下がれば自ずと沈静化する。しかしイラン革命や第二次オイル・ショックなどにより，原油価格は1979年に再度高騰した。その中での打開策としては新しい手法や生産技術の援用に成功する，あるいは流通過程や経営組織の改革などを通じてコスト削減をする，さらには新たな需要領域を開拓することや，既存の製品にいっそうの魅力を付加していくなどの対応が有効であった。特に新しい時代の条件やニーズに適合することがもっとも有効な回復の鍵であり，当時においてそれは，従来の重厚長大産業主導の経済体質から軽薄短小産業へと転換することであった。

　日本は特に高品質のマイクロチップの生産に成功し，それが電機製品や自動車をはじめとする機械製品等にも応用され，顕著な成功を収めた。これがME（Micro Electronics）革命と呼ばれるものである。またそうした技術を企業管理に援用し，元来労働集約的であったサービス産業や企業の管理部門において省力化を実現し，また生産性を高めることにも成功した。これがOA（Office Automation）革命と呼ばれるものである。これに加えてさらに，コスト抑制のために低所得国の労働力が積極的に活用されるようになった。技術の中核はブラックボックスとして本国にとどめおかれたが，組立工程を中心に積極的に現地生産方式がとられるようになった。1980年代には世界のほとんどの工業国が長引く不況・大量失業に苦悩するなか，こうして日本は突出して良好な経済実績をあげていたのである（前掲図7-1参照）。

　また1970年代以降多くの先進国が苦境に立つ一方で，前述のNICs（アジアでは韓国，台湾，香港，シンガポールが，アメリカ大陸ではメキシコとブラジルが，ヨーロッパではスペイン，ポルトガル，ギリシア，ユーゴスラビアが含まれていた）

の躍進が顕著であった。

アジア NICs の国や地域は 1960 年代から軽工業を中心に発展を遂げてきた。もとより同地域では豊富で質の高い労働力に恵まれており，しかも賃金水準が低かった。そして 1960 年代末から工業生産の主力を輸出工業に移しつつ，とりわけ 70 年代以降，先進国で鉄鋼，船舶といった中間財や重工業産品の生産が停滞すると，同地域ではそうした産品を，遜色のない品質で安価に供給することが可能となり，「後進性の利益」（ガーシェンクロン）を内部化しつつ国際競争上の地位をむしろ高めていた。また移転可能な軽薄短小技術を積極的に摂取して家電などの耐久消費財の生産も活発に行うようになり，これらアジア NICs（1988 年以降は新興工業経済地域〔Newly Industrializing Economies : NIES〕）は 80 年代以降，また 90 年代に入ってよりいっそう目ざましい経済成長を遂げ（図 7-2 参照），79年以降改革開放路線に転じた中国とともに順調に外貨準備を拡張してきた。また元来は政治的な同盟であった東南アジア諸国連合（ASEAN）の NIES 以外の諸国でも，それに牽引されつつ，また前述のように多くの日本企業の現地生産拠点がおかれることにより，1980 年代後半からその経済活動が大きく拡大し，OECD諸国の停滞的な成長率をはるかに凌ぐ高率の経済成長を達成した。また ASEAN各国は，日本との関係のみならず，IT 化や多国籍企業化の中でアメリカ合衆国の下請け的役割を通じてその経済活動をさらに拡張させてきた。

1980 年代のヨーロッパでは，多くの国が ME 化と省エネルギー化の進行とともにその経済活動の一定の回復を見せた。北海油田やメキシコ湾岸油田が開発され，またソ連からの供給も拡大することにより OPEC 諸国の市場占有率が下がったことも有利に作用した。南欧 NICs はアジア NICs に比して必ずしも良好な経済実績をあげていたわけではなかったが，こうした環境下で EC の地域構造政策にもとづく経済援助を受けつつ，工業や既存農業分野の振興に成功した。だが，西側 EC ともソ連とも一定の距離を保ちつつ自主的な展開を遂げていたユーゴスラビアだけは，1980 年のチトーの死去以来，連邦政府の政治経済の中枢としての求心力が弱まり，それぞれの民族や共和国の自立性が高まる一方，経済活動は停滞した。そしてさらに 1990 年代初頭の東欧革命に続くユーゴスラビア解体，そして内戦により，大きな痛手を被ることになった。

中南米の NICs 諸国においても輸出向け工業の育成が志向され，豊富な地下資源と広大な後背地に恵まれたブラジルは，航空機産業までをも含む一定の工業化

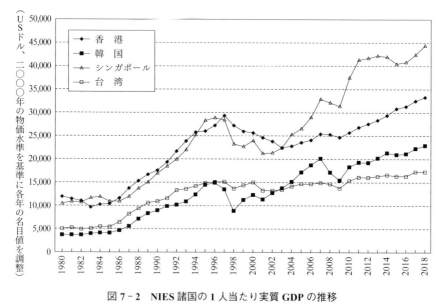

図7-2　NIES 諸国の1人当たり実質 GDP の推移

出所）International Monetary Fund, *World Economic Outlook Database*, October 2019 をもとに作成。

に成功したが，他の中南米諸国同様，収入の不安定な一次産品への依存割合が依然高く，工業化の進展にともなって輸入も増え，これらの国の経常収支や国家財政は著しく悪化した。そして第二次オイル・ショックの影響も受け，1980年代には開発のための大量の借款がデフォルトとなる債務危機や，その結果必然的に生じる深刻な通貨危機が続き，豊かな工業国への転換は順調には進まなかった。

　こうした中南米の潜在的工業国の例にとどまらず，世界中の多くの一次産品輸出国にとって，1970年代から80年代にかけての先進国の停滞は自国産品の価格形成や売り上げにとって大きなマイナス要因となり，経済的苦境に直面することになった。なお，身分社会制度が残存し，民族や宗教構成が入り組んでいたインドでは，著しい社会的・経済的格差が定着し，教育の機会すらない広範な人口層が存在する一方，高い水準の教育を受けた労働力も豊富であり，その後技術集約産業を中心に成長を遂げていくことになる。他方でアフリカでは，南アフリカ共和国のみが突出した経済規模をもち，アパルトヘイトのもとで自己を隔離したヨーロッパ系人口が大きな所得を得ていたが，他の原住系人口のおかれた政治的・経済的地位との落差は大きく，また他のアフリカ諸国の経済規模は，中南米やイ

ンドをはじめとする南アジアと比較しても著しく低い水準にとどまっていた。

2）1980 年代の各国の政策基調

　日本や NIES 諸国の状況と比較して，1980 年代のイギリスやアメリカ合衆国の状況は特に厳しかった。当時のアメリカ合衆国は財政赤字と国際収支赤字が重なる「双子の赤字」に苦しみ，イギリスは，不況，インフレ，財政赤字，国際収支赤字が一度に重なる四重苦とも「イギリス病」ともいわれる状況に陥っていた。前掲図 7-1 においても，1970 年代半ば以降のイギリスの低位で不安定な推移は顕著である。

　イギリスでそのような状況に対応したのが 1979 年成立のサッチャー政権であり，まずはインフレ抑制のために金融の引き締めを行った。その結果，理論どおりに景気はいっそう悪化し，それまで以上の大量の失業者が発生した。しかし政府は通貨の安定を第一義に考え，その下で正常な企業活動を可能にし，一時は苦しくとも長期的には雇用を回復させるという展望をもっていた。また財政再建のための支出の大幅切詰め，効率が悪いとされた国有企業の民営化，市場機能の回復という趣旨での大胆な規制緩和，さらには賃金の下方硬直性の打開のための労働組合の弱体化も，首相の強い指導力で実行された。甘えの構造の排除と自己責任の徹底を旨として社会給付も縮小され，「小さな政府」が目標とされた。これら一連の政策は当時の首相の名を冠して「サッチャリズム」と呼ばれる。

　その結果イギリスの経済基盤が復活したという積極的評価がある一方，画一的な市場経済論理の導入や強硬な規制緩和，社会政策の縮小は，所得格差の拡大や一般生活者の不安定性の蔓延（安全・安心の崩壊），結果としての人心の荒廃をもたらし，自由で健全な社会経済の展開の基盤を削いだという見方もある。アメリカ合衆国でも同時期に，ケインズ主義などの景気政策的介入との決別，規制緩和，世界的自由貿易の徹底を旨とし，やはりときの大統領の名を冠した「レーガノミクス」と呼ばれる政策基調が定着した。

　大陸ヨーロッパ諸国では同時期，イギリスのように自由化路線を徹底した国はあまり見られなかった。戦後ヨーロッパ随一の経済大国となった西ドイツでも不景気および失業問題に悩み，膨張した社会給付の合理化に向けての議論が盛んに交わされた。しかし同国はもともと自由主義，市場整合的な政策指向たる「社会的市場経済」を標榜しており，イギリスのようにわざわざ自由主義の貫徹を唄う

必要は理屈の上では存在しないことになる。実際に 1980 年代の西ドイツの福祉改革ないし合理化議論は，給付内容・水準の若干の調整あるいは技術的な節約策にとどまり，制度の根幹を根本的に転換する性質のものではなかった。フランスのミッテラン政権は 1980 年代の不況に際し，イギリスと対照的に国有体制やディリジスムを堅持し，裁量的な景気政策を維持したが，その継続は困難となり，自由主義的方向へと政策基調の変更を余儀なくされた。

　その後の日本は，1985 年のプラザ合意の円高誘導にもかかわらず，さらなる好況期を迎えた（前掲図 7-1 参照）。貿易黒字は元来の意図とは逆になおも拡大し続け，円高はさらに昂進した。そうした中で社会のムードは「パックス・ジャポニカ」の幻想に踊り，株価や不動産価格は異常な高騰を示した。プラザ合意後長く金融緩和が継続したことや，貿易摩擦の中で国内需要のさらなる喚起が求められる中，拡張的財政政策が実施されたこと，高まった流動性が一斉に株式の購入や不動産投機に向かったことなども，それをいっそう助長した。さらにいえば，そうした高騰が異常であるとほとんど認識されてこなかったことこそが，当時の風潮をもっとも如実に反映するものであった。しかし 1989 年末に史上最高の株価を記録して以後，相場は下落に転じた。

　なお，イラン革命以後の中東地域では，各地で過激なイスラーム復興運動が促進され，その一方で 1980 年にサダム・フセイン政権下の隣国イラクが，アラブの覇権をめぐる野心，石油資源の保守，宗派問題（サダム・フセインやアラブ諸国の多くはスンナ派）などさまざまな思惑からイランに侵攻し，8 年にもわたるイラン・イラク戦争が勃発した。イランを封じ込めるために欧米や他のアラブ諸国がイラクを支持したが，シリアやリビアなどの一部の国，また戦略的思惑からイスラエルまでがイランを支持し，さらにその双方を軍事的に支援することになる国もあった。特にアメリカ合衆国の（さらには英，仏，ソ連，中国の）積極的な支援がイラクの軍事大国化を招き，結果的に 1990 年のイラクによるクウェート侵攻・占領を促すことにもなった。このクウェート占領・吸収の試みに対しては，国連決議にもとづきアメリカ合衆国軍を中心とした多国籍軍が組織され，イラクを陸空から攻撃してクウェートから放逐した（1991 年・第一次湾岸戦争）。このようにしてアメリカ合衆国をはじめ欧米諸国が深く関与するかたちで，中東地域では民族や宗教，宗派，さらには政治体制や社会・文化面にまでおよぶ争乱に拍車がかかり，パレスチナ問題と並んで大きな混乱が生じることになった。

3 ）西側低成長時代の社会主義経済

　資本主義圏の各国が深刻な経済問題に直面していた 1970 年代以降，社会主義圏でも生産停滞の問題は深刻だった。ソ連は軍事・宇宙開発などの競争的な部門においては，アメリカ合衆国に伍していく力を有していたが，慢性的モノ不足，とりわけ民生品の絶対的不足や西側製品と比した品質や機能の低さは歴然としていた。

　また社会主義体制は階級社会，格差社会の否定をその理念上の中心軸としていたが，計画経済における齟齬と慢性的モノ不足のために分配にも乱れや不均質が生じ，政治的な地位によって事実上の階級社会化が進行し，権限や役得の濫用などにより，所得や社会的受益に大きな格差が生じていた。このような体制において本来の趣旨に合致しない状況に対する不満を抑えながら引き続き体制を維持していくためには，いっそうのイデオロギー教育や締め付けを行わざるを得ず，こうした大きな矛盾が当時の東側諸国を覆っていた。そしてこうした公式の社会の隙間において人々が個々に知恵を凝らして生きていく社会は「壁龕（へきがん）社会」などと呼ばれており，近年はそうした隙間の内部での人々の生活のありようを採り上げ，具体的に明らかにしていく研究も進んでいる。

　このような公式の経済システムの混乱は事実上の地下経済を誘発するが，それは公式の政治的権威への人々の不審の念の反映でもあった。多くの取引に裏ルートが発生し，西側の通貨が非公式に流通した。こうした地下経済は次第に部分的に表に現れ，公設の外貨ショップで西側製品が公然と販売されるようにもなった。これは自国内で退蔵された外貨の放出を狙ったものだが，歴然として存在する西側製品への人々の渇望に応えるかたちで賑いを見せ，皮肉にも東側の社会経済の停滞を自ら表出するものとなった。また東側経済そのものが西側の製品や資本の活用なしに回転させることが困難になり，当局は西側通貨の獲得に苦慮せざるを得なくなっていた。

　さらに東側諸国による社会の管理強化は，1980 年代後半に，人々のさらなる不満や，自由化・情報開示への要求へとつながった。その中で一部の国の政府が自発的に統制緩和・柔軟化政策に転じ，東側各国が自国の労働力の西側への亡命を防止するために設定していた東欧諸国関の双互協定にほころびが生じた。ハンガリー政府が段階的に東側諸国市民の越境を黙認（後に公認）し始めたのである。1989 年夏の「ピクニック」でハンガリーに集まった東ドイツ市民が大量に西側

に越境し，その年の秋にはついにベルリンの壁および東西ドイツを阻む壁が開放された。特に分断国家であった東西ドイツの交流の再開は西ドイツ政府によって大いに歓迎され，東ドイツ政府も従来の社会主義政党のほぼ一党独裁体制から，複数政党制化，自由主義を標榜する政党の伸長などを経て，着々とドイツ統合への道程を進み，1990年には西が東を吸収するかたちで統一ドイツが誕生した。

　ポーランドでも1980年代初頭から，独立自主管理労働組合「連帯」を主軸とした自由な労働組合活動が，当初は非合法なかたちで，しかし多くの弾圧を受けながらもやがて合法化されたかたちで政府と交渉の場に着くことが可能となり，チェコスロバキアでも1980年代半ば過ぎから政権内で一定の民主改革が始まったが，ハンガリーでの国境開放やベルリンの壁崩壊以後，市民のデモが著しく高揚する中で，共産党一党独裁の放棄，複数政党制に向けた民主改革が実現した。チェコスロバキアではかなりスムースにこの経過が進行したことにより「ビロード革命」と呼ばれる一方，ルーマニアでは東欧諸革命で唯一，争乱状態へとつながった。そして1990年代初頭には東欧各国がそれぞれのかたちで市場経済化への途を模索するようになった。

　ソ連でも1985年に共産党の書記長に就任したM. ゴルバチョフは彼の強いイニシアティブで官僚制の腐敗や社会経済の著しい停滞をただすため，ペレストロイカ（再構築）とグラスノスチ（情報公開）を打ち出し，民主化路線を推進した。上記の東欧諸国革命やドイツ統一がスムースに進んだのも，ソ連が非介入姿勢を堅持したことによるところが大きい。その後民主化要求はさらに高まり，1991年にゴルバチョフの指示でソビエト共産党が活動を停止するとともに，ソ連邦も解体し，それまでソ連を構成していた自治共和国を基本単位としつつ，ロシアを中心とする独立国家共同体（Commonwealth of Independent States : CIS）へと転換した。

　中国でも，1970年代，文化大革命後の社会・経済は著しい混乱と停滞のもとにあった。しかし毛沢東が亡くなり，「四人組」が失脚した後，中国の政策基調は変化し，1978年末の共産党第11期中央委員会第3回全体会議（第11期3中全会）で79年以降の人民公社の解体，経営請負制度，沿岸部を中心とした経済特区の設置などに途を拓く改革開放路線が採択された。

4）脱石油化と環境問題への取り組み

　産業化の初期以来，経済活動の活発化と高度技術の援用には環境汚染がつきものであり，先進国の高度成長時代には被害の大きな公害問題が発生するようになったが，人々は当初，概して問題に無頓着（あるいは無知）であった。原子力エネルギーにも大きな期待が寄せられたが，その危険性についても十分に認識されていたとはいい難い。しかし 1970 年前後には世界各地で公害問題が表面化し，日本でもメチル水銀による水俣病やカドミウム汚染によるイタイイタイ病，硫黄酸化物による四日市喘息などが特に注目を集めるようになった。

　元来こうした問題は市場経済で処理できるものではなかった。それは主にそのような概念の成立自体が遅く，また加害と被害の因果関係を明確に証明することが困難であったことによる。このような困難は，例えば有害物質を発生させる事業所と近隣住民の健康状態の関係から，排気ガスを出して自動車で移動する人々と全人類（ひいては地球上のすべての生き物）との関係まで，あらゆる次元で該当する。しかし日本の例では 1960 年代より法廷闘争の次元で公害が問題となり，その法的解決までには長い時間を要したが，それに対する世論の関心を惹起し，1971 年には現在の環境省の前身である環境庁が創設された。

　経済学の分野でも「外部不経済」の概念がその理論体系の中に織り込まれた。つまり環境問題が内生化され，環境に対する負荷や近隣住民に対する公害被害はコストとして把握され，理論的には外部不経済を発生させる者にはその費用負担を課し，不経済を受けた者にはその補償がなされるべきということになる。だが現実においては上述のように，因果関係の証明をはじめ高いハードルが存在し，直ちに適切な汚染の除去や補償がなされることは困難であった。しかし少なくとも公害問題に対する一般の意識は高まり，各種の市民運動にもつながっていったため，企業は自発的な公害対策や補償に対する姿勢を示す必要に迫られた。立法や行政レベルでも，公害の実態調査が行われ，有害物質の発生に対して，従来よりはるかに厳しい規制の網が掛けられ，公害の発生源になることが何らかの制裁的取り扱いの対象になる体制が築かれた。日本でも 1960〜70 年代の公害被害は激しかったが，その後世界基準に照らしても高度な環境基準が設けられた。

　このように公害や環境問題が社会や企業にとって見えるコストとして表れるに至り，そこからさまざまな触媒装置や浄水技術，難処理人工物の取り扱いに関する研究が進み，徐々に実用化された。また汚染物質を出さない製法の研究や，ク

リーンな再生可能エネルギーの開発にも手が付けられるようになった。とりわけオイル・ショック以後は省エネルギー化が焦眉の課題となり，資源節約型技術の開発が促され，それは環境問題対策の方向性とも整合するものとなった。

4. 21世紀への転換期の世界経済の実相

1）日本のバブル経済崩壊とアジア通貨危機

　日本では，バブル経済の崩壊にともない，1990年から株価が急速に下落した。同時期に日銀が引き締めの方向に金融政策基調を転換したが，そのタイミングも悪かった。バブル時代の「期待」が消滅し，今度はキャピタル・ロスが生じ，株式相場は急激に下落した。同時に景気も後退し始め，企業活動の期待収益の減退とともに地価を高止まりさせる要因も消滅し，過大評価分が一気に値下がりした。根強かった土地神話もここに崩壊した。

　バブル崩壊にともなうさらなる問題は，企業や個人が保有する資産価値の減少であった。これは景気の大きな収縮要因になるのみならず，それを担保に融資を行っていた金融機関の担保価値が大きく下落したことをも意味する。ここに金融機関の不良債権問題の根が生まれたが，バブル経済の心理的効果のひとつとして，それを世の人々が直ちに適切に認識できないという問題が横たわっていた。つまり，資金繰りがつかなくなった借り手に対して通常は速やかに不良債権処理手続きがとられるところ，景気悪化のイメージが追いつかず，多くの金融機関において，追い貸しなどが行われ，不良債権問題が繰り延べにされてきたのである。しかし資産価値の下落は止まらず，景気の後退は企業収益をさらに圧迫した。融資先の経営破綻などにともない，多くのケースで金融機関はいっそう厳しい状況に追い込まれ，不良債権問題は抜き差しならないところまで進行した。各金融機関は一転して貸し渋り，貸し剥しを行い，多くの中小企業が資金繰りに苦しみ，倒産した。また1990年代半ば以降には，会計制度の改編にともない有価証券が時価表記されることになり，各企業でその財務状況が経営実態とは別に悪化した。当時の状況にあっては，それがさらに致命的な景気の後退に直結した。危機に陥る金融機関がますます増える中，銀行の統廃合が進み，公的資金が注入されるケースも頻出した。その破綻が直接信用創造の危機に至るような商業銀行以外では，大手でも破綻するケースが発生し，こうした中で1990年代後半には本格的な停

滞ムードが支配するようになった。

　また，1990年代中頃からアメリカ合衆国経済の優位が高まり，ドル価値が上昇し，資本輸入を促進すべくドルとペッグ（連動）していたアジアの新興工業諸国ないし地域の通貨の為替相場も上昇した。この結果，当該地域の輸出依存の産業にとって厳しい状況が発生するとともに，1997年にはこうしたドルペッグのアジアの諸通貨の過大評価に注目したアメリカ合衆国のヘッジ・ファンドがそれら通貨の空売りを仕掛けたといわれている。各国各地域の通貨当局の防衛努力にもかかわらず，多くの通貨では変動相場制への移行を余儀なくされ，それらの為替相場は著しく下落した。それとともにタイでは株式相場が下落し，IMFの介入による引き締め政策が徹底され，それまでの右肩上がりの趨勢とは打って変わって景気が後退し，失業問題も発生した。問題地域と経済的な繋がりを深めていた韓国では，生産基盤は安定的であったものの，不良債権問題等，金融上の混乱に派生して経済危機につながり，IMFの援助・構造調整政策の対象になった。必ずしも現地の事情を省みないIMFの徹底した自由主義的構造調整政策においては，インドネシアの例のように，預金者保護なしに大胆に金融機関が整理され，さらには失業やインフレが昂進する中，暴動や政変にまで発展することもあった。これが1997/98年のアジア通貨危機であり，IMFの援助を受けた当事国のみならず，近隣の国や地域にも影響を与えた。

2）アメリカ合衆国発信の情報技術革命とアメリカン・スタンダード

　1990年代はアメリカ合衆国発の情報技術革命が世界に行き渡った時期でもあった。東西冷戦体制の終結後，インターネットなど軍事目的で開発された高度な技術が民間で活用されるようになり，情報伝達技術が世界的に普及拡大し，従来あり得なかったほど広い範囲の情報が世界中の人々の手に瞬時に届く状況を可能にした。この変化は一面で情報ディバイド（情報の非対称性）の縮小のようにも見えるが，あらゆる人があらゆる情報に自由にアクセスできるわけではないので，本質的に情報の非対称性を解消するものではない。他方で世界中のあらゆる取引情報を瞬時に容易にやり取りすることを技術的に可能にしたツールとしての利便性がここに生まれ，それは金融取引などにも広く援用された。その結果アメリカ合衆国を主とする，投資先を求めた余剰資金が，瞬時に世界中を駆け巡ることになった。とりわけヘッジ・ファンドなどの機動性の高い資金は，投資先の事情を

顧慮することなく移動を繰り返し，前述のアジア通貨危機のように，ときとして投資先の国々を大きな混乱に陥れることもあった。この他こうした情報技術革命は企業活動の国際的拡張をいっそう容易にし，多国籍企業の展開やそのトランスナショナルな活動を下支えし，世界経済のさらなる緊密化をもたらした。

　その際に求められたのが，「グローバル・スタンダード」と呼ばれた会計基準や取引慣行の世界的規模での標準化であり，さらにはあらゆる取引の自由化や規制緩和などで，これをもっとも精力的に推し進めたのがアメリカ合衆国であった。冷戦体制下の東側社会主義陣営の解体とその市場経済化も，実質的にはアメリカン・スタンダードである「世界標準」の浸潤と規制緩和の波を勢いづけた。日本もその中で会計基準の改訂や，金融の大幅な規制緩和・自由化要求を受け入れ（日本版金融ビックバン），またいっそうの市場開放の圧力に何らかの形で応えることを求められた。このような徹底した自由化が世界経済の調和的発展をもたらすとして，そのスタンダードの世界的拡大を強力に支持してきた経済思潮がリバタリアニズム（libertarianism）と呼ばれるもので，それを基調とした経済諸関係は，日本以外にもヨーロッパやアラブ地域を含む世界中に広く影響を与えてきたが，それへの抵抗や摩擦は決して小さくはなかった。

　こうした一連の動きは嫌米感情の大きな根源となった。またアメリカ合衆国の政治的影響力や経済覇権の一極化は，それまでの中東地域への深い介入の経緯を通じ，アルカイダのようなイスラーム原理主義・反米テロ組織の生成を促し，2001年の9.11事件（アメリカ合衆国を標的として同時多発テロ）などが惹き起こされた。それを機に合衆国はアルカイダを匿ったとしてアフガニスタンに侵攻し，さらには2003年に大量破壊兵器を開発・保持しているとの口実でイラクに侵攻してフセイン政権を打倒した（第二次湾岸戦争）。これによってイラク政権中枢がスンナ派からシーア派に移動し（人口比ではイラクはシーア派の方が多数），危機感を覚えたスンナ派の武装軍団が自身を「イスラーム国」（ISIL）と称し，戦線を内戦中の隣国シリアにも拡大し，一時は広大な勢力圏を獲得した。この大規模テロ集団の台頭に対し，アメリカ合衆国を中心とした国際社会はその掃討を試みるものの，当事国の各集団はもとより，近隣国トルコや，ロシアなどの政治的思惑や利害がさらに錯綜し，収拾がつかない泥沼状態になった。長年の争乱を経てイスラーム国の支配地域自体は非常に小さくなったが，戦闘状態はなおも継続し，当該地域からの避難民（特にシリア，イラク，イラン，トルコなどに分かれて

いるクルド人；さらには他の紛争地域からの避難民や，いわゆる経済難民も含まれている）が大挙して EU 地域（特にシェンゲン域内）に流入するに至り，ヨーロッパの連帯すら揺さぶるような状況が発生している。

3）ヨーロッパ連合（EU）の成立と展開

　EC に結集した旧自由主義圏のヨーロッパ諸国は 1993 年に EU として新たなスタートを切り，95 年には EU15 が揃った。そこでは，ある程度共通の価値観をもち，より広範囲なヨーロッパ地域を包括し，広大な需要圏を有しつつ，多様な産品を有する域内の調和的な発展が目標とされ，人，モノ，資金ができる限りの自由度をもって行き来する単一市場を築いていくことが構想されていた。国境コントロールの廃止は 1997 年に南欧，中西欧，北欧の広い地域を包括してシェンゲン協定が本格発効したことにより実現し（イギリス，アイルランドなどは発効見送り），またヨーロッパ単一通貨ユーロが 1999 年に主要国で導入され，2002 年から現金の流通も始まった。全般に公的セクターのウエイトが高く独自の通貨政策を展開してきた北欧や，自国通貨と通貨主権を手放すことを認めないイギリスは参加を見送り，また後に東欧諸国をはじめとしてさらに 13 カ国が新規に EU に加盟したが，概して国際収支や国の財政状況がいまだ不安定であり，2020 年の時点で新規加盟国中ユーロ圏に参加している国はなお限られる（7 カ国）。ユーロ導入に際し，各国はそれぞれの通貨主権を新設のヨーロッパ中央銀行に預けることになる。これはきわめて大胆な試みであったが，まずは順調な滑り出しを見せた。このように人やモノの行き来に加え，単一の通貨とともに円滑な交易決済や金融取引の媒介を図る緊密な経済圏が，その紐帯をさらに強めたことになる。そしてアメリカ合衆国や日本などに対して欧州の経済力をあらためて高め，域内の調和ある発展を実現するために，EU 本部組織のみならず各国首脳や閣僚，金融当局の長がそれぞれに連携を保ちつつ，さまざまな部面で共通政策を展開してきた（解説 I-14 参照）。

　なお，このような単一性の確保や共通政策の実施の一方で，各国の自律性はあくまで維持されるという合意はあった。EU は域内の諸制度の可能な限りの共通化は図るが，国民的アイデンティティの放棄まで目指すものではない。言語はもちろん，教育や労使関係のあり方，予算の方針，税率，各種社会給付制度のあり方などの内政は，各国独自の所管領域とされてきた。

解説 I-14

ヨーロッパ統合

　第二次世界大戦終結以降，欧州諸国は地域統合を推し進めてきた。1952 年に 6 カ国で始まった統合は 6 次にわたる拡大を遂げ，2019 年末には 28 カ国 5 億人余を擁する大経済圏を形成するに至った。19 世紀半ば以降の独仏の対立は二度の世界大戦を引き起こし，欧州を焦土と化し，その優位性を喪失させた。その中で 19 世紀後半以降，欧州の平和維持や経済の繁栄のためには，欧州の統合や国境を越えた大きな市場の形成が必要だという構想が現実味を帯び，戦時期のレジスタンス運動や戦後の連邦主義活動家の統合運動が展開された。そうした運動の記録をもとに，統合史は，超国家的機関が平和を求めて実現した国民国家の克服の過程であると解釈されてきた。その後，1980 年代に入り欧州各国等の公文書が公開され始めると本格的な歴史研究が始動し，経済史家アラン・ミルワードは，初期の統合過程では，関係諸国個別の政治的・経済的国益の追求が統合推進に大きな役割を果たしたと唱えた。

　米ソ冷戦が西欧統合に大きな影響を及ぼしたとする議論もある。1947 年にアメリカ合衆国は，戦争で深刻な打撃を受けた欧州を経済的，社会的，政治的破局から救うため，欧州復興計画（ERP，マーシャル・プラン）を発表し，欧州自身が共同で計画を立案すべきとして欧州統合を促した。外交史では，マーシャル・プランは欧州への共産主義の浸透防止を目的とし，初期の西欧統合はアメリカ合衆国の西側陣営強化の手段であったと意義づける（益田・山本編著 [2019]）。一方，一次史料にもとづく経済史研究では，統合における欧州側のイニシアティブを強調した。ERP 援助を希望した西欧 16 カ国は 1948 年に西部ドイツも援助対象に加えて欧州経済協力機構（OEEC）を設立し，加盟国同士の多角的決済の仕組みとして 50 年に欧州決済同盟（EPU）を創設した。同機構は深刻なドル不足や通貨交換性が未回復の状況下でも加盟国間の貿易を可能にし，1950 年代の域内の急速な貿易自由化に貢献した。1950 年にフランスが発表したシューマン・プランは，産業の基盤である石炭と鉄鋼を「超国家的機関」により共同管理することで，独仏間の戦争再発防止と欧州全体の経済発展を実現するという提案であった。フランスは不足する石炭輸入の確保や西ドイツの急激な復興の抑制を，西ドイツは対等な立場での国際社会への復帰を，ベネルクスは貿易自由化を，イタリアは余剰労働力の輸出や経済近代化への共同体支援を，と各国は個別の国益を背景に，1952 年に欧州石炭鉄鋼共同体（ECSC）を結成し，石炭・鉄鋼分野での共同市場を創設した。1955 年以降，6 カ国は統合推進を話し合い，交渉の末，全産業部門で共同市場の開設すなわち関税同盟（域内では関税撤廃，域外には共通関税を設定）の結成による域内経済全体の自由競争の促進と生産性の向上の推進，共通農業政策による農業保護，原子力産業の共同育成↗

　また EU の東方拡大にともない，均質な経済圏を築くためには，かつて EC 原加盟国がとりわけ南欧各国に行ってきた経済支援を，次は東欧諸国のために実施

＼で合意し，57 年に共同体の基本法となるローマ条約を締結した。背景には，米ソ両超大国に対抗するために欧州の結束が必要との共通認識があった。翌年，経済全般の統合と共同市場形成を目指す欧州経済共同体（EEC）が設立される。超国家的機関の権限は限定され，欧州連邦の実現を目指す路線から経済統合を進める路線に軌道修正された（石山［2009］）。1967 年に ECSC と EEC，欧州原子力共同体（EURATOM）は統合され欧州共同体（EC）が発足し，68 年には関税同盟が完成した。加盟国の貿易総額に域内貿易が占める割合は高くなり，共同市場は各国の高度成長に貢献した。

　共同市場での自由な流通や共通農業政策にとって，加盟国の為替相場の変動は大きな障害となる。戦後，ブレトンウッズ体制の固定相場制のもとで各国は貿易自由化と成長を実現したが，1960 年代に基軸通貨ドルが不安定になると，欧州各国は共同市場を防衛するために通貨協力に乗り出した。1970 年のウェルナー報告は，欧州諸国間の為替変動幅を縮小し 10 年後には単一通貨を導入すると提案した。しかし，物価安定を重視しインフレ抑制を是とする西ドイツと，経済成長のためにある程度のインフレを許容する英仏伊とは政策路線で対立し，前者は後者に経済政策の規律強化を求めたが折り合わず，後者は介入の負担に耐えかねて通貨協力体制から離脱した。

　1973 年の石油危機や変動相場制への移行で欧州各国は深刻なスタグフレーションに陥り統合は挫折や停滞の危機に直面した。しかし，困難の中，各国の経済政策理念の相違が薄れたことで，1978 年に欧州通貨制度（EMS）が創設され通貨統合が再発進する（小島［2016］，権上［2013］）。1980 年代後半以降，人，モノ，サービス，資本が自由に移動できる単一市場の形成を目指して非関税障壁の撤廃が進められ，92 年のマーストリヒト条約を経て 93 年欧州連合（EU）が発足，以後 EU の下で経済通貨同盟の創設と共通通貨ユーロの導入，共通外交・安全保障政策，司法・内務協力という幅広い分野での統合が進められた。単一市場の完成は競争の自由化による成長の追求の過程であり，経済通貨同盟に向けて各国は緊縮的な財政金融政策を求められた。一方，単一市場を適切に機能させるため，域内の開発レベル格差の縮小を目指す構造開発政策も EEC 以降現在まで展開されている。EU は 2010 年代にもイギリスの離脱や，ユーロ危機，難民問題などの難題に対峙している。欧州統合過程をめぐる研究は，史料公開の進展や EU の深化と拡大に合わせテーマも多様化し蓄積と議論が進んでいる。　　　　（伊藤　カンナ）

【参考文献】石山幸彦［2009］『ヨーロッパ統合とフランス鉄鋼業』日本経済評論社
　　　　　小島健［2016］『知識ゼロからのユーロ入門』幻冬舎
　　　　　権上康男［2013］『通貨統合の歴史的起源——資本主義世界の大転換とヨーロッパ
　　　　　　の選択』日本経済評論社
　　　　　益田実・山本健編著［2019］『欧州統合史——二つの世界大戦からブレグジットま
　　　　　　で』ミネルヴァ書房

する必要が生じた。西欧諸国も市場の拡大や，新たな生産拠点を設けることで統合の利益を得ることになるが，西欧での厳しい財政状況のもとで負担の面での懸

念もあった。さらには宗教も異なり，価値観においても差異が大きいトルコの
EU 加盟も，一時は議論されていた。こうした中でヨーロッパ連合内の親密圏と
連帯性を維持していけるかどうかは常に問題であり，2005 年にフランスとオラ
ンダで相次いで EU 憲法の是非を問う国民投票で否決の結果が出たことは，その
先行きの困難さを物語るものであった。

　EU 憲法に代わるものとして加盟各国の政治・経済・社会システムの一定の共
通化を志向するリスボン条約が 2007 年に締結され，2 年後にようやく加盟各国
の批准を終えて直ちに施行された。これは今なお EU の基本法にあたるものだが，
各国固有の利害や価値観に抵触する部分の多さゆえに，交渉過程で多くの時間を
要し，また膨大な数の個々の国への適用除外規定が設けられた。その後も EU 行
政をつかさどるブリュッセルの欧州委員会の方針と各国や地域の利害が調和しな
い事例は多く，EU 市民の居住・就労の自由をめぐってイギリスが反発を強め，
2016 年の国民投票を経て同国は 2020 年 1 月末に EU を離脱した（いわゆる Brex-
it，EU 史上初めての離脱のケースである）。

4）旧社会主義圏のその後

　旧西ドイツとの統合を経た旧東ドイツは旧社会主義国の中でもっともスムース
に市場経済化を進められる環境にあったといえる。それでも「一国内」の東西格
差は 30 年を経てなお，解消されていない。その他の東欧諸国はインフラ系産業
をはじめとする重要基幹産業，金融業などを中心に民営化を行いつつ，急激に市
場経済化を進行させた。当初から積極的に外資への売却を行ったハンガリーなど
の例がある一方で，多くの国はバウチャー方式などによる従業員ないし自国民に
よる所有を志向する民営化を行った。その過程でインフレをはじめさまざまな問
題が発生し，またバウチャー方式で民営化を行っても，多くのケースで結局は株
式が特定のファンドに集約され，さらには主要な企業が外資に所有されることに
なった。他方で外資のウエイトの高まりは東欧諸国の EU 加盟の過程とも不可分
の関係にあった。そして所得や雇用の問題はあるものの，ポーランドやチェコ，
スロバキア，ハンガリー，スロベニア，さらに近年ではバルト三国などでかなり
安定的な経済状況が実現されるようになった。しかし旧ソ連の盟主であったロシ
アをはじめ多くの旧社会主義諸国では，急激な体制転換に制度や社会システムの
整備が追いつかず，人々の暮らしの不安定性や格差などが拡大し，平穏で安定的

な市民生活の拡充に必ずしも結びついてはいない。

　ロシアは確かに国際収支の黒字を維持してきたが，そのほとんどは石油や天然ガスなどの資源輸出によるものであった。もとより CIS 発足後，エリツィン大統領の時代に生産や流通，貿易，為替などの自由化が一気に進められ，政府は経済過程に基本的に干渉しない姿勢を貫いたが，輸入品による国産品の駆逐，激しいインフレの発生などの事態におよび，20 世紀末の 10 年間にロシアの実質 GDP は半減したといわれる。また市場経済に合致した社会経済構造や企業形態が未成熟な中で中央指令を解消したため，各経済主体は市場原理に即した合理的な行動をとることができず，実需にそぐわない慣習的な経済活動に終始し，また大型企業体の政・官との癒着が顕著であり，名目的に促進されてきたはずの中小企業活動などはむしろ地下経済に入り込む傾向にあった。民間の金融機関も概して未成熟で，ソ連時代の貯金局を引き継いだロシア連邦貯蓄銀行（ズベル・バンク）のみが突出した状況が続き，さらにルーブルと並んでドルやバーターによる決済のウエイトが高い二重貨幣経済の状態が，1990 年代，2000 年代においても続いていた。また資源依存型の経済構造は覇権主義にも結びつき，旧ソ連ではロシアやその他の旧自治共和国相互間の戦乱，またチェチェンをはじめ，ロシア連邦内自治共和国に対する強権，人権抑圧，さらに近年では南オセチアやウクライナへの軍事介入，クリミア半島の併合とその既成事実化など，プーチンによる長期政権のもとでさまざまな問題が続いている。

　他方で改革開放後の中国では，旧ソ連や東欧と異なり漸進的に市場経済化が進められた。まずは人民公社が解体され，経営請負制度のもとでの家族経営の復活と並行して，郷鎮企業の活動も促進された。国営企業などについても請負制が適用され，やがては民営化する途が開かれた。1980 年代末から株式会社制度が導入され，90 年代初頭には証券取引所なども創設されるとともに，92 年からは「社会主義的市場経済」が公式の経済秩序として標榜されるようになった。また改革開放とともに香港に隣接する深圳をはじめ沿海部の数カ所に経済特区が設置され，税制上，通商（関税）上の特典の賦与とともに外資の導入が積極的に行われた。在外華人や華僑の資金も大々的に投下され，数々の合弁企業が設立された。こうして中国では工業化の土壌が築かれ，低賃金のもとで当初は軽工業や外国企業の部分工程の下請けなどにより着実に輸出が伸び続けた。しかし漸進的に進められた市場経済であるとはいえ，急速な経済成長はインフレを招来し，その抑制

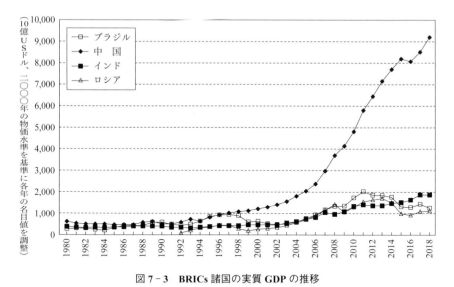

図7-3　BRICs 諸国の実質 GDP の推移

出所）International Monetary Fund, *World Economic Outlook Database*, October 2019をもとに作成。

のための金融引締めが逆に不況を招くといった必ずしも手際のよくない経済運営が繰り返された。また移行期における政治腐敗への抗議や政治的自由への要求を掲げた民主化運動が1980年代末に高揚したが，89年の天安門事件では参加した学生らが武力排除される事態となった。

　その後は内陸重視の開発主義から沿海部先富論的な発展へのシフトが本格的に進み，近年の製造品目は軽工業製品にとどまらず，携帯電話端末やパーソナル・コンピューターといった高い技術を含んだものにまで拡がり，図7-3に見られるように著しい経済成長を遂げるようになった。また地方の出稼ぎ労働者の雇用に依拠した低賃金・高品質が，かつては日本企業の海外生産を受注していた東南アジアの製造業者の地位を脅かすようになっていたが，今や中国は自律的に事業を展開し，日本を抜いて世界第二位の経済大国となった。しかしそのなかで発生した都市の富裕層（都市籍）と農民（農村籍）との激しい所得格差や沿海部と内陸部の地域間格差により，人口の多くが劣悪な生活水準から抜け出ていないという現実はいまだに解消されてはいない。また天安門事件に示されるような強権的な政府の姿勢は，その後約30年を経ても維持されており，格差社会や少数民族をめぐる問題への不満を，2008年のチベット騒乱や09年のウイグル騒乱時のよう

に，強引に抑え込む傾向が見られる。これら少数民族（とはいっても，人口の絶対数はきわめて大きいが）の取り締まりや同化政策ともとれる措置は国際社会の批判を浴びながら今日にいたるまで継続され，国内人権派文化人などの拘束も非難の的になっている。また 1997 年には「一国二制度」の取決めを前提に香港が中国に返還され，それは中国経済に大きな発展促進機能をもたらしたが，その取決めを反故にするような北京政府の香港への政治的影響力強化の動き，とりわけ2019 年の逃亡犯条例改正案に反対する民主派のデモを強硬に抑え込もうとした姿勢や，20 年の「国家安全法」の香港への適用の試みは，国際的にも憂慮されているところである。

5）21 世紀に入ってからの世界経済

　21 世紀に入ってから今日に至るまで，日本は従来のような輸出産業主導ないし公共事業主体の地域振興に立脚した成長国家としての限界に逢着した。他方で一時隆盛を見せたアメリカ合衆国主導のリバタリアニズム的経済秩序やボーダーレスな経済活動の展開に対しても，サブプライム・ローン問題に端を発する2008 年のリーマン・ショック，それに起因するアメリカ合衆国経済の停滞の影響が世界的に広がるなか，そうした活動のあり方の問題が見直されるようになった。経済統合や個別の経済協力体制においても必ずしも有効に機能しない事例が相次ぎ，成長の停滞はそうした行動の余地そのものを狭めている。また近年の，トランプ政権下でのアメリカ合衆国の政治や経済政策の一国主義的志向への大転換は，世界の政治経済情勢にさらなる混迷をもたらしている。

　2000 年代には BRICs と総称されるブラジル，ロシア，インド，中国の経済成長が著しく（図 7-3 参照），その広大な国土と資源，豊富な労働力などによる今後の発展のポテンシャルに注目が集まった。だが近年の状況を眺めるならば，前述のようにロシアでは，国内における良好な経済社会の展開の条件がいまだに完備されておらず，資源輸出に著しい偏りがあり，民生の不安定や政治的覇権主義にも不安が残る。IT 産業の興隆目覚ましいインドでも，民族，宗教，各種社会制度をめぐる軋轢がいまも存在し，ブラジルではなおも通貨・金融の不安定性を有し，格差，貧困の問題も解消していない。唯一中国だけが図 7-3 に見られるように近年突出した成長を遂げてアメリカ合衆国に次ぐ世界第二の経済大国となり，その政治的，経済的，さらには軍事的なプレゼンスを大いに拡大させ，「一帯一

路」のような広域経済圏構想を打ち出すようにもなった。しかしその行動は次第に覇権主義的になっており，また市場経済の前提としての自由や機会の平等，公正な競争条件の確立，またそれを担保するべき所有権のあり方と民主主義の機能などに根本的な問題が残されたままで，中国の成長はこれらの影の部分と表裏一体で成し遂げられたということもできる。

　他方で，あらためて世界的視野で見れば，「南北問題」や「南南問題」は容易に解消せず，格差，貧困，飢餓，ひいてはテロリズムすら惹起するような政治的不安定など，一連の問題を根絶できる見通しはいまだ明確にはなっていない。また環境問題への意識の高まりが低炭素社会，ひいては SDGs（Sustainable Development Goals：持続可能な開発目標）の可能性を探るという新たな課題を浮上させているが，その達成もそう容易なことではない。歴史的視点に立った学術的考察がこれらの課題にただちに明確な解答を用意できるわけではないが，問題の構図あるいは根源を見通すためにも，人間の営みの論理や構造を丹念に解きほぐし，社会に対する認識を深めていく意義は大きいのではないか。

II テーマ編

はじめに

　プロローグで述べたように，第Ⅰ部の通史的理解を踏まえて，第Ⅱ部では，経済史上の重要な論点・領域を専門的視角から理解する。

　経済史学は，経済学と歴史学の共通領域分野に位置しており，歴史学の観点から経済史を捉える見方と，経済学の観点から経済史を捉える見方に大きく分類できる。前者の代表例が，経済学では説明し得ない領域まで含めて社会全体を分析対象に含める社会経済史学であり，フランスのアナール学派を中心とした社会史として展開された。後者の代表例が，経済学で説明し易い市場経済を主要対象として，長期的な数量分析から経済発展の推移を論じた計量経済史学であり，特にアメリカ合衆国では新古典派経済学と連携して展開された。

　市場経済に力点をおきつつも，その歪みをもとに資本主義の限界を論じ，経済と政治の関係を検討したマルクス経済学や，市場経済の歪みを補完する制度に着目した新制度派経済学ないし歴史制度分析は，その中間に位置すると考えられる。

　社会経済史学や計量経済史学も，それぞれ魅力的な論点を提示しているが，経済学と歴史学のバランスをとりつつ経済史学を理解するには，社会全体を分析対象としたり，市場経済のみを分析対象としたりするよりも，経済と政治の関係や経済に関連する諸制度など，ある程度隣接分野を含めた経済部門を分析対象とした方が説得力が高まると考えられる。よって第Ⅱ部では広い意味での経済に関連する社会的諸制度について論点を取り上げた。

　第8章は，通史編（第Ⅰ部）とテーマ編（第Ⅱ部）の橋渡しとして，通史編で概観したような市場経済の世界規模への拡大とともに生じる問題点を提示し，拡散した市場を調整する可能性とその限界について論じた。その際，特に世界規模の資金移動が市場の調整を困難にしていたことから，第9章は，金融の問題に焦点を当て，とりわけ中央銀行の機能から信用システムの展開を論じた。貨幣と信用の関係を明快に説明するところが第9章の特徴である。

　第10・11章は市場経済が展開する上で生ずる歪みに対して，制度や組織がどのような対応をとって克服してきたかを問題とした。すなわち，第10章で市場経済の理念と現実との齟齬のなかで，市場経済の合理性を現実化する手段として組織化が図られたことを検討し，さまざまな経営組織のもつ特徴と問題点を提示した。そのなかから，経営の組織化にともなう論点を読み取ることができよう。第11章では，組織化のもつ問題点が市場に反作用することで，さらに高次のレベルの市場の秩序化が図られたことを検討し，さまざまな市場の秩序化の試みがもつ特質とその

問題点を提示した。この章では，経済活動の調整を市場に委ねた際に生ずるさまざまな論点が中心的主題となる。

　なお，市場経済の歪みを補完する諸制度を，国家や社会が担う場合もあり，第12章で主に国家の役割を，第13章で主に社会の役割を取り上げた。第12章からは「規制」のもつメリットとデメリットを，第13章からは，「社会的リスク」に対して，どのような解決策の可能性があるかを読み取ることができる。

　経済史学は応用経済学のように現今の経済問題への直接の処方箋を示す学問ではないものの，現状の経済・社会問題への関心なしには経済史学は成立し得ないことがこれらの章から明確に読み取れる。

　これらテーマ編の読解を通じて，現代社会の諸問題を歴史的に捉える素養を身につけることが本書の目的であり，その素養をさらに確たるものにすべく第14章では，経済史学における歴史認識の変遷をまとめ，現代社会の諸問題を捉える際の経済史的な手掛かりを提示した。同時に，第14章は，本書各所に配された「解説」の内容とも密接につながり，テーマ編のまとめの章でもあるとともに，さらに論点を深めるための「解説」が，経済史認識の展開のなかでどこに位置付くかを示す道標でもある。経済史学は，現象の背後にかくれた社会経済の構造を明らかにし，その構造をもっとも根本的なところで我々に洞察させてくれる学問なのである。

（中西　聡）

第8章　市場経済の拡張とその限界
——経済・経営活動の世界化

はじめに

　通史編で概観してきたように，現代社会では市場経済の世界化とともに市場経済の持つ調整力がうまく機能しなくなっている。市場取引の範囲が，国の枠組みを超えて地球規模に拡張するとともに，一国の支配権力や政府によっては市場経済のコントロールが不可能な事態が生ずるに至った。本章ではこうした市場経済の拡張とその限界について検討する。そうした地球規模の市場経済の拡張の問題は，近年の歴史学界で盛んに論じられているグローバル・ヒストリー論とも関係する。詳しくは，本書第14章に譲るが，歴史現象を社会全体の関係性で捉える見方は，フランスのアナール派社会史に端を発し，世界システム論として展開され，西洋中心史観への批判や，第二次世界大戦後の国際政治の枠組みを，国を跨ぐシステムから捉える見方など多様な論点を含んで提唱されてきた。

　ただし，市場取引の地球規模への拡大には，通史編で述べたように，国民国家成立以前のインターリージョナル化と，国民国家成立以降のインターナショナル化を区別して考える必要がある。前者の時代である11〜17世紀前半には，人々の間に民族国家としての意識は薄く，国境を越える民族移動や移動先での定着が頻繁に行われたと考えられ，そこでは国家による市場の制御とは無関係に，遠隔地間交易を担う商人による自力の地球規模での市場開拓が見られた。一方，後者の時代である19世紀後半〜20世紀には，国家が市場を制御しようとする意欲の下に，国家的利害をある程度反映する形で経済主体の国外進出が見られ，経済主体の活動の地球規模への拡大は見られたが，その活動は国家間の利害関係から無

関係ではあり得ず，国家間の利害関係を含む形で世界経済が運用された。

　それと同時に，20 世紀後半になるとその国家間の利害関係が複雑化したことにも注意する必要がある。すなわち 17 世紀後半〜18 世紀にヨーロッパを中心として形成されてきた国民国家は，ある程度歴史的な文化的背景を共有する民族を構成単位として成立することが多く，民族国家的色彩が強かったため，国家的利害が国民の間で共有される可能性が高く，19 世紀の世界経済はそうした安定した国家的利害間の調整の下に運用されてきたといえる。しかし，20 世紀前半の 2 回にわたる世界戦争は，多くの難民を生み出し，過度な民族ナショナリズムが世界戦争につながったとの反省から，戦後の欧米諸国が比較的移民受け入れに寛容であったため，特に欧米諸国が多民族を内包することとなり，民族国家的色彩が弱まり，国家的利害そのものに複雑な要素が絡むこととなった。

　また，第二次世界大戦後には，ある程度の実行力を保持する国際機関として国際連合が成立したこともあり，とりわけ欧米諸国の政府は，国内の多民族の民族的利害の調整の結果として得られた国家的利害を国際社会の場でさらに調整する役割を担うこととなり，民族国家の政府というよりも，多民族間の利害関係を調整する行政国家の政府となった。とすれば，そうした時代の枠組みは，行政国家を前提としつつも，行政国家間の関係性では困難であり，国家を越えるトランスナショナルな調整枠組みが要請される。

　つまり，経済のグローバル化は，古代から不断に進展したと考えられるが，時代によりその起動力となる要因は質的に異なったことに注意する必要がある。やや単純化すれば，民族国家的性格の強い国民国家成立以前の 17 世紀までは，ゲルマン民族やノルマン人の移動を含むユーラシア大陸の東西の民族移動や，イスラーム帝国やモンゴル帝国の成立によるユーラシア・北アフリカ各地へのアラブ人・モンゴル人の移動と定着に見られるように，ヒトの移動が経済圏の地球規模への拡大に大きな役割を果たした。一方，国民国家成立後の 18〜20 世紀前半は，産業革命が達成されて大量生産体制が成立した上に，ヨーロッパ諸国が海外植民地を獲得したことで，モノの移動が地球規模で展開した。そして第二次世界大戦後の 20 世紀後半は理念として民族自立が提唱されて植民地が建前として解消されたことで，大国の経済的支配の地球規模での拡大は間接的となり，最終的にカネの移動によって完結された。そこで本章では，ヒトの移動，モノの移動，カネの移動の順に，歴史的展開を押さえ，それにともなう問題点を考察する。

1. ヒトの移動と経済圏の拡大

　前述のように，17 世紀前半までの経済圏の地球規模への拡大は，ヒトの移動
を基軸として生じたと考えられ，そこには大きく 3 つの波があった。第一の波は，
3 世紀頃から始まった東アジアの遊牧民の西方への移動を端緒とし，それが中央
ユーラシアの遊牧民や東ヨーロッパのゲルマン民族の西ヨーロッパへの侵入につ
ながり，その後の北ヨーロッパのノルマン人の南下とも併せて 11 世紀に現在の
ヨーロッパの民族配置の原形が固まるまでの時代であった。第二の波は，13 世
紀から東アジア内陸部のモンゴル族が，ユーラシア大陸にまたがる大帝国を築き，
モンゴル族が東アジア・中央ユーラシア・南アジア・西アジア・東ヨーロッパに
移住し，そこの先住民族の文化と同化して定着したことを端緒とし，モンゴル族
が東の漢民族と西のトルコ族やアラブ人と結んで，15 世紀にかけてユーラシア
大陸の過半をひとつの経済圏に包摂するまでの時代であった。そして第三の波は，
15〜16 世紀にヨーロッパで始まった宗教改革と地理上の発見により生じた。ヨ
ーロッパは対内的に宗教戦争，対外的にアメリカ大陸の植民地化の時代を迎え，
そのなかで迫害されたユダヤ教徒やプロテスタントがヨーロッパ内あるいはアメ
リカ大陸へ移住し，さらにアフリカ大陸の黒人奴隷がアメリカ大陸に強制的に移
動させられることで，アメリカ大陸がヨーロッパ・アフリカ経済と密接な関係を
もつに至った。こうした 3 つのヒトの移動の波を経て，ヨーロッパ・アジア・ア
フリカ・アメリカ大陸世界は大きく変容した（小林［1996］）。

1 ）ヨーロッパ世界の変容

　375 年，中央アジアの遊牧民フン族が東アジアの遊牧民の西方への移動に押さ
れるように東ヨーロッパに侵入し，それを契機としてヨーロッパは長期にわたる
民族移動の時代を迎えた。同じ 4 世紀には中国でも漢民族国家の晋（西晋）が北
方遊牧民の侵入を受けて滅亡しており，その後華北は北方遊牧民が次々と建国し
ては滅亡する混乱期が続いた。ユーラシア大陸の東端と西端が同時期に民族移動
の波にもまれた。東端では，北方遊牧民と漢民族の本格的融合はモンゴル帝国の
成立までもち越されたが，西端の西ヨーロッパでは，東ヨーロッパのゲルマン民
族が西ヨーロッパ内に定住・建国したことで，それまでの古代地中海世界は大き

く変容した。しかしその変容は，グローバル化を進める方向ではなく，古ゲルマン社会が有した部族社会的色彩が濃厚な分権的封建制が西ヨーロッパで定着し，古代ローマ帝国のもとで繁栄した地中海交易に象徴されるような遠隔地間商業の発達は，東ヨーロッパのビザンツ帝国およびそれと対抗しつつ北アフリカとイベリア半島に拠点を設けたイスラーム帝国に担われた。

　一方，中国では唐という東アジア地域内の世界帝国が建国され，東アジア各国と使節を交換し，東アジア・東南アジア・中央ユーラシアにまたがる経済圏が形成された。経済圏の広がりではアジアがヨーロッパを上回ったといえる。

　むろん西ヨーロッパでも，中央集権国家への芽生えは見られ，その担い手は9〜11世紀にかけて北部ヨーロッパからイングランド（イギリス）や南イタリアに侵入・移住したノルマン人であった。特に南イタリアのシチリア王国は，東アジアで発達した官僚制を，西ヨーロッパで最初に本格的に採用した国と考えられ，北部ヨーロッパで展開した都市経済と地中海交易を結び，ヨーロッパの経済圏を南北に広げた。さらにその後進展したレコンキスタ（国土回復運動）とドイツ騎士団の東方植民と合わせ，現在のヨーロッパにつながる経済圏が成立した。

2）アジア世界の変容

　前述のように4世紀に華北に侵入して諸王朝を成立させた北方遊牧民であったが，唐代には再び北方に押し戻され，モンゴル高原ではウイグルが強大な遊牧国家を形成した。840年にそのウイグル国家が崩壊したことを契機として，ユーラシア大陸の民族移動の第二の波が生じた。ウイグル族の東西方面への南下に続き，それに刺激を受けた中央ユーラシアのトルコ系民族の南下，さらにモンゴル高原を掌握したモンゴル人のユーラシア全域への遠征と波状的に民族移動が生じ，最終的にトルコ人とモンゴル人がアジア各地に定着した。

　南下したウイグル族のうち唐の辺境地域に移動した部族は，中国に吸収されたが，西方へ移動した部族は中央ユーラシアに再び建国した。一方中央ユーラシアでは，トルコ人が遊牧生活を送っていたが，10世紀に入ると東方からの民族移動による人口増加の圧力を受けて彼らが西方への移住を開始した。その後，トルコ系セルジューク族が，当時シーア派軍事政権が成立して混乱していた西アジアに侵入し，バグダードに入城してアッバース朝のカリフからスルタン（王朝の支配者）の称号をうけてスンナ派のセルジューク朝を建国した。

　それ以後カリフは宗教的権威をもつのみとなり，スルタンがスンナ派イスラーム王朝の君主の称号としてオスマン帝国まで受け継がれた。もともとトルコ人は軍人奴隷としてイスラーム世界に深く浸透しており，トルコ人はアラブ人と融合しつつオスマン帝国に至るまでイスラーム世界の一翼を担い続けた。トルコ人の軍人奴隷は，イスラーム世界の南アジアへの浸透にも大きな役割を果たし，10世紀後半にトルコ人が現在のアフガニスタンにガズナ朝を建国した。ガズナ朝は北インドに侵入したが，そこを恒久的に支配する意思はなく，ガズナ朝に代わって成立したゴール朝のトルコ人軍人奴隷出身のアイバクにより，北インド征服が行われ，1206 年に北インドで最初のイスラーム教国である奴隷王朝が成立した。

　このようにイスラーム世界の東西への拡大は，西方へはアラブ人のイベリア半島への移住，東方へはトルコ人の北インドへの侵入，というアラブ人とトルコ人の移動により達成された。ただし，奴隷王朝の成立した 1206 年は，チンギス・カンがモンゴル部族の統一を果たした年で，その後まもなくイスラーム世界はその大部分がモンゴル部族に席捲された。モンゴル部族は，東南アジアと南アジアとアラビア半島および日本などを除きほぼアジア全域を支配したが，征服地に移住してその先住民の文化と同化し，先住民と血縁を結ぶことも厭わなかったため，アジア地域を共通の基盤に載せるかすがいの役割を果たした。モンゴル帝国崩壊後も，モンゴル系のティムールが西アジアに帝国を作り，モンゴル族の支配から自立した漢民族の明においても，モンゴル族が多数残り，明に仕えた。

　モンゴル時代には，アジア・ヨーロッパ間の人的交流も活発となり，フレグ・ウルス（領国）の宰相ラシード・ウッディーンが著した『集史』は，ヨーロッパ各国に伝わり，また 14 世紀にモロッコ生まれのイブン・バットゥータがイスラーム世界を広く回って『旅行記』を著した。その後アジア・ヨーロッパ間の人的交流の結節点となった東南アジアでは，明代にムスリムの鄭和の遠征を受けて，主要国が明と朝貢関係に入り，この時に朝貢関係に入ったマラッカ国王がイスラームに改宗したことで，東南アジアにもイスラーム信仰が広まった。そして，中国商人が東南アジアに活動拠点を移して華僑集団を形成し（スキナー［1981］），16 世紀にポルトガル人も来航して東南アジアに拠点を設けた。東南アジアのポルトガル人は現地女性と結婚して定住するものが多く，東南アジアに独自のカトリック世界を形成した。ポルトガルに続いてスペイン・オランダ・イギリスも東南アジアに進出し，日本商人も東南アジアに拠点を築いた。

3）アメリカ大陸（新大陸）世界の変容

　ヨーロッパ人が東南アジアに進出する契機は，15 世紀末のアフリカ大陸南端廻りのインド航路の発見であった。オスマン帝国とヴェネツィア商人に地中海交易権を握られたジェノヴァ商人が，イスラーム勢力を回避して海路アジアと結ぶ交易路を開拓するために，イベリア半島のイスラーム勢力を駆逐するレコンキスタを進めていたポルトガルやスペインに支援を求めた。その交易路の開拓が，前述のインド航路に加えて大西洋を横断してアジアに到達する航路の開拓に向かったため，偶然の産物としてアメリカ大陸（新大陸）をヨーロッパ人が発見した。むろんアメリカ大陸にも先住民の高度な文明は存在していたが，火器の技術がヨーロッパの方が進んでいたため，同大陸はスペインに征服され，その植民地となった。スペインによる植民地開発は，当初は先住民の保護とキリスト教化を条件に，先住民とその土地に対する支配をスペイン人植民者に委ねるエンコミエンダ制が採られたが，16 世紀後半になるとスペインの植民地副王は，スペイン国王の絶対性を前面に押し出し，先住民を強制的に集住させ，鉱山労働を強制した。そして 17 世紀には先住民の減少で不足する労働力を補うため，アフリカ大陸から黒人奴隷が導入されアシエンダ（大農園）制が広がった。

　アメリカ大陸の銀山で採掘された大量の銀は，ヨーロッパに流入して価格革命の要因のひとつとなったが，それと並ぶ同大陸の産物は砂糖で，特に，ポルトガル領ブラジルで大規模に生産された。ポルトガル人は，当初インド航路経由での東南アジアとの交易に専念していたが，ブラジルでサトウキビ農園を開くと，大西洋の対岸の西アフリカから大量のアフリカ人奴隷を送りこんで労働させた。さらにブラジルでは，17 世紀末に金鉱が発見されて「ゴールド・ラッシュ」が始まり，奴隷労働により金の採掘が続々と行われた。こうして，アフリカ大陸からブラジルへ約 365 万人といわれる奴隷が移動・定住させられ，南アメリカ大陸からヨーロッパ大陸へ銀・金と砂糖が移出された（メジャフェ［1979］）。

　一方，北アメリカ大陸へは，イギリス人が 17 世紀初頭以降入植し，北アメリカ植民地の人口は 1700 年の約 25 万人から 1770 年の約 214 万人に急増した。そこでは主にタバコと穀物生産が大農場制で行われ，当初はイギリスやヨーロッパ諸国の下層民が年季奉公人としてそこで働いたが，17 世紀後半にはアフリカから黒人奴隷が導入された。安価な労働力のもとで白人の大農場主は資産を蓄え，それがヨーロッパで喧伝されることで，宗教戦争で迫害された新教徒や開拓心の

あるヨーロッパの多様な民族が北アメリカ大陸へ移住した。その中でイギリスが
フランス・オランダとの戦争に勝利してフランス・オランダの北アメリカ大陸の
植民地を獲得し，イギリス植民地のなかで大西洋沿岸部が18世紀後半に独立し
てアメリカ合衆国を建国した。その後アメリカ合衆国は，イギリスやメキシコと
の戦争の勝利や，フランスやスペインからの買収で，領土を広げた。

2. モノの移動と交易圏の拡大

　ヒトの移動を契機とした経済圏の広がりは同時に交易圏の拡大を含む。通史編
の記述をもとにすれば，交易圏の拡大による遠距離のモノの移動には，3つの質
の異なる範囲を想定できる。第一に，個々の海を基軸とする交易圏であり，地理
上の発見が生ずる以前の地中海交易・インド洋交易・南シナ海交易・東シナ海交
易が挙げられる。これらはそれぞれ担い手が異なったものの，各交易圏の拠点で
の積み替えを経ることで，ヨーロッパとアジアの交易ともなった。第二に，モン
ゴル帝国の成立を契機として陸上ルートでのアジアとヨーロッパの本格的交易圏
が成立した。そこでは，オアシス諸都市が交易拠点となり，隊商交易として主に
行われた。第三に，地理上の発見により，大西洋からインド洋へ直接航海が可能
となるとともに，アメリカ大陸がヨーロッパの交易圏に編入され，最終的には太
平洋を横断してアメリカ大陸とアジアの直接交易が行われることで，文字通りの
世界交易圏が成立した。以下，これらの交易圏の成立と展開過程を概説する。

1 ）地中海・インド洋・南シナ海・東シナ海交易

　これらの海のうちもっとも早期に海上交易圏を形成したのは地中海であった。
古代ローマ帝国は，1世紀に地中海沿岸全域を領土とし，属州から奴隷や穀物が
海上輸送でイタリア半島に集められたが，この段階では，属州からの貢物輸送が
中心で，民間交易が地中海で十分に発達したとはいえなかった。しかし，4世紀
のゲルマン民族の移動と，7世紀以降のイスラーム勢力の地中海進出により，地
中海が多様な民族に取り囲まれ，多様な産物が地中海で取引された。またヨーロ
ッパ北部のバルト海域のノルマン人が海を渡って地中海に移動し，南イタリアに
建国したことで，バルト海交易と地中海交易が結びつけられた。一方，イスラー
ム勢力から聖地エルサレムを奪回することを建前とした十字軍運動は，イスラー

ム勢力からの商圏奪回を目指すイタリア商人の利害とも一致し，そのなかでイタリア商人が東地中海に交易拠点を得た。かくして地中海は，ヨーロッパの南北交易とヨーロッパ・西アジア間交易の中継地となり，ヴェネツィア・ジェノヴァなどイタリア諸都市の商人が地中海交易の担い手となった（深沢編［2002］）。

　インド洋では古代ローマ時代に南インドで生産された綿布がローマ帝国に移入され，金がローマ帝国から南インドに運ばれる形での交易が行われていたが，9世紀後半～10世紀前半に中国で遠距離航海が可能なジャンク船が建造されると，インド洋交易が本格的に行われるようになった。それまで中国船は東シナ海のみを航海していたが，中国船が東南アジア諸港を経由して南インドに到達するに至り，一方南インドと西アジアとの交易でダウと呼ばれる遠距離航海が可能な船が用いられ始め，南インドでの 1 回の積み替えで，西アジア―南インド―東南アジア―東アジアの海上交易ルートが形成された。その商品は，西アジアから南インドへ馬や毛織物が輸送され，中国から東南アジアへは金銀・磁器・絹織物・鉄・砂糖・酒などが主に輸送された（家島［2006］）。

　東南アジアは，インド洋交易と南シナ海・東シナ海交易の結節点に位置するが，東南アジア域内での交易も盛んで，対外的に販売する商品として，香料や穀物，林産物・鉱産物が対外交易の拠点であったマラッカ（ムラカ）に集められた。実際，地理上の発見直前の 15 世紀において，マラッカは世界最大の交易港と推定されるが，ヨーロッパはまだマラッカで販売し得る商品は作っておらず，そこへ行く交通手段ももっていなかった。中国商人が陶磁器や絹をもちこみ，ムスリム商人が西アジアから金属製品やインドの綿布をもちこみ，東南アジア産の香料や穀物も含めて，ここで東西の商品交換が行われた（弘末［2004］）。

　東（南）シナ海交易では，宋が民間商船の海外渡航を奨励したことが契機となり，その頃より中国製の陶磁器輸出が始まった。元代には，モンゴル帝国のもとで東西の陸上ルートと海上ルートが一体となり，東（南）シナ海交易はさらに発達したが，明代に朝貢・冊封体制が拡大され，国家による貿易独占が実施されたことで，中国からの直接の民間交易は衰退し，中国と朝貢関係を結んだ琉球などを媒介とするか倭寇など中国人・日本人の密貿易集団が民間交易を担った。

2）ユーラシア大陸内陸交易

　東南アジアを結節点として地中海・インド洋・南シナ海・東シナ海を経由する

ユーラシア大陸の海の交易路は形成されたが，ユーラシア大陸内陸部にも，北ア
ジアの草原地帯を通る陸上交易ルート（草原の道）と中央アジアの砂漠地帯周辺
のオアシス都市群を経由する陸上交易ルート（オアシスの道）がローマ帝国時代
から存在し，特に後者は中国産の絹織物をヨーロッパのローマ帝国に輸送する際
に利用されたため，「シルク＝ロード」と呼ばれた。シルク＝ロードが東西交通の
大動脈となったのは隋・唐代で，商人のみでなく多くの文化人（主に僧侶）も往
来し，東西の文化交流に大きく貢献した。商品流通では，隋代の大運河開削で，
洛陽を起点として東西世界を結ぶシルク＝ロードと海の道が接続したことが大き
く，洛陽で国際見本市が開催された。中央ユーラシアのタラス河畔でイスラーム
帝国軍の捕虜となった漢人の紙漉き工から紙の製法がイスラーム世界に伝わった
とされるのも唐代であった。

　しかし，前述のように9世紀のウイグル遊牧国家の崩壊を契機に中央ユーラシ
アは民族移動の時代を迎え，多くの地域国家が成立し，そのなかでソグド人らが
東西内陸交易で活躍した。13世紀にモンゴル帝国が成立すると，モンゴル帝国
は拠点都市や港湾・渡津など物流のポイントを把握してそこで課税し，頻繁な通
過税は撤廃した。そして商取引にかかわる税は，最終売却地で売上税の形で納入
すればよいとされ，その利率も3.3％と低かった。そのため，モンゴル帝国内の
交通網を利用した物流は広汎に生じた（杉山［2000］）。

　その後，モンゴル勢力を北方へ押し返して漢民族が明朝を建国したが，明朝は
外国貿易を朝貢貿易に限定し，民間商人の貿易を禁じたため（海禁），海上交易
では，明朝の朝貢国の琉球などを媒介として民間交易は展開したものの，内陸部
の東西交易は再び停滞した。もっとも16世紀後半に北方のモンゴル勢力と明朝
との和議が成立して，明朝とモンゴル勢力との朝貢貿易が始まったため，内陸交
易でも明の産物は西方へ流通した（城地［2019］）。そして16〜17世紀の明朝後
期から清朝初期は，海禁政策が緩んだため，都市経済と遠距離商業の発展，マ
ニュファクチュアの展開など中国国内で「近代」への発展につながる経済成長が見
られた時期であり，ヨーロッパ人のアジア来航などもあって海上交易は発達した。

　ただし，清朝がその後再び外国貿易を制限したため，16世紀以降のユーラシ
ア大陸の東西交易を主導したのは地理上の発見により，インド航路とアメリカ大
陸の植民地を得た西ヨーロッパ諸国となった。東ヨーロッパのロシアがシベリア
開発を進めて，太平洋岸に領土を広げたが，ロシア帝国，清朝，インドのムガル

帝国ともに国家が自ら積極的に貿易を行う方向性はなかった。

3）大西洋・太平洋世界交易

　地理上の発見以前の東西交易の範囲は，ユーラシア大陸と北アフリカに限定されていたが，15 世紀末〜16 世紀初頭のアフリカ大陸南端経由のインド航路発見とアメリカ大陸発見により，遠隔地間交易の範囲に大西洋と太平洋が加わり，真に地球規模の世界交易が開始された（松井［1991］）。大西洋を挟んだヨーロッパ・アフリカとアメリカ大陸との交易は，最初は，スペインやポルトガルがアフリカから黒人奴隷を南アメリカ大陸へ運んで銀の採掘や砂糖生産労働に従事させ，銀と砂糖を本国へ運ぶ形態が主に採られた。その後北アメリカ大陸でイギリスを中心として白人の入植が進み，黒人奴隷を使用した砂糖や棉花のプランテーション経営が始まると，ヨーロッパを出港した貿易船がアフリカ西海岸で火器や綿布を販売し，そこで黒人奴隷を購入して，北アメリカ大陸へ運び，黒人奴隷を売却して代わりに砂糖と棉花を購入してヨーロッパへ戻る三角貿易に転換した。

　一方，大西洋からアフリカ大陸南端を廻り直接アジアに到達した航路では，最初に参入したポルトガルは，中国のマカオを拠点にして，専らアジア産物を買い付けてヨーロッパに運び，その対価としてアメリカ大陸からヨーロッパに移入された銀をアジア商人へ支払った。そのため膨大な銀が中国に流入し，16〜17 世紀の明末清初の時代の経済成長を支えたが，銀の大量流出入は国内経済を混乱させるため，清・李氏朝鮮・日本ともに管理貿易体制をとり，世界交易の主導権はそれ以後西ヨーロッパ諸国が握った。ただし 1511 年にポルトガルがマラッカを占領すると，東南アジア商人やムスリム商人はポルトガルの高関税政策を避けて，マラッカから取引拠点をジャワ島やインドシナ半島に移し，東南アジアをめぐる交易ネットワークは多極化した（リード［1997］［2002］）。

　その後オランダがアジア・ヨーロッパ交易で主導権を握ると，多極化したネットワークが再編された。16 世紀末からオランダ人は会社組織を作ってアジアに進出し，それら諸会社は 1602 年に「連合東インド会社」となり，同社はアジアの主要港に商館を建設し，これらの商館を結ぶネットワークを通して交易を行った（科野［1988］）。ただし，オランダ東インド会社も，ポルトガル商人と同様にヨーロッパからアジア向けの商品をほとんどもたず，同社は，アジア域内交易で上げた収益で東南アジアの胡椒と香料や中国の茶を買い付けてヨーロッパへ運ん

で販売した。アジア域内交易ではアユタヤ朝が大きな役割を果たし，同国は米や林産物を輸出し，シャム湾に接する河港アユタヤが東（南）シナ海とマラッカ海峡を結ぶ中継港となり，オランダ商館が設置され，日本人商人町も作られた。

　オランダに続いてアジア進出を積極的に進めたイギリスは，東南アジアにおけるオランダの商権を崩せなかったため，南インドへ進出し，キャラコ（綿織物）と茶を買い付けてヨーロッパへ運んで販売した。オランダは，主要取扱品の胡椒と香料がその後のヨーロッパで不人気になったこともあり，ヨーロッパ向けの新たな商品としてアラビア半島産のコーヒーに着目したが，アラビア半島がオスマン帝国の支配下に入ったことで自由に扱えなくなった。その後オランダに代わってアジア・ヨーロッパ交易の主導権を握ったイギリスの強みは，インド洋交易と大西洋交易を組み合わせて発展できたことであり，イギリスは東南アジアを素通りして直接東アジア・インドとヨーロッパ・アメリカ大陸を結んだ。

　その結果，イギリスのロンドン港の貿易額は 17 世紀後半に輸出入合計で約 3 倍となり，18 世紀に入ってもアメリカ独立戦争までにイギリスの貿易額は 2 倍半となった（川北［1983］）。こうした貿易の劇的な成長が，イギリス国内でのキャラコ（綿織物）輸入代替を目指す動きにつながり，結局イギリス綿業で世界最初の産業革命が起こることとなった。つまり，18 世紀以降のヨーロッパの工業化は，アジアから輸入された産物の国産化の過程であり，その原料となる棉花や，ヨーロッパ内で生産し得ない砂糖やタバコは，植民地からの確保が目指された（浜下／川勝編［1991］）。

　それゆえ，ヨーロッパでアジア産物の国産化が達成された 19 世紀のアジア・ヨーロッパ交易は大きく変質した。イギリスを軸にその構造をまとめると，インドからキャラコの輸入が減少したためイギリス商人は茶の輸入を増大させ，中国からイギリスへの茶貿易が 1780 年代に成立した。中国での茶の買い付け資金獲得のため，インドから中国へのアヘンと棉花輸出が 1800 年代に成立，そしてインドでのアヘン買い付け資金獲得のため，イギリスからインドへの綿製品輸出が 1820 年代に増大した。この構造は，清朝によるアヘン輸入禁止を契機にアヘン戦争がイギリスと清の間で勃発し，敗北した清が開港場の増加を余儀なくされたため複雑化した。産業革命の進展で綿織物生産が急増したイギリスが，原料の棉花をインドから輸入するとともに中国へ綿製品を輸出し，インドから中国への輸出では，棉花がほとんどなくなり，アヘンが圧倒的比重を占め，中国から紅茶の

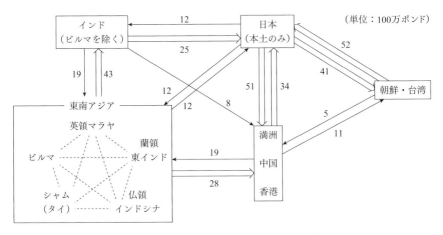

図 8-1　アジア間貿易の構造（1928年時点）

出所）杉原薫［1996］『アジア間貿易の形成と構造』ミネルヴァ書房，99頁の図 4 - 1，115頁の図 4 - 7 より作成。
注）線で結んだボックス間が「アジア間貿易」で，2,500万ポンド以上を二重矢印，500万ポンド以上を一重矢印で示した。当時のインドとビルマはいずれもイギリス支配下のインド帝国領。

他に絹や生糸がイギリスへ輸出された（秋田［2003］）。

　もうひとつの重要な動きが，19 世紀中葉に欧米列強や中国・朝鮮と通商条約を締結した日本が世界市場へ本格的に参入したことである。イギリスにとっては，中国市場が重要で日本市場はそれほど意味をもたなかったが，日本にとって中国市場は重要な意味をもった（籠谷［2000］）。太平洋を挟んで日本と対岸にあり，イギリスから独立したアメリカ合衆国にとっても日本との貿易は重要で，日本からアメリカ合衆国へ大量の生糸が輸出され，太平洋交易も行われた。かくしてアメリカ合衆国は，アジアに利害関係をもつに至り，19 世紀末〜20 世紀初頭にフィリピンをスペインから獲得し，日本も 19 世紀末に台湾，20 世紀初頭に朝鮮を植民地とした。ただし，アジアの多くが政治的に植民地分割されたとはいえ，経済圏までもそれぞれ本国と一体化したわけではない。図 8-1 のように，中国・日本・東南アジア・南アジアを 4 極とするアジア域内貿易は，植民地分割後も本国—植民地間の交易の拡大に刺激を受けつつ，全体として量的に拡大した（杉原［1996］）。その背景には，第 5 章で述べたようにインド・日本・中国での綿業の発達があり，それによってアジア域内でも国際分業が成立した。その結果近代の世界経済は，ヨーロッパ・アフリカ・アメリカ大陸間，アジア・ヨーロッパ間，アジア域内などの多様な国際分業のもとに編成されることとなった。

3. カネの移動と世界化の限界

　モノの移動には，商取引にともなうカネの移動が付随するため，市場経済が拡張すると決済方法が複雑化してカネの移動が問題となる。その際に決済システムの範囲が重要で，最初は売り手と買い手と金融機関の 3 者あるいは 4 者間の決済であったのが，取引の広がりとともに，国内あるいは世界を範囲とする決済センターが成立し，多数の相手を介する決済も可能となった。資本主義が定着すると，カネが決済手段の他に資本の役割を果たし，資本主義が地球規模で広まるとともに，資本の移動も地球規模となる。このようなカネの移動の進化に沿って，本節では，アジアあるいはヨーロッパ域内での個別決済の段階，世界規模での決済センターを介した国際決済の段階，地球規模での資本移動の各段階について概観する。限られた範囲では，決済センターを介した不特定多数間の決済は中世から行われてきたが，地球規模での取引で決済センターが形成されたのは，オランダやイギリスによる世界貿易網の成立以降で，そこで段階を区切る。

1 ）アジア域内とヨーロッパ域内の決済

　16 世紀までの東アジア域内では，経済の発展状況から見て中華帝国が鋳造した金属貨幣がもっとも信用力があり，国際的に通用した。中国の歴代王朝のなかで，貨幣鋳造を積極的に行ったのが宋朝で，銅銭が大量に鋳造され，東アジア・東南アジア各国で貿易決済に用いられ，11〜16 世紀の日本のように国内で貨幣鋳造を行わなかった国は，国内通貨としても宋の銅銭が用いられた。宋では，決済のための手形が発達し，政府が支払いを保証した定額手形が流通した。元代には，交鈔という紙幣が乱発されたが，明代は元代に紙幣が乱発されたことが物価上昇を招いて経済が混乱したため，当初は現物主義をとり土地税を米や麦で納めさせた。その後中国国内で銀の採掘が進み，銀が重要な金属貨幣となったものの中国国内の銀産額はその後低下し，代わりに日本産の銀が中国に流入した。

　イスラーム世界では，アッバース朝や後ウマイヤ朝のもとでインド洋世界と地中海世界を結ぶ国際的な交易網が形成され，そこでは中央アフリカ産の金などを利用して鋳造された金貨・銀貨が国際通貨となっていたとされ，為替手形や小切手などによる手形決済も発達したが，その後政治的混乱とともに貨幣鋳造量が減

少し，中国やヨーロッパの通貨が用いられるに至ったと考えられる。

　ヨーロッパでは，12世紀頃の自治都市の成立と都市商人の活動の活発化のなかで，都市周辺の農村部まで含めて貨幣経済が浸透するようになった。当時，とりわけ権威のあった貨幣は，都市共和国として発展したヴェネツィア政府が発行したドゥカート金貨と，フランス王家が発行したトゥルノア銀貨であった。中世ヨーロッパでは，封建君主や都市国家がそれぞれ貨幣を発行したが，そのなかでも地中海交易で大きな経済力を示したヴェネツィアと，十字軍遠征で大きな政治力を示したフランス王家の発行した貨幣がもっとも信用力があり，これらは領内に止まらず，信用貨幣として国際的に通用するようになった。

　こうした多種多様な貨幣が流通するヨーロッパでは両替商が発達するが，その担い手はユダヤ人やイタリアのロンバルディア人であった。特にイタリアでは，14世紀に為替手形・保険などの信用技術が発明され，損益計算と貸借対照を組み合わせる複式簿記技術も採用されるようになった。そして14世紀後半には貸借の決済が，銀行預金の振り替えや為替手形や銀行小切手などを利用して行われるに至り，そうした業務を行う銀行が誕生した。

　かくして15世紀には，東アジア域内，ヨーロッパ域内での決済システムは金属貨幣をかなり節約し得る段階まできていた。そこへ，16世紀にスペインがアメリカ大陸植民地でポトシ銀山の開発に成功し，大量の銀がスペイン経由の世界交易を通して世界中に供給されることとなった。前述のように当時のアジア・ヨーロッパ交易は，中国産物を買い付けてヨーロッパで販売する形が中心で，対価として銀が中国に大量に流入した。それを契機として，明は租税を銀で一括納入する一条鞭法を採用し，銀を基本とした税制は清代にも地丁銀として継承された。それは見方を変えれば，中国での大量の銀需要が世界的な銀流通の拡大をもたらしたとも言え（岸本編［2019］），16世紀から17世紀前半の日本における石見銀山などの開発と日本から中国への銀輸出の急増もその文脈でとらえられる。こうして東アジア・東南アジアで銀本位制が一般的となった。

２）国際決済センターの成立と世界貿易

　アメリカ大陸で銀山の開発に成功し，ポルトガルとともに世界貿易を独占的に支配したスペインであったが，その地位は，17世紀にスペインから独立したオランダにとって代わられた。オランダは北ヨーロッパのバルト海貿易で産を成し，

オランダが発明したフライト船は少人数で大量の積荷を運搬でき，海運コストが圧倒的に低かった。オランダはその海運力を活かして東南アジアへ進出し，ジャワ島のバタヴィアなどを拠点にして香料貿易を独占した。その結果，オランダの首都アムステルダムには世界中の資金が流れ込み，1609 年にアムステルダム為替銀行が創設され，11 年には取引所が設立された。1670 年代には為替専門の業者が出現し，商品取引から独立した金融市場が形成された。

　しかし，オランダの自由主義的覇権に，イギリスとフランスは，関税を課したりオランダ商人を排除するなど保護主義で対抗し，また人口が少なかったがゆえにオランダは北アメリカ大陸に移住植民地を建設できず，大西洋貿易においてオランダは主導権を握れなかった。それゆえ，18 世紀に北アメリカ大陸に大規模な砂糖・タバコ植民地を作り得たイギリスが，オランダに代わって世界商業・金融の中核となった。イギリスは，1694 年にイングランド銀行を設立し，これを中心として国債や抵当証券の市場を作り上げ，イギリス国債を各国に販売して遊休資金を吸収し，イギリスは「世界の銀行」となった。

　こうしてイギリスを中心として完成したヨーロッパの国際金融システムは，東アジアが銀本位制を採ったのに対し，金本位制を採用した。その背景にはイギリスとポルトガル領ブラジルとの貿易があり，イギリスは毛織物など工業品をポルトガルやブラジルへ輸出するかわりに，ブラジル産の金を大量に獲得し，世界金融市場における地位を確固たるものにした。そしてヨーロッパ列強が 19 世紀にアジア・アフリカ諸地域を次々と植民地化したため，東アジアを除く世界の大半が金本位制下に組み込まれた。特にフランスは東南アジアの自国植民地にインドシナ銀行を設立させ，植民地を金融的に支配した（権上［1985］）。

　日本も 19 世紀末に金本位制へ移行し，この国際金本位制は，第一次世界大戦と 1929 年の世界恐慌という危機の時代にそれぞれ一時中断したものの，第二次世界大戦後の世界金融の枠組みで再度採用された。すなわち，ブレトンウッズ会議により，第二次世界大戦後に世界最大の経済大国であったアメリカ合衆国の通貨ドルを金に連動させ，資本主義諸国の通貨をドルと固定レートでつなぐことで，間接的に資本主義諸国の通貨を金に連動させる金＝ドル本位制度が採用された。このブレトンウッズ体制は，アメリカ合衆国が世界決済通貨であるドルを供給し続ける限り，決済システムとして安定するが，ドルが不足して決済が滞ったり，ドルの価値が下落すると決済システムが不安定になる弱点を内包しており，日本

や西ヨーロッパ経済の復興で，アメリカ合衆国の経済的地位が相対的に低下し，またアメリカ合衆国がベトナム戦争に介入して軍事支出増大のため恒常的に財政赤字を抱えるようになると，ドルの価値は下落し，最終的にアメリカ合衆国自身がドルと金の連動を停止したことで，金＝ドル本位制は崩壊した。

　そして1971年のスミソニアン協定で主要国通貨のドルに対する切り上げを行うことで固定相場制の維持が図られたが，一時的に止まり，73年には各国の通貨価値をそれぞれの国の経済力に対応させて変動させることで，国内経済と国外経済をバランスさせて投機的動きを抑える変動為替相場制へ全面的に移行した。

3）地球規模での資本移動とその限界

　16～18世紀前半の西ヨーロッパ諸国は，砂糖・香料などの消費財を求めてアメリカ大陸と南アジア・東南アジアへ進出したが，西ヨーロッパ諸国が18～19世紀前半に産業革命を達成し，工業化が進むと，本国工業の原料を求めた。それゆえ西ヨーロッパ諸国は，多大の投資を行って植民地の産業構造を転換させた。

　北アメリカ大陸のイギリス植民地では，本国の綿工業のための原料棉花生産が大規模に行われ，アフリカからの黒人奴隷を使役した大農場で生産された。南アジアでもイギリスはムガル朝を廃してイギリス領インドを成立させ，本国の綿工業のための原料棉花生産を増加させた。東南アジアでは，フランスがインドシナ，イギリスがマレー半島，オランダがインドネシアと植民地が分割され，イギリスはマレー半島を直轄植民地として錫やゴムのプランテーションを展開させ，本国工業の原料供給地とした。またオランダも，オランダ東インド会社を解散させてインドネシアを政府直轄の植民地とし，ヨーロッパ向けのコーヒー・砂糖栽培を大規模に展開した。西アフリカでは，フランスが積極的に投資し，本国の石鹸製造の原料となる植物油の生産のため，落花生のモノカルチャー栽培が強制された。そして東アジアでは，イギリス，フランス，ドイツ，ロシアおよびイギリスから独立したアメリカ合衆国が利権を確保し，東アジア諸国で産業革命を達成した日本が，日清・日露戦争に勝利して植民地を持つに至った。

　植民地経営は，本国の多大の投資や，政治的安定を図るコストがかなり必要なため，植民地財政の均衡が求められた。イギリス領インドでは，財政均衡のため綿製品に輸入関税を掛ける植民地政府側と，インドをイギリス本国製品の輸出市場としたいイギリス綿業資本の対立がしばしば見られ，最終的には本国の産業資

本の意向が尊重されたが，イギリス本国への送金を義務付けられたインドは，外貨獲得のためにインド産棉花をイギリス本国のみでなく日本などアジア諸国へも大量に輸出した（杉原［1996］）。また，19世紀後半の日本は経済的に未成熟で，植民地経営を十分に行う資本力はなく，主に公債発行や国庫よりの補充金で植民地の財政資金をまかなった（平井［1997］）。

　第二次世界大戦後に戦勝国は，植民地を独立させ，政治的安定のコストを独立国に負担させて，貿易と資本輸出による間接的経済支配に転換した。第二次世界大戦は，アメリカ合衆国とソ連という二大軍事大国を残し，世界はアメリカ合衆国を盟主とする資本主義陣営とソ連を盟主とする社会主義陣営と独立を目指す植民地にほぼ分けられた。アメリカ合衆国とソ連は，独立を目指す植民地を自らの陣営に引き入れるために積極的な軍事介入と資本輸出を行った。ただし，軍事力が地球自体を破壊し得るレベルまで到達した20世紀後半の段階では，経済面であれ，世界各国によるある程度の協調のなかで貿易と資本輸出は行われざるを得ない。それを担う組織として，GATT・WTO・IMF・IBRDなどが設立された。

　モノの移動に関しては，1948年に成立したGATT（関税および貿易に関する一般協定）が重要で，GATTは関税などの輸出入障壁の撤廃を目指し，大規模な関税引き下げの成果をあげ，95年発足のWTO（世界貿易機関）に引き継がれた。WTOは，モノの貿易のみでなくサービスも含めたルール作りを目指し，農業分野の自由化も進めているが，アメリカ合衆国はWTOがアメリカ合衆国の国益に反するときは脱退する権利があるとの態度を取り，結果的にWTOが，強国に有利な自由貿易を擁護する機関に陥る危険も残る。カネの移動に関しては，IMF（国際通貨基金）が重要で，IMFは国際通貨の供給と国家間の短期的な経常収支の不均衡の管理を担当したが，アメリカ合衆国の強い主導権のもとにあり，アメリカ合衆国との利害関係が強いアメリカ大陸諸国の通貨危機には速やかに対応したが，アメリカ合衆国との利害関係が弱かった1997年のアジア諸国の通貨危機への対応には弾力性が欠けた。また第二次世界大戦の敗戦国や発展途上国に対する融資や資金援助の面では，IBRD（国際復興開発銀行，通称「世界銀行」）とODA（政府開発援助）が重要な役割を果たしたが，それらの資金援助が有効に機能したかの検証が困難であり，経済先進国そのものが，財政上の理由から発展途上国への資金援助に消極的になりつつある。

　現代のヨーロッパはEU（ヨーロッパ連合）により経済統合を進め，金融政策

の国際間の共通化を図っているが，そのため EU 加盟の 1 カ国の金融危機が EU 全体に直接影響を与える。むろん EU 加盟各国は財政政策を独自に行う権利を保持し，財政政策により自国の防衛に努めるが，それが EU の経済統合を困難にしており，グローバル化の限界が顕在化している。そして現代は，さまざまな金融商品が組み合わされて証券化されたため，国際経済組織を介さずに，市場原理にもとづき，短期的利益を求めて瞬時に莫大な資金が世界中を移動する。それは，資本主義化に立ち遅れたアジア諸国のキャッチアップと，社会主義国の市場経済化が達成された証しでもあるが，世界金融市場における市場原理の貫徹が，2008 年のアメリカ金融危機に端を発する世界的恐慌を引き起こしたこともあり，資本の国際移動に関しては，モノの国際移動以上に規制が必要と思われる。

おわりに

　本書（第 2 版）が刊行された 2020 年に，世界は新型コロナウィルスの感染流行禍にみまわれた。この災いはヒトの移動のグローバル化を象徴しているが，人々が不確実な情報をもとに買い溜めに走ることでモノの需給バランスを崩し，モノの移動にも大きな影響を与えた。そして経済活動の縮小により経済格差もいっそう拡大し，カネの移動にも長期的に大きな影響を与えたと考えられる。

　歴史上，感染症が世界の大きな転換点になった例として，14 世紀のヨーロッパでの黒死病（ペスト）の流行や，16 世紀のアメリカ大陸の植民地化の際にヨーロッパから感染症が持ち込まれたことなどが挙げられるが，2020 年の事態では，感染拡大を防ぐ有効な手段として社会的に互いに相手との距離をとる対応（Social Distance）が取られたことが特徴的である。この背景には，相手との距離をとりつつもインターネットなどを通して社会的な意思疎通や物流が可能になっていたことがあるが，それと同時に，個々人の行動が社会の行く末を決めることを明確にした対応でもあった。個々人が社会の重要な担い手であり，その自覚をもってその時の社会にとってプラスになる行動を取れば，社会をよりよい方向へ導くことができ，そのことが長い目で見れば自分自身にとってもプラスになることを，2020 年の事態から我々は学ぶべきであろう。そして，そうした行動をとる際に，不正確な情報や誤った誘導に惑わされるのではなく，複数の情報源から得た情報を精査しつつ，社会にとって良いと思われる行動をとれば，買い占め・

転売などの投機的な動きをある程度防げるであろう。

　むろん投機的な動きを個々人の行動のみで防ぐのには難しい面もあり，それらを規制する社会的枠組みも必要である。しかし，その場合の枠組みを国家単位に限定することは，過去の世界戦争への反省を踏まえると避けた方がよいと思われる。世界の軍事力が基本的には依然として国家単位で編成されている以上，経済的利害と政治的利害の国家単位への収斂は，国家間の対立をより先鋭化させる可能性が高い。

　国際連合のような国際組織に強い権限を与えて調整する方法も考え得るが，国際組織そのものの構成単位が国家である以上，国際組織の担い手が自ら所属する国家の利害から独立して行動することは困難である。また市場経済はある程度の自由な経済活動を前提としており，世界市場が単一の世界組織によって規制される事態は望ましいものではない。よって，世界規模での利害調整を図る多様な組織が複数存在することが望ましく，ある程度歴史的文化を共有し得るようなトランスナショナルな地域が，ヒト・モノ・カネの移動における利害調整を図る範囲として重要になる。前述した感染症対策もそうであるが，国・地域・世界という多様なレベルでの調整を経て，世界全体で適度な市場活動の規制が行われることを期待したい。

　近代の国民国家は，構成員である国民の一体性を強調する一方で，国内での多民族の共存に不寛容になりがちであった。それに対し，本書第 I 部で述べたアジアの近世帝国（オスマン帝国・ムガル帝国・清帝国など）は，帝国内で多民族・多宗教を比較的寛容に包摂しつつ，ある程度長期にわたり安定した統治体制を構築した。その意味で，近世帝国が近代国家よりも優れた面があるという評価も可能であり，歴史を振り返る意義が見出せる。一方，そうした社会レベルの調整の担い手を政治的枠組みではなく，利他主義に立つ市民的活動や調和を重視する企業に求める見方もある（アタリ［2008］）。いずれにしても，どのような未来を構築するかは，「考える葦」たる人間一人ひとりの行動にかかっていると言えよう。

解説 II-1

ジェントルマン資本主義とアジアの資本主義

　「ジェントルマン資本主義」（Gentlemanly Capitalism）論とは，1990〜2000 年代の日英の歴史学界に大きなインパクトを与えたイギリス帝国主義をめぐる新たな解釈である。提唱者ケインとホプキンズは，1970・80 年代に盛んとなった「イギリス近代史再検討」の流れを汲む一連の研究を踏まえながら，あらためてイギリス資本主義と植民地支配の関係に注目し，だれが帝国建設の推進役であったのかを考察した。

　「ジェントルマン資本主義」論が登場する以前の帝国主義論において「正統派」的地位を占めたのは，解説 I-11 で見た，ホブソンやレーニンの説を批判したギャラハー／ロビンソンの見解であった。そのギャラハー／ロビンソンが，帝国主義の推進力として注目したのは，「周辺の危機（公式・非公式の植民地）」に対する「政策担当者」の戦略的対応であった。つまり，この説は，本国（中心）における特定の経済的利害の影響ではなく，現地（周辺）の当局関係者の動向を重視した説である。

　これに対して，ケインらは，本国イギリス（中心）における経済的利害の重要性を主張した。ただし，ケインらの主張は，同じく「中心」の経済的利害を重視するレーニンの主張とは異なった。レーニンは，帝国主義を推進した経済的利害として，「産業資本」と融合した「金融資本」の役割を強調した。それに対してケインらは，「産業資本」とはほぼ無関係の「ジェントルマン資本家」の役割を強調した。

　さて，ケインらの主張する「ジェントルマン資本家」とは何者なのであろうか。そもそも彼らはどのような意味で「ジェントルマン資本主義」という言葉を用いているのであろうか。彼らは，17 世紀末の「名誉革命」以降，イギリス資本主義の中心的地位を占めたのは，地主階級の富の源泉である土地を基盤とする農業資本主義と，「商業・金融的」資本主義であったと主張する。しかも両者は，後者が前者を金融・財政的に支えるというかたちで結合していた。彼らはこうした非産業的資本主義の複合体のことを「ジェントルマン資本主義」と呼ぶ。

　19 世紀中葉以降，両者の関係は新たな段階を迎えた。イギリスの海外投資が増大し，国際的な商業・金融活動が活発になるにつれて，それに従事するマーチャント・バンカーと呼ばれる個人銀行家をはじめとする商業・金融関係者の勢力が大きくなった。彼らは，教育（パブリックスクールと呼ばれる寄宿舎学校や，オックスフォード・ケンブリッジ大学などの名門大学に子弟を送り込む）と結婚を通じて，政治的影響力をもつ地主貴族と社会的に融合しつつ，共通の価値観をもつジェントルマン・エリート層を形成し，政治的権力を手に入れていった。そして，この新たに誕生した「ジェントルマン資本家」＝金融エリート層が，自らの利益に適う経済政策を決定していくことになった。

　「ジェントルマン資本家」の最大の関心は，彼らの富をいかに増やし，その富をいかに保全するかであった。このためには，世界的に貿易を活発にし，安全かつ有利に運用できる投資先を生み出し，確保することが重要となった。彼らは，こうした関心にあった経済政策を実行していく。具体的には，①「金本位制」，②「均衡・健全財政」，③

「自由貿易」という3つの政策である。

　①「金本位制」は，通貨を金とリンクさせることで通貨価値を安定させ，貿易・海外投資のリスクとなる為替変動を低減する役割を果たす。また，金融資産の目減りを生じさせるインフレーションを抑制する効果をもつ。②「均衡・健全財政」は，国家の歳出を抑制することを意味し，結果として資産家である「ジェントルマン資本家」の租税負担を抑え，海外投資用資金を増やすことにつながる。同時に「ジェントルマン資本家」の自国通貨であるポンドの国際的な信用を高める役割を果たす。③「自由貿易」は，「不自然な規制から経済を解放し，経済成長を促す」効果をもち，またこれにともない貿易が拡大することで，そこから発生するさまざまな資金需要（貿易金融・開発投資費用）の増大をもたらす。こうした資金の増大は，商業・金融・サービスのさまざまな分野で活動する「ジェントルマン資本家」のビジネス拡大を意味する。

　もっとも，こうした経済政策を掲げるだけで，彼らが目指す海外投資の拡大や，それとともに重要となる投資収益・利子収入の獲得と元本回収が自動的に進むわけではない。「ジェントルマン資本家」は，投資の拡大・収益の確保を目論み積極的に海外諸国に進出した。こうした「ジェントルマン資本家」の影響を大きく受けた地域は，カナダ・オーストラリア・インドといったイギリスの公式植民地のみならず，南アメリカ・オスマン朝トルコ・中国といった非公式植民地にも及んだとケインらは見る。

　ケインらは，「ジェントルマン資本家」とその「分身」である政治エリートが，各地域の資金需要をいかに開拓し，資本輸出を行ったのか，その後そうした資金をいかに保全し回収したのかを具体的に分析する。ここで注目されるのは，イギリスの資本輸出のほとんどが，民間企業などへの投資（株式）ではなく，植民地・外国政府への貸付（公債・債券）という形で行われていることである。公債は株式と比較し，より価格安定的な金融商品である。もっとも，公債も，資金受け入れ国（債務国）の債務不履行（デフォルト）というリスクがあるが，「ジェントルマン資本家」は，政治・外交・軍事・金融力を駆使しつつ，債務国の国家財政を操作することにより，こうしたリスクを避けた。具体的には，そうした債務国に，債務返済を最優先にさせる財政政策（「均衡・健全財政政策」）を遵守させたのである。こうして債務国は「ロンドンが決定するゲームのルール」に金融的に従属させられた。

　さて，「ジェントルマン資本主義」論では，帝国主義の推進体として，このように商業・金融的資本主義（非産業資本主義）勢力の役割が重視されているのであるが，一方で，これまでの研究で重視されてきた「産業資本」についてはどのような評価がなされるのであろうか。地理的に見て，「ジェントルマン資本家」の多くが国際金融センター・ロンドンとその周辺地域である東南部イングランドを拠点としたのに対して，イギリスの工業部門とそれに従事する「産業資本家」の多くは北部イングランドに群生していた。両者はともに海外貿易に依存していたが，地理的のみならず，社会的にも経済的にも直接的な結びつきはほとんどなかった。また，「産業資本家」は，貴族的な「ジェントルマン資本家」と比較し社会的ステイタスが低く，経済力も劣ったため，経済政策や植民地政策にかかわる政治的影響力をほとんどもたなかったと，ケインらは見る。

　このように空間的・社会的・経済的・政治的に乖離していたとなると，「ジェントル

マン資本家」とイギリスの「産業資本家」の利害が一致しない場合も考えうる。「ジェントルマン資本家」が資本輸出を通じて，ある国・地域の工業化を促し，イギリス産業のライバルを生み出すこともありえる。秋田茂はこの視点からイギリスの金融・サービス利害（「ジェントルマン資本家」）が日本も含む東アジアの工業化・経済発展を促進したと主張し，両者の関係は「相互互換的で協調的な関係」であったと評価する。

　秋田によれば，日露戦争時，「ジェントルマン資本家」がかかわった日本の外債発行は，日本にとって資本輸入と同等の意味をもち，綿業をはじめとする日本の製造業の発展に貢献した。その後，輸出拡大を軸に発展した日本綿業は，イギリス綿業にとっててごわいライバルとなった。しかし，同時に日本はイギリス帝国，特に英領インドから大量の原棉を輸入することになる。このようにインドからの原棉輸出が拡大することは，インドに膨大な投資を行っていた「ジェントルマン資本家」の利益に適うことであった。また貿易量が増大しさまざまな金融・サービス取引（保険・海上輸送）が活発になることも，それに携わる「ジェントルマン資本家」の利益となった。こうした現象は日本だけでなく中国でも見られた。このため「ジェントルマン資本家」は東アジアの工業化に好意的であったと秋田は主張する。

　このようにアジアの工業化に関する解釈にまで影響を与えた「ジェントルマン資本主義」論であるが，「産業資本の位置付け」をはじめ多くの点で批判も受けている。また，実証面でも多くの問題が指摘されている。このため同論の妥当性を疑問視する研究者も少なくない。例えば，キャナダインやドートンは，ケインらの解釈について，イギリス資本主義における「産業資本」の役割を軽視し過ぎていると批判する。キャナダインらは，イギリス産業部門の原材料輸入・製品輸出こそ，商業・金融部門に膨大な貿易関係の需要をもたらす源泉であると理解し，その上で，両部門は，ケインらの把握とは異なり，むしろ強い補完関係にあったと主張する。これは，イギリスが「世界の工場」であったがゆえに，ロンドンが「世界の銀行」たりえたと理解する立場からの批判といえる。また，ポーターは，金融・経済利害の多様性を指摘しつつ，「ジェントルマン資本家」という概念で括られる経済利害の存在そのものについて，実証的に疑問を投げかけている。

　こうした批判を受け，また近年は新たな展開があまり見られていない「ジェントルマン資本主義」論であるが，同論が 1990～2000 年代におけるイギリス経済史・帝国史研究のみならず，近代アジア経済史をはじめとする，数多くの国際経済史・関係史研究にも大きな影響を与えたことは明らかであり，今日なお踏まえておくべき論点である。

（古賀　大介）

【参考文献】P. J. ケイン／A. G. ホプキンズ［1997］『ジェントルマン資本主義の帝国 I 創生と膨張 1688-1914, II 危機と解体 1914-1990』竹内幸雄／秋田茂，木畑洋一／旦祐介訳，名古屋大学出版会

秋田茂［2003］『イギリス帝国とアジア国際秩序——ヘゲモニー国家から帝国的な構造的権力へ』名古屋大学出版会

桑原莞爾［2002］『イギリス近代史点景——一つの書評集』九州大学出版会

第9章　信用システムの生成と展開
——経済活動と金融

はじめに

　お金を集めて貸すところ，これがもっとも常識的な銀行像であろう。ところが，銀行実務を長く経験し，大銀行のトップや全国銀行協会連合会の会長を務めた重鎮は，こう述べている。「「初めに預金ありき」という前提は不必要なのである」。すなわち銀行はお金を集めなくても貸せる。「一般には，初めに銀行に資金（預金）の増加が生じて，その上で貸金が増加し得るように考えられているのでありますが，事実はその逆なのであります」。逆ということは，お金（顧客からの預金）を集めたから貸せるのではなく，貸すのでお金（顧客からの預金）が増えるという意味であろう。となれば，「銀行の「貸し」がいくら増えても……「それ自体の原因」では資金不足ということは起こらない」（以上3カ所，板倉［1995]）という不思議な話も成り立つことになる。

　これは，常識的銀行像を抱いている人には納得できる話ではあるまい。たとえ銀行でも資金がなければ貸せないし，貸し過ぎれば資金不足になるはずだ。しかし，銀行業務に精通した実務家が，その常識は間違いだと述べているのである。日本銀行で営業・調査畑の要職を歴任し，退任後も金融界で各種の役職を務めた著名な日銀OBによれば，通貨の供給において実際に起きるのは以下の事態である。「銀行は貸出を行い，その反射行為として，自己の負債としての預金を創出する」。「銀行が貸せば，というより貸すときにのみ，それと見合いに預金ができる」（以上2カ所，横山［2015]）。つまり，銀行とはお金を集めて貸すところではなく，お金を創って貸す（貸すときにお金が創られる）ところなのである。やは

り著名な別の日銀 OB が名言を残している。「貨幣がまずあって，それが貸借されるのではなく，逆に貸借関係から貨幣が生まれてくる」（西川［1984］）。

　以上の見解が，貨幣は政府や中央銀行によって経済の外部で作られて経済内に投入されるものではなく市中銀行の信用供与から生まれる，と説く内生的貨幣供給論（以下では内生説）である。内生説のように，銀行を「信用創造」機関（貨幣を創って貸すところ）として捉えることが重要なのは，金融制度を正しく理解できるか否かがそこにかかっているからである。例えば，貨幣がどのように生成するかを正確に理解せずして適切な金融政策をとれるだろうか。あるいは，中央銀行は経済の外部から貨幣を増減できると考える外生的貨幣供給論（以下では外生説）を信じていて適切な金融政策をとれるのだろうか。

　実は，銀行や貨幣について誤った常識を広めた一因に，経済学に深く根付いているひとつの神話がある。大昔は物々交換が行われていたが，やがて交換を円滑にする貨幣が生まれ，その後にその貨幣の貸借すなわち信用が始まった，要するに貨幣が先で信用は後，という話である。しかし近年，人類学，考古学，古代史などさまざまな分野において，物々交換から貨幣が生まれたという話を否定する実証的研究がかなり進んだ。貨幣がいつ頃どのようにして生まれたのかについては確定的な答えはいまだないが，物々交換が行われていたという証拠は見つからず，むしろ行われていなかったことを示す証拠が続々と出てきたのである。貨幣のない時代にしばしば見られるのは信用取引（掛け売買）であり，ほとんどの取引が通貨ないし通貨代用物を使用してはいなかった。ところが，金属貨は今日でも発掘されるが，信用取引に関する資料は残りにくいので，金属貨または子安貝や布などそれに代わるもので売買されていたという歴史像が広まってしまったというわけである。実際には信用取引が先にあり，貨幣は——債権や債務を記録するために——計算貨幣（イマジナリー・マネー）として後から生まれた，すなわち「貨幣から信用」でなく「信用から貨幣」だった，というのが有力になりつつある見解である。エジプトの象形文字，メソポタミアの楔形文字による記録から「信用システムが，事実上，硬貨の発明に数千年間も先行していた」（グレーバー［2016］）ことが確認できるという。同様の史実は，日本の古代・中世貨幣史研究も含む多くの領域において明らかにされ始めている（マーティン［2014］，高木［2016］，同［2018］，国立歴史民俗博物館編［1998］，歴史学研究会編［1999］，黒田［2003］。なお，上記とは独立に経済理論研究からも，物々交換から貨幣を導出

する理論への批判が出されている。植村・磯谷・海老塚［2007］）。

　ここで，信用取引の具体的イメージを得るために，ミクロネシアのヤップ島を一例として見ておこう。W. ファーネスによれば，ヤップ島では魚，ヤシの実，なまこ等が取引されていたが，それは物々交換によってではなく，またあの大きな丸い石貨フェイによってでもなく，信用取引によってであった。取引から生じる債権と債務を記録し，債権と債権，債務と債務はそれぞれ相殺され，相殺後に残る差額は繰り越されて次の取引に使用された。フェイが清算のために運ばれることは皆無ではなかったようだが，フェイは決して商品交換を媒介する物品貨幣ではなく，信用取引を決済するものだったのである。フェイはヤップ島から約500キロメートルも離れたパラオ諸島のひとつバベルダオブ島から切り出されたが，運ばれる途中で嵐に遭って海底に沈んでしまった場合もあったという。しかし，人々は海底にあって誰も見たことがないその石を，通常は持ち主の家の壁に立てかけられているものと同じくフェイとして認めた。また，家の壁に立てかけられているフェイも，所有権の移転が生じた時でも大型のものについては動かすことなく，印をつけることさえなく，所有権の移転を承認しあった（マーティン［2014］）。このような決済は一見原始的と感じられるかもしれないが，現代における銀行の預金口座の場合も，そこに記帳された数字に対応する貨幣があるという想定で――実際には当該支店の金庫には記帳額をはるかに下回る現金しか存在していなくとも――決済している。両者間にあまり違いはないのではないか。

　さて，上述のような信用先行説に関しては今後さらに研究が深められるであろうし，また，本章はあくまで資本主義経済における信用システムを正確に理解することが目的であるから，貨幣の起源にはこれ以上深入りしない。貨幣よりも信用が先にあり，そこから計算貨幣として貨幣が生まれたという知見は現代金融の理解にも示唆に富むが，本章では古代などに見られた事態とは独立に，資本主義それ自体において信用の先行性，したがって貨幣の内生性を認識したい。論述の先取りになるが，実は現代の貨幣（預金通貨と中央銀行券）も信用取引から生まれるのである。「信用が先で貨幣が後」というのは，遠い昔に一度起こった出来事なのではなく，現在でも日々繰り返されている行為である。それに気づかないと信用システムの根底に口座振替決済があることも，信用の先行性したがって貨幣の内生性も，理解できなくなろう。

1. 信用と貨幣——口座振替と銀行券

今日では決済がさまざまな金融機構を利用して現金を用いないで済まされるのは周知のとおりであるが，資本主義が確立する以前にも，約束手形や為替手形などを用いた取引・決済は珍しくなかった。本節では，そのような取引・決済を担った者すなわち貨幣取扱業者にまず着目する。一口に貨幣取扱業者といっても国や地域により，また時代により，極めて多様であるが，本節では，最終的に現代にまで繋がるものを生み出したという点で大きな意義をもつ，17 世紀ロンドンで活動していたゴールドスミス（Goldsmith 金匠）を取り上げよう。彼らは，その名のとおり元来は金細工商であったが，業務上，貴金属市場や国内外のさまざまな鋳貨に慣れ親しむので，しだいに両替，金貨等の保管，貸付を行うようになり，さらに預金を受け入れ，出納・決済サービスも提供するようになっていた。外国送金など為替取引も行うので，そのためのコルレス先さえもっていたといわれている。こうしてゴールドスミスは貨幣取扱業者から次第にゴールドスミス銀行（goldsmith banker 金匠銀行）に転成していったのである。

ここで注目すべきは，ゴールドスミスが，預金勘定の開設ならびに自身が支払を約束する手形すなわちゴールドスミス手形（goldsmith note 金匠手形）の発行によって信用を供与した点である。つまり自己の債務（預金および自己宛手形）を創出して貸したのである。また，ゴールドスミス手形は預金受入れの受領証としても発行された。こうして，ゴールドスミス手形は持参人に一覧で支払われる約束手形として裏書譲渡され流通するようになっていったのである。

しかも，単に多くの商人がゴールドスミス銀行に勘定を持ったので支払いがゴールドスミス宛手形によって行われるようになっただけではない。当時ロンドンに数十行ほどあったゴールドスミス銀行のほとんどが，その内の有力 2 行であったバックウェル（Backwell）とヴァイナー（Viner）に勘定を開設しており，したがって各ゴールドスミス銀行とその顧客との間で預金残高増減による決済が可能になっていただけでなく，ゴールドスミス銀行間でも預金残高を増減させて清算することが可能になっていたのである。口座振替決済は支払指図書によってもゴールドスミス手形によってもなされたであろう。口座振替決済が普及すれば，現金引出しは少なくなるはずだし，ゴールドスミス手形も発行元に戻らず流通し続

けるものが増えて，手形の償還も減るだろう。ゴールドスミス銀行は保有する現金以上に自己の債務を創出できるようになるのである。

　そしてイギリスでは，貨幣取扱業者から発展した銀行が盛んに活動していたこの 17 世紀末にイングランド銀行が創設された。同行は，国王への融資の見返りとして株式会社組織を認められた特権的銀行であったが，ゴールドスミス銀行と同様に預金を受け入れ，その受領証としてゴールドスミス手形に倣ってランニング・キャッシュ手形（running cash note）を発行した。そこには「私は○○○氏または持参人に要求あり次第□□の金額を支払うことを約束します（I promise to Pay to ○○○ or Bearer on demand the Summe of □□）」と書かれていた。実は今日のイギリスで流通しているイングランド銀行券にもほぼ同じ文が印刷されているが（I promise to pay the bearer on demand the sum of □□.　□□はお札の額面），そこから窺えるように，このランニング・キャッシュ手形こそが後のイングランド銀行券であり，現代の銀行券へ繋がっているのである。

　いうまでもなく，イングランド銀行も預金業務の他に為替手形割引，貸付，地金売買，割符（tally）や支払指図書（order）の割引，為替手形振出と送金等々を行うようになり，それらの業務に際してもランニング・キャッシュ手形（イングランド銀行券）を発行するようになる。そこでまず確認できるのは，ランニング・キャッシュ手形とはその発行に先立って何らかの信用取引がなされていなければならないということである。つまり，それは発行者が恣意的に増減できるものではないのである。信用の先行性と銀行券の内生性が確認できるであろう。

　さらに，各顧客とイングランド銀行との間ではランニング・キャッシュ手形を使用せず預金残高の増減を記帳するだけで決済できたし，顧客同士でもイングランド銀行に置く口座残高の増減によって清算できた。つまり，まず銀行券が流通するようになり，それが銀行に預金されて貸し出されるようになる，すなわち「貨幣から信用へ」というのは近代においても神話なのである。銀行に預金口座が開設され，何らかの取引が行われたために必要になった決済を口座残高の増減で行う，そしてその各口座残高を増減させる一手段として銀行券の引出・預入が行われたのである。信用の先行性は明白である。また，貨幣（この場合の銀行券）は経済の外部から増減されうるとする見解すなわち外生説が成り立たないのも明白であろう。貨幣は，経済内部における債権・債務関係の生成に伴って生成し，債権・債務関係の消滅（償還）とともに消えていく。貨幣の内生性も否定で

きまい。

　ところが，かつての経済史研究における通説は上述とはまったく異なっていた。それは，生産者が商人へ信用供与するようになったことを「近代的商業信用」の生成として重視し，その「商業信用の基盤」の上に「手形割引という銀行信用の主要な形態」が成立したと説いていた。しかも預金振替よりも商業手形流通をより進化した決済形態と捉え，それゆえ発券しなかったアムステルダム銀行を前近代的振替銀行と性格付ける一方，発券による手形割引を行ったイングランド銀行を近代的と見なした（大塚［1969a］，同［1969b］）。しかし，この見解は——後に明らかになってきた史実と整合しないという点は措くとしても——銀行信用を発券において捉えるのみで預金創出を軽視したため，振替決済が視野に入らず，預金振替（口座残高増減）と銀行券の関連も見失ってしまった。銀行券の債務性を曖昧にして，銀行券を流通手段として捉えてしまう方向すなわち外生説を許容する方向を内包していたのではないだろうか。

　同様に，貨幣信用論研究においても上述とは異なる見解が通説だった。商業信用から銀行信用への上向を基軸として資本主義の信用制度を捉える理論である。これは，商業手形流通の限界が銀行券による手形割引により止揚されてゆくとしただけでなく，銀行券が一般的流通（所得流通）に入って現金化すると商業流通（企業間流通）においては決済手段が銀行券から預金通貨に替わり，銀行は発券銀行から預金銀行に転化するので，中央銀行と市中銀行が分化して，中央銀行券と市中銀行預金通貨がそれぞれの機能を果たすようになる，と近代的信用機構を体系的に説明した（川合［1974］，宇野［1952］）。しかしこの見解も——史実と整合しない点は措くとしても——，銀行券が一般的流通における決済を担うようになったので商業流通においては銀行券決済から預金通貨決済に変わっていったと説明する点に問題があった。というのは，銀行信用が発券から始まり，その後に預金創出へ変わったとするため，銀行券と預金振替を関連させず，最終的にはやはり銀行券を流通手段としてしまったからである。「貨幣から信用へ」という通念的な順序が無意識に前提されていたため，たとえ一般的流通に入って現金化しようとも銀行券はあくまで債務証書であり，信用関係の生成・消滅と共に生成・消滅する，つまり預金振替決済と一体のものである，という認識が困難だったのかもしれない。

　なお，念のため付け加えておくが，昔の貨幣は金属だったがその金属貨幣が素

材や形を変えて今日のような紙幣に変わってきたという，多くの人が漠然と想像している話はありえない。金貨・銀貨と銀行券はそもそも出自が異なる。銀行券は発行者の債務証書であり，金属貨幣の支払いを約束した一片の紙切れである。そして，金貨・銀貨そのものよりも，金貨・銀貨の支払いを約した紙切れの方が好まれ，流通し始めた（口座残高の増減に使われ始めた）のである。

2. 中央銀行の生成と金融政策の形成

1）中央銀行意識の芽生えと通貨論争

　現代ではほとんどの国に中央銀行がある。それは経済の運営になくてはならぬ組織になっているが，しかし資本主義経済の発展に前後して各種の金融機関が出現しはじめた時には，中央銀行という概念はまだなかった。後に中央銀行と呼ばれるようになる組織が，経済活動の中から生まれてくるのである。中央銀行は一般的には①「独占的発券銀行」，②「銀行の銀行」，③「政府の銀行」の3機能によって特徴づけられるが，それだけでは中央銀行の本質も存在意義も十分には理解されえない。中央銀行を深く理解し，それによって資本主義の信用システムを正確に認識するためには，中央銀行が生まれる過程を知るのが近道だろう。

　中央銀行の生成過程は国によってさまざまであり，各々独自の法律にもとづいて設置されている場合が多いが，ここでの目的のためには先行モデルなしに中央銀行が形成されていく場合を取り上げねば意味がないだろう。1694年創設のイングランド銀行は，中央銀行法といったものがないままで，イギリス経済の発展過程の中で紆余曲折を経ながら事実上の中央銀行に転化していった。それゆえ，同行の歴史からは中央銀行が生まれる必然性を汲み取れるのである。そこで本節においてもまずイングランド銀行を取り上げ，その後にそれぞれ独自の経緯を辿って中央銀行制度が設けられていく他の諸国にも触れることにする。

　イギリスでは18世紀後半になると，ロンドン地域だけでなく地方にも発券，非発券を問わず数百の個人銀行が叢生し，さまざまな銀行業務を行うようになった。イングランド銀行も業務を拡大していくが，当時のイングランド，ウェールズでは株式銀行は同行以外には許されていなかったので，同行は各段に大きく，政府との関係も創設時から特別に深かった。とはいえ，同行はあくまで一民間銀行に過ぎない。株主たちは同行が収益を上げて少しでも多く配当することを期待

していたのである。それが変わり始める契機は 1825 年恐慌だった。一般諸銀行は従来，資金が逼迫するとイングランド銀行の再割引に依存していたのだが，25 年恐慌の際には各地から一斉に資金需要が殺到すると，さすがのイングランド銀行も応じきれないことが露呈した。多数の銀行が破綻したのである。そこで，それを機に銀行家たちは自らの準備を保有するようになり，その一部をイングランド銀行券で手元に持ち，残りを同行に預金として置くようになった。この事態は，イングランド銀行からすれば他行の準備金が置かれる銀行になったことを意味する。すなわち同行は準備金の集中先になり，好むと好まざるとにかかわらず信用制度全体にとっての「最後の拠り所」になっていくのである。こうして，特権的で巨大ではあっても他の諸銀行と同列の単なる一民間銀行であるといっていられなくなり，信用制度全体の準備金の保管者としてそれに見合う行動が必要ではないか，ということが意識され始めた。自行の安全や収益のみでなく，金融システム全体の安定を考慮せざるをえなくなったのである。

　その意識が初めて具体的に表明されたのが「パーマー・ルール」である。当時のイングランド銀行総裁 J. H. パーマーが 1832 年の議会特別委員会で行った証言のなかで，債務の 1/3 に当たる額を金で準備し，利率は市場利率よりも高くして他の諸銀行と手形割引を競わず，市場に資金不足や信用不安がある場合のみ行動すべきであるという経営原則を示したのである。もっとも，この意識がそのまま発展して中央銀行化が進むということはなかった。金準備枯渇危機がしばしば発生して「パーマー・ルール」に対する批判が起こり，それが「通貨論争」へと展開していったのである。

　1840・41 年に議会に設置された特別委員会において，通貨学派（Currency School）と銀行学派（Banking School）が議論を戦わせたのが「通貨論争」であるが，これはいわば外生説と内生説の対立であった。通貨学派は，もし金属通貨のみが流通しているなら，外為相場悪化 → 金属流出 → 国内通貨減少 → 物価下落 → 輸出増・輸入減 → 外為相場回復 → 金属流入 → 国内通貨増加 → 物価上昇 → 輸出減・輸入増 → 外為下落，というように国際収支・通貨量・物価が自動的に調整され，イングランド銀行の金準備枯渇危機は起こらないという見解（通貨原理）を示した。したがって，現実をあたかも金属通貨のみが流通しているようにする，すなわち金の流出入に銀行券の増減を一致させることを主張したのである。時の R. ピール内閣によって推進されて「ピール銀行法」として有名

になるその法案（「1844 年イングランド銀行勅許法」）は，庶民院で圧倒的多数に
支持され，貴族院も簡単に通過して，1844 年 8 月 31 日から施行された。しかし
同法は想定どおりには機能しなかった。上述から分かるように，通貨学派の見解
は経済の外部から銀行券流通量を統制できるという外生説である。具体的には，
金準備増減に銀行券増減が一致するように，発券額を 1400 万ポンド＋金準備額
にすると定めたのだが，外生説の誤りすなわちピール銀行法の失敗は，立法後わ
ずか 3 年の 1847 年恐慌において露呈した。恐慌で金準備が減っていく時に銀行
券流通は増え，恐慌収束で金準備が増えていく時に銀行券流通は減ったのである。
ピール法下では恐慌はなくなるとの説明も嘘だったことが判明した。

　なお，ピール銀行法には一般諸銀行の発券を抑制し，イングランド銀行に発券
を集中させようとする規定も含まれていたので，同法を中央銀行制度推進の立法
として捉える見解も見られるが，実はイングランド銀行は同法施行とともに市場
利率よりも低位な利率を設定して諸銀行との割引競争に入った。つまり同行は中
央銀行化からむしろ後退し，1847 年には恐慌を激化させてしまったのである。
そしてこの経験後から，同行は中央銀行化の道を本格的に歩み始めるのである。
それは皮肉なことに，ピール銀行法に反対した銀行学派の見解が現実化してゆく
道であり，ピール銀行法の理念は事実上形骸化していく。

2）中央銀行的行動の発展と金融政策の形成

　銀行学派は，金準備による銀行券統制などそもそもできることではないと知っ
ていた。通貨学派は，金流出 → 国内通貨減少 → 物価下落という経路を想定し
ていたが，その貨幣数量説的認識は誤りである。なぜなら，イングランド銀行に
限らず，およそ発券銀行には銀行券流通量を決定する力がないからである。信用
供与，例えば手形割引をした結果，銀行券が出て行くのか，金貨が出て行くのか，
預金口座の数字が増えるのか，銀行には決められない。仮に銀行券を渡すのを拒
否して強引に預金口座への記帳を選ばせたとしても，銀行券形態が必要なら預金
から引き出されるし，逆に無理やり銀行券を持たせたとしても，口座引落しに備
える必要があるならその銀行券は預金されてくる。要するに，銀行券とはその形
態が必要な量だけが出て行くというものなのであり，したがって，通貨量 → 物
価ではなく，物価（信用状況）→ 通貨量と捉えるべきなのである。銀行学派は
以上のように内生説的認識をもっていたので，すでにピール銀行法施行以前から，

同法は想定されているようには機能しないと指摘し，同法の失敗を見通していたのである。

　さて，先に述べたように，イングランド銀行は 1847 年恐慌の後から本格的な中央銀行化の歩みを始めるが，それはまず市場利率より高い利率を設定することだった。ピール銀行法に従っていては恐慌時に信用制度を支える任務を果たせないことが分かったので，他の諸銀行との手形割引競争から一定限退くのである。そして，1847 年の次に恐慌に見舞われた 57 年には，47 年とは異なり，高金利を課しつつも徹底的に信用供与を行った。十分ではなくとも「最後の貸し手」任務を果たしたのである。そして，1857 年恐慌以降になると，恐慌時に十分な信用供与を行いうるように，平時における準備維持にも気を配り始める。こうして，1866 年恐慌が到来する前には，準備減少に対して早めに警戒に入り，自行の収益よりも金融システム全体の安定を優先する態度で利率操作（「バンク・レート政策」）を行うようになったのである。

　以上により，信用制度全体の準備金の保管者としてパニックに際しては高利を課しつつもどこまでも信用を供与する，またそれを可能にするため平時においては十分な準備維持を図るという，後に W. バジョットが『ロンバード街』において示した中央銀行金融政策の基本的原則＝「バジョットの原理」が成立した。それゆえ，1857 年恐慌と 66 年恐慌に挟まれた時期に，イングランド銀行は一民間株式銀行のまま実質的に中央銀行化したといえるだろう。中央銀行とは，一般諸銀行の準備金の集中先すなわち「銀行の銀行」となり，唯一の準備金の保管所として信用制度全体の秩序維持を担い，その責任を果たすため金利操作＝金融政策を行うものとして，信用制度の中に生まれ出たのである（金井［1989］）。

　本節の冒頭に中央銀行を特徴付ける 3 点を挙げたが，イングランド銀行の中央銀行化過程から分かるように，金融システムが中央銀行なるものを必然的に生み出すのは②「銀行の銀行」（準備金集中）としてであり，そこにこそ中央銀行の本質があるといえよう。①「独占的発券銀行」（発券集中）は②に結果的に随伴するだけで本質的な要因ではない。現に，例えばスコットランドでは今日でも 3 つの銀行が発券していて発券集中は実現していないが，何の支障もない。後に簡単に触れるアメリカ合衆国（以下，アメリカ）の連邦準備制度にしても，形式的にいえば，12 の連邦準備銀行が各々発券している。③「政府の銀行」という点については各国さまざまであり，一概にはいえない。イングランド銀行の設立時

の経緯は当時のイギリスの個別的事情によるものであるし，民間株式銀行のまま中央銀行機能を長く果たしていた同行も，第二次大戦後には国有化される。また，20世紀とりわけ第二次大戦後になると，経済政策が政府の大きな課題になるので中央銀行にも新たな任務が生まれる。景気対策など経済政策の一環としての金融政策の担い手になるのである。そして，国庫の出納業務を超えて国債管理政策，外国為替操作などとも接点を持たざるをえず，政治との関係が密接化するので，現代では「中央銀行の独立性」など，政府との関係をめぐる新たな問題が生まれている。

3）他の諸国の場合

　以上から分かるように中央銀行は資本主義経済にとって不可欠なので，それぞれ独自の道をたどりながら各国において誕生する。既存の銀行が中央銀行に転化する例としてはフランスやドイツがある。フランス銀行は1800年に民間の株式会社として発足したが，国家との関係を深めつつ，19世紀後半に次第に中央銀行的な機能も果たすようになっていった。ドイツでは1847年に出来ていたプロイセン銀行を改組して75年にライヒスバンクが創設され，決済機構を構築し金融政策を行うようになった。イタリアでも19世紀末に既存の発券銀行が再編され，その中でイタリア銀行が次第に中央銀行的機能を担うようになっていったが，同行が単一発券銀行になるのは1926年のムッソリーニ政権においてである。

　以上の例とは異なり，中央銀行が新たに設けられる国もある。日本銀行は1882年に法律（日本銀行条例）にもとづき，政府が資本金の半額を出資して設立された。アメリカの連邦準備制度は，中央銀行制度の導入を検討する機関「全国通貨委員会」が設置され，ヨーロッパ諸国へも調査団が派遣されたうえで，1913年に法律（連邦準備法）によって設置されたものである。いずれにしても，いったんできたら法定どおりに任務を果たしていくだけ，というわけにはいかない。今日あるような中央銀行になっていく各々の過程があったことを軽視してはなるまい。

3. 手形交換制度の発展——預金通貨決済（口座振替決済）と信用創造

1）手形交換所の生成

　中央銀行制度の成立は，中央銀行と市中銀行の間に融資や準備預金制度などによる信用関係を形成させるだけでなく，銀行間の決済システム確立にとっても大きな意味をもつ。というのは，資本主義経済においては貨幣の大部分は預金通貨であって決済の多くは預金通貨（口座振替）によってなされているのだが，それは，全銀行が中央銀行に預金口座をもつことと手形交換制度の整備によって可能になるからである。そこで本節においては手形交換制度を考察するが，これはまた，市中銀行が貨幣を創造できる（貸すときに貨幣が創造される）のはどうしてなのかの具体的説明になるだろう。

　小切手や期日が来た約束手形については各銀行がそれぞれ発行者（債務者）の口座がある銀行に取り立てに行くしかなかった頃，ロンドンの金融街＝シティには外回りの取立係（walk clerk）がいた。18 世紀の中頃までについてはよく分かっていないが，1770 年頃には，各行の取立係が集まって手形を請求し合い交換尻（差額）を清算するという行為がおそらく偶発的に始まっていたと思われる。1773 年になるとマーチン・ストーン・ブラックウェル・アンド・フット銀行がパブに部屋代を支払っている記録が残っているし，75 年には正式のロンドン手形交換所が設立されるからである。そして，手形交換の場はパブから民家の一室となり，後にはロンドンのある銀行に移ったりしながら，参加銀行の代表から構成される委員会が設立され，交換所の運営が徐々に整備されていった。当初は加盟を認められていなかった株式銀行（1826 年や 33 年の法律でイングランド銀行以外にも設立可能になっていた）も 1854 年に認められ，64 年にはイングランド銀行も加盟したので，同行宛に振替指図を出すことで加盟行間の交換尻が清算されうるようになったのである。

　当然ながら，このような仕組みの便利さはどこの国においても感じられるので，アメリカでは 1853 年（ニューヨーク）に，フランスでは 1872 年（パリ）に，ドイツでは 1883 年（ベルリン）に，それぞれ設立された。日本でも 1879 年に大阪で，87 年に東京で，その後も神戸（97 年），京都（98 年），横浜（1900 年），名古屋（02 年）で設立されていった。21 世紀初頭の時点では日本には 400 を超え

る交換所がある。

2）手形交換制度の機能

　手形交換所ができれば取立が容易になるのは当然だが，手形交換制度の意義は
それだけではない。決済が現金なしに済み（口座振替），したがって預金（帳簿
上の数字）が貨幣として機能でき（預金通貨），それゆえ銀行は信用供与によっ
て貨幣を創造（信用創造）できるようになるのである。それらを理解するために，
ここで図9-1を用いて手形交換の基本的仕組みを説明しておく。

　A社はB社へ手形（500）で代金を支払った。B社はその手形をY銀行にある
自己の口座に入れ，Y銀行は期限が来ると手形交換所に持ち出し，A社の口座が
あるX銀行に請求する。ただしその時，X銀行もY銀行への請求分を持ってい
ることがありうる。例えばY銀行に口座を持つD社が，X銀行に口座を持つC
社に手形（400）で代金を支払っていたとする。そうするとX・Y両行間の決済
は交換尻のみで良い。しかもその決済は，両行が中央銀行に持つ預金口座で行わ
れる。すなわちX銀行の口座から100が減らされ，Y銀行の口座に100が加え
られる。あとは，「交換負け」のX銀行ではA社の口座から500を減らしてC
社の口座に400を加える（マイナス100はX銀行の中央銀行口座で減っている），「交換勝ち」のY銀行ではB社の口座に500を加えてD社の口座から400を引く（プラス100はY銀行の中央銀行口座で増えている），という記帳をするだけですべての支払と受取は完了する。

　ここでまず注目すべきは，500と400,合計900の全取引の決済が1

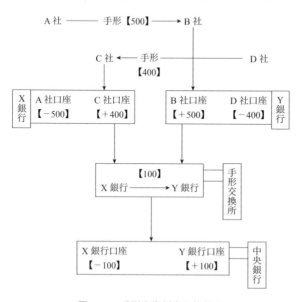

図9-1　手形交換制度の仕組み

枚の銀行券も使われずに完了したという点である。支払・受取はすべて振替で済む。つまり，帳簿上の数字が貨幣として機能できたのである。だから預金は通貨なのであり，この仕組みがあるゆえに，銀行の貸出すなわち顧客の口座に数字を記帳することが貨幣の創造になるのである。つまり「貨幣がまずあって，それが貸借されるのではなく，逆に貸借関係から貨幣が生まれてくる」。銀行は，集めたお金あるいは持っているお金以上に貸せるのであり，すなわち金融仲介機関ではなく信用創造機関なのである。

3）手形交換制度と経済活動

　手形交換制度を理解すると経済活動のいろいろな面が見えてくる。まず，いわゆる貸し渋りとは銀行にお金がないから起こるわけではないことが分かる。また，高額の現金強奪事件で奪われるお金がスーパーの売上や現金自動預け払い機への補充金などである理由も分かる。高額の企業間決済は現金では行われておらず，街中を現金形態で動いている大金は消費支出関連ぐらいしかないのである（逆に，脱税や賄賂などの「やましいお金」はバレないように現金で動くしかないので，高額の現金なのに落とし主が現れないという「事件」がしばしば起ることになる）。

　手形交換制度の理解は金融政策に関しても重要な意味をもつ。手形交換制度を踏まえれば，中央銀行が経済の外部から貨幣を増加させて景気拡大を図ろうとする外生的貨幣供給論（貨幣乗数アプローチ）は本末転倒であり，貨幣は市中銀行の信用供与によって初めて増加するものであることが明白となろう。

　手形交換制度はさらに，信用秩序維持，すなわちシステミック・リスクの回避が決定的に重要であることも示している。支払い不能が連鎖して決済システムが崩壊したら，帳簿上の数字はすべて虚構になってしまう。取付けが広がれば，優良銀行であっても顧客の預金に見合う現金など持っていないことが露呈する。なお，決済リスク回避志向の高まりから，現代では世界的な傾向として，一定時点までの請求を一括相殺して差額のみを清算する「時点・ネット決済」から，1件ごとに直ちに請求を行う「即時・グロス決済（RTGS）」へと移行している。いずれ手形交換も即時・グロス決済化されるかもしれない。

4. 国際通貨制度の展開

1) 国際金本位制──外国為替による決済

　本節では外国為替，外国為替市場，外国為替相場，国際通貨等がどのように生成・発展してきたのかを知ることによって，現代の国際決済を理解する力を身につけたい。

　17世紀初頭までの為替手形は，その手形を発生させた原取引の当事者たちの手を離れて流通することはほとんどなかったが，17世紀半ばに為替手形は原取引との関係を希薄化し，独立した債権として原取引の当事者以外の者へも譲渡され，転々流通するようになる（ロジャーズ［2011］）。これが国際決済にも大きな意味をもったのはいうまでもない。もっとも，本節で学ぼうとしている国際決済の基本は，ある程度統一された安定的な機構を前提にした方が理解しやすい。そこで，国際決済機構としては18世紀オランダのアムステルダム銀行を中心とするシステムも軽視すべきではないが，より本格的な世界的システムだったという意味で，ここではイギリスを中心とする世界的貿易構造を土台としてロンドンを中心とする決済機構が整備された国際金本位制（ポンド体制）を取り上げよう。これは，19世紀第4四半期から第一次大戦まで世界の決済を担った機構である。

　国際決済が必要なのは貿易のみではないが，まずは輸出代金の受取り方や輸入代金の支払い方を例にして外国為替による取引を理解しよう。図9-2に即して，まずイギリスの輸出代金の受け取り方から確認する。輸出者は品物を船積みし，アメリカの輸入者を債務者とする輸出手形（逆為替＝取立為替）を作成して，船荷証券・保険証券等々の証明書類を付けて銀行に持ち込む。このとき銀行が債務者の支払能力に不安を抱くことがないように，輸入者が自己の取引銀行に依頼して輸出側の銀行にあらかじめ送付しておくのが信用状（L/C）である。銀行が持ち込まれた手形を買い取れば（手形なので正確には「割り引けば」）輸出者は輸出代金を得る。輸出者は代金受取を完了し，銀行には手形（債権）が保有され，輸入者には債務が残っている状態となったのである。

　さて，では輸入者はどのようにしてその債務を支払うのだろうか。それを理解するにはアメリカ側に対イギリス輸出者を想定せねばならない。輸出者はイギリスの輸出者と同じように品物を船積みし，イギリスの輸入者を債務者とする輸出

手形を作成し，船荷証券・保険証券等々の証明書類を付けて銀行に持ち込む。銀行がその手形を割り引けば輸出者は代金の受取完了である。ただし，先のイギリスの輸出者は自国通貨であるポンド建てで手形を作成し，ポンドを受け取った。しかし，アメリカの輸出者は——ここではポンドが国際通貨の中でも

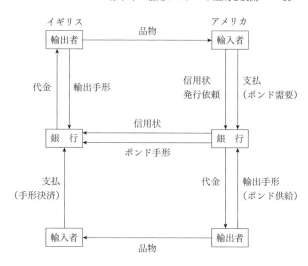

図9-2　貿易決済の基本的仕組み

もっとも強い力を持つ基軸通貨であるため——輸出契約をポンド建てで行い，手形もポンド建てなので，銀行にはポンドをドルで買ってもらうことになる。すなわち，外貨建て債権を売り，国内通貨を受け取るわけである。

　ここから，いくつかのことが生じる。まずアメリカの銀行は輸出手形を持ち込んできた顧客にドルを支払ってポンド建て手形（ポンド債権）を買い取ったのであるが，そのポンドはどうするのか。ここで前出のアメリカの輸入者の登場である。輸入者はイギリスの銀行にポンドを支払うためにポンドを求めて銀行へ来る。つまり，アメリカの銀行には輸出業者からポンドが供給され，輸入業者からポンドの需要がくるのである。そして一銀行の内部でポンド（外貨）需給が均衡しなければ，銀行は対顧客取引での過不足を補うために他の銀行に売買注文を出す（為替資金調整）。こうして，外為を売買する諸銀行とその仲立ちをする短資業者などにより構成される外国為替市場が生まれるのである。この場合はポンドが基軸通貨，英米間の貿易契約はポンド建てと想定しているので，アメリカ（基軸通貨国ではない方）に外為市場が形成され，外為相場が立つ。こうして成立した外為市場では，為替差損を回避するため各通貨について債権債務をバランスさせようとする為替持高調整のための取引も行われるようになる。

　以上のように国際決済を外為市場の次元で捉えることが出来るようになれば，

貿易収支赤字が自国外為相場の低下をもたらし，逆に黒字が上昇をもたらすことは簡単に理解できるだろう。さらに，貿易収支を国際収支に拡張して考えれば，国際収支と外為相場の関係も同様に分かるはずである。また，貿易黒字を「儲け」であるかのように，逆に貿易赤字を「損失」であるかのように誤解することもなくなる。黒字とは債権の形成に過ぎない。誰かにお金を貸してもそれ自体は「儲け」ではない。さらに，外為相場は1ドル＝100円なのにアメリカで1ドルのものが日本では150円だったりすることも，すなわち外為相場と通貨の国内での購買力にズレが生じる理由も見えてくる。外為相場は当該外為の需給関係で決まるだけであり，その通貨の購買力で決まるわけではないのである。

　さて，イギリスの輸入代金支払いの問題に戻ろう。アメリカの輸出者が振り出した輸出手形はアメリカの輸入者に買い取られ，アメリカの輸入者のポンド債務を決済するためにイギリスの銀行に送られてくる。その手形がイギリスの輸入者によって決済されるのである。ここに表れているように，基軸通貨国の輸入者は自国通貨で国際決済ができる。そしてこの仕組みには，輸出者にとっては品物が外国に着き，販売されてから支払ってもらう場合よりも何カ月も前に代金を受け取れる，輸入者にとっては販売収入が入った後に支払える，銀行にとっては手数料や割引料が入る，という意義があるのである。

　ただし以上の例ではイギリスの銀行やポンドは自国の輸出入に関与しているだけであるが，実はイギリスの金融機関は第三国間貿易にも関与していた。そこでその面に目を向けると，ロンドン金融市場やポンドのさらに幅広い機能が見えてくるだろう。実は国際金本位制下では，例えばアルゼンチンがアメリカへ牛肉を輸出する貿易においても，荷物はアメリカへ向かうが輸出手形はポンド建てでロンドン宛てに振り出される，という取引が広まっていた。なぜなら，当時のシティにおける中心勢力のひとつだったマーチャント・バンカー（引受商会）が手形引受業務を行っていたからである。ロスチャイルド，ベアリング，モルガン等々がロンドン宛て手形の支払を保証する業務を行っていたので，世界中の輸出入業者や金融機関はその引受信用を受けるためポンド建てのロンドン宛て手形を利用したのである。また，マーチャント・バンカーは引受手形をすぐにロンドン割引市場で売ることができたので，引受に伴う資金負担はほとんどなかった。ビル・ブローカー（割引商会）が活動するロンドン割引市場では，銀行が資金運用のため優良手形を求めていたのである。

イギリスと貿易する場合，ロンドンで貿易信用を受け，ロンドンで決済するためにはそこに預金口座が必要であるが，上述の第3国間貿易の例は，イギリスに無関係の貿易をしてもロンドンに預金口座が必要になることを示している。また，ポンドはイギリスに無関係の貿易の決済にも使われることを示している。それらは，ロンドン金融市場とポンドにどのような性格を付け加えるのだろうか。

2）国際金融市場と国際通貨

ロンドンで支払う必要がある顧客を抱えた各国の銀行はロンドンに拠点が要る。それは当初コルレス契約によって確保されたが，やがて各国の銀行自身がロンドンに進出するようになっていった。こうしてロンドンは文字通り国際金融市場となり，世界中から手形が集まってきて相殺される「世界の手形交換所」になったのである。したがって，ロンドンの金融機関は一定程度まで預金創出による信用供与が可能になった。すなわちイギリスの資本輸出は，国内に資金があるというだけでなく，ロンドンが信用授受および決済のセンターになり信用創造が可能であったことにも依っていたのである。

例えば日本政府は，戦費調達のためにロンドンで外債を発行して資金を集めても，それを日本へ持って帰りはしない。仮にアメリカから兵器を買う貿易がポンド建てでマーチャント・バンカーの引受信用を利用するとすれば，決済のためにはロンドンに置く口座に数字が入っていなければならない。だからロンドンにポンド建てで預金しておくのである。それゆえ，貸す側からすれば預金口座に数字を記帳すれば貸したことになるのである。信用供与によって貨幣が創られるのであり，だからこそロンドンは，単なる比喩としてではなく「世界の銀行」だったのである。

なお，この時のロンドン国際金融市場の役割としては，短資移動のセンターであることも挙げておかねばならない。ロンドンにポンドを保有しておくことがドル，フランなど他の外為との取引をするのにもっとも便利であり，ロンドンは金利裁定，為替資金調整，為替持高調整など諸々の短資取引のセンターになっているのである。メキシコ・ペソをインドネシア・ルピアに替えるのは簡単ではなくとも，ペソでポンドを買い，ポンドでルピアを買うのは容易であろう。ポンドは為替媒介通貨としても機能していたのである。

要するに，イギリスは巨大な工業生産力を築き，世界貿易に大きなシェアを占

め，輸出入の多くはポンド建てとなり，貿易信用もロンドンの金融機関が供与した。またポンドは第三国間貿易においても使われた。それゆえ受け取る者も支払う者もロンドンにポンド建て預金（ロンドン・バランス）を保有した。そして，そこで行われる各種の短資取引など貿易以外の外為取引もポンドを媒介にして行われるようになった。そうなれば各国当局も公的準備をポンド建てで保有するようになっていく。こうしてポンドは，貿易媒介通貨，為替媒介通貨，公的準備通貨になったのである。ロンドンの銀行に置かれたポンド建て預金が世界中の支払・受取に使われる。これが，ポンドが国際通貨，その中でも特に強力な基軸通貨になったということである。一般的にいえば，国際通貨（基軸通貨）とは「国際金融センターの銀行に置かれたセンター国通貨建て預金」なのである。

3）金本位制の再建と崩壊

　ところが，以上のような国際金本位制は第一次大戦によって崩壊する。それゆえ戦後には通貨体制再建が課題になるのだが，イギリスでは大戦末期から早期の金本位制復帰を目指す議論が行われており，1925 年にチャーチル蔵相が金本位制復帰を宣言する。ただし戦争中も法的には兌換は停止されていなかったので，「復帰」というのは厳密にいえば金輸出解禁を意味する。さらに，金貨による兌換を廃止して 400 オンスの延べ棒による兌換しか認めないとしたので，金貨本位制の廃止＝金地金本位制への移行でもあった。また，その理由の説明を繰り返すまでもなかろうが，この金本位復帰（再建金本位制）によって金準備による銀行券統制やポンド相場安定が実現したわけではなく，逆にポンド相場安定のために外為市場への介入（為替操作）が始まり，やがてポンドが信認を失うという事態に至った。「金本位制は銀行券を統制し，外為相場を金現送点の範囲内に安定させ，兌換によって通貨の信認を保つ」という，教科書に書かれていることはすべて虚構だと示しつつ，金本位制は 1931 年のポンド危機で放棄されたのである（金井［2004］）。

　1929 年のアメリカにおける恐慌から始まった世界大不況においては，多くの国がイギリスと同様に金本位制放棄に追い込まれていった。1930 年に復帰したばかりだった日本はイギリスと同じ 31 年に，アメリカは 33 年に，それぞれ金本位を停止した。また，これらの混乱に対処すべく 33 年に開催されたロンドン通貨経済会議が決裂したとき，いまだ金本位制に留まっていた諸国（フランス，オ

ランダ，スイス，ベルギー，イタリアなど）は金ブロックとしてその維持を図ったが，36 年の「三国通貨宣言」によりフランスは実質的に金本位制を離れ，オランダ，スイスもそれに続いた。ベルギーも為替安定基金こそ創設しなかったが「宣言」への参加を表明したし，イタリアも既に為替管理を導入していた。すなわち金ブロックも 36 年には事実上崩壊したのである。両大戦間期においてもさまざまな国際的調整が試みられはしたが，いずれも実質的成果を上げられず，結局通貨ブロックの形成が進み，最終的には第二次大戦に突入していったのは周知のとおりである。

4）IMF 体制

　1939 年に始まった第二次大戦がいまだ終わっていなかった 1944 年 7 月，アメリカのブレトンウッズに連合国 44 カ国の代表が集まり，戦後の国際通貨体制に関する会議が開催された。この連合国通貨金融会議（ブレトンウッズ会議）は，惨禍を繰り返さないよう安定した世界経済を構築するための話合いであったが，主要各国が戦後を睨んで抱いている思惑も絡み合って，交渉は簡単ではなかった。アメリカ代表ホワイトの「連合国安定基金案」に基づいて国際通貨基金（IMF）を設立する協定が採択されるまでには，少なからぬ原案修正作業が必要だったのである（金井［2014］）。

　IMF は加盟国に自国通貨のドル平価（または金平価）を登録させ，その上下 1 ％以内に釘づけする義務を課す固定相場制をとった。そして，加盟国からの出資による基金を用いて一時的な国際収支不均衡に苦しむ国への融資を任務としたが，過渡期において例外的に容認する場合を除いて，経常取引における為替管理は禁止した。実際には IMF 発足当初にはほとんどの通貨が為替管理下にあり，いわゆる交換性がなかったので，IMF の理念はすぐには実現しなかったが，ヨーロッパ主要諸国は 1958 年 12 月末に，日本は 60 年 7 月に，完全ではないが交換性を回復した。ともあれ，IMF 協定にはケインズの国際清算同盟案ほどの弾力性は組み込まれていなかったものの，主要資本主義諸国は緊縮政策の長期化や高失業率を回避し，1950 年代から 60 年代にかけて高度成長を実現したのである。

　ただし，IMF 体制（ブレトンウッズ体制）は，ほぼ確立したかに見えたまさにその頃に早くもドル危機を顕在化させ始めた。西欧や日本の復興，あるいは東西冷戦下での「援助」や軍事支出によって，アメリカの国際収支が悪化し始めたか

らである。1960 年 10 月にロンドン金市場において 1 オンス＝ 41.6 ドル（当時のドルの金平価は 35 ドル）の値がついたので，61 年に主要諸国によって金プール協定が結ばれて金価格鎮静化が図られたが，その後のさらなる金価格上昇圧力に耐え切れず，金プールは 68 年に崩壊した。結局，1971 年 8 月におけるアメリカ大統領ニクソンの一方的な金ドル交換停止宣言（ニクソン・ショック）に至ったのである。

　ニクソン・ショックの直後にはこれでドルは紙切れになるとの見方が広く示されたが，しかし今日に至るまでドルは基軸通貨の位置を保っている。しかも，ドルの基軸通貨性に関しては，為替媒介通貨機能のように兌換停止以降の方がむしろ強化された面さえある。ドルはニクソン・ショック以後も約 50 年にわたって紙切れにはなっておらず，仮に今後ドルが基軸通貨としての地位を弱体化させていくことがあるとしても，その原因を半世紀前の兌換停止に求めることは無理だろう。通貨の信認と兌換は無関係という，すでに他の多数の実例が示していることを，ドルについても改めて銘記しておきたい（岩野 ［1984］）。

おわりに——資本主義の金融化

　ニクソン・ショックの後には 1971 年 12 月に為替相場の多角的調整が試みられた（スミソニアン協定）ものの，73 年 2〜3 月頃なし崩し的に変動相場制が広がっていった。それは厳密には管理変動相場（dirty float）と呼ぶ方が実態に近いものかもしれないが，ともかく変動相場制になれば為替リスクや金利リスクが拡大するのは避けられず，それに対応すべくヘッジ取引，裁定取引はもとより，デリバティブ取引を含む投機的な取引が激増することになった。そして，変動相場制化に伴うそのような変化と密接に関わりつつ，国際金融市場においては，ユーロダラー取引の拡大，証券化（セキュリタイゼーション）の展開，そのための資金調達・供給を支えるいわゆるシャドーバンキング（投資銀行，証券会社，ヘッジファンド，証券化のための金融会社などの金融仲介業務）の膨張が進んだ。この事態を「資本主義の金融化」あるいは「金融化資本主義」として資本主義の新しい段階として捉える見解も現れているが（ラパヴィツァス ［2018］），段階云々はともかくとしても，「金融化」には確固たる現実があり，その中心は「実体経済と金融の乖離」である（国際銀行史研究会編 ［2018］）。

　「実体経済と金融の乖離」の分かりやすい例としては，今日の外為取引がある。1970 年代までは世界貿易の伸び率と国際通貨として保有されるドル残高の伸び率は概ね諧調していた。しかし，1980 年代前半に世界全体の輸入伸び率 1.7％に対してドル残高伸び率は 14.9％に達したのである。実体経済に関係しない外貨取引の増加を想定するしかないだろう。国際決済銀行（BIS）が 3 年ごとに行う調査によれば，世界の主要外為市場における 1 日の取引額は 2007 年が約 3 兆 3,000 億ドルであるが，同年の世界貿易総額（輸出ベース）は約 13 兆 8,000 億ドルである。したがって，貿易に伴って必要になる外為取引だけなら，外為市場は 4〜5 日分の取引さえすれば済む計算になる。もちろん，対外投資など貿易以外にも外為取引を伴う経済活動はあるが，その額はせいぜい貿易の半分程度であり，多めに見ても外為市場における取引の 2〜3 日分であろう。2016 年の外為市場 1 日の取引額は約 5 兆 1,000 億ドルに増えているが，同年の世界貿易額（輸出）は 15 兆 8,000 億ドルなので，貿易のために必要な外為取引は市場のほんの一部しか占めていないという傾向はさらに強まっている（2019 年については，現時点では世界貿易総額の確定値を示せないが，1 日の外為取引額は約 6 兆 6,000 億ドルである）。貿易，国際輸送サービス，外国旅行，資本輸出入など以外はすべて非実需外為取引であると決めつけられないが，現代の外為市場においては実需に基づく外為取引の比率が極端に低くなっていることは否定できまい。世界各地で日々行われている外為取引の圧倒的大部分は，必ずしも実際に外貨（外国為替）が必要ではないのに行われているのである。

　以上が「実体経済と金融の乖離」の一端である。忘れられがちであるが，金融取引はそれ自体として富を生むものではない。もちろん金融の機能によって現実の生産活動が促進されたり拡大したりすることはあり，そこにこそ新たな富の創造に貢献する金融の社会的意義がある。しかし，現実の生産とまったく接点がなく，金融の世界だけで完結しているような金融取引は 1 粒の米も 1 枚のシャツも生まない。その種の金融取引から収益を得る企業や個人にとっては意味があるとしても，その収益が他での損失から生じているのなら，既存の富の再分配（ゼロサム・ゲーム）が起こっているだけである。資本主義がそうした傾向を強めていくことに対しては早くから警鐘が鳴らされていたし（ストレンジ［1988］，ストレンジ［1999］），それを放置したら社会がどのようになったのかも，格差拡大など具体的に突きつけられるようになった（ドーア［2011］）。近年においては，例え

ば1997年のアジア通貨危機，2008年のリーマン・ショック，2009〜10年の欧州債務危機のような世界的金融危機が頻発するようになったが，それは偶然ではなく，資本主義における金融肥大化の必然的帰結であろう。つまり，実体経済が金融活動を動かすのではなく，金融が実体経済を振り回すようになった。緩和の一途をたどってきた金融活動への規制が再び強化される可能性もなくはないが，規制強化は，経営者の超高額報酬の抑制や企業経営のリスク管理の適切化等々だけでなく，金融の機能を豊かな社会の形成に結びつける方向を目指さなければならない。

♯ 解説 II-2

スーザン・ストレンジのカジノ資本主義論

　「西側世界の金融システムは急速に巨大なカジノ以外の何物でもなくなりつつある」。ストレンジは 1986 年，『カジノ資本主義』の冒頭でこのように述べ，アメリカ（合衆国）が手をこまねいているならば，システムの崩壊は避けられないと警告した。その後，さらに情報技術革新に依拠したデリバティブ取引等が爆発的に成長し，またそのグローバル化が急速に進展する一方で，アメリカを中心とする各国金融当局がこれを放置した結果，1997 年末までにカジノ資本主義はついに「狂気」のイメージとなるに至った（『マッド・マネー』）。翌年，ストレンジはこの世を去ったが，その後も金融市場は相次ぐ投機と危機とを繰り返し，ついに 2008 年アメリカ発世界金融危機を誘発した。国際政治経済学（国際関係論）が国際通貨（構造的権力）を，また国際経済学が「政治的」決定を，ともに軽視しているとストレンジは鋭く批判し，「カジノ」と化したグローバル市場経済が，1930 年代の世界大恐慌を再来させると警鐘を鳴らしたのであった。
　ストレンジは，もっぱら「関係的権力」（relational power）概念をもとに国際政治経済学（国際関係論）を組み立てる議論に対して，「構造的権力」（structural power）概念によってアメリカ支配（覇権）の持続を強調した。関係的権力とは軍事や経済などの物理的な力によって他国を強制するものであるが，構造的権力とは，安全・生産・金融・知識という 4 つの局面が相互に関連して国際政治経済の構造を形成・決定するものであり，ハード・パワーを行使することなしに他国の政治・経済・イデオロギーなどに影響を与える。生産の国際的相互依存（市場統合・グローバル化）が強まるほど，構造的権力の重要性は高まり，多国籍企業や市場の力は増大し，そして国家権力の支配は後退する。
　ストレンジは，相互不可分に結合する 4 局面のなかで，国際通貨・金融におけるアメリカの構造的権力を強調する点で際立っている。特に，固定為替相場制を一方的に放棄して 1973 年に変動為替相場制に移行してから，わずか 15 年程の間に世界経済の機能を司る基軸価格（為替相場，石油などの財価格，利子率）の不確実性と変動幅が大きくなり，これらの不確実性を回避しようと，先物為替やデリバティブなど多様な金融商品が開発され，爆発的に成長したのである。
　構造的権力をもつアメリカ政府は第二次世界大戦後の各歴史段階で，「市場と国家」との力のバランスのなかで，通貨金融システムの重大な決定（＝非決定）を行ってきた。これは，アメリカが対外競争力を低下させたためというよりも，むしろその圧倒的な金融市場を擁しているからであり，たとえ他国が協調的行動を拒否したとしても，支配的国家の非決定による影響を全体が被ることになる。他面で，それはアメリカだけが，国家権力を行使して市場の安定性を確保できる唯一つの国であることを意味している。
　経済体制の如何を問わず，生産的投資を重視するのであれば金融機関による信用（貨幣）創造とその流通を管理する制度，あるいは政治権力を必要とする。国家が自由な信用アクセスを制限すれば経済を停滞させる。しかし，信用制度を自由化することで信用の不用意な拡張を誘発し，経済の不安定性のリスクを高めて，金融恐慌（危機）を引き

起こしやすくする。19 世紀（1815〜1914 年）の国際社会は 18 世紀や第一次世界大戦後と比べて，金融構造でも安全保障でも相対的に安定していた。その主な理由は，本文で展開されているように，主要貿易国イギリスが通貨安定に努め，国際間の貿易や投資が安定した金本位制通貨ポンドで行われたことにあった。

　両大戦間期にイギリス主導の国際金本位制は崩れ去ったが，「覇権安定論」を説くキンドルバーガー［1982］が指摘するように，アメリカはその能力にもかかわらず，イギリスに代わり覇権国としての責任を果たす用意はできていなかった。さらに，ケインジアンもマネタリストもともに，世界大恐慌期にはアメリカの財政金融政策が金本位制の維持（通貨安定）に囚われていたと痛烈に批判するが，ストレンジはむしろ，英米両国の中央銀行当局が国際通貨安定の重要性を認識していた点に注目したのであった。

　第二次世界大戦後，開かれた自由な世界経済を標榜し，米英主導で構築された IMF 体制は，主要国通貨間の交換レートの管理に関する国際ルールを提供した。従来，この体制はヨーロッパや日本の復興によるアメリカの覇権の衰退や，石油ショックによる各国為替関係の混乱にアメリカ政府が対処し得なくなって，ついに崩壊（1971 年）したと説いてきた。しかし，こうした議論は IMF 体制とアメリカの衰退を過大評価したことによるものであって，IMF が現実に機能したのは 1958〜68 年のわずか 10 年ほどに過ぎなかった。ロバート・トリフィンがいち早く指摘したように，金交換性を前提にして初めて維持される通貨体制の限界は明白であった。さらに，アメリカ政府の銀行規制（金利や準備率規制，金利平衡税など）の外にユーロドル市場の成長を許すことで，世界経済に信用を供与する主要エンジンに点火し，同時に IMF 体制の放棄を余儀なくさせるインフレーションの種を播いたのである。

　金ドル交換停止は旧来の意味での「崩壊」ではなく，アメリカが固定為替相場の維持に必要な調整努力をしないこと，すなわちサボタージュの決定を意味したに過ぎない。しかも，ストレンジによれば，この政治的選択（非決定）は，アメリカが銀行と金融市場に関して行った国内政策の決定であった。ドルは確かに，この決定によって国際収支赤字を調整することなしに通貨供給を拡大する特権を失った。しかし，他方で，すでにドルは便利さと規制のなさ，そして「多くの人がそれを使えば使うほど，他の人々もそれを使わねばならない」（ストレンジ［1988］）存在となった。すなわち，ドルは国際通貨としての地位を侵食されるどころか，外貨準備や国際貿易取引だけでなく，諸通貨間の取引を媒介する通貨（為替媒介通貨〔vehicle currency〕）としても使用されることになり，いわゆる「ドル（紙幣）本位制」が出現したのである。

　固定為替相場制が放棄された後，外国為替市場は，ある国の経常収支の状態よりもインフレ抑制に成功するかどうかの見通し，そしてアメリカの金融政策の変更に左右されるようになり，為替相場は国際金融市場での短期資金の動きによって決定されることになった。ドル本位制下の金融構造は不確実性と激しい為替変動が常態となり，その結果，他の主要な経済指標もまた激しい変動に晒されたため，各国の政府も企業も銀行も，各種先物取引によってリスクをカバーせざるを得ない状況が一般化した。1980 年代に入ると，為替や金利などの金融先物取引が商品先物市場を凌駕するようになった。金融市場の活況は金融取引における技術革新を刺激して新金融商品を登場させ，通貨や金利な

どのスワップやオプション取引，信用デリバティブ（CDS）などのデリバティブ取引が爆発的に成長したのである——1995 年 3 月の 26 カ国のデリバティブ契約の未決済額は世界の総生産の 2 倍，47.5 兆ドル（ストレンジ [1999]）に達した。

　金融市場の不安定性と投機的取引の爆発的拡大に対して，アメリカ政府も主要国の金融当局もまた規制緩和（非決定）の道を選択した。金融市場における規制緩和は，しかし，アメリカの主流派経済学者らの期待に反して，競争の強化を通じて効率の増加を導くことはなかった。なぜなら，銀行は製造企業などと違って，ユーロ市場や他銀行から同一価格で調達した資金を「原料」に，ほぼ同一のサービスを販売するからである。そのため，銀行が競争や効率性を過度に追求した場合，過大なリスクを引き受けて巨額の不良債権を抱えることになる。「銀行業界での競争でもっとも利益のあがる（成功する）銀行とは最大のリスクを引き受ける会社」（ストレンジ [1994]）なのである。

　金融システムの不安定とそれがもたらす過剰な投機が，世界経済に及ぼす深刻な打撃に処方箋はあるのだろうか。キンドルバーガー [2004] は過剰な投機やバブルを引き起こす行動の合理性と不合理性を強調し，明示的な対策はないとした。ストレンジによれば，国際協定や国際機関には限界があるため，もっとも活発で世界最大の金融市場をもつアメリカが国際銀行の業務を規制し，また国際的な最後の貸し手としての役割を果たすことができる唯一の国である。アメリカが自らの利益にもとづいて規制に乗り出し，ヨーロッパがアメリカを突き上げる以外にない。しかし，「カジノを冷やす」には時計の針を 1950 年代に戻してユーロ市場を完全に閉鎖するか，現状のままで「何とか凌ぐ」しかないのであるが，そのいずれにも希望を見出せなかった。

　ストレンジは「多分マネーが本当に，今よりもずっと，もっとマッドでバッドになって初めて，経験によって私たちの選好は変化し，政治が変わることだろう」と突き放した。世界大恐慌以来の未曽有の金融危機やコロナ危機に直面して，カジノ資本主義に終止符を打つために「新しい種類の政治組織」を創案し，機能させる機会の模索は続いている。しかし，「危機」とはそれを通り越しさえできれば，快方に向かうことを意味するならば，根本的改革は再び先送りされることもある。それゆえ，ストレンジ [1999] は「経済史を含む歴史こそ，知識人の不遜を矯正する」と付記せざるを得なかったのであろう。

（須藤　功）

【参考文献】スーザン・ストレンジ [1988]『カジノ資本主義——国際金融恐慌の政治経済学』小林襄治訳，岩波書店（原著 1986 年）

　　　　　スーザン・ストレンジ [1994]『国際政治経済学入門——国家と市場』西川潤／佐藤元彦訳，東洋経済新報社（原著 1988 年）

　　　　　スーザン・ストレンジ [1999]『マッド・マネー——世紀末のカジノ資本主義』櫻井公人他訳，岩波書店（原著 1998 年）

　　　　　C. P. キンドルバーガー [1982]『大不況下の世界——1929-1939』石崎昭彦／木村一朗訳，東京大学出版会（原著 1973 年）

　　　　　C. P. キンドルバーガー [2004]『熱狂，恐慌，崩壊——金融恐慌の歴史』吉野俊彦／八木甫訳，日本経済新聞社（原著 1978 年）

第10章　市場の発達とその応用
——経営活動の組織化

はじめに

　テーマ編第8, 9章は現実世界に即して市場経済の展開にともなう論点を深めてきたが，第10～13章では市場機能そのもののコントロールを目指す取り組みをやや理念的な視角から深める。市場システムは社会のごく一部で最初は始まったが，その機能が優れていたため，社会のあらゆる分野で市場取引が行われるようになった。さまざまな商品が市場で取引され，商品だけでなく労働力や土地といった商品を生産するのに必要な要素も市場で取引されるに至った。そうした市場での取引が公正かつ公平に行われるには，その市場に参加する人々が取引に必要な情報を平等にもち，取引に必要な程度の貨幣を多数の参加者がもつことが必要であるが，現実にはなかなかそうはいかない。例えば商品市場では，誰もが直ちに使い方の判る商品であればよいが，使用説明書があっても一見しては使い方の判りにくい新商品もあるし，外見ではその商品の素材がまったく判らないものもある。労働市場でも，人を採用する際に，その人の能力や技能は一見しただけでは判らないことがほとんどである。土地についても，以前はどのように利用されていたかを，更地になった後ではなかなか判別しにくいものである。

　このように，市場取引は必ずしも常に効率的に機能するわけではなく，高いリスクをともなうこともあり，市場の参加者は取引の際にできるだけ取引対象の情報を得ようと努めるであろう。市場システムが社会に浸透すればするほど取引の際に必要な情報は大量かつ複雑になり，その費用を節約するため，互いに情報を共有しているもの同士で，できるだけ取引を完結させることを目指すに至る。

そのような内部取
引を，1 回限りではな
く恒常的に行うため
に，経済活動主体の
組織化が進められる。
ここで念頭におく経
済活動主体の組織は，
複数の構成員（メンバ
ー）からなり，個々の
構成員が得た情報を
組織が共有し，各構
成員の人生の充足度
を高めるように組織
として経済活動を行

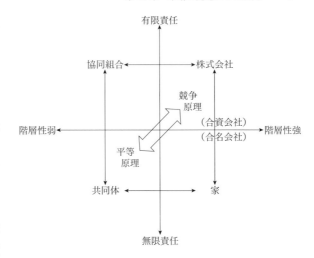

図 10-1　経営組織概念図

う。それを合理的に行うことが経営で，本章ではそうした組織を経営組織と呼ぶ。

　そして経営組織は複数の構成員からなるため，組織内での構成員同士の関係性がその組織の性格を決めることとなる。その関係性を，階層性の有無と責任分担のあり方の 2 つを軸に，4 つに整理したいと思う（図 10-1）。

　第一は，階層性があり，かつ責任者が構成員の人生に対して無限の責任を負う組織である。複数の構成員の間の利害を調整したり情報を管理するには，責任者をおいた方が円滑に機能することが多いので，組織には上下関係が生じやすい。また責任者が構成員の人生に対して無限の責任を負うのであれば，個々の構成員が上下関係を容認しやすくもあるので，比較的この形態の経営組織は数多く見られ，家族経営がその代表的な形態と考えられる。

　ただし，組織の規模が大きくて，責任者が構成員全員の人生に対して無限の責任を負うのが困難な場合は，責任者の責任の範囲を限定しなければ組織として成立しなくなる。むろん，責任者の負う責任が限定されたもの（有限責任）となれば，個々の構成員の責任者への信頼は，無限責任の場合と比べて少なく，限定的なものとなるが，そうした緊張関係のなかで経営活動が行われる組織が第二の形態であり，会社経営がその代表的な形態と考えられる。

　会社には，おおまかにいって所有者（株主）・使用者・労働者が存在し，所有

者は所有株式金額の範囲でしか会社の存続に責任は負わず，使用者は会社に悪意をもって損害を与えない限り，会社の存続に責任を負う必要はない。そして労働者は，労働の対価としての賃金の請求権しか会社に対しては請求し得ない。このように，会社組織は権利・義務関係が明確化されており，それゆえ人々が安心して出資でき，社会的資金を集中して大規模な経営活動を行えた。

　一方，階層性になじまない経営活動を行う組織もある。例えば，生産活動のなかでも農業のように田植えや稲刈りのような特定の時期に多数の人手がかかり，通常は家族経営で可能であるが，特定の時期に共同作業が必要になる場合は，その共同作業を円滑に行うために複数の家族組織を包括するさらに大きな組織が必要となる。歴史的には，生産力水準が低い段階では，これらの共同作業が必要な局面が多く，隣接場所に集住する複数の家族組織がさらに大きな共同体組織を形成する場合が一般的であった。これが第三の形態で，共同作業の性格上，共同体組織には上下関係はあまりなく，構成員の合議で経営の意思決定が行われることが多かった。そのかわり共同体は，構成員全員の労働で構成員全員の人生を守る以上，労働ができなくなった構成員の人生に対しても責任を負い，共同体によって老人の介護や障害者の扶助，そして親を亡くした子供の養育が行われた。

　そうした共同体のもつ理念を組合組織に応用して，階層性のない組織を社会的に拡大する試みも行われている。その代表例が生活協同組合などに代表される協同組合であり，そこでは自由な意思で加入した組合員から選ばれた代表が，合議で協同組合の経営の意思決定を行い，各組合員は出資金の範囲でしか協同組合の存続に責任は負わない仕組みであった。つまり，階層性はあまりなく，かつ有限責任であり，これらを第四の形態と考えたい。

　このように経営組織の形態を4つに区分し，上下関係が強く階層性のある組織と，構成員の地位が比較的平等で階層性のない組織とにわけてそれぞれの経営活動の歴史的展開を概観したい。

1.　上下関係の強い経営組織

　組織には階層性が生じやすく，組織的な経営形態として，組織の長が組織の構成員に対して無限責任を負う家族経営と，有限責任を負う会社経営が代表的な事例として挙げられるので，本節では，家族組織の経営活動と会社組織の経営活動

の歴史的展開を押さえて，家族組織と会社組織との関係について考察する。

1 ）家族組織の経営活動

　人間の経済活動の端緒である生産や物々交換は，原始・古代社会では共同体あるいは家族を単位として行われていたと想定され，市場経済が社会に浸透するにつれ，それに相応しい大規模な経営活動を行う組織として組織の長の責任の範囲を明確化した大規模組織である会社や協同組合が登場するようになった。

　家族組織での経営は，農林水産業・工業・商業とあらゆる分野で行われ，少数の家族以外の構成員も擬似家族形態をとりつつ家族に含めた多様な家族経営形態が行われるに至った。そこでの擬似家族形態とは，経営組織の長を家長，そこで働く者を家族として，働く者は組織の長のもつ家長的権限に従う一方で，組織の長はそこで働く者を家族の一員としてその生活のあらゆる面を賄うことにより，経営組織としての規律が保たれる経営形態であり，商家の奉公人制度や工場主の徒弟制度をその代表的な事例として挙げることができる。また，こうした商家経営と家族的工場生産が結合した問屋制家内工業も，会社組織ができる以前の生産のあり方として広く行われた。農林水産業でも生産力の低い段階では，家族以外の構成員を家内奉公人として含む擬似家族形態での経営組織が家長制的大家族経営として形成されたが，生産性が向上するにつれて，本来の家族のみで再生産が可能になり，家内奉公人らが自立して家族経営を行うようになった。

　会社組織ができる以前の前近代社会では，家族規模の小農民経営や擬似家族形態の商家経営，問屋制家内工業が経営組織の中心を担ったが，ここではその後の会社組織への展開と大きく関連する商家経営と問屋制家内工業を取り上げる。

　商家は，経済活動の流通面を中心的に担ったが，商業活動は，生産を行うための手段（機械・原料・土地）が本来的には不要であり，生産活動に比べれば活動資金が少なくてすみ，従事する働き手も少なくてすむ。そのため，家族形態での商業組織は広く存在し，現在でも家族経営の小売商は広く残っている。しかし，市場経済の発達は商業活動の範囲を拡大させ，商業組織の働き手の行動範囲を広げることとなった。生産活動を主に行う組織であれば，働き場所は工場や土地に制約されて固定化する傾向にあるが，商業組織の働き手の活動範囲は取引場所によって非常に広範囲に及び，商業活動を円滑に行うためには，それぞれの働き手に組織の長がもつ商業取引にかかわる権限を委譲する必要が生じる。それゆえ，

商業組織は個々の働き手に規律を守らせるためにも働き手への教育と組織への忠誠心を喚起させることが重要となり，例えば日本では，商家の店員教育システムと擬似家族形態での組織化が行われた（安岡／千本［1995］）。

　ここでは，商家が10歳前後の子供を雇い，店に住まわせ，衣食を賄いつつ店員教育を行い，10代後半に成人させて手代（店員）とする仕組みを手代制度としておくが，雇われた子供は職場のみでなく生活圏を経営主の家族とともにすることで，組織への帰属意識を高めることとなる。さらに経営主は生活全般の面倒を見ることで子供・手代との間に擬似親子関係を形成し，子供が成人して手代になり，世帯をもって別に家を構える場合も経営主の許可と資金援助のもとに行われたため，独立後の擬似本家分家関係のなかに存在することとなった。

　このように擬似家族関係を形成して働き手の組織への帰属意識を高めた商家には，流通のみでなく生産過程へ進出するものも多く，家内工業形態と結び付き，20世紀初頭の日本の織物業では，その生産のかなりの部分が問屋制家内工業で行われていた（谷本［1998］）。問屋制家内工業による織物生産は，問屋が家に原料糸を前渡しし，その糸を家内副業で織った織物を引き渡して原料糸代を清算する形で行われ，それを集荷した問屋が織物を販売して，次のサイクルの原料糸を購入したのであった。家は問屋から原料糸を受け取って織物を織ったため，原料糸を受け取った問屋に織物を販売する必要があり，取引相手が固定化されたことによって問屋に対する交渉力は相対的に弱かったが，織った織物は必ず問屋が引き取ってくれるため，製品が売れないリスクを負う必要はなかった。こうした問屋と家との相互依存関係が，問屋制家内工業生産の安定的な継続につながった。

　一方，問屋が自ら工場を所有して職人を雇い，生産過程に進出した場合もあり，マニュファクチュアと呼ばれる工場制生産が繊維産業などではある程度見られた。そこまで生産規模が大きくなく，ごく数名の職人を雇い，手代制度と同様に擬似家族関係を形成して家内工業生産に従事させる問屋制中小工業も広範に存在していた。そこでは，経営主の家族と店員と職人が生活圏を同じくすることで，家組織への帰属意識を高めつつ経営を行い，都市中小機械工業のようなクラフト的生産で広く見られた（黄［1992］）。

　家組織の経営にとって，構成員の家への帰属意識を高めるためにも，その家の伝統的業種を家業と位置付け，その継続へ強い意志を喚起することは大切であるが，それが逆に，経営環境の変化への対応を遅らせ，経営の継続性に負の影響を

与えることも往々にしてあった。特に製造業を家業として行っていた家組織は，生産設備を無駄にしないためにも生産の継続に強い意欲を示すことが多かったと考えられるが，商家の場合には，商業を家業と考える傾向が強く，扱う商品については経営環境の変化に応じて，弾力的に変化させることが多かったと考えられる。また，こうした家業を継続することによってその家の家業に無形の財である「のれん」が付加される場合もあり，短期的には損失が生じる場合でも，家業を継続することで長期的にはその家業の付加価値が高まった場合もあった。

2）会社組織の経営活動

　前近代の社会でも，経済活動の担い手が共同で資金を出し合って経営組織を作り，得た利益を出資金の割合に応じて配分して得ることは行われていたが，その場合の出資者は匿名性の高い多数の人々ではなく，互いに顔見知りで信用のおける相手同士であった（大塚［1954］）。しかし，近代的な産業技術が開発され，それを用いて大規模に生産を行うに至ると，顔見知りの人々による共同出資では操業資金をまかなえなくなり，不特定多数の出資者を募る必要が生まれた。その場合，少額でもよいから多数の出資者を集めるために，出資の最小単位を「1 株」として，株数に応じて出資額が決まり，株数に応じて利益配当を受けることとなり，その権利証としての株券が発行されることとなった。

　このようにして，株券の所有者である株主を共同の所有者とする会社組織が形成され，会社の基本的な経営方針は，所有者の会合である株主総会で決定された。日本では，会社の負債に対する株主の責任範囲によって，会社組織は合名会社・合資会社・株式会社・有限会社と区分されてきたが，合名・合資会社は，少数の株主でも会社組織として認められた反面，会社の負債に対して主要株主が無限の責任を負うため，会社の経営規模の拡大に基本的には向かなかった。そのため，株主が出資金の範囲でしか会社の負債に対して責任を負わない（有限責任）ことで，匿名性の高い多数の人々からの出資を可能にした株式会社形態が広く採られるに至り，中小企業でも，次第に有限責任制が導入された（高村［1996］）。

　このように株式会社制度は，経営規模の拡大に相応しい組織形態として導入されるに至ったが，その後の経営規模の拡大は，その事業部門そのものの規模を拡大する方向，その事業部門に関連する隣接事業部門へ進出する方向，もともとの事業部門と関連のない部門へ新規参入する方向の 3 つの方向で進められた。

　事業部門の拡大は，新規に工場や店舗を設立するなどの設備投資で進められることが多いが，同業者同士による会社合併や買収により，急激に事業部門を拡大させることもよく行われる。同業部門の結び付きの意味で，これらを水平結合と呼ぶが，経営規模を拡大させて規模の経済性を働かせることで，営業単位当たりのコストを削減したり，また市場占有率を増大して，自社にとってより有利な市場価格を付けることで寡占利益を得ることを目的として行われることが多い。ただし，このような経営戦略が歴史的にどのような産業部門でも行われてきたわけではなく，うまく機能した場合もそうでなかった場合もあった。一般に規模の経済性は，巨大な装置産業に働くと考えられるが，巨大な装置を導入しても，その装置を十分に稼動させるための原料・燃料・人材が確保できなければ，稼働率は減少するし，稼動させても，市場への供給が過剰になり売れ残ったり価格が下落したりすれば，生産性上昇による単位当たりのコスト低下を活かせなくなる。

　また会社合併・買収による事業規模の拡大は，それだけでは既存の設備の工場数や店舗数が増大するだけに過ぎず，既存の工場・店舗の改廃や設備更新を行って初めてコスト削減につながる。それぞれの生産物に応じて，工場当たりの最適生産規模があったと考えられ，やみくもにひとつの工場を拡張すればよいわけではなく，原料調達・製品販売の側面からも，最適生産規模の工場を複数もつようになる。その意味で，そうした複数の工場を所有しているような巨大会社同士の合併・買収は，そのことで規模の経済性を働かせるよりも，市場占有率を増大して，価格支配力を強めることに意義があったといえる。実際，20世紀初頭の日本では，複数の工場を所有する巨大な綿紡績会社同士の合併が相次ぎ，第一次世界大戦期には5つの大きな綿紡績会社に収斂することとなった（高村［1971］）。

　こうした生産設備の拡大や会社合併による多数の工場の所有は，原料・燃料調達や製品販売がうまくいくことで初めてそのメリットが生ずるため，巨大会社ほど，物流面での戦略が重要となる。それゆえ，次の段階として巨大会社による原料・燃料部門，製品販売部門，輸送部門などへの進出が見られる。その場合，それまでの主要取引相手を系列化したり，子会社化することで，自社の意向を通す方向が考えられるが，より直裁に合併・買収や新事業部の設立などで，完全に自社内に取り込むことも考えられる。物の流れに沿って，原料調達・輸送・生産・製品販売を統合することから，こうした経営戦略は垂直統合と呼ばれ，垂直統合によって生産の流れを安定させ，市場の不確実性を回避して，製品販売市場

における価格支配力を強めることが可能となる（チャンドラー Jr.［1979］）。

　ただし，垂直統合は必ずしも巨大製造会社のみのものではない。原料供給会社が製造・輸送部門に進出する場合や，製品販売会社が製造・輸送部門に進出する場合もある。いずれも，モノの流れをコントロールすることによる安定した利益の確保と，価格支配力を強める点は共通しており，「物流戦略」といってよい。

　このようにして，水平結合と垂直統合は，織物の縦糸と横糸のように絡み合って，歴史的に会社の経営戦略の中核を担ってきた。産業技術との関連では，前近代までは輸送技術の不安定性が商品流通の問題点となっており，それを克服するために商業活動と輸送活動を兼業するような垂直統合が見られたが，近代に入り汽船・鉄道など輸送技術の発達と大規模な製造機械の登場により，商業活動と輸送活動と生産活動の分業が広く浸透して垂直統合は後景に退いた。それに代わり，生産活動の発達にともなう水平結合が経営戦略の焦点となり，そのなかで成立した巨大製造会社による物流戦略，それに対抗する巨大商業会社による生産部門への参入のなかで，現代は再び垂直統合が経営戦略の焦点となっている。

　水平結合や垂直統合により巨大な蓄積をした会社が，もともとの事業部門と無関係な部門に新規参入する場合もある。巨大会社はその部門が将来発展するであろうとの見通しをもって幼稚産業の段階から参入したり，その部門の先発会社が成功の見通しをつけたことでその部門の成長が明確になってから，追随者として参入したりする。後発者が追随するまでの時間差による先発者の利益を重視するか，参入当初からある程度確立した技術を利用できる後発者の利益を重視するかで，新規参入のタイミングは決まり，非関連部門への参入は，そのリスクを会社本体に及ぼさないために，子会社の新設の形で行われることが多い。

　ただし，巨大会社になればなるほど，より多くの余裕資金を利用し得ると考えられ，リスク分散を図るためにタイミングをずらしながらさまざまな分野に参入することも可能であり，リスクの大きい非関連部門への参入からも会社グループ全体としては安定的な利益を得られるに至る。こうして互いに無関係な多くの分野に傘下会社を抱える巨大な会社複合体であるコングロマリットが形成され，政府が自国の幼稚産業の育成のために，巨大会社の幼稚産業への参入を保護・奨励したことがその傾向に拍車をかけ，それらの巨大企業では，ますます組織化が進展し，官僚制的な組織資本主義が成立した（コッカ［1992］）。

3）家族組織と会社組織

　会社組織には設立当初から不特定多数の出資者を募ったものもあれば，擬似家族組織で経営を拡大しつつ会社組織に転換したものもある。ここでは，後者のパターンをもとに，家族組織から会社組織への転換にともなう問題を考察する。

　一般に擬似家族経営では，働く人は家族で，家族は生活を共にするものとの認識があり，働く場所と生活する場所が一体化していた。そのため，収益を得るための支出（営業費）と生活のための支出（家計）は一体として行われ，収益性を図る指標となる営業費は判らなかった。こうしたコスト意識の欠如が経営戦略を困難にし，擬似家族経営体が，働く人の生活の面倒まで見る代わりに，賃金を払わなかったり，払っても少額であったため，働く人の将来の独立への意欲は高かったものの，労働そのものへのインセンティブはあまり起こらなかった。そのことが，経営規模拡大への障害となったが，会社組織の広範な成立は，擬似家族経営体にも働く人を労働者と位置付け，労働への対価として賃金を支払い，営業費を家計と分離して，収益性を把握させるに至った。政府も，封建社会の地代中心の税体系から，営業や所得に課税する税体系へ転換させ，納税のために擬似家族経営でも純益を計算する必要が生じ，家計収支と営業収支の分離が図られた。

　そのことは，家計を維持する人と営業を維持する人が分離可能になったことを意味し，擬似家族経営においても専門経営者の導入が可能となった。特に，近世日本では，三井家などの巨大商家で，専門的な営業人の支配人や番頭が，経営体所有者の家族から権限をある程度委譲され，営業の実務を担い，擬似家族経営が拡大して，奉公人の組織化・規律化が進み，会社組織の導入を容易にする社会環境が作られた（西坂［2006］）。そして近代日本では，限られた出資者からなる合名・合資会社が，家業を会社化する形で多数設立された（中西［2019］）。

　会社組織を導入して経営規模を拡大した擬似家族経営は，会社設立時から広く出資者を募って開業した株式会社と異なり，擬似家族が会社の所有者である株主になったため，会社の意思決定に，所有者である家族（株主）と専門的な経営者である会社役員がどのように関与するかの問題が生じた。そして，会社組織が大きくなり多角化を進める際に，所有家族の資本力のみでは新会社設立は不可能で，比較的少数の資本が多数の会社を所有可能とする持株会社制度が採用され，所有家族が持株会社の株を所有し，持株会社が傘下の子会社の株を所有し，傘下の子会社がさらに孫会社の株を所有するコンツェルン形態がとられた。

　このような，多角化した多数の企業群を持株会社株の独占的な所有によって家族が支配している経営体は財閥と呼ばれるが，傘下の企業群が多くなればなるほど財閥の意思決定システムは複雑になり，所有家族と専門経営者の権限関係は問題となった。例えば，所有家族は株主なので短期的には配当を要求したが，専門経営者は会社を成長させるためには収益を配当ではなく内部留保に回して新たな設備投資を行った方がよいと判断する場合もあった。また経営規模拡大のために増資が必要な際に，所有家族に増資払込を行う資力がなかった場合は，市場で株式を発行して社会的資金を導入することを専門経営者は考えたであろうが，それは所有家族の持株比率を低めることになるので，所有家族が反対することもあった（法政大学産業情報センター／橋本／武田編［1992］）。

　家長＝経営者に権限が集中した集権的な家族経営と，株主と専門経営者に権限が分散した分権的な会社経営では，組織原理が異なり，大規模経営組織の代表例であった財閥では，この両方の原理の狭間で意思決定システムは揺れていた。もちろん趨勢としては，多角化が進めば進むほど，所有家族のみの資金力では対応し得なくなり，社会的資金を部分的に導入することで分権的意思決定システムに移行したが（安岡［1998］），持株会社株の独占的な所有が残されている限り，最終的な意思決定権は所有家族が握り続けたといえよう。

　そしてアジア諸国では，特定の家族・同族が企業や事業体の所有と経営の双方を支配し，それらが生み出す果実を独占的に得るファミリービジネスが，国民経済の規模拡大や工業化の進展とともにますます巨大化した（末廣［2000］［2006］）。こうしたファミリービジネスが巨大化し，多角化したものが財閥ともいえるが，ファミリービジネス型の財閥がアジア諸国の工業化の主たる担い手となり，自らの事業多角化戦略を通じてそれらの国の産業構造の高度化に貢献した。

2. 比較的平等な経営組織

　組織には，階層性になじまない経営活動を行うために，構成員の地位が比較的平等な組織もある。その代表的な事例として共同体と協同組合を取り上げる。

1）共同体の成立と展開

　通史編で概観したように，人間の経済活動の端緒である生産や物々交換を行う

際に，個々人や個々の家の生産力が低い段階では，生産や物々交換を複数の個人や家の共同で行うことが望ましい場合が多い。特に，農林水産業では，田植え・稲刈り・狩猟・漁獲など特定の時期に多数の人手がかかり，共同作業が必要なため，隣接場所に集住する家族組織が共同体組織を形成した。その結果，共同体を単位とする村落が各地に形成され，また，農林水産業から離れて商工業を行うようになった人々が主に集住して形成された都市でも，都市機能の維持のために共同作業は必要で，都市共同体が形成されるに至った（大塚［2000］）。

　共同作業を円滑に行うために，共同性を可能な限り堅持し，上下関係をできるだけ排除することが村落共同体の組織原理となる。その原則からいえば，生産手段である土地や漁場，道具類はすべて共有が望ましいが，それを貫くと労働へのインセンティブが減少するため，努力に応じてある程度報われる仕組みを取り入れつつ，上下関係をできるだけ排除することが村落共同体をうまく機能させる要点となる。そのため，一般に村落共同体では土地や漁場の一部を共有地・共有漁場として構成員が平等に利用し得る余地を残しつつ，各家が占有できる土地・漁場などを分配することが多い。むろん，自然条件によって土地・漁場に生産性の高低があるため，耕地割替制のように，占有できる場所を固定化せずに，一定期間ごとに交代させることが行われることもある。それとともに，田植えのような共同作業が必要な時期は，各家の占有耕地を順番に共同で田植えをする。

　こうして村落共同体は，働けなくなった構成員や親を亡くした子供も含めて構成員の生活を共同体全体で保障するとともに，努力の結果占有した耕地からの収穫物が多ければ，それを販売して富を蓄積できる余地を残した。富を蓄積できる機会は，構成員に平等に与えられるべきで，耕地の占有場所の決定は，構成員の合議で決定されたと考えられる。ただし，共同体の決め事に違反した構成員に対しては，共同性を維持するために，追放などの厳しい処置がとられた。村落共同体のこうした自立性は，国家が形成されても活かされ，封建制のもとでは，村落共同体の自治をある程度認める間接的統治が行われる場合が多かった。

　一方，商工業に従事する人々が村落共同体から離れて流通拠点などに集住すると都市が形成され，生産にかかわる共同作業は都市では少なかったものの，都市のなかでの居住条件に優劣があり，治安などの問題もあって，共同性をある程度維持しつつ都市住民の生活を都市全体で保障する必要に迫られた。都市では村落ほどには生産手段と土地が結び付いておらず，商工業の性格から営業権の配分が

重要であり，それが構成員の合議で決定されたと考えられる。ただし，多様な業種の家が同じ区域に居住した場合は，同業者の共同性と同区域居住者の共同性の論理が錯綜して，十分に利害調整が図られない可能性が高かった。その場合，営業権が富の蓄積に大きくかかわり，同業者による共同体が都市の内部に複数形成された。都市規模の拡大とともに，同業組合と地域共同体が複雑に絡み合って，都市全体の共同性は確保されにくくなり，それら部分共同体の代表者の利害調整によって，都市の自治が行われるに至った（エネン［1987］）。

2）協同組合の成立と展開

　前述のように共同性は，都市共同体のように構成員の多様性と匿名性が高まると，維持するのが困難になるが，構成員の地位が比較的平等なことに共鳴する人々も多く，村落や都市のような狭い地域ではなく，共同体のもつ理念を組合に応用して，上下関係のない組織を社会的に拡大する試みも行われた。それが協同組合運動で，歴史的には 3 つの質の異なる協同組合が形成されてきた（松村／中川［1985］）。第一に，資本主義の成立期に資本制的企業の圧迫によって生業経営が困難になった小生産者が，生業を維持するために結成した小生産者協同組合がある。第二に，資本制的企業のなかでも，資本主義の発達とともに階層分化が生じ，中小企業等の小資本は生業経営が困難になり，生業を維持するために小資本協同組合を結成する。そして第三に，資本主義社会の展開とともに社会問題化した賃労働者の貧窮への対処の一形態として結成された生活協同組合がある。

　このうち，小生産者協同組合と小資本協同組合は，生産において共同性を活かした対応を目指すのに対し，生活協同組合は消費において共同性を活かした対応を目指している。そこで，協同組合を生産にかかわる産業組合と，消費にかかわる生活協同組合の 2 つに区分して概略する。

　産業組合の目的は，小生産者や小資本の収入や収益の確保にあり，単に生産活動を共同で行うのみでなく，生産手段を共同所有したり，原材料・肥料を共同で購入したり，生産物を共同で販売したり，組合員の預金を運用して金融を行うなど，生産・流通・信用など経営にかかわること全般に関与していた。

　歴史的には，資本主義の展開によって小生産者や小資本家が没落の危険に直面した際に，小生産者や小資本家の協同組合が必要とされ，資本主義先進国であったイギリスで始まり，ドイツやフランスで普及した。フランスでは小生産者の，

ドイツでは小資本家の協同組合が普及し，日本では 1930 年前後の昭和恐慌のなかで農業経営が打撃を受けるとともに，産業組合運動が広がり，第二次世界大戦後につながる農業協同組合の原型の産業組合が各地で設立された（北出［2014］）。

　産業組合は，生産に必要な原材料・燃料・肥料等の購買機能の協同化に始まり，生産物の販売機能の協同化へ進み，零細資金の相互利用による金融機能の協同化へと深化した。また，高額の機械設備など組合員単独での所有が困難な場合は，それらを共同所有して順番に利用することも行われた。なお労働へのインセンティブを保つため，土地の個人所有とそこでの生産物の個人所有の理念を，資本主義社会の産業組合は残していたが，社会主義国では，ソ連のコルホーズや中華人民共和国の合作社のように，生産全体の協同化まで進み，土地や生産物は集団所有とされた。ただし，生産全体の協同化は，生産性の拡大とともに組合員間の利害調整が困難となり，弱体化することが多かった。

　一方，生活協同組合は，資本主義の発達とともに低賃金で働く労働者が急増したことを背景に，生活必需品の組合員への安定的な供給を図ることを目的として多数の労働者の出資を得て設立された。世界で最初に成功した協同組合としてイギリスのロッチデール公正先駆者組合が挙げられるが，そこで実行された内容がロッチデール原則として後に協同組合の理念とされた。すなわち，①民主主義の原則（組合の意思決定は，組合員の代表から組織される代議員会で議決されるが，代議員を選ぶ権利は出資額にかかわらず，組合員一人一票），②開かれた組合員制度（加入・脱退の自由），③出資に対して最低の利子のみ支払い，④組合の利用額（購買額）に応じた配当，⑤値引きせず市価で販売，⑥掛け売りせず現金取引，⑦良質な商品を正確な計量で販売，⑧教育の重視，⑨政治的・宗教的中立である（中川／杉本編［2012］）。このうち一人一票の原則は，株式会社と大きく異なり，株式会社が出資額に応じて株主総会の議決権が付与されるため，大株主支配が貫徹するのに対し，生活協同組合では，同額出資の多数の組合員の合議という意思決定プロセスが尊重される。この組織原理を活かすために日本の生活協同組合では，組合員は地域ごとに構成された班に所属し，班ごとに商品の共同購入を行うことが推奨されている（野村／生田／川口編［1986］）。ただし利益配当については出資者の組合員のみでなく，生活協同組合で働く人々や地域住民にも還元すべきとの考えも根強い。そうした人々も含めて協同組合のステークホルダー（利害関係者）ととらえ，地域社会との関係を重視して「公益」の追求をいかに図るか

が問われている（小木曽／向井／兼子編［2013]）。

3）共同体と協同組合

　共同体は，前資本主義社会の基本的な社会構成単位であり，資本主義社会への移行とともに共同体は解体するとの説がある。趨勢としては，資本主義社会になり共同体の理念は弱体化したと思われるものの，農業など資本主義的生産になじまない産業もあり，農村では，依然として共同作業が重要な意味をもっている。また，協同組合を設立して共同性を維持することで，資本主義社会で生じた社会矛盾を克服しようとする試みも広く行われている。そこで，共同性が現代社会にもった意義を簡単に考察したい（梅津／小野塚編［2018]）。

　本章の冒頭で，市場が発達するとともに情報の偏在が顕著になり，それを克服するために経営活動の組織化が進められることを述べた。組織化は多かれ少なかれ個人の自由な行動を抑制するものであり，個人の利害よりも各個人が属する組織の利害が優先されることが多い。むろん，組織の利害と個人の利害が完全に一致していれば，組織の構成員はまったく不満なく，組織の意思決定に従うであろうが，基本的に資本主義社会は個人の自由な活動を容認することで成長した社会であるので，各個人の競争原理を基本とせざるを得ない。

　ただし，競争の結果，組織的＝集団的対応をしないと生存そのものが脅かされる人々が生じた際には，それらの人々は個人の自由な活動を自ら制限してでも集団的対応をとるであろう。その集団的対応が共同性によって確保されるとすれば，その集団の構成員は個人的利害よりも集団の利害を優先させ，そこに競争原理に代わる共同性原理が資本主義社会でも存続する根拠が生まれた。

　しかし，その共同性は社会環境の変化によって，現代社会では維持するのが困難となっている。社会環境の変化として，産業構造の転換と生活様式の多様化を考察する。産業構造は，資本主義の発展とともに趨勢として，農業中心から工業中心へ，軽工業中心から重工業中心へ，製造業中心から情報産業中心へ，と転換してきたといえるが，これにともない生産面での共同作業の必要性は急速に減少し，職場における非正規雇用の派遣社員の比重の増大とともに労働者の匿名性が高まっている。そのことは，消費面でも生活者の連帯感を失わせ，共同購入を中心とする生活協同組合の存在意義を失わせつつある。その中で，日本の生活協同組合は労働者の生活維持から消費者の食の安全に重点を移し，独自の検査基準を

設けて，高価であるが安全なものを供給することに力を入れている。

　生活様式の多様化もまた共同性の維持を困難にする大きな要因である。共同性は，ある程度の差異は認めつつも，標準化・平等化を価値規範としていたと考えられる。しかし，そうした標準化・平等化を人々が受け入れ難いほどに現代の生活様式は多様化しつつある。購買行動のみでなく，生活時間の使い方にも個人の自由が主張され，通常は潜在化している共同性を発揮する場としての冠婚葬祭も，地域単位で行われずに，自由な個人の集合として行われるようなり，共同性そのものが社会規範として機能しなくなったように見える。

　ただし，そうした多様な生活様式を守るためにも，共同性を復権させる必要があることも忘れてはならない。物的・金銭的な格差社会の是正は，市場の組織化と規制によって図られるべきであろうが，心の格差社会の是正を，競争原理の抑制のみで図ることは困難である。それには，共同性が本来もっていた標準化・平等化の価値規範を理念として再び蘇らせることが大切になると思われる。

3. 経営組織間のネットワーク

　図 10-1 に戻ると，市場取引の要素をより多く含んだ株式会社が競争原理が強く，その要素が弱い共同体は平等原理が強い世界であったと考えられる。しかし競争原理のみの社会も平等原理のみの社会も，その維持に多数の構成員の合意を取りつけるのは難しく，現実の経営組織は，複数の同質もしくは異質の経営組織の相互関係のなかで活動していた。本節はその相互関係を取り上げるが，それら諸関係は現実の多様な社会環境のなかで，独自の様相を示すことになったので，ここでは日本に即して具体的事例をいくつか紹介する。

1）経営組織と業界

　典型的な経営組織である会社は，事業を円滑に進めるために同業会社間の利害調整組織を結成することが多い。いわゆる業界団体と呼ばれるもので，生産量・販売価格などを調整して全体として市場取引をその業界に有利な方向に導いたり，その業界の利害を政府に陳情するなどの役割を果たしている。

　生産量の調整では，近代日本で大日本紡績連合会加盟の紡績各社が行った操業短縮（操短）が著名である（橋本／武田編 [1985]）。日本の産業革命においても

っとも早期に機械制大工場生産が一般化したのは，綿紡績業であり，綿紡績会社はたびたび綿糸の国内供給過剰による綿糸価格低落に直面した。それに対し綿紡績各社は，加盟する大日本紡績連合会の調整のもとに，共同で減産して市場供給量を減らし，綿糸価格上昇を図ることとした。むろん減産は，機械設備の稼働率低下につながり，短期的には会社に打撃を与えることになるため，大日本紡績連合会は共同行為への違反者への制裁規定を設けて，操業短縮を実効性あるものとした。大日本紡績連合会は，断続的に操業短縮を実施することで市場価格支配力を確保し，紡績独占体と呼ばれるように，少数の大紡績会社が大日本紡績連合会という業界団体を通して，綿紡績業全体を支配するに至った。ただし，その後大紡績会社間の競争が，綿糸価格低落を利用した販路拡大の形で行われると，操業短縮は行われなくなり，業界団体内の協調は成立しなくなった。

　このような業界団体が主要産業で成立して，各業界で価格協定・生産協定・販売協定などのカルテル活動が行われ始め，大企業が経済を動かす体制が整えられたが，1929 年の世界恐慌以降，恐慌からの回復を目指して資本主義各国政府が，業界団体のカルテル活動に介入するに至り，業界団体の目指す独占的価格に対して，公益重視の視点から抑制がかけられ始めた。例えば，原材料・燃料生産部門の協定価格が，その原材料・燃料をもとに製造する部門を圧迫しないように政府の介入で低く抑えられた。業界の統制力は，業界加盟各社の利害対立と政府の介入により，次第に弱まったのである（橋本［1984]）。

2 ） 経営組織と財界

　一方，業界を横断的に組織された経営者団体もある。日本では，中小商工業者中心の商業会議所，銀行業者の銀行倶楽部，および工業資本家を代表する団体として 1917 年に結成された日本工業倶楽部が，1920 年代の有力な経済団体として鼎立し，世話役を担った有力経済人のもとに，22 年の日本経済連盟会の結成などを通じてそれらが「財界」として組織化された（松浦［2002]）。ただし図 10-2 のように，1910 年代後半から 20 年代日本の「財界」は，大企業中心の日本工業倶楽部・日本経済連盟会と中小商工業者中心の商業会議所が反目し合っていた。しかし，1929 年からの昭和恐慌により両者ともに打撃を受けたなかで連帯感が生じ，日本経済連盟会会長と日本商工会議所会頭を郷が兼ねたことで「財界」の人的ネットワークはより強固になった。つまり財界は，政治的組織化によって議

会へ進出するのではなく，人的ネットワークを整備することで，政府や社会に政治的影響力を行使した。その後，第二次世界大戦期にかけて人的ネットワークにもとづく権力核として財界は政治の場面でも非公式に機能したが，第二次世界大戦後の高度成長期に，財界4団体を中心とする団体交渉のシステムが成立すると，「財界」はそれら経営者団体の活動の「場」を意味するに至った。

　現代の日本では，財界4団体のうち経済団体連合会と日本経営者団体連盟が2002年に統合して日本経済団体連合会となったことで，労使問題を専門としてきた日本経営者団体連盟は事実上解散することとなった。経営側が力をつけて個別に労使関係に対応するようになり，財界世話役を担う人もいなくなり，財界の統合力は低下している。しかし，資本の活動の国際化が進むなかで，一国の枠に止まらない財界の役割が新たに要請されていることも事実であり，その意味で財界は現在，再編の苦しみの只中にあるといえよう。

3）共同体連合と協同組合連合

　上下関係のあまりない共同体や協同組合も，それらが連合してその共同性を拡張することは歴史上よく生じた。例えば，村落共同体が単独で自給自足を達成して自立することは難しく，共同体のなかでの分業が，共同体間の分業に広がり，複数の村落共同体で同一の地域経済圏を形成するようになる。したがって，地域利害を代表するため，複数の村落共同体が連合して支配権力と対峙することはよく見られた。例えば，19世紀前半の日本では，畿内農村の物価高騰に際して，畿内の村連合が物価統制を求めて支配権力に大規模な訴えを起こすことがあり，それは封建的支配者の領域を越える広がりをもった（藪田［1992］）。

　協同組合も，事業とともにその理念を広めるための社会運動を第三世界も含めて世界中に展開している（バーチャル［1999］）。特に，消費者運動は，生活協同組合の事業と密接に関連し，日本でも生活協同組合が全国消費者団体連絡会の中心的担い手となり，共同購入・情報提供・消費者教育・告発などの成果を挙げている。しかし，前述のように協同組合の基盤が生活様式の多様化とともに揺らいでいる現代では，地域社会との連携を深め，地域文化再生・創造などの新たな活動領域を開拓する必要があろう（田中［2008］）。

① 20世紀初頭

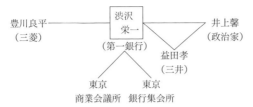

② 1910年代後半〜20年代

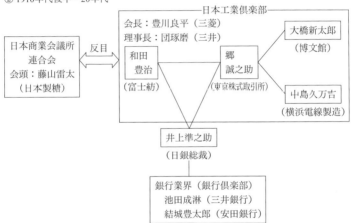

② 1930年代

図 10-2　20世紀前半の日本の財界

出所）松浦正孝［2002］『財界の政治経済史』東京大学出版会，第 2・3 章より作成。

注）□で囲った人物は財界世話業を行った人。財界世話業の定義は，松浦正孝［2002］序章を参照。

おわりに

　ある人が，ある財を販売して対価を得たい場合，その人が満足する対価をその財に対して支払ってくれる相手を探す手段として，おおまかにいって市場と組織がある。市場を媒介すれば，交渉相手を見つけることは容易であるが，交渉相手の匿名性が高まれば高まるほど，契約成立後に確実に対価を払ってくれる信用度は低くなる。一方，生活圏・職場圏などを同じくする組織の構成員同士であれば，交渉相手の信用度は高まる一方で，交渉相手の母集団が小さいため，望んだ対価を支払ってくれる相手を見つけることは容易ではない。

　このように，市場取引と組織内取引は互いにメリットとデメリットがあり，現実の多くの取引では，この両者の性格をあわせもった中間的な形態で行われたと考えられる。市場取引においては価格交渉のみでなく交渉相手の信用調査が重視され，組織内取引においては母集団の小ささを克服するため組織間ネットワークを広げて，交渉相手の母集団を拡大する試みは常に行われてきた。その意味で，市場と組織は，経済活動を効果的に行うために互いに補完・代替関係にあったといえよう。市場と組織の補完・代替関係は，主と従が固定した関係ではなく，歴史的な社会環境によって主となる取引形態が交代しつつ，両者が併存して進められたと考えられる。例えば，家長制複合大家族や共同体が経済活動を担う主要な単位であった時代においては，複合大家族や共同体などの組織が経済活動の成果の交換において重要な役割を果たしたであろうし，それらがある程度解体して新たな組織として会社が社会の大部分を形成する組織となるまでの間は，市場が経済活動の成果の交換において重要な役割を果たしたであろう。

　その後，資本主義社会では会社が社会を構成する組織の中心を占めたが，基本的に会社は生活圏と合致せず，会社の構成員となるか否かは契約によって自由意志で決まる組織であった。それゆえ複合大家族や共同体に比較すれば，会社の構成員の組織への求心力は小さく，市場取引の要素をより多く含んだ組織となり，会社の経営活動ではある程度の母集団の広さから見た市場取引の要素とある程度の信用力から見た組織内取引の要素を組み合わせた組織間取引が広く行われた。

　このような組織間取引は，経済活動を永続させるための理想的形態に見えるが，現実には組織間取引にも大きな問題は残されている。ひとつは，組織化の進みす

ぎにより情報の偏在が顕著になったことである。それにより，各組織が本来なら獲得し得た対価のかなりの部分を失う可能性が高まった。また，そのことが逆に，望んだ対価での取引を得るために過度に匿名性を高めた取引を望む人々を生み出し，リスクの高いインターネット取引が急速に普及することになった。そのどちらもが，ある程度の匿名性とある程度の信用度の上に成り立つ市場取引の望ましいあり方とは離れており，そのような状況を克服するために市場の秩序化が進められたが，その歴史的プロセスは次章で述べることとしたい。

解説 II-3

チャンドラーとシュンペーター

ここでは，「企業者」・「経営者」および「組織」の問題に関して，シュンペーターとチャンドラーの議論を取り上げる。

シュンペーターは，経済発展の解明を，発展のない状態（静態）から始めている。この状態を理論的に徹底させると，そこには利潤が存在し得なくなる。ここで諸概念の基礎を固めたうえで，経済発展，すなわち経済の軌道の変化（動態）を論じる。動態においては，「新結合」（のちには「革新」と呼ぶ）が行われる必要がある。この概念は，① 新しい製品，または新しい品質の製品の生産，② 新しい生産方法の導入，③ 新しい販路の開拓，④ 原料あるいは半製品の新しい供給源の獲得，⑤ 新しい組織の実現，という 5 つの場合を指している。そして，それを実行する者を「企業者」とした（シュムペーター［1977］：原著第一版 1912 年）。企業者は，革新によって企業者利潤を手にすることができるが，後続の経営との競争により，最終的にこの利潤は消滅する。このように革新が，内部から経済構造を革命化する過程を「創造的破壊」（creative destruction）と呼んでいる。シュンペーターは，「創造的破壊」の連続こそが資本主義的経済発展の本質であるとした（シュムペーター［1995］：原著第一版 1942 年）。

ただし，こうした企業者の活動が永続的なものと考えられていたわけではなかった。資本主義は，その長期的な発展のなかで独占的大企業と独占組織を生みだす。シュンペーターは，独占が，完全競争よりも生産量極大化のためには有利なものであり，また経済進歩の促進者であると考えていた。他方で，独占的な大企業組織のもとにおいて，研究・開発のような革新は日常業務化されていく。

同時にこの過程において，資本主義的経済発展の原動力であった企業者機能は，無用化されるようになる。また，このことはブルジョアジーの経済的地盤を掘り崩し，その擁護階層を追放し，敵対的な関係をつくりだす。こうして，資本主義は自らの発展によって，その体制を崩壊させ，社会主義へと移行していくと予見した。

シュンペーターは，最晩年を含め，数度にわたってアメリカ合衆国に在住している。彼の主たる活動期（20 世紀前半）におけるアメリカ合衆国経済の変化が，その理論の重要な背景となっていることは間違いない。これに対し，シュンペーターの没後，19世紀末以降におけるアメリカ合衆国の大量生産・大量販売体制を観察し，大企業組織の成立を経営史的に説明したのがチャンドラーであった。

まず彼は，19 世紀末以降におけるアメリカ合衆国の大企業組織を概観し，この時点における経営階層組織の出現の原因，およびその変遷について説明することを試み，成功している。これより以前の時期におけるアメリカ合衆国企業は，単一の製造所・営業所のみによる事業活動が中心であった。他方，アメリカ合衆国の大企業は，当該期に販売部門や原材料部門へと進出（垂直統合）することによって，製品の販売や，原料・中間財の調達も自ら行う複数事業単位企業・複数職能企業へと変化していく。垂直統合という戦略が採用されるのは，大量生産・大量販売時代の到来という市場と技術の変化に

より，「規模の経済」を実現しうるような，垂直統合を有利とする条件が整ったためである。

　企業内に複数事業単位と複数職能を擁するようになると，その内部において財・資金・人材を，有効に配置しなければならなくなる。垂直統合を主たる要因とする，このような管理上の問題を解決するために，企業内部における経営資源の流れを統轄し，調整し，監視する組織が必要となる。これが経営階層組織（managerial hierarchy）であり，その典型としてあげられるのが，職能別部門制組織である。当該期以前における，市場の「見えざる手」によって調整されていた単一の製造所・営業所からなる企業は，組織という「見える手」（visible hand）によって調整される，現代に連なる大企業へと変貌した。単一製品の大量生産・大量販売によって「規模の経済」を追求するかぎりにおいては，当初採用された「集権的複数職能制組織」が適合していた。しかし，第一次世界大戦期以降，アメリカ合衆国の大企業が地理的な拡大，および製品の多様化によって成長することで，従来の体制ではひずみが大きくなり，「分権的複数事業部制組織」が構築されるようになる。チャンドラーは，こうした戦略と組織の関係を「組織は戦略に従う」という言葉で表現している。

　階層的経営組織を採用することによって，組織内における高度な管理的調整の必要が生じる。この必要が，まずミドルの専門俸給経営者（professional salaried manager）を，さらにはトップの専門俸給経営者を登場させた。この専門俸給経営者は，短期的な利潤の極大化よりも，企業の長期的な安定と成長に有利な経営政策を選好する。こうして，専門俸給経営者によって運営される企業，すなわち「経営者企業」（managerial enterprise）の出現，および制覇により，アメリカ合衆国において経営者資本主義が成立すること，そして長期的な経済発展が達成されたことが示された（チャンドラー［1979］：原著 1977 年）。

　その後，チャンドラー［1993］（原著 1990 年）では，1880～1940 年代にかけてのアメリカ合衆国・イギリス・ドイツにおける経営組織の推移について，比較しつつ論じている。イギリス・ドイツの観察によっても，上述した垂直統合から経営者企業出現までの因果関係が同様に検出できること，また経営者企業が，それ以外の類型の企業活動よりも優れており，そのために普遍性をもつことを確認している（ただし，特にその国際比較分析に関しては，強い批判も存在することに留意する必要がある。ハンナ／和田［2001］を参照）。

　本書においてチャンドラーは，一回限りの「革新」よりも，その後における投資こそが重要な意味をもつと表現している。「革新」が企業において成功し，一国の経済や産業に大きなインパクトを与えるようになるためには，その後において生産や流通に投資し，原材料の調達から製品の販売までの過程を企業内に統合しなければならない。さらに統合の結果生じた複雑な管理職能を円滑に遂行するために，マネジメントに大規模な投資を実施し，企業の「組織能力」（organizational capability）を高めなければならない。組織能力とは，「企業内部で組織化された物的設備と人的スキルの集合」であり，これが「企業の絶えざる成長のための源泉，すなわち原動力」を提供している。

　ここにおいて，経済的に重要な存在は，「革新」を行ったパイオニア企業ではなく，

競争上の優位を達成するために必要な生産・流通・マネジメントに大規模な投資（「三つ又投資」と呼ばれる）を行った「一番手企業」（first mover）ということになり，彼らが競争上の優位を獲得する。パイオニア企業であっても，三つ又投資を怠れば，一番手企業となることはできない（例えば，多くのイギリス企業）。

　現代においては，社会主義への移行の問題はほぼ消滅しており，また大企業組織一般についても問題が指摘されるようになり，代替的なシステム（例えば，クラフト型生産組織など）が注目を集めている。しかし，経済体制の大きな変化に際する，企業者の役割を考える上で（シュンペーター），また，「常に変化する外部環境と組織や戦略との複雑な相互関係」を考える上で（チャンドラー），いまだに両者から学ぶべき点は多いといえよう。　　　　　　　　　　　　　　　　　　　　　　　　　　　（北澤　満）

【参考文献】シュムペーター［1977］『経済発展の理論（上・下）』塩野谷祐一／中山伊知郎／東畑精一訳，岩波文庫

シュムペーター［1995］『新装版 資本主義・社会主義・民主主義』中山伊知郎／東畑精一訳，東洋経済新報社

アルフレッド・D. チャンドラー Jr.［1979］『経営者の時代（上・下）』鳥羽欽一郎・小林袈裟治訳，東洋経済新報社

アルフレッド・D. チャンドラー Jr.［1993］『スケール・アンド・スコープ』安部悦生／川辺信雄／工藤章／西牟田祐二／日高千景／山口一臣訳，有斐閣

レズリー・ハンナ／和田一夫［2001］『見えざる手の反逆』有斐閣

第 *11* 章　市場の失敗とその克服
——経済活動の秩序化

はじめに

　前章で述べてきたように，市場経済が発達するとともに，市場取引にともなう費用を節約するために，多様な組織が形成されて組織内の取引が活発になったが，そうした組織内の取引は，組織の内の経済主体と組織の外の経済主体がもつ情報にかなりのギャップをもたらし，市場での取引が公正かつ公平に行われない可能性が高まった。例えば，メーカーである A 社が原料を調達する場合に，本来は購入したい原料の単価と品質や納期などの情報が不特定多数の取引相手に公開されて，そのなかから最適の取引相手が選択されることが市場の原理からは望ましいが，情報公開と取引相手を選別する費用を考えると，結果的に特定の少数の取引相手からの原料購入が続くことが多い。取引相手の側も，安定した納入先を確保するために，A 社へ納入している少数の会社で組織を作り，取引にともなって知り得た情報を組織内でのみ共有して，A 社が組織外の取引相手から原料を購入しようとする行動を制約するような協調的行動をとる場合もある。

　このように，市場の組織化はそれが行き過ぎると本来の市場の機能を損なうようにもなり，そのため市場の機能を回復させることが，市場経済社会にとって組織化の次なる課題となった。とはいえ，いったん組織化が進んだ市場経済を，組織が未発達な古典的な市場経済に戻すことは困難で，取引にともなう費用を節約するためにもある程度の組織化は必要である（ウィリアムソン［1980］）。問題は，組織化が進んだ段階で，各組織が市場の原理に反する行動を行わないように，いかにさせるかであり，そのひとつの方策として，市場を各局面に区分してそのな

かで競争機能が働く市場を構築する試みが進められた。つまり，A社が特定少数の取引相手から原料を購入しても，その特定少数の取引相手間で競争機能が働くような市場の回復が目指され，そうした試みを本章では市場の秩序化と呼ぶ。

　ここで，秩序について簡単に説明したい。秩序というと，法体系（前近代では支配権力の意思）にもとづいて社会的に固定化された枠組みが一般的に想定されるが，本章で論ずる秩序は，経済的な法体系や支配権力の意思による枠組みだけでなく，経済主体間の取引のあり方を規律づける経済的慣習やその取引に参加する経済主体が自発的に創り上げた規範も含む広い概念である。このような概念は，ノースらによって「制度」として位置付けられたものでもある（ノース［1994］）。ただし，「制度」は研究史においてさまざまな定義で用いられてきたので，ここではより中立的な概念である「秩序」を用いる。そして，本章での市場の秩序化は，支配権力の意思・法体系・経済的慣習・自発的規範などにより，ある市場への参加者を調整するとともにその市場のなかでの競争機能を働かせ，そうした部分的に公正かつ公平な取引が維持された市場の集合体として，市場経済の機能を回復させる試みを意味する。

　市場の秩序化の事例として，地主＝小作関係を取り上げてみる。農業においては耕地所有者（地主）が耕作者に耕地を貸して，耕地借入者（小作人）が耕地の賃貸料を地主に支払って農業経営を行う地主制が歴史的に広く行われ，近代日本では地主制における賃貸料（小作料）率の高さが問題とされてきた。それについて，高率の小作料は耕地の供給量が需要量より過少なための現象で，通常は小作料率が不当に高ければ，小作希望者が減少して小作料率は適切な水準まで下落するが，近代日本では，都市での労働需要が少なく，農村に過剰労働力が滞留したため，市場機能が働いていても小作料率は高かったとする考え方がある（大内［1969］）。また，小作料率の高さの要因を，近世来の慣習に由来する地主の小作人に対する支配権，小作人の耕作権を保護する法体系の未整備，大多数の小作人に参政権がなかったことなど小作人の社会的地位の極端な低さに求める考え方もあり（石井［1991］），地主＝小作契約に市場機能は働いていなかったともいえる。

　また，小作料が収穫量の一定割合の現物納であれば，気候などによる収穫量の増減のリスクを地主と小作人の両方が負い，農産物価格の変動に関しても，小作人が肥料など生産的消費財の価格変動のリスクを，地主が生産物の価格変動のリスクをそれぞれ負うため，地主＝小作関係を単なる支配＝被支配関係で捉えるべ

きでないとする考え方もある（岡崎 [2005]）。とはいえ，小作料率の高さが小作人の生活を長期間にわたって脅かし，それが社会問題化した現実を見れば，市場機能の限界は認めざるを得ず，市場の秩序化が必要となろう。

　そうした市場の秩序化の試みは，市場への参加者の経済活動を制約することにつながるが，それを試みる担い手は，支配権力や政府の場合もあれば，取引を行っている経済主体自身の場合もあり，そのような試みが進められやすい経済活動もあれば，そうでない経済活動もある。歴史的には，自給自足経済から商品経済への転換とともに生産面での組織化が進められて，生産を行う経済主体の数が消費を行う経済主体の数より相対的に少なくなってきており，組織化にともなう問題も，まず生産面で顕在化した。よって経済活動の秩序化の試みも，生産面で始まり，それが流通面へ，そして消費面へと進んできたと考えられる。現代は，大量消費が環境問題とかかわらせて重要な社会問題となっており，消費面での経済活動の秩序化が，緊急の課題となっているといえよう。

　そこで本章では，経済活動を生産・流通・消費の次元に区分して，それぞれでどのように経済活動が制約されて，市場の秩序化が図られてきたかを考察したい。その場合，ある経済活動分野へあまりに多くの参入者が存在すると無秩序化が生じやすいので，担い手や活動範囲をいかに制限するかが要点となった。

1. 生産面での経済活動の制約

　生産面での秩序化は，社会全体の生産活動から生じる富を効率よく自らの手中に収めようとする支配権力側の発想から始められた。その場合支配権力は，生産活動を行う担い手を制限し，生産し得る物を制限し，生産方式も制限することで，生産者の経済活動を限定的なものとさせ，その生産活動から得られる富の量をかなり正確に把握することによって，そこから生じる富のうち，再生産を阻害しない程度にもっとも多くの量を貢租として徴収することを目指した。むろん，生産活動を行った経済主体側には，その秩序を維持するインセンティブは低いため，支配権力が創造した経済秩序は，長期間にわたり強権的にそれを維持することは困難であり，支配権力の交替や被支配者の反発によって改変されることとなり，最終的には法体系によって，生産活動から得られる富の量の把握とそれら富のある程度公正な分配が図られた。その歴史的変容を，生産者の制限・生産対象物の

制限・生産方法の制限を軸としてまとめたい。

1) 生産者の制限

　人類は，もともと狩猟採集生活を行っていたが，食料確保の不安定性を克服するため，農耕牧畜が開始されたと考えられる。農耕牧畜をすべて1人で行うのは難しく，複数の人々が分担して共同で同じ場所での生産を行うようになった。そうした共同体と共同体の競争のなかから強い共同体が弱い共同体を飲み込みつつ大きな国家が形成され，支配階層が形成されるに至った。支配階層は，被支配階層からの貢納物で生活することが可能となり，生産活動から離れ，生産者が社会のなかで限られる存在となった。例えば，古代ギリシアの都市国家においては，共和政が行われて民主国家が成立したかに見えるが，共和政の主体となった都市国家の市民は支配階層としてあまり生産活動を行わず，市民の生活を支えたのは，市民よりはるかに多かった奴隷の生産活動による生産物であった。

　ただし，奴隷の生産活動に頼ることは支配階層の弱点ともなった。なぜなら，古代奴隷制のもとでは奴隷は家族をもつことが許されず，奴隷の再生産が行われないため，奴隷獲得のために異民族の征服が恒常的に必要となり，奴隷供給の不安定性が国家の存立を揺るがし続けたからである。一方，新たな生産技術・道具の発達は農業生産性を上昇させ，奴隷自身の自立心も喚起し，奴隷の反乱が頻発するとともに奴隷出身者が支配者となるなどの事態も生じ，支配階層は，奴隷にもある程度の財産の保有を認め，奴隷が家族をもち，奴隷を再生産できるような秩序へと移行させた。それが農奴制で，農奴は土地を私有できず，領主に年貢を納めたが，農具を所有して家族をもち，家として継続することが可能となった。

　その段階に至れば，家としての技術伝習が行われ，それぞれの家が技術伝習した分野を家業として継続して営めることとなる。そうした社会的分業により貢納量が増大する可能性は高く，支配階層も，ある程度の社会的分業は容認したといえる。ただし，社会的分業の進展は，ある生産活動への新規参入者を恒常的に生み出し，既存の生産者と新規参入者との激しい競争が生ずる。それがプラスに働き，その生産部門の生産が拡大して貢納量が増えればよいが，それがマイナスに働き，既存の生産者と新規参入者が共倒れになる可能性もあり，その競争のなかで支配階層を脅かすような巨大な生産者が登場することも好ましくない。そこに，自らの地位を守りたい既存の生産者と安定した貢納量を確保したい支配階層との

思惑が一致して，生産の担い手（生産者）の制限が行われるようになる。

　その場合，ヨーロッパの自治都市では，既存の生産者自身が自治を担う市民として自発的に生産の担い手を制限して参入障壁を高くするツンフト組織を形成し（エネン［1987］），一方日本では，既存の生産者が自発的に形成した仲間を支配階層が追認し，冥加金を徴収する代わりにその部門の営業の独占権を認める株仲間へと展開した（宮本［1938］）。経済主体が自発的に形成した秩序が政治の場で権威付けられ，強い規制力をもつに至ったのである。

　ただし，その強い規制力が新規参入希望者に強い不満を抱かせることとなり，それが反体制運動へとつながることで，支配階層が武力で生産者を支配していた体制は崩れ，近代社会へと転換する。そこでは，基本的人権として営業の自由が認められ，誰もが自由に生産活動に従事し得ることが法的に認められるに至った。

2）生産対象物の制限

　法的に営業の自由が認められたとしても，現実に誰もが自由に自分の行いたい生産活動を行えたわけではない。農業を行うには耕地が必要であり，漁業を行うには漁場を確保する漁業権を取得する必要がある。誰が何を生産できるかは，前近代社会では土地所有権をもつ支配階層により恣意的に決められたが，近代社会では支配＝被支配関係が理念として崩され，土地所有権がすべての人々に基本的に開放されたため，ある生産物を生産するための生産手段の所有者が，その生産物の生産を行えることとなった。

　もっとも，生産手段の所有者はその生産手段を別の人に貸して賃貸料を取得する方法もあり，生産手段の貸借が明示的に認められた近代社会では，生産者が生産手段を借りて生産活動を行うことが広く行われた。つまり，近代以降の社会では，生産手段を所有したり，生産手段を賃借する資金力が，営業の自由を確保するためにもっとも必要となったのである。

　とすれば，逆の問題が生じ，資金力のある担い手が生産手段を独占的に所有した場合に，営業の自由が阻害されることとなり，市場機構はうまく機能しない。耕地や漁場のようにかなり広範に存在し，少数の担い手がそれらを独占的に所有することが困難な生産手段であれば，政府がその所有関係に強く介入する必要はないが，鉱山のように限られた生産手段の場合は，それが特定の担い手に独占的に所有されて独占的高価格が付けられたり，販売先が恣意的に決められることで，

その鉱産物を原料とする生産者などが大きな不利益を蒙る場合が多い。また，近代日本のように重工業原料・燃料として重要な鉱産物生産を外国資本に支配されることに危機感を覚え，政府が鉱山をいったん国有にして，国内資本に払い下げる対応をとった場合もあった（武田［1987］）。

　つまり，民間の経済主体が土地・労働・資本などの所有物を比較的自由に利用でき，しかもいったん所有した物に対し排他的な権利をもつことが，効率的な経済活動に必要であり，そのために政府の役割は重要となったが，政府はそれを保障する対価として租税を要求した。したがって民間の経済主体と政府は，所有権と課税権をめぐって緊張関係に立った。歴史的に見て，世界でもっとも早く資本主義社会を迎えたイギリスでは，前近代から議会制の伝統があり，国王は議会を制御して歳入を増やそうとしたが，議会は慣習法の伝統をもちだして，慣習法に含まれた一連の所有権の保障を求めた。国王と議会の対立は最終的に市民革命によって議会が国王に優越することで決着がつき，議会が国王から課税権を取り上げた。その結果，議会が中央集権的性格をもつ政府のもとで，産業規制を緩め，ギルド勢力を衰退させつつ，資本主義を促進する政策が採られた。

　イングランド（イギリス）との百年戦争で国土が荒廃したフランスは，身分制議会は成立していたが，秩序を回復して対外勢力を駆逐することが優先され，強い王権を認めざるを得なかった。国王は軍事力増強を旗印に課税権を掌握し，官僚制は成立したが国王の恣意的運営を抑えられず，資本主義を促進するような政策は取り得なかった。それゆえ，イギリスに比して資本主義の成立はかなり遅れ，王政を廃止する革命が生じてようやく効率的な所有権が保障された。

　また日本では，明治維新後の地租改正で土地所有権は保障されたが，その時点で議会が成立しておらず，課税権は天皇制政府が占有しており，土地に重税が課せられた。それへの民衆の抵抗と，欧米先進諸国に経済的にキャッチアップする目的もあって，天皇制政府は議会を開設し，課税審議権を付与したが，政府の強権的性格は残り，輸出産業など国益にとって戦略的に重要な産業に対しては，同業組合の強い規制力を認めた（藤田［1995］）。

　このように，私的所有権は近代社会の基本権として経営の長期安定を確保するのに寄与したと考えられるが，行き過ぎると市場をゆがめるため政府の介入が必要となり，また逆に政府の介入が強すぎると資本主義的革新は生じにくいため，ある程度競争の余地を残しながらの生産が重要となろう。

3）生産方法の制限

　ただし，近代以降の社会の生産拡大には，生産技術の進歩も重要な役割を果たした。例えば，産業革命の過程で開発された新しいリング式紡績機械は，それ以前の紡績機械と比べて格段に生産性が勝り，その機械の導入に合わせて，生産組織も変更された。すなわち，熟練男子労働力が生産の中心に位置していたそれまでの生産組織から，不熟練女子労働力が生産の中心に位置し，それを使用者が管理することに重点がおかれる生産組織へ変更した（南／清川編［1987]）。そして，技術的進歩によって生産手段が大規模化すると，新たな生産技術を導入する資金力に加え，その技術を使いこなす技術者の存在が不可欠となり，またその生産技術に適した労働力が存在しているかどうかも重要な要素となった。

　その結果，新たな生産方法を利用し得る生産者は限られることとなり，しかもそうした新しい技術や生産方法が，特許制度によって法的にも利用制限の枠が設定され，生産方法の面でも市場の秩序化は進められた。この場合も，特許をどこまで保障するかは論点となり，保障し過ぎれば新しい技術の普及が遅れ，社会の福利は減少するであろう。一方，特許制度がなければ，新しい技術の開発コストを取り戻すことを開発者ができず，新しい技術開発は行われないであろう。この両者のバランスをとることも政府の役割と考えられ，技術開発へのインセンティブを残しつつ，技術移転がスムースに行く体制が求められる。

　歴史的には，産業革命期のイギリスでは，製造技術の発明は発明者が特許を取り，自分自身が発明の企業化を進めたり，発明が新製品の場合は，その製品の特許を取って独占的に販売したりして，それぞれ創業者利得を得ようとした。しかし，その規模には限界があり，さらに大きな利得を得るため，発明者が特許実施権を一定の条件のもとで他者に与え，発明の企業化を促進して特許使用料の増大を図ることで，技術革新が社会に普及した（大河内［1992]）。

　こうして生産面では，「誰が」・「何を」・「どのように」の各レベルで競争を制限する枠組みが形成され，そのなかでの限られた競争の結果として，多種多様な生産物がそれぞれ極端に偏ることなく市場に供給されるに至ったのである。

2. 流通面での経済活動の制約

　生産面は生産手段の所有と密接に関連していたため，市場の秩序化は行われや

すかったが，流通面では少ない資金と少ないスペースと少ない人数での創業が可能なため，参入障壁は低く，既存の担い手にとって，安定した収益を確保するためには，競争を制限する市場の秩序化は，より重要な問題となった。特に，現代のような情報化が急速に進んだ社会では，情報産業への新規参入は，市場の拡大が大きいため新規参入も盛んであり，情報産業市場での不正取引を行わせないための秩序化は，緊急の課題となっている。

　そうした流通面における市場の区分は，担い手による区分，取扱品種による区分，流通方法による区分と，次第に複雑化したので，その歴史的変容を，流通業者の制限・取扱品の制限・流通方法の制限を軸としてまとめたい。

1) 流通業者の制限

　一般に，流通の担い手は，最初は生産者自身のことが多く，生産者が余剰物を交換した段階から流通を専門に行う担い手が分化したと考えられるが，現実には原始・古代社会でも，贈与の形態で生産物によらない交換行為は頻繁に行われ，流通面は生産面から独立して当初から存在したともいえる。もっとも，贈与関係の発展形態としてのみ市場を捉えるのは，その後の急速な市場の拡大を考えると無理があり，生産と流通は密接に連関して展開したと位置付けるべきである。ただし，ひとたび流通を担う専門業者が登場すれば，彼らは生産者の余剰品のみを扱うのではなく，自らの利益拡大のために，取扱商品を増大させ，消費者の購買行動を喚起させ，新たな需要を作り出し，生産者を組織して自ら生産に乗り出すものも生まれた（桜井／中西編［2002]）。

　流通のなかでも，商取引に加えて，輸送・保管・金融が分化し，それぞれの分野の専門業者が登場する一方で，業種間の関連が強いゆえに，業種間の相互乗り入れも活発となった。特に，地域間価格差が大きい遠隔地間取引では，商人が輸送業者を兼ね，より大きな売買利益を得ようとする志向が働き，船持商人などが登場した。また，時期による価格差が大きい市場取引では，商人が倉庫業を兼ね，仕入れ商品を保管し，より有利な時期に販売することも行われた。

　むろん交通・通信網が発達すると，地域別・時期別の物価情報が広く伝わり，高い価格の市場に商品が速やかに供給されたり，先物取引が発達することで，地域別・時期別の価格差は減少するため，大筋では業種別分業は進展したと考えられる。しかし，交通・通信網の発達が不十分な前近代の商品市場では，支配階層

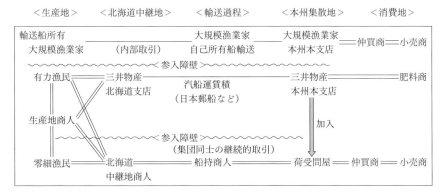

図 11-1　近代日本の「区分けされた市場構造」の事例（北海道産魚肥市場，1890年頃）

出所）中西聡［1998］『近世・近代日本の市場構造』東京大学出版会，319頁の第 8-1 図より作成。
注）取引の流れの ── は同一経営体のなかでの動き，══ は異なる経営体間の動き。

による生産手段の配分にもとづく市場の秩序化は相対的に難しく，流通の担い手間の自発的な組織化にともなう市場の秩序化の様相が強く見られた。例えば，近世日本は士農工商の身分制社会といわれるが，支配階層である「士」と被支配階層＝年貢負担者である「農（百姓）」の区別は，厳格に行われたものの，「農」と「工」と「商」の区別は比較的曖昧で，現実には耕地を所持して農業生産に従事する町人や，手工業を営む農工兼業者が広く存在した（峯岸［1989］）。

　その一方で，当事者にとっては参入障壁が低いがゆえに，野放図な競争を防ぐために既存の流通の担い手が仲間を形成することはよく見られ，仲間間の取引の連鎖として市場が区分されることとなった。図 11-1 を見よう。近代日本の北海道産魚肥市場では，北海道の産地商人，商業と輸送業を兼ねた船持商人，集散地の荷受問屋がそれぞれ仲間組織を形成し，彼らが排他的な集団に属するメンバー間の継続的取引関係を結ぶことで，新規に参入した三井物産の活動領域をせばめ，競争制限的な市場構造を形成した（中西［1998］）。それゆえ三井物産は活動領域を広げるべく自ら荷受問屋組合に加入して船持商人と継続的取引を行うようになったが，その部分では独自の行動をとることはできず，秩序化された市場の取引慣行の制約を受けることとなった。もっとも，そうした当事者が市場の内部に形成した参入障壁を安定的に機能させるには，法制度の弱い前近代社会においては，支配階層によって権威化されることは重要であり，支配階層も，生産者のみでなく流通業者も年貢負担者と位置付けるために，流通業者が貢租を納める対価とし

て市場の秩序化に積極的に関与するに至った。

2 ）取扱品の制限

　流通業者による市場の区分においてもっとも広く行われたのは，取扱品別の区分であった。例えば近世日本では，織物を扱う商人は織物を扱う商人のみ，米を扱う商人は米を扱う商人のみで仲間を形成し，その商品を取引したい商人は各商品別の仲間への加入が義務付けられた（宮本［1938］）。もちろん，法体系が未整備なためその強制力は支配階層による権威付けの要素が大きく，仲間が取り決めた懲罰制度のみで，仲間外商人の活動を抑えるのは困難であったと考えられるが，このような仲間を形成することで，既存の流通業者が新規参入者をある程度排除して安定した利益を獲得し得たことも事実で，封建的支配階層がなくなった近代社会においても，仲間形成の経験が学習効果となり，前近代の仲間的機能をもった同業組合が，近代日本でも広範に形成されることとなった（藤田［1995］）。

　同業組合は，未加入の同業者に対して，懲罰制度や集団的取引拒否などの対応をとり，それは営業の自由を阻害する側面があったが，近代日本の政府は，輸出産業など国益にとって重要と考えられる産業に同業組合の設置を認めた。近代社会における営業の自由が，団結の自由に読み換えられ，逆に本来の意味の営業の自由を制約したのである。もっとも，団結の自由が強調されすぎると，前述の生産手段の独占的所有のように，市場機能をゆがめる可能性が高く，このような独占に対する規制も政府の重要な役割となった。

　独占は主に，大規模な生産手段を所有した大企業間の団結に際して問題となったが，流通面でも，中小業者が同業組合に結集することで，市場を排他的に占有することはあり得た。こうして形成された取扱品別の同業組合間の取引による多段階の流通構造は，その後，生産方法の変化と消費者の購買行動の変化から崩されることとなった。すなわち，産業革命の結果，機械制大工場生産が広範に行われるようになると，それに対応する大量輸送・大量販売を可能にする流通過程が生産者の側から望まれるようになり，大量生産の担い手が自ら大量輸送・大量販売を行うに至った。一方，機械制大工場が主に都市に立地し，都市化が進展するとともに，人口が増大した都市住民の大量需要に対応する流通業者が，消費者の側からも望まれるようになった。

　その結果，大規模メーカーが自ら販売会社を設立したり，また組織化して生産

図 11-2　明治期の呉服商店図（大丸）

出所）国書刊行会編［1996］『目でみる江戸・明治百科 5　明治の暮らしの巻』国書刊行会，89頁。
注）百貨店へ改装する以前の呉服店の座売りの様子。

と流通の一元化を図るとともに，例えば日本では都市住民の大量需要に対応すべく，それまで座売りを行ってきた大規模呉服商が（図 11-2 参照），陳列立ち売り方式を導入して百貨店へと転換するに至った。百貨店は，大規模性に加え，多様な商品を取り扱うことで，取扱品別の流通構造を崩す存在となったが，実際は百貨店の売り場で商品部門別の管理体制がとられ，各部門の商品仕入れの際に，既存の商品別の仕入問屋の力を必要とした。その意味で，百貨店段階では，流通革新は完全には起こり得なかった（石原／矢作編［2004]）。

3）流通方式の制限

　商品売買の方式は，歴史的に大別すると公開市場での不特定多数同士の取引と，市場を通さない特定の相手同士の相対取引の 2 種類に分かれる。公開市場での取引は，古くから世界中で一般的に行われ，世界で最初に産業革命を達成したイギリスにおいても，伝統的な商品流通機構は，公開市場での小売商業に基盤をおく

ものであった。そして，17世紀前半までは，公開市場での穀物販売と市場税の徴収が密接に関連していたため，領主側の財政的意図から，公開市場での販売強制が行われた（道重［1989］）。公開市場での販売は，商品の安定的取引を確保することで，地域住民の生活の安定を保障するものでもあり，公開市場の秩序は長期にわたり保たれてきた。

　しかし，17世紀後半以降の産業革命の進展のなかで，伝統的な市場秩序は次第に崩され，市場外での相対取引が増大し，公開市場以外の個人的な店舗や旅館などにもちこまれた。例えば，産業革命のなかで工業が急速に発達したマンチェスターでは，労働者向けの穀物需要が急増し，穀物を扱う小売商は，当初は公開市場から穀物を買い付けたが，次第に市場を通さない私的な取引で買い付けるに至った。そして市場以外での取引は穀物から日用必需品全般に広がり，毎週末に開かれた公開市場での取引が有名無実化し，市場規制のあり方も，消費者保護の側面が後退し，市場内の秩序維持や市場の整理を目的とするように変化した。

　また，小売商のなかには，店舗をもたずに，公開市場やその周辺の市場町の店舗から商品を仕入れて周辺農村の顧客に販売して回る行商人が多数登場し，彼らの活動が商品市場を農村部に押し広げる役割を果たした。つまり，消費者の購入方式として，公開市場での購入，店舗での購入，行商人からの購入の3通りがあり，店舗主と行商人は公開市場を通さない流通の面で連帯し得たが，公開市場が衰退すると，それに代わる流通経路の比重をめぐり対立するようになった。その結果，特に農村の小市場町の店舗主は行商人との競争によってその数を減少させ，小市場町の減少と地域的中核市場への統合が進められた。

　一方，18世紀になると生産力の全般的発展と生活水準の上昇にもとづいて，消費財の多様化と余暇が増加し，それに対応して都市の店舗主が形態を変化させ，娯楽の一部としての「買物」を重視するようになり，イギリスでは大衆消費社会を迎えた（フレーザー［1993］）。そして18世紀後半以降は，ショーウィンドーをもつ近代的な大型店が登場するようになり，そのような大型店は都市住民に対して小売販売を行うとともに，周辺地域の小売店舗主に対して卸売販売も行うようになった。もちろんそれが可能になった背景には，沿岸海運や馬車輸送などの運輸網の発達があり，後に鉄道網の整備が重要な役割を果たした。かくして周辺小売店舗を吸収しつつ公開市場の外にショッピング・センターが形成され，多様な日用必需品を扱うことで「百貨店」となった。

　ただし，20 世紀に入り，アメリカ合衆国を中心として大衆消費社会が先進諸
国で急速に定着すると，百貨店のみでは，都市住民の多様な大量需要に対応しき
れず，既存の流通経路を回避して独自の経路で多種類の商品を大量に仕入れ，そ
れをセルフサービス方式で大量販売するスーパーマーケットや，特定の商品を大
量に仕入れ，それを大量販売する専門量販店が登場し始めた。この段階に至って，
取扱品別の流通市場の秩序化は大きくゆらいだ。さらに，大衆消費社会の成熟と
ともに消費の多様化を反映して，独自の経路で多種類の商品を大量に仕入れつつ
も，販売面では在庫をできるだけ減少させて販売回転率の速さで多品種少量販売
を実現したコンビニエンスストアが登場した。かくして，現代の流通市場は取扱
品別ではなく流通方式に応じて秩序化が行われるに至ったと考えられる。
　すなわち一方で，多品種大量仕入れ→多品種大量販売を基本とするスーパーマ
ーケット，特定品種大量仕入れ→特定品種大量販売を基本とする専門量販店，多
品種大量仕入れ→回転率の速い多品種少量販売を基本とするコンビニエンススト
アがあった。そして，それらにかなりシェアを奪われながらも高級化を果たして
一定の市場シェアの確保を目指す百貨店や，地域住民との距離の近さを武器に生
き残りをかける既存の地元小売商とそこへの仕入れを担う既存の卸商などもあり，
それら諸勢力によって，それなりに流通市場は区分され，消費者の側も個々の需
要の多様化に合わせて，それぞれの小売商を使い分けることとなった。
　こうした流通方式の多様化は，輸送方法と関連して前近代からも存在し，例え
ば海運業では，船主が輸送を専門に行う運賃輸送業者と，船主が自ら積み荷の売
買を行って商業と輸送業を兼業する商人船主が存在していた（中西［2009］）。そ
のうち運賃輸送は特定品種大量輸送に適していたが，多品種少量取引では，輸送
と商取引を兼業した方が適した場合もあり，南ウェールズでは大型汽船が登場し
た近代以降も，大型汽船による運賃輸送と不定期の帆船輸送は，鉄道やトラック
が広範に定着するまで，併存し続けた（梶本［2000］）。とはいえ，その流通方式
の多様化が，小売商のレベルまで貫徹し，消費者が購買行動でそれらを選択でき
るようになったのは，20 世紀以降の現代社会と考えられ，21 世紀に入るとイン
ターネット上での取引により，消費者が実在の店舗を訪れなくても，宅配などを
利用して，多様な商品購入を行えるようになった。その意味で 20 世紀は消費面
の秩序化が市場の失敗を克服する重要な鍵となる時代であった。

3. 大量消費と現代社会の環境問題

　消費面は大きく生産的消費と生活的消費に分けることができる。生産的消費とは，原材料や肥料の消費のようにそれが生産活動の一部としての消費であるのに対し，生活的消費とは，生活に必要な最終消費であり，それが直接に生産活動に結びつくものではない。ただし，生産者も生活者であり，生活のための消費は人間が生きるのに必ず必要であり，次の世代を育てるためにも必要な重要な経済活動である。むろん生産的消費と生活的消費が未分離の場合もあり，生産活動を生活の場でもある家で行っていた場合は，家で消費するエネルギーは生産的消費でもあり生活的消費でもある。前近代社会では，家業としての生産活動が中心であったと考えられるので，生産的消費と生活的消費が未分離の部分が多く，それが近代社会となり会社制度が定着して，生産の場である職場と生活の場である家庭が分離することで，生産的消費と生活的消費が次第に明確に分離するに至ったといえる。そこで，生産的消費・生活的消費そして市場の秩序化の現代的な大きな課題である環境問題を軸としてまとめたい。

1 ）生産的消費の拡大

　生産的消費と生活的消費が分離されることで，消費市場が拡大し，特に生産的消費が生産のためのコストと強く認識されるようになり，消費面が生産面のなかで占める位置が高まった。その生産的消費財として，原材料や肥料のように消費を経て新たな生産物のなかにその財の成分が引き継がれたものと，燃料のように消費を経てその財の成分が消耗されたものがあり，機械・土地などは消費を経て次第にその財の価値が摩耗した。生産技術の発達とともに，原材料や肥料よりも，燃料・機械・土地などの消費部分の比重が高まると考えられ，消費→生産→消費の循環の過程で消耗される資源の量はますます拡大することとなった。

　今日の生産的消費においてまず注目されるべきは，産業革命を機として，主要なエネルギーが，水力（水車など），風力（帆船・風車など），畜力，バイオマス（薪炭など）といった再生可能エネルギーから化石燃料（石炭，石油など）へと転換したことである。そしてこのエネルギーシフトを土台として，鉄鋼が間接製鉄法によって大量生産（すなわち，石炭と鉄鉱石の多量な生産的消費）され，さら

にはこの鉄鋼を大量に生産的消費することによって，大規模工場制度や大量輸送システム（船舶・鉄道）が，19〜20 世紀半ばに形成されていったのである。リグリィはこの変化を，土地生産物に依存する有機経済から鉱物資源のエネルギー経済への転換として定式化した（リグリィ［1991］）。例えば，日本についてのその 1 人当たり年間エネルギー消費量をみると，産業革命前の 1880 年には 0.1 トンだったのに対し，高度成長開始年の 1955 年は 0.7 トン，そして 2015 年は 4.0 トンにまで上昇している（日本エネルギー経済研究所［2017］）。これは生活的消費も含めたエネルギー消費量であるが，工業化とともに生産的消費が拡大していった趨勢を窺うことはできる。

　資源・エネルギーが大量に生産的消費されている状況下では，その消費量を抑制する手段として，省エネルギー（省エネ）技術を発展・普及させることが重要である。そしてこの際に忘れてはならないのは，エネルギー価格の上昇につれて自動的に省エネ技術も発展・普及するのではない，ということである。現実における省エネ技術の普及は，技術的・経済的に普及可能な水準よりも低いものにしばしばとどまるのである（省エネルギーギャップ）。この要因としては，新技術導入に関するリスク，情報の不足，初期費用の調達困難，習慣といったさまざまな省エネルギー障壁の存在が指摘されている。これらの省エネルギー障壁を緩和する上では，政府の役割が期待される。具体的には，技術に関する情報の提供・整理，エネルギーに関する国家資格の制定，低利資金の斡旋などがあろう。実際，1973 年の石油危機以降，日本では省エネ技術の発展・普及が製造業を中心に進んだが，この過程では，企業努力のみならず，省エネルギー法に基づく省エネルギー政策が大きな役割を果たしてきた。同種の政策は，今日でも，ビルなど民生部門の省エネルギーで効果を発揮すると考えられる（杉山ほか［2010］）。省エネ政策は，生産的消費財市場の秩序化の一例といえよう。

2）生活的消費の拡大

　1920 年代のアメリカ合衆国を起点として，家電製品や自動車といった耐久消費財が家庭に普及していった。同時に，レジャーや旅行など，それまで容易には得られなかった娯楽が，一般家庭の日常生活でもより多く享受されるようになり，食生活も量や種類に富んだものへと発展していく。これが大衆消費社会とよばれる現象である。大衆消費社会は 1950〜70 年代には西ヨーロッパや日本にも広が

りをみせ，現在はかつての「第三世界」をも捉えている。

　大衆消費社会はたしかに家庭を物質的に豊かにした。だがその反面，購入した商品をめぐって，企業と消費者とのトラブルもうみ，ときには消費者の健康や生命を奪うこともあった。しかも，商品の情報に関しては，生産した企業の方が消費者よりも圧倒的に多くを保有しているため，企業の責任を立証して補償を得たり，被害を事前に防いだりするのは容易いことではない。

　この情報格差に伴う問題を解決するには，どのような取り組みが考えられるだろうか。著名な例のひとつが，花森安治と大橋鎭子とが 1948 年に創刊した『暮しの手帖』である（53 年までは『美しい暮しの手帖』）。『暮しの手帖』は 1954 年に商品テストの企画を立ち上げ，商品の品質や耐久性を独自に調査し，結果を誌面に発表した。この取り組みは，日本の工業製品の品質改善に寄与したと評価されており，マスメディアが生活的消費財市場の秩序化を目指した動きのひとつといえよう（津野［2013］）。もっとも，秩序化にはやはり政府の役割も求められる。例えば日本でも，「消費者の利益の擁護及び増進に関する総合的な施策の推進」を目的とする消費者基本法が成立し（1968 年），70 年代には消費者センターの開設やクーリング・オフ制度の導入などのように，消費者行政は次第に拡大されていった。そして，一連の政策が実現した背景には，継続的な消費者運動の存在があることを忘れてはならない。

　なお，エネルギーの生活的消費における秩序化に関しては，エネルギー消費効率の高い製品の普及を促す政策が実施されている。一例としては，エネルギー効率の最低基準値を定め，それ以下の製品の出荷を規制する政策がある。また日本では，エネルギー消費効率の改善目標を製品ごとに定めるとともに，それをどの程度達成したのかを示すラベルを商品に添付し，消費者に周知する政策が 1998 年から実施されている（トップランナー制度）。もっとも，基準値や目標の策定には企業からの要望が反映されるため，企業にとって安易な，すなわち技術開発意欲を引き出さないような数値が設定される可能性が常に残る。この点をどう克服していくかは，環境政策における大きな課題である（伊藤［1999］）。

　また，大衆消費社会とはいえ，その標準的な消費水準を実現できない低所得層がいることも忘れてはならない。しかも，低所得層は製品の安全性などの点では，中・高所得層よりもリスクにさらされている。食の安全性はその好例であろう。食の安全性に関しては生活協同組合が大きな役割を果たしてきたが，その商品は

一般的に割高となるため，低所得層が購買行動の選択肢を増やすことにはつながっていない。例えば学校給食の充実化や子ども食堂への助成などを通じて，すべての低所得層の人々にできるだけ生活の安全性を保障することは，近代社会が基本的人権としての生存権を保障している以上，政府・地方自治体の義務であろう。

3）消費と環境問題

　そして，生産的消費，生活的消費が地球規模で拡大していくことによって深刻化したものこそが地球環境問題である。地球規模での資源浪費は，人々の生存権を脅かす問題となっている。そのため，2016 年に発効したパリ協定では，21 世紀後半に温室効果ガス排出量を実質ゼロにすることが目指されている。

　以下では，現代の環境問題を解決していく上で重要な点として，3 点を指摘したい。

　第 1 に，エネルギー効率の改善は環境問題の解決策としては限界があるということである。GDP（国内総生産）を炭素投入量（温室効果ガス排出量）で除したものを炭素生産性というが，この数値は GDP をエネルギー投入量で除したものとは必ずしも比例しない。例えば石炭は多量の二酸化炭素を排出するため，たとえ同じ発電効率でも，石炭火力の炭素生産性は天然ガス火力に劣る。天然ガスにも可採埋蔵量に限界があることも踏まえるならば，石炭火力の規制や再生可能エネルギーの普及など，省エネルギー以外の方策がどうしても必要といえよう。石炭火力建設への融資を見合わせる金融機関が増えていることや，各国で採用されている再生可能エネルギーの固定買取制度は，この趣旨にそった動向といえる。

　第 2 にここで注意すべきは，再生可能エネルギーの拡大にも制約があるということである。したがって，再生可能エネルギーへの転換を進めるにしても，エネルギーの総消費量自体を抑制することが同時に必要とならざるをえない。例えば，バイオマス燃料はさまざまな用途で石油を代替しうるが，その増産は食料用の耕地と競合関係にある。バイオマス燃料を生産的・生活的に大量消費することは，食料危機をもたらしかねないのである。また，水力発電も工業用水，農業用水や飲料水と競合したり，漁業資源を損なったりする恐れがある（この意味で，水力発電を無条件に「クリーン」とみなすことは危険であろう）。メガソーラーが自然破壊や景観破壊をもたらしうることも，指摘されて久しい。

　エネルギーと他資源とにおける競合関係は，環境学分野では，水・エネルギ

ー・食料連関（Water-Energy-Food Nexus）という用語で概念化されている。これは，水，エネルギー，食料という 3 つの資源の利用にはトレードオフ（一方を追求すれば他方を犠牲にせざるをえない関係）があることに注目し，その利害調整をどう最適に行うかに注意を促すものである。アメリカ合衆国国家情報会議（National Intelligence Council, NIC）は 2012 年に発表した世界予測で，30 年までに，食料需要は 35 ％以上，水需要は 40 ％，エネルギー需要は約 50 ％それぞれ増加するとみており，水・エネルギー・食料連関の深刻化に警鐘を鳴らしている（谷口［2016］）。

　第 3 に，このように絡み合いつつ深刻化している環境問題を緩和するには，地球温暖化問題以外でも，より積極的な国際協力や国際的な解決枠組みを模索していく以外に途はないであろう。例えば，日本は水を充分に自給できる国というイメージがあるが，実際には海外で生産される農産物や工業製品を輸入することを通じて，海外の農業用水や工業用水に大きく依存している。2012 年のユネスコの調査報告書によると，日本は貿易を考慮した水消費量（ウォーター・フットプリント）の 65 ％を海外に依存しており，自給率は半分以下にすぎない（生田［2013］）。したがって，今後，水・エネルギー・食料連関が深刻化していくなかで，日本をはじめとする先進諸国は，二酸化炭素だけではなく水資源についても，大量消費国としてどう関与するか，その責任がますます問われることになるだろう。

　協力にむけた構想の一例としては，グローバル・タックスがある。これは環境税や通貨取引税などを国境を越えて創設し，その税収も国境を越えて再配分することで，地球規模での問題の解決に充てようとするものである（諸富［2013］）。

おわりに

　本章では，市場の秩序化の過程を，生産・流通・消費の諸局面に分けて概観したが，生産面での市場の秩序化に対しては，所有権の確立と特許制度の成立が，流通面での市場の秩序化に対しては，営業の自由と団結の自由のバランスがそれぞれ重要であり，消費面での市場の秩序化に対しては，生活の豊かさの追求と環境維持のバランスが重要である。ところが，生活の豊かさの追求が極端な形で現れた結果，現代は高度消費社会となり，環境維持とのバランスがとれなくなったことは多くの論者の指摘するところである。ただし，将来展望については「楽観

論」と「悲観論」に大きく意見は分かれている。

　「楽観論」から見れば（見田［1996］），現代は情報化が進んでおり，モノの豊かさが本当の豊かさではないことを人々が実感しつつあり，自然収奪的な工業生産は頭打ちになり，自然収奪的でないサービス生産が中心となるとの見通しになる。一方，「悲観論」から見れば（馬場［1997］），現代の情報化そのものに，情報機器類の大量生産による環境破壊的側面があり，人類の生命維持志向と資本主義がもつ社会破壊性との矛盾のゆえに，生活水準を下げない限り，脱社会化をともないつつ加速度的に環境破壊は進行するとの見通しになる。

　現状を考えれば，現代社会を「過剰富裕時代」と捉える後者の見方が説得力をもつように思われる。確かに現代社会では，人々が生活に便利な有形・無形の財を利用することに慣らされてしまい，それらの財を使わないことに耐えられなくなっている。携帯電話・コンピューターなどがその代表例であるが，もっと根本的な財として電気・ガス・上下水道といったライフラインですら，歴史的にはごく最近の財に過ぎない。実際，世界では現代でもこれらのライフラインが十分に整備されていない地域は多数残され，急速な勢いで世界中に生活に便利な財は普及しつつあるが，それらの財の生産のために，激しい地球規模での環境破壊が進められていることも事実である。

　とはいえ，世界の人々には等しく物質的あるいは精神的に「豊かな」生活を望む権利があると考えられ，先発経済成長諸国には，自らの生活水準の上昇をある程度抑えて環境維持と環境回復に努め，経済成長途上国の人々にも「豊かな」生活を享受し得る可能性を確保する責任があるように思う。ただしその場合の環境維持の方法として，リサイクルのみでは，リサイクル可能な資源であれば浪費しても構わないとの論理にすり替わる可能性があるため，循環型社会よりはむしろ，先発経済成長諸国は総力を挙げて資源節約型社会を目指すべきであろう。そして，資源消費効率の改善だけではなく資源消費量自体を社会的に公正なかたちで抑制することが求められ，そのためにこそ野放図な市場の拡大を抑制する市場の秩序化が急務となる。そしてその結果，世界の大多数の人が物質的に「豊かな」生活を経験し，さらにそれが真の「豊かさ」とは異なることを実感して，初めて地球規模での本格的な環境維持の取り組みは可能となろう。そうした市場の秩序化には政府や社会の役割は重要であり，その問題を次章では取り上げる。

解説 Ⅱ-4

ノースとウィリアムソン

「西欧人の豊かさは，新しくそしてユニークな現象である。過去の数世紀間にわたって，西欧人は赤貧と繰り返し起る飢饉にしばりつけられた束縛の世界から脱け出し，また，相対的な裕福さによってのみ可能となる高度な生活を実現させた」。この古典的ともいえる課題から始まる『西欧世界の勃興――新しい経済史の試み』（原著名 *The rise of the Western world : a new economic history*）は，ダグラス・ノースとロバート・トーマスの 2 人の経済史家によって 1973 年に原著が刊行された。同書の中で彼らは，18 世紀以降の西ヨーロッパの経済発展に関して，従来の経済理論や経済史研究が技術変化，規模の経済性，教育（人的資本への投資），資本蓄積など，個々の成長要因の分析に力点をおいていた点を批判し，なぜ特定の時代・地域において持続的な経済成長が開始されたのかという問題に取り組んだ。この問題に対して，当時の一般的な経済史研究は，産業革命期以後の工業化過程から解答を求めようとしたが，彼ら 2 人は「ほとんどのヨーロッパ経済発展の研究が出発する 18 世紀で終る」と書かれたエピローグで同書を締めくくっているように，産業革命期以前にその要因を求めた。

　近代的な経済発展の要因を探ろうとするノースとトーマスのこうした姿勢からすぐに想起されるのは，マックス・ウェーバーの『プロテスタンティズムの倫理と資本主義の精神』であろう。しかし，ノースたちはプロテスタンティズムの経済倫理といった非経済的条件に経済成長の鍵を求めなかった。『西欧世界の勃興』の序文において「新古典派の経済理論にかない，それを補正するフレーム・ワークを展開」と宣言しているように，2 人の議論の大きな特徴は，歴史の細部に拘泥せず，経済成長の要因について，経済理論の大胆な適用による一貫した説明を試みた点にあった。2 人が試みたこのアプローチが 1960 年代以降，アメリカ合衆国の経済史研究を大きく変えた一連の新古典派経済理論の積極的導入と数量経済史の流れに影響を受けていたことは言を俟たない。この新しい波は，社会科学としての経済史研究に新たな方向性を指し示し，ノース自身も担い手の 1 人として，多くの成果を残した。しかし，一方でノースは，その限界についても早くから自覚的であり，この点は『西欧世界の勃興』が主に新古典派経済理論における伝統的な経済成長理論への批判から出発している点からも読み取れよう。

　では冒頭の課題に戻り，近代西ヨーロッパの持続的な経済成長の要因として，ノースとトーマスはどのような仮説を我々に提示したのであろうか。その解答は，「効率的な経済組織が，経済成長にとって基本的な要件である」という明快な一文に集約されている。効率的な経済組織が成立していない状態では，個人的利益にもとづく経済活動（例えば発明などの技術革新）が社会的に望ましい結果をもたらすとしても，一般に個人的費用が利益を上回っているため，その活動は実現されない。この個人的利益（費用）と社会的利益（費用）の不一致を解消ないし近づけるものこそが，「取引費用」を削減する効率的な経済組織であった。そしてこの効率的な経済組織を具体化した制度的条件として，2 人は所有権に着目する。したがって，経済成長は，「所有権が社会的に生産的

な活動を行うことを価値あるものとする場合」に実現するとされ，西ヨーロッパの経済成長の要因解明にあたっては，国家による所有権の保護が重視される結果となった。

　こうしてノースとトーマスは，中世の 900 年から産業革命前夜の 1700 年までおよそ 8 世紀にわたる西欧経済の変化について一貫した理論から議論を積み上げ，近世以降のフランス，スペイン，オランダ，イングランドについて個別に検証を重ねた。結果，失格者としてのスペイン，フランスの事例と効率的な経済組織の創出に成功したオランダ，イングランドの事例を見事に対比させている。国家による所有権の保護を確立したオランダ，イングランドでは，各種の取引費用の低下による経済活動の活発化，すなわち市場経済の拡大がもたらされ，18 世紀以降の持続的な経済成長が実現したという仮説を鮮やかに示したのである。

　さて，効率的な経済組織の理論的背景となっている取引費用については，『西欧世界の勃興』において，ある財の移転に際して生じる ① 交換の機会に関する「調査費用」，② 交換の条件に関する「交渉費用」，③ 交換契約の実施手続を決定する「実施費用」の 3 点で説明されている。周知のように，この整理はロナルド・コース，オリバー・ウィリアムソンに代表される取引費用理論にもとづいている。先に紹介した序文において，新古典派経済理論を「補完するフレーム・ワーク」と表現されたのが，この取引費用理論であった。伝統的な新古典派経済理論によれば，市場は効率的な資源配分を実現するひとつのシステムとみなされる。この市場では，完全合理性と利潤最大化を前提に価格をシグナルとしてさまざまな財に関する自由な取引が行われ，いわゆる「見えざる手」によって効率的な資源配分が実現される。しかし，実際の経済社会では，企業による組織を通じた資源配分も重要な役割を果たしている。取引費用の理論化は，コースによるこの「企業はなぜ存在するのか？」という素朴な疑問から始まった。コースは自身の疑問に対して，不確実性に支配された現実世界では，価格メカニズムにもとづく市場取引にさまざまな費用（後に取引費用と呼ばれるようになる）が必要とされることを見出し，市場での取引を実行するための費用が取引を組織化する費用を上回った場合，市場取引を組織化（内部化）するために企業が形成されると考えた。コースは取引費用を節約する手段として，市場の中から企業が生まれると論じたのである。

　この取引費用理論の原点となったコースの理論を洗練化し，体系化したのがウィリアムソンであった。彼は「取引費用がなぜ発生するのか？」という基本問題に取り組み，新古典派経済理論の想定する完全合理性を非現実的として，「合理的であろうと意図されてはいるが，かぎられた程度でしか合理的ではありえない」というハーバート・サイモンの「限定合理性」に着目する。そして利潤最大化という伝統的な仮定に戦略的行動を含意させた「機会主義」と「限定合理性」を組み合わせて，取引費用発生のメカニズムを理論化した。すなわち限定合理的で機会主義的な人間（経済主体）が取引を行えば，取引費用が発生すると考えたのである。さらにウィリアムソンは，① 資産特殊性，② 不確実性，③ 取引頻度といった取引の属性・状況によって，取引費用が増減する点を指摘し，特に重要とみなしたのが ① 資産特殊性であった。取引費用理論では，資産特殊性などによって生じる取引費用の節約のために，機会主義的な行動を抑止するさまざまな統治構造が展開するとされる。前半で触れたオランダ，イングランドの「国家によ

る所有権の保護」は，まさに持続的経済成長をもたらす取引費用節約（最小化）のためのひとつの統治構造の選択であった。取引費用は新制度派経済学の中心的理論のひとつとなり，取引費用の概念を経済史研究に応用したノースとトーマスは，経済史における制度研究に新しい風を吹き込んだ。1980年代後半以降，経済史における制度研究はさらなる前進を続け，経済理論におけるゲーム理論の発展を背景に歴史制度分析，比較制度分析といった新たな地平を切り開きつつある。

　最後に再び議論の出発点に戻れば，西欧世界，すなわち西ヨーロッパは，世界史上初めて持続的な近代的経済成長を実現させた地域である。しかし現在でも「赤貧と繰り返し起る飢饉にしばりつけられた束縛の世界」は厳然として存在している。今後，経済史における研究アプローチがどのように発展し，あるいはどのような方向に向かうとしても，冒頭で「古典的」と表現した問題意識は，時代・対象を超えて問い直され，常に「現実的」な課題を我々に投げかけるのではなかろうか。　　　　　　　　　　（岡部 桂史）

【参考文献】D. C. ノース／R. P. トマス［1980］『西欧世界の勃興――新しい経済史の試み』速水
　　　　融／穐本洋哉訳，ミネルヴァ書房（増補版，1994年）

　　　　O. E. ウィリアムソン［1980］『市場と企業組織』浅沼萬里／岩崎晃訳，日本評論社

　　　　ロナルド・H. コース［1992］『企業・市場・法』宮沢健一他訳，東洋経済新報社

　　　　岡崎哲二［2002］「制度の経済史」（社会経済史学会編『社会経済史学の課題と展
　　　　望』有斐閣）

第12章　近現代市場経済の諸問題と国家介入
―経済活動と国家

はじめに

　今日の経済社会における経済主体間の無数の取引のほとんど，特に生産要素（財，資本，労働力）の配分や所得の分配のあり方を調整する市場経済メカニズム（以下，市場経済）はきわめて優れたものである。ただしこのメカニズムが機能するためには，各主体の行動の自由や財産権の不可侵が保障され，参入障壁や独占のない完全競争状態が前提となる。そして市場経済のさらなる理論的一般条件として，ノースやウィリアムソンらがその欠如を問題にした「完全情報仮定」，「取引費用ゼロ仮定」などが存在する（ノース[2016]，ウィリアムソン[2003]）。

　「完全情報仮定」は第11章で述べたように，売り手，買い手などの当事者間で「情報の非対称性」は発生せず，そのもとで皆が常に合理的に行動するという仮定である。「取引費用ゼロの仮定」とは，一般的な取引費用（各経済主体が適切な情報を取得しつつ市場経済のマッチングを成立させるための費用）はもとより，生産要素の量的調整，質的変容，空間的移動などにいっさいの摩擦が発生しないという仮定である。その下で生産者は与件の変化にもとづく生産量（労働力や固定資産も含んだ生産要素の投入量）の調整を理念的には何の摩擦もなく瞬時に行えることになる。また被用者も賃金の増減に応じて伸縮的に消費行動や労働力供給の調整を行うことが可能であり，社会的諸事情をいっさい捨象してあらゆる場所で労働力を提供することもでき，さらには労働力の質的転換も直ちに可能であることを前提にしなければならない。

　もちろんこれらの一般条件はあくまで理念上のものであり，ノースらが議論の

起点にしたように，実体経済においてはほぼあらゆる市場が，程度や次元の差こ
そあれ不完全市場である。さらに経済の動態に応じて市場均衡の与件となる諸条
件は常に変化しており，また摩擦は現実にはゼロではないため，新たな均衡に至
るまでにはタイム・ラグ（時間差）が発生する。それゆえ岩井克人らが「不均衡
動学論」として一時盛んに理論的な整理を進めてきたように，現実の市場は常に
不均衡状態にあり（岩井［1985］），このような市場の一般的不完全性は往々にし
て諸資源のロスや労力の投入に必ずしも合致しない分配を生み，さらには経済社
会における格差や社会問題の原因にもなっている。確かに均衡の方向に向かう力
学的モーメントは一般に存在する。だが近年のゲーム理論も前提とするように，
現実には各主体は必ずしも自由ではなく，情報から遮蔽され，また経済的事業に
能動的かつ積極的に参入していく機会からも事実上遮断されていることが多い。

　もとより現実社会では，所得や資産の有無，教育水準，地域や社会的出自，さ
らには当該社会のセーフティネットのあり方などにより，各個人に与えられた経
済活動の余地や機会は均等でないのが通例であり，一見市場が正常かつ公正に機
能しているようでも，技術的に排除できない不公平や不公正をはじめ，多様な問
題が恒常的に存在する。そこから派生する歪みはしばしば市場の自己回復能力の
及ばないところまで拡大し，歴史的にも，国際的な広がりにおいても，さまざま
な次元や性質の社会・経済問題が構造的に形成されてきた。また，商品経済の論
理に合致しないモノやサービスの生産・供給は市場経済を通じて実現されること
はなく，多くの社会的需要に市場経済が応じられないのも事実である。このよう
な市場経済メカニズムに対し，現実社会では常に何らかのかたちでの補完・修正
が実質的に行われ，そうしたさらなる調整（コーディネーション）において大き
な役割を果たしてきたのがノースやグライフらが考究してきたような慣習やさま
ざまな社会システムを含みこんだ広い意味での「制度」であり（グライフ
［2009］，第14章参照），また近現代においては国や地方政府などがときとともに
その重要性を増してきた。

　しかし極限まで高度化，複雑化した今日の社会的分業体系の中であらゆる経済
関係を調和的に進行させていくためには，結局のところ市場経済における「神の
見えざる手」に基本的には依存するほかない。20世紀において，市場経済に替
えて社会主義計画経済を自国の経済運営の基調として導入した国も多数存在した
が，その多くは破綻をきたした。

　他方で資本主義市場経済体制を維持した国々でも，1930 年代の大恐慌期や 2
度にわたる世界大戦などを経て，市場経済に本質的に内在する諸問題は人々の意
識に深く刻まれた。そこで第二次世界大戦後はケインズ政策に代表されるような
雇用政策への着手，部分的な産業の国有化，混合経済と呼ばれるような公的セク
ターの確立，あるいは社会的市場経済と呼ばれる調整などが試みられ，これらは
いずれも結果的に政府の経済過程への介入を増加させる傾向をもたらした。しか
し 1970 年代以降は経済成長鈍化，インフレ，財政赤字などに各国が苦しむ中，
あえて介入を否定する政策の方向性も顕著になった。そして現在に至るまで従来
の政策を見直すさまざまな試みがなされてきたが，いかなる形での国家と経済の
関係が望ましいかについて，明確な解答が見出されているわけではない。

　こうした現状を踏まえつつ，本章ではいかにして市場経済の問題が顕在化し，
それにどのような公的対応がとられてきたのか，また市場経済の諸問題に対応す
るなかでいかなる経済秩序が形成され，それがどのように戦後各地の社会・経済
政策の基調を生み出したのかを概観する。なお，市場経済が本質的に内包する諸
問題への対応の主体は必ずしも国や地方政府などの官庁機構だけとは限らない。
個人のレベルからさまざまな中間団体に至るまで多元的に目配りをしていく必要
はあるが，ここではさしあたり国や地方政府の対応に限定して話を進めていく。
また社会保障ないし社会福祉に関連する事柄も本章に直接かかわる重要な論点で
あるが，これについては次章で別途論じることにする。

1. 自由主義経済秩序と国家

　今日の世界では多くの国や地域で各経済主体の活動の自由を尊重し，公権力が
それに制約を課す，あるいは外的な影響を与えることを極力慎むような経済関係
のあり方が基調になっており，これを自由主義経済秩序というが，実際には前述
のように何らかの調整ないし補正が必要になっていた。そこで本節では自由主義
市場経済と国家などの公権力の介入という本来背反するものが現実においていか
なる関係を構築しつつ共時的に存在し，経済社会を維持可能なものにしてきたの
かを，問題領域ごとに歴史的に検討していく。

1）市場経済と社会問題──理念上の均衡と現実の齟齬

　近代的な市場経済的交換関係は西欧社会の例では，中世共同体社会の弛緩とともに社会の底部まで浸透した。局地的に展開したプロト工業化などはこれをさらに促進した。絶対主義王政下でも，さまざまな産業規制が存在したが，交換関係の基調は市場経済であった。それとともに，土地や労働力の商品化も徐々に定着した。しかし産業化初期の労働者においては，低賃金で労働条件が劣悪な上，雇用自体も不安定で，彼らは厳しい生活を余儀なくされていた。当時は急激な都市化で十分な住宅供給がなされず，通気が悪く排水設備も整わない粗製の住居が密集する「スラム街」（1830 年代にイギリスで初めて百科事典に登場）に多数の家族が集住し，結核やコレラ，チフス，赤痢，疫痢（小児赤痢）などの疫病が頻繁に流行した（角山／川北 [1982]）。生計の逼迫により婦人や年少者，児童の雇用が促され，この動きは当時の熟練を要しない単純労働に対する需要の高まりと相まっていっそう進行した。さらに 19 世紀の第 2 四半期になると，技術的基盤の改善とは裏腹に経済活動が停滞するなか，「飢餓の 40 年代」あるいは「大衆貧窮」などと呼ばれるような状況が発生した。19 世紀第 3 四半期には西欧の経済活動は再度活発化し，イギリスを中心とした各国の富の増大それ自体は目覚ましかったが，所得の格差，国民の大多数に対する所得の分配率は著しく低位にとどまった。

　移動手段や情報ネットワークが今日とは比較にならないほど制約されていた当時，個々の労働者にとって「よりよい働き口」や自らの労働力の陶冶の方法についての情報はなく，労働力を市場で「供給しないという自由」もなかったが，これに対し雇用主側は情報や行動の弾力性において格段に有利な立場にたち，とりわけ単純労働従事者のリクルートに困ることも少なかった。そのため賃金や労働条件は労働の限界生産性などに依ることなく恣意的に設定され，いわば「剰余価値」を収奪する余地は十分にあった。他方で今日よりはるかに不安定な景気変動や厳しい競争のもと，彼ら雇用主も決して安泰ではなく，それだけにいっそう搾取を強めざるを得ないという状況もあった。そして労働力の供給は賃金の低下とともに，婦人，児童・年少者の参入によって，さらに増加するという「不規則な」動きを示した。こうして貧困，無知，劣悪な生活環境，心身の健康の阻害といった社会問題が生成し，それがさらに大衆の貧窮や所得格差を再生産させる悪循環の定着へとつながった。

　また工業化の過程で設備の近代化は大いに進行した。これは一方で，大型自動機械を十分な安全性の確認なしに投入することにより労働災害を激増させ，被災者の生計不能の主要な要因となった。当時労働災害は被災者の不運として認識され，経営側の責任は問われず，安全性対策のコストと労災発生にともなう（低い）コストとのバランスから，経営側の安全性確保へのインセンティブは低かった。これもまた生身の人間が一生産要素に見立てられたことから生じる問題の大きな局面であった。他方で設備の近代化は調整のタイムラグを拡大して市場を撹乱し，生産諸資源の最適配分や分配の公正はさらに阻害された。

２）市場経済と独占形成

　市場経済は自由競争を旨とし，徹底した合理化を指向する。その結果頻繁に見られた現象が，皮肉にも市場経済の論理に相反する独占の形成であった。資本集約的で新規参入が容易ではない業種では，市場での競争の激化により競争力が劣る企業がいったん淘汰されれば，市場には相対的優位をもつ企業のみが残存し，市場シェアを拡大させる。そしてこの過程で生き残った企業は，規模の経済を活用しつついっそうの効率化を実現し，寡占ないし独占状態が発生する。そこでは当該企業は自身の収益を極大化させるよう供給量を恣意的に絞ることができ，それによって現実の価格は市場の自然均衡から乖離して引き上げられる。その際，当該企業以外の社会的厚生が大きく損なわれることはミクロ経済理論で示されるとおりである。それゆえ独占は，規制（原則として禁止）されることになる。

　他方で，独占・寡占が排除されない場合もある。規模の経済が著しく大きく，規模の経済を十分に活用しないことが著しい非効率をもたらす業種（例えば電力事業など）では多くの場合地域独占が認められ（自然独占），この場合は公定価格という規制がかけられることが一般的である。また大量生産の便益を削ぐことが必ずしも有益でない場合，あくまで不当利得の排除を主眼として，一定の柔軟な対応が現実にはとられてきた。さらにラテンアメリカやアジアの一部に見られたように，寡占が資源配分や社会的厚生を当面犠牲にしつつも，高い経済成長率の達成に寄与することもあった。

３）自由市場経済秩序と国際的経済不均衡

　市場経済の論理は，現実の人間社会がもつさまざまな背景をいっさい捨象すれ

ば，国際的なレベルでも妥当することになる。つまり情報の非対称性がなく，すべての民族が資本主義市場経済の論理に合致したメンタリティと合理性をもって行動し，財や労働力，資本などの生産諸要素が政治的，社会的に何の抵抗もなくすべてスムースに移動するならば，世界的範囲で市場経済の機能が満たされることだろう。しかしこれらの諸条件が世界的範囲で実現されることは，一国内を想定した場合よりもさらに困難であることはいうまでもない。

　第Ⅰ部で見たように，歴史的には欧米とアジアや中南米，アフリカ地域との間には中核─周辺間関係が形成され，周辺地域ではこうした外生要因によりしばしば本来の社会，経済システムが大きく変化した。2度の世界大戦を経た後，先進国が順調な発展の軌道に乗ってもなお，そこでは成長ルートから疎外され，さらには政治的不安定，経済的破綻，そして飢餓状態すら発生する国や地域が多数現出した。つまり世界的範囲での経済的格差は，自由主義市場経済や形式的市民法体系を世界的に浸透させても，必ずしも解消されるものではなかった。

4）自由主義経済秩序下の国家介入

　自由主義経済秩序のもとでは各経済主体の自主性（自由）が最大限尊重され，国家の恣意的な介入は極力回避される。それを突き詰めれば，レッセフェール（laissez-faire）と呼ばれる自由放任主義となり，国家は理念的には経済過程にいっさい介入せず，また個々の経済主体の意思決定に何ら影響を与えないことになる。しかし現実世界では必ず何らかの公的関与が存在した。それは夜警国家と呼ばれるような，ルール違反（他人の生命財産の奪取あるいは詐欺行為など）を取り締まる警察機能や外敵からの安全を確保する防衛機能に止まるものではなく，自由な経済的取引のための制度的枠組の設定や取引を媒介する通貨の価値安定などにおいて，国家はむしろ能動的にその権能を行使してきた。事業主が購入した労働力の酷使を規制する工場法も，国家による経済的取引への介入であり，救貧制度の構築などにも国家は関与した（第13章参照）。さらに，自由主義的国家は理念的には重商主義的介入を否定するが，「自由貿易帝国主義」などの語に表現されるように，国家が実質においてもいっさいの介入を停止したというようなことはなかった。

　なお，19世紀の第4四半期になると，政府の介入は本質的にその性格を変え，積極的に経済の経過に作用を及ぼすようになり，旧来の形式的自由主義の一線を

越える立ち入った介入が行われるようになった。そのひとつの根拠は国内的自由放任主義の限界である。第 6 章で見たように 19 世紀の工業化と形式的自由主義のなかで生起した貧困，厳しい生活環境，教育や生活保障の欠如等の問題は，個人の自助努力や慈善などに委ねられる範囲を越えて深刻化し，さらにはより広く大衆を巻き込むかたちで労働運動の興隆や社会改良運動を促した。それは必ずしも成功裏に展開したわけではなく，社会問題に対する人々の認識や対応も実にさまざまではあったが，政府などの公的主体の内政面での活動領域は着実に市場経済の論理を超えたところに浸潤し，各種の社会保障的措置が不可避となった。

　他方で 19 世紀末大不況期に表面化した中核資本主義国にとっての対外的自由主義（国際分業の自然調和）の限界のなかで，当該期において自由主義が「国益」に反する場合，次々に自由貿易を規制する介入が行われ，当時イギリスを除くほとんどの欧米列強が保護貿易主義と国際的覇権主義に移行し，それをいっそう強めた。世界の政治的緊張のポテンシャルは著しく高まり，悲惨な大戦の一因にもなった。

2. 市場の調整と国家

　前節で見たように市場経済は国内的な不均衡や社会問題，国際的にも帝国主義的緊張や戦争を，また国境を越えて世界に拡がるような大不況をもたらしてきた。そうした一連の経過により，国家・政府は経済運営と国民の生活保障をいっそう積極的に，その固有の任務として取り込むようになった。その経緯を踏まえ，本節では第二次大戦後に本格的に現れたさまざまなかたちでの国家の経済過程へのかかわりのあり方を見ていくことにする。

1 ）景気変動とケインズ主義

　これまで述べたように，市場の与件は常に変動し続け，その調整過程における摩擦（タイムラグや結果的に調整されない部分の発生）は避けられない。それゆえ市場は常に不安定で，景気変動が発生し，それはときに激烈な恐慌として表れる。1930 年代もそのひとつの典型で，その時期にケインズの『雇用・利子および貨幣の一般理論』は刊行された。その著作が当時の政策にどれだけ影響を与えたかは別にしても，アメリカ合衆国のニューディール政策をはじめ，多くの国で

雇用創出を意図するさまざまな施策が試みられ，その多くは実質的にケインズが理論的にそのメカニズムを提示した広範な財政出動をともなうものであった。それが真に効能をもたらしたか否かは安易に判断できないが，1930 年代以降は公共事業にせよ，社会保障制度にせよ，あるいは軍事支出にせよ，財政や経済運営における政府の占める割合が明らかに大きくなった。

　第二次大戦直後も，経済の安定と民需の充足には，国家政策に多大な期待が寄せられ，不可欠な社会基盤としての社会保障への希求が高まった。そして後にOECD に結集することになる多くの国々で，政府はその期待に沿う方向で活動を展開した。特に 1950 年代の欧米日において一般に大衆の生活物資がそれなりに充足された後は，安定的な収入，雇用の確保，またそれを支える経済成長までもが政策課題として求められ，その際にいわゆる「ケインズ主義」がたびたび援用されるようになった。しかし本質的な問題として，例えば悲観的な将来予測が支配的で消費に及ぼす所得効果が低い場合，財政投入や減税による乗数効果はあまり期待できない。そして 1973 年のオイル・ショック以後は，悪性のコストプッシュ・インフレーションの中で，スタグフレーションが発生し，積極的財政・金融政策は逆にインフレを昂進させ，公的財政を逼迫させた。そこからケインズ主義の限界が語られるようになり，1970 年代末以降急速にマネタリズム，あるいはサプライサイド重視の経済政策へと移行していく国々も見られた。

　それでもケインズ主義的経済政策がもはや時代遅れだとして顧慮に値しないものになったわけではない。景気回復の特効薬にならないことがあるとしても，逆のことを行えば負の効果は現れる。例えば景気の立ち直りがまだ十分でないうちに増税等を行えば景気回復の腰を折る可能性があることは，すでにいくつかの実例が示している。つまり，このようなかたちで政府の政策のあり方が，今日のポリシー・ミックスの中でいまだに確としてその存在意義や影響力を維持し続けているのである。

2 ）新自由主義・社会的市場経済

　市場経済に国家などの公的主体が介入することは，主要国における戦後経済秩序の一般的な潮流であった。19 世紀型の粗放的自由主義，つまり市場の権原（entitlement）が独行して福祉を損なうままにしているような，権利の「第一世代」（セン［1999］）の市場経済に全幅の信頼をおくことなく，その政策は，市場

経済に内在する諸問題に対し積極的に社会改良を求めた「新自由主義」（New Liberalism）（近年人口に膾炙する規制撤廃，自己責任，小さな政府などを謳った1980年代以降のいわゆる「ネオ・リベラリズム」〔Neoliberalism〕ないし「リバタリアニズム」〔Libertarianism〕とは異なる）の系譜のものである。しかし多くの国がケインズ主義的介入や国営化などを厭わない中，ドイツ連邦共和国（西ドイツ）は市場経済機能にとりわけこだわった。後掲図 13-1（326頁）で同国の終戦後から近年に至るまでの国民負担率や社会保障支出率などの数値を見れば，西ドイツおよび1990年以後の統一ドイツも確かに大きな福祉国家であり，ドイツ西側占領地域でも，終戦直後には主要産業の国有化の動きがあった。しかしそれまでにナチスの強権政治を体験し，またソ連・東欧型の中央計画経済にもとづく社会主義陣営に直近で対峙する同国の位置から，西ドイツは経済秩序の面で他のヨーロッパ諸国よりも徹底した自由主義国家であった。それにもかかわらず西ドイツは結果的に大きな福祉国家となったのである。

　その西ドイツの経済秩序の基調をなす代表的な用語が「社会的市場経済」である。「社会的」という言葉からは積極的介入国家を想起しがちだが，力点はあくまで市場経済にあり，国家はやみくもに市場経済に介入してはならないとされる。その理念的根源は，例えば W. オイケンらに代表されるオルド・リベラリズムなどに求められる。彼らは自由主義への不信が高まる1930年代，特定の経済主体の台頭を抑え，市場における平等で公正な競争秩序を維持するための積極的な国家の役割を想定し，その必要性を唱道した。そこでは健全な秩序を阻む市場の問題が論理的に究明され，その阻害要因を排除する途が模索された（なお，彼らによる新しい自由主義思想が本来のドイツ型ネオリベラリズムなのだが，今やその語義は上述の1980年代以降の小さな政府を志向するリバタリアニズム思潮に矮小化されているようである）。

　つまり繊細で機能条件がきわめて厳しい市場経済の前提を創出し維持していくためには公的政策はむしろ必要だということになり，この考え方は戦後の政策基調に継承された。特に通貨の安定，独占の排除，競争条件の公正化，さらにはさまざまな次元での情報の非対称性や取引コスト，要素移動の摩擦等，市場均衡を妨げる諸ファクターの除去がむしろ意識的に推進され，労働市場における被用者の交渉上の不利な立場を公平化するために，コーポラティズム的労使関係も制度化された。人々の経済活動の基盤を構築する上での最低限の社会保障にも積極的

で，自律的な中産者層を意識的に構築する政策なども遂行されてきた。他方で経済過程に政策当局などの権力が介入するかたちとなるケインズ主義的雇用創出策などは，個人の主体的な経済活動のあり方に直接影響を与えるものとして，厳に慎むべきだという立場がとられた。

　このように市場経済の秩序理念を深化させ，その維持に資する限りにおいての介入ならばむしろ積極的に奨励するのが社会的市場経済であり，西ドイツは基本的に自由主義を志向しながらもさまざまな社会的需要を拾い上げ，事実上大きな政府，福祉国家になり，考え方の底流は異なるとはいえ，新自由主義（New Liberalism）の自由主義的介入と近似した体制を体現することになった。

3）国有化・混合経済

　第二次大戦後，資本主義を基礎としつつも，運輸，通信，エネルギー，鉄鋼等の素材産業など，国の経済の基幹をなす重要産業を国有化し，その供給と価格の安定を図るイギリスや，フランスなどの例は第7章で見たとおりである。こうした体制は戦後復興期，とりわけ傾斜生産などで重点産業の振興を図った時期の経済運営においては大いに有効性を発揮し，フランスでも後年「黄金の30年」と呼ばれるようになる目覚ましい成長の一時期を築いた。しかし1970年代の厳しいスタグフレーションや脱工業化の流れの中，各国，各産業分野において合理化が追求され，その掛け声のもと，1980年代，90年代にはイギリスだけでなく，ドイツや日本も含んだ多くの国々で国有企業の民営化が行われた。フランスなどの一部の国や，それ以外の国々でも特定産業においては民営化が長く見送られるケースがあったが，その多くも遠からず民営化されることになった。ただしこうした日本や西欧で見られた戦後期の国有化がそれぞれの国の経済を全面的に覆っていたわけではない。経済取引の基調はあくまで市場経済であり，国有化が直ちに国営化や企業運営の厳格な国家管理への移行を意味するわけではなかった。戦後フランスでも，個々の経営の現場に踏み込むことは技術的にも難しく，国有化されてなお経営トップの陣容が民間時代と変わらないことが多かった。

　また官庁組織や国営企業の運営について，その硬直性や非効率性が指摘されることは多い。確かに官僚組織は規則や形式に束縛され，機敏な対応の可能性において制約がありがちではあるだろう。加えて形式的公平性の観点から，個別のニーズに準拠しない画一的な対応が往々にしてとられるのも事実である。競争の欠

如は合理化や創意工夫への動因を削ぐという議論もある。さらには，市場を超越した権限の存在は不正の温床にもなり得るという指摘も的外れだとはいえない。

　しかしこうした一連の問題は民間経営でも皆無ではなく，民営化が即座に合理的経営の実現に結びつくわけでもない。また混合経済であれ，社会的市場経済であれ，市場経済が一連の枢要な社会的任務に本来的に対応し得ないことがその展開の背景にあることを顧慮すれば，一定の国家的（ないし公的）活動の意義は否定できない。1990 年代，2000 年代において，第二次大戦後各国で見られたような，あるいはフランスがかなり後々まで維持したディリジズム的経済運営のウエイトが縮小されているのは事実だが，国家的（ないし公的）活動の意義やその展開の経緯を振り返れば，民営化にともなっていかなる弊害が発生し得るのかも，注意深く検証される必要があることは間違いない。

4）社会主義

　社会主義は元来，市場の国家による調整ではなく，市場経済の否定にもとづいている。そこではマルクスによる 19 世紀の資本主義分析に主に依拠しつつ，それが生み出す搾取の体系，すなわち決定的な分配の不公正と，価値を創出する現業労働者の貧窮化，景気変動の頻発化と階級対立の激化のもとで，資本主義経済社会は自家撞着に逢着し，維持できないという観点が根底にある。市場経済の機能に対し不信をもち，その結果生じる害悪の重大性を顧慮しつつ，さらには財産選挙制などに代表されるブルジョワ民主主義の正統性にも疑問を投げかけつつ，資本主義体制を廃棄し，現業労働者の代表が民主的に国家を管理し（＝共産党などの労働者政党の一党独裁），あらゆる生産手段をその国家の所有（＝人民の所有）にするべきだというイデオロギーが，社会主義を支えてきた。そして 1917 年のロシア革命を機に 22 年にはソビエト社会主義共和国連邦が成立し，レーニンの死後にはスターリン体制に移行し，五カ年計画を主軸に工業化が進められてきた（第 6 章参照）。

　社会主義は原理的には計画経済に立脚する。財の概念としては大まかにいえば生産財と消費財に分類され，これらを含んだ国内のあらゆる生産に係る産業連関の構造が「再生産表式」で綿密に策定される。生産手段はすべて国家の管理のもとにあるので搾取の余地はなく，計画通りに滞りなく各部門で生産が進めば，必要な財が安定的に供給され，また労働者にも適正な対価が分配されることになる

というのが計画経済の基本的な理念である。

　ところがこのような計画経済の運営は並べて成功しなかった。複雑な産業連関を中央で立案，管理する困難はもとより，現場の情報が必ずしも正確に中央には伝わらず，生産性向上のためのノルマや出来高制もむしろ情報伝達の阻害要因になった（垂直的情報の非対称性）。さらには，計画のプロセスにおいて何らかの支障が生じた際に個々の判断でいかようにも行動を変えていく市場経済社会とは異なり，変更の報告，計画当局での再検討，許可ないし指令という煩瑣な手続きを経なければならず，これ自体が効率性を欠くうえ，そうしたプロセスを厭う現場が不規則な行動に及ぶこともしばしばあったという。それゆえ計画した生産表式にもとづく生産・流通には常にほころびが生じ，モノ不足が恒常化した（コルナイ［2016］）。

　また，前項で述べたように資本主義体制下でも官僚組織や国有企業は存在し，さまざまな問題や弊害を抱えていたが，資本主義ではそれが経済活動のあくまでひとつの問題局面を構成するのみであったのに対し，社会主義計画経済体制下ではそれが全社会，全経済を覆いつくすことになる。そこでは硬直性や非効率性，形式主義がもたらす柔軟性の欠如，合目的性との背反などが致命的な経済停滞を引き起こすようになった。結果的には 1980 年代までには，東西両陣営の（特に民需部門での）経済力，技術力の差は歴然となり，東側の諸政府はそこからくる不満や軋轢をイデオロギー上の締め付けを通じて抑制していた。

5）経済開発と開発独裁

　一次産品輸出型の経済構造をもつ途上国の多くは UNCTAD などでの政治的努力を通じて利益を守りつつ，輸入代替工業化の途を模索した。しかし国内市場の狭隘や，工業化の進行とともに原材料や生産財輸入が増加し国際収支が悪化するという問題の中，輸出指向工業化に転換しつつ成長をする後の NICs 諸国のような国々が現れる一方，低開発型の経済構造にとどまる国々も多数存在した。

　工業化の促進に際しては国が強いリーダーシップを取るケースが多かったが，その中で開発独裁と呼ばれるかたちも存在した。それは急激な経済発展の過程において，政治的実権を握った為政者や官僚，場合によっては軍事指導者などが，開発を眼目として民主的プロセスを経ることなく経済政策を断行していくもので，社会主義計画経済と似た面もあり，実際に政府が社会主義を標榜することもあっ

たが，基本的には市場経済が基調とされ，外資の導入などを図りつつ対内的に種々の経済管理や統制が行われたケースが多かった。

こうした経済運営のあり方は合理的であるかに見える一面もある。民主的な意思決定プロセスを省くために，種々の利害集団による反対圧力を表面的には受けることなく，きわめてスムースに意思決定が行われていく。そして，そうした機動性を活かし急速に経済発展を遂げつつ，また自立的経済発展を阻害する旧い慣行や所有関係を清算し，さらには先進工業国への従属状況を打開していく。こうしたかたちで強権的経済運営が一定の有効性をもたらすこともあった。

しかし為政者や政治的支配層が恣意的に経済管理を計画しても，それらが必ずしも意図通りに機能するわけでもなく，また民主的プロセスを省くということは必ずや不満を生み，それを強権的に圧殺すればより大きな政治的不安定要因をもたらすことになる。さらにそうした体制下では，独裁政権政府の経済管理施策がいかに「よき意図」に導かれているとしても，それが結局独善に通じる危うさをもはらむ。そして非民主的手法により一部の人々に不利益を強いることは，全体のために個人が犠牲になることを厭わない（＝社会全体の厚生が個人の福利に優先する）という，全体主義に通じるところがあるともいえる。

例えばシンガポールなどのように，小国であるがゆえに経済管理そのものや，そこで生じる歪み，政治的，社会的諸問題に一定の対応が可能であった例や，韓国や台湾などのように経済的上昇と民主化運動の興隆が相まって進行し，経済社会の変容を遂げてきた例もあるが，強権をも厭わずに経済の振興を図った結果，結局経済が破綻する，あるいは政治的利害対立から内戦状態に突入する例も多々あった。後者の事例はアフリカや中南米諸国に多く，また近年では旧ソ連邦の独立国家群においてもしばしば見られる。アジアでも，フィリピンのマルコス政権やインドネシアのスカルノ・スハルト両政権，あるいはミャンマーの軍事政権などがこの例として挙げられる。開発独裁が一見摩擦なく市場の調整，あるいは市場原理を飛び越えた調整を行い，急速な成長を遂げる有効な手法として機能するという例もあったが，目を引く成功例の陰にはさまざまな問題や悲惨な事例も存在した。

おわりに——規制と規制緩和

　市場経済は今日の高度な社会的分業とそれにもとづく取引関係をおそらくもっとも合理的に調整する有効なメカニズムである。それを上回る効率的・合理的な方法が見つからない以上，また人為的調整の限界や問題点が明らかである以上，私たちは自由な取引関係（すなわち市場経済機能）に依拠せざるを得ないが，現実の経済社会における市場経済の問題点もすでに見てきたとおりである。そうしたなか，市場経済を前提とした上で，その問題点を再度調整するもっとも直接的な方法が，公権力の私経済への介入，すなわち「規制」である。そしてこれが，国家権力が存在する経済面における主要なレゾン・デートルのひとつとなる。しかしそれに対し，これをあえて緩和することで経済の閉塞状況を打開し，その活性化を図るべきだとの議論が一時頻繁に行われてきた。そこで最後に，なぜ規制が必要なのか，そしてそれを緩和することにどのような意味があるのかをあらためて問いつつ，本章を締め括りたい。

　第一に市場経済と規制との関係を考えてみよう。新（New）自由主義に立脚した市場経済観においては市場経済の機能上の諸問題は自明である。現にそこから生じるさまざまな問題を処理し，市場経済をできるだけ本来あるべきかたちで機能させるために，「制度化」や公権力による「規制」などの政策的介入が行われてきた。どのような方式や程度でそうした規制や介入があるべきかについての考え方はさまざまだが，少なくとも「夜警国家」以上の自由主義的介入が求められてきたことは間違いない。例えば情報の非対称性を克服するために，取引対象となる財の特性を明示することや一定の品質をクリアさせることは，自由主義市場経済が相応に成熟している国では，必ずや何らかのかたちで義務付けられてきた。

　財，労働力，資本の流動性にも現実には幾多の摩擦が生じるので，これらの需要と供給のミスマッチを減らすために，交通（物流）・通信システム，その他各種の情報システムの整備や，労働市場の流動性促進のための職業紹介，職業訓練などが行われてきた。また通貨価値の安定には，各国通貨当局が常に努力を払っており，政府ですら建前上はそれに干渉できないことになっている。ただし，実際に資金の流れを，それが社会的に好ましいか否かに即してコントロールすることは困難である。例えば外資にほぼ全面的に依存しなければならない国民経済の

不安定性は否定しがたく，それは 1997/98 年のアジア通貨危機の折にも顕在化したが，こうした問題に対し IBRD や IMF などに十分な事前の対処ができるわけでもない。また上述のような財や労働力の流動性促進の措置も，必ずしも意図通りに機能するとは限らない。それにもかかわらず，大恐慌や戦争を経た後，第二次大戦後の資本主義諸国の政府は，安定的経済成長や雇用の確保においても，その事実上の統御者として国民の期待を集めてきた。そして労働力やその他の生産手段の流動性に限界がある限り，地域構造政策ないし地域振興政策，あるいは地域間負担調整などが必要だとされてきた。

　社会的インフラ整備のための公共事業など，排他性の欠如や短期的収益性と直結しないことから市場経済機能には期待できないが社会的に必要な公共財等の供給も，国や地方政府の任務とされてきた。次章で詳述するが，社会保障も市場経済がその本来の論理によって供給できるものではなく，その機能はさまざまな経緯をへて制度化・機構化されてきたものである。つまり実際には，市場経済に各種の調整ないし補完の手が加えられてはじめて，経済の過程は機能してきたのであり，市場経済に対する「規制」は，理念的には常に何らかの根拠，必然性とともに生成してきたものである。

　しかし各国各地域の経済過程に対する規制や調整は経済の自然な動きを阻害する副作用をもたらすことがあり，それ自身が公的財政を圧迫するものでもある。またそこから生じる移転（＝事後的な再分配）がもとで利害上の軋轢をともなうこともある。さらにその諸決定は政治的過程を経るため，政争の根源となり，結果的にかなり歪んだ形になることもある。官僚制が抱える問題ゆえに望まれた効果が阻害されることも稀ではない。さまざまな調整的修正（規制）が行われてきた一方で，そうした調整から発生する歪みや副次的な望まれざる効果については，ハイエクがいみじくも指摘した通りである（ハイエク［2008］）。さらに経済の与件は日々変化するため，陳腐化し，もはや現状に即さなくなった，あるいは効果より問題の方が大きくなった規制は早急に廃止する必要があるが，こうした制度の改廃は政治的手続きを必要とし，また多くの人々の利害にかかわるため，硬直的であり，改廃に多くの時間を要すことが多い。このようなかたちで規制が市場経済の機能を阻害するようなことは，ときに見受けられる問題である。

　しかし何らかの人為的調整なしに市場経済自身が十分に機能しない以上，市場に手を加えることの利益もしくは必然性がある一方，手を加えることから生じる

弊害も存在するのであり，その双方を考慮したバランスが大切となる。さらに市場の調整は時宜に適っていることが必要となる。つまり実情に即さない規制は弊害をもたらすのみであり，適切な状況判断と時局に合致した迅速な対処が求められるのだが，多くの場合そのような理想的な対応は困難であり，このことが規制緩和に向けた議論の主要な論拠にもなっている。しかしそれでも規制や市場への介入の内容とその導入の経緯，またその当時の必要性についての十分な吟味なしに，ただそれを排除することが問題の解決につながるものでもない。1990 年代以降の世界経済の中で突出して大きな影響力をもつに至ったアメリカ合衆国でこうしたリバタリアニズムへの志向が大きな影響力を保持し続けたことは，世界経済全体の趨勢にも大きな不安定性をもたらしてきた。

　すべてを自由な取引に委ねるという指針で形式的自由主義を徹底すれば，何らかの価格や取引量は決定するだろう。それはおそらく外見的にはもっとも摩擦なく社会的分業とそれにもとづく取引関係を処理するものとなるだろう（市場の権原にもとづく交換の正義，セン［1999］）。それを上回る効率的な方法の設定には一定の困難がともない，また人為的な調整は，経済的パフォーマンスを阻害し，あるいは社会的な緊張を逆に高める蓋然性を包含する。しかしそうした形式的市場均衡は，普遍的妥当性や一般性を担保するものではなく，最適な資源配分や公正な所得分配をもたらす保証もない。市場経済の条件の非現実性や，実際に展開している世界経済の情勢から看取する限り，放任はむしろ不当な格差を国内的にも国際的にも拡大した。そして経済のボーダーレス化とともにアメリカ合衆国で強い支持を受けているこうした経済秩序は世界的な広がりを見せ，国際的な秩序となり，それとともに各国各地域の独自の社会的調和や合意のあり方の中で展開されてきた社会経済関係や市場経済のあり方（ひいては国家と市場の関係のあり方）が常に希薄化されてきたようにも見える。このような近年問題にされる現代型の経済のトランスナショナル化が今後も長く世界経済の基調的趨勢であり続けるとは限らない。むしろ，第 7 章でも述べたように，頻発する政治的，経済的，さらには社会的な危機や，過度な市場主義に起因する諸問題に直面し，世の中の姿勢や意識に一定のインパクトが与えられるようになっている。こうした中，現下の状況において従来の社会経済的ユニット（国や地域など）が各々展開してきた市場経済への対応のあり方とその国際的調整について論理的に整理をし，共通の理解を深めていくことには，大きな意味があるといえるだろう。

＃ 解説 II-5

ケインズとハイエク

　ケインズは 1883 年にケンブリッジに生まれ，アカデミックで裕福な環境に育った。ケンブリッジ大学のキングスカレッジを卒業後，官僚として，また母校で教鞭をとる経済学者として，さらには政府の経済・政策顧問としての人生を歩み，ブレトンウッズ会議でイギリス代表団長の任を全うした後，1946 年に没した。ハイエクは 1899 年にオーストリアのウィーンに生まれ，その地で法学を修めるとともにオーストリア学派経済学や心理学研究などにも接した。若き日には社会主義に傾倒したが，ミーゼスらの影響で次第に批判的な立場に転じる。LSE（London School of Economics）やシカゴ大学，フライブルク大学などの教授を歴任し，1992 年にフライブルクで没した。ケインズがやや年上ではあるが，両者はともに 1920 年代から 30 年代にかけて第一線で活躍した著名な経済学者であった。

　一般に定着しているケインズのイメージは，景気停滞に対する措置として裁量的な国家財政出動を積極的に奨励するマクロ経済学の始祖であり，ハイエクのイメージは，経済計画はもとよりあらゆる公的介入や調整にも反対するラディカルな自由主義者というところであろう。しかし両者は元来，新古典派的枠組みにおいて貨幣や利子，資本の役割について論争し，景気変動の説明やそれに対応するあるべき通貨政策についての見解をめぐって争ってきた間柄である。ハイエクが 1974 年に受賞したノーベル経済学賞で主たる根拠とされたのも，このときの『貨幣理論と景気循環』（1929 年）であった。しかし今日一般的にもっともよく知られているのはこのときの論争よりも，ケインズでは『雇用・利子および貨幣の一般理論』（1936 年，以下，『一般理論』），ハイエクでは『隷属への道』（1944 年）だろう。

　ケインズは新古典派経済学の枠の中で議論していた『貨幣論』（1930 年）までの議論を大きく改めるかたちで『一般理論』の議論を展開した。1930 年代の大不況が深刻化する中で従来の市場均衡プロセスの考え方を根本的に改めつつ，彼は市場経済においてもはや実態的に自然均衡があり得ないことを理論的に示そうとした。特に労働市場における需要は労働の限界生産性と実質賃金が等しいラインに素直におさまることはなく，労働力の供給が実際に労働の限界負効用と実質賃金とが一致するレベルで行われるというのも現実的ではない。ましてそのつど現出する雇用量が完全雇用を満たす保証はどこにもなく，市場の不均衡や非自発的失業の存在こそが常態である。もとより近代的な経済活動の時々の条件への適応には大きなタイムラグが発生し，経済循環の不安定性も一般的常態である。そして現下の著しい経済不況はその証左であるとし，彼は従来の新古典派公準に大きな見直しをせまったのである。さらには貯蓄と投資との関係をあらためて考究し，大不況のような状態を打開するためには政府が積極的に有効需要創出を赤字財政をも厭わずに行うべきであると主張した。それは同時に伝統的な国民経済学の呪縛から逃れるべきであるとの彼のアピールでもあった。今日においてはケインズの議論の陥穽も理論的に明らかにされているが，経済政策のあり方をめぐる学術的論考にとって

彼の議論がきわめてエポック・メイキングなものであったことは間違いない。

　他方でハイエクの議論は一般的にこれと対極の位置におかれるのが通例である。ハイエクもケインズらと貨幣や景気などについての議論を盛んに交わしており，それは後にノーベル経済学賞を通じて再評価されることにはなるが，1930 年代により脚光を浴びたのはケインズであった。ハイエクは個人的な思いから当初ケインズの『一般理論』にあえて公に反論しなかったが，ドイツでナチズムが台頭し，国民共同体の名のもとに個人の自由や権利が圧迫され，全体主義，指導者原理が跋扈するのを目の当たりにする中，またソ連の集産主義的ないし中央管理型社会主義計画経済体制がその存在感を増す中，さらには西側自由主義圏においてすら左翼的な思考が広がり，自身の住処のイギリスでも重要産業の国有化や経済計画の要素が戦後の経済体制のあり方として現実味を帯びる中，彼はついに筆をとり『隷属への道』を執筆した。

　ハイエクはそこであらゆる人為的な裁量を経済過程に入れることを拒絶した。その根拠は経済学的観点のみならず人間社会のあり方や人間の行動についての洞察にもとづいていた。彼は，経済過程に裁量をもちこむにあたりそれは誰がどのような手続きで決定をするのか，それは個人や経済社会のあり方とどのようにせめぎあうのかを考究し，集産主義ないし社会主義中央管理体制が，また資本主義社会においてすら官僚制やその他さまざまな権力の集中がいかなる問題を引き起こすものなのか，そして需要喚起のための財政政策も含めた恣意的介入が市場機能をいかに損ない意図せざる負の効果をもたらすのかという議論を展開した。その議論は社会哲学や経済秩序の根源にまで立ち入るものであり，彼自身もその後は政治・経済哲学の問題に専心し，この分野でシカゴ大学に招聘された。

　もとよりハイエクは基本的スタンスとしてエリートによる人為に懐疑的であり，またフランスでしばしば隆盛が見られた理性至上主義，いわば「理性の傲慢」に批判的であった。そしてこれに立脚している社会主義やさまざまなかたちの集産主義，さらには戦後フランスのディリジスムや国有化なども論難していくことになる。ケインズには「ハーベイロードの前提」といわれるようなエリート主義的思考が根底にあったといわれるが，ハイエクは人間の理性の帰結としての「ユートピア」を信じず，世の人々が国有化や福祉国家に対する希望を募らせているそのときに，それに逆らう自身に対する迷いを拭いきれないまま，遠慮がちに『隷属への道』においてその議論を展開した。そこで展開された計画化の無理や困難，それにともなう民主主義や法の普遍性への脅威，経済成長政策でも社会保障においても，それがたとえいかに善き意図に導かれていようとも恣意や権力は弊害をもたらし社会や個人の自律性を歪めること，そこで往々にして個人崇拝などが生起しつつ全体主義がはびこることなどについての彼の洞察は圧巻であり，それは今日なお時局性を保持しているといってよい。

　それではハイエクは現実のさまざまな経済的困難に直面してどうするのが正しいといっているのか。ハイエクは決してアナーキーな世界を理想としていたわけではない。自由な市場経済が成り立つような制度整備，治安・防衛はもとより，社会保障制度などもそれ自体が否定されるわけではない。ただし社会保障などは「甘えの構造」を排除するためにも最低限にするべきだという。しかしそこで何をもって最低限の保障とするかに

ついての言及はない。つまりあるべき理念は明確だが，具体的にどうすればよいかが示されていないのである。ハイエクの自由主義論では，介入や権力の恣意を容認する体制に対する問題性の指摘はきわめて秀逸で，その議論は今日の政治をめぐる問題をも見事に喝破している。しかし，それではどうすればよいかという議論のレベルでは，その言及は著しく抽象的かつ曖昧であるため，ハイエクが理想とする自由主義国家体制を真に貫徹した国は存在せず，アメリカ合衆国ですら例外ではない。結果的に戦後の成長国家，福祉国家的政策志向は世界的広がりを見せ，経済学の体系においても当面はケインズの影響がより大きくなった。

　しかし戦後高度成長が終焉を迎え，ニクソン・ショックやオイル・ショックなどを引き金としていわゆる先進国の経済成長が低迷し，さらにはスタグフレーションの状態を迎えたとき，様相は一変した。本質的に将来予測が悲観的であれば，消費性向の低迷とともに乗数効果は著しく減殺される。そして利子率を下げても弾力的に企業投資が活性化されることはない。ここからケインズ理論の限界が語られるようになり，イギリスやアメリカでマネタリズムの政策志向が興隆する中，今度はハイエクがわが意を得たりとして 1976 年に『隷属への道』の第二版を刊行し，その思いを第二版序言に綴った。ただしケインズの理論を完全に等閑に付すこともまた現実的ではなく，現在に至るまで多かれ少なかれ各国のマクロ経済政策の深奥にその論理が活き続けているのも事実である。

　ケインズとハイエク。彼らの議論は一見，厳しく反目するかのように見えるが，それは誤解ないし性急に過ぎる理解にもとづいている。両者はともに市場機能がうまく働かない可能性を想定している。そして彼らはともに，いわれるような社会主義者でもなければ市場原理主義者でもない。ケインズの議論は経済過程への政府の裁量的介入を必要なものとし，雑駁にいえば大きな政府が帰結されることになるため，それに対して自由主義からの逸脱，介入主義的，さらには社会主義的との修辞が用いられることすらあるが，ケインズ自身は社会主義を自由社会にとっての脅威とみなしていた。市場経済社会を持続的に維持可能なものにすることによりその脅威を減じることがむしろ彼の議論の眼目だったといえる。そこでケインズは裁量的有効需要の創出政策を，他方でハイエクは政府の役割を小さくしようとする議論を展開したのであった。　　　　（福澤　直樹）

【参考文献】ジョン・M. ケインズ［2008］『雇用，利子および貨幣の一般理論（上・下）』間宮陽
　　　　介訳，岩波文庫（原著初版 1936 年）
　　　　フリードリッヒ・A. ハイエク［2009］『隷属への道』（ハイエク全集第 II 期・別巻），
　　　　西山千明訳，春秋社（単行本としては 1992 年発刊。他にも一谷訳『隷従への道』
　　　　がある。原著初版 1944 年，第二版 1976 年）
　　　　スティーヴン・クレスゲ／ライフ・ウェナー編［2000］『ハイエク，ハイエクを語
　　　　る』島津格訳，名古屋大学出版会（原著 1994 年）
　　　　間宮陽介［2006］『増補 ケインズとハイエク──〈自由〉の変容』ちくま学芸文庫

第13章　福祉のコーディネーションと社会経済
——経済活動と福祉社会

はじめに

　近現代の資本主義市場経済社会において労働力はひとつの重要な生産要素であり，労働市場における商品として取引される。商品の取引量と価格は基本的に需要と供給の関係で決まり，労働市場ではその取引量が雇用量，価格が賃金となる。そして近現代の雇用者社会では人口のかなりの部分が格段の資産を所有せず，雇用関係に入り賃金を得ることで生計を立てている。しかしこの「労働力」という商品は一般の財と異なり，生身の人間の活動を取引対象としているため特別な問題が発生する。まず雇用が不足して労働力が売れないという事態（失業状態）のもとで働き手は生活の糧を失うことになる。また，財市場において供給に対し需要が低ければ価格が下がるように，労働市場でも市場原理によれば同様の状況で賃金は下がるのが自然である。しかし財市場で取引される商品とは異なり，労働力に関してはある程度の価格水準を満たしていなければ本人（および家族）の生活が成り立たない。つまり労働市場では供給者には，状況に応じて（例えば価格が不満ならば）商品（労働力）を供給しないという自由はなく，またこの市場は均衡する取引量や価格がどのような水準でもよいわけではない特別な市場なのである。

　さらに，労働力は売れ残った，あるいは壊れたから廃棄するということはできない。失業した場合，また病気やケガ，さらには障害を負って働けなくなったとき，労働力としての価値が認められず，その対価も支払われなければ，当事者は生活に行き詰まる。さらに大病を患った場合，その治療費やその間の収入の欠落

をどうすればよいのか。障害等が残り介護が必要になったとき，その費用はどうすればよいか。費用が払えなくなれば治療も受けられず，病院にいることもできなくなる。このように生身の人間の働きである労働力を商品として市場で取引することの困難は，近現代市場経済社会の問題点を如実に体現しているひとつの局面である。しかし現代の我々の経済社会は基本的に市場の論理で動いており，そのシステムを完全になくしてしまうことが現実的ではない以上，ここで本来の社会の主人公である人間の生活や権利を守るために何らかの措置が必要となる。それが公的に制度化されたものが社会保障だが，そうした措置は市場経済の論理で十分に対応できないので，たいていは政治的（制度的）強制をともないながら行われてきた。さらに経済的には所得の再分配が避けられないため，このことが多くの人々の利害に抵触し，しばしば摩擦を生み出してきた。このような社会保障（ないし社会的連帯）が社会経済の歴史的展開の中でいかに形成されてきたのかを理解することが本章の課題である。

1. 社会保障の諸領域と諸原則

　本節ではまず，福祉の中心となる公的な社会保障制度の諸領域やそれぞれの特徴，目的や，基底となる原理を概観する。公的な社会保障の領域は，日本の分類例では，社会保険，公的扶助，保健・公衆衛生および環境衛生，社会福祉からなり，他国の例ではより広く住宅政策や雇用対策，また教育政策や資産形成援助などが含まれるところもある。以下では多くの国で見られる主要な領域の給付制度の概要を検討しつつ，そこでの種々の給付原理のあり方を学習し，それぞれの制度が現実にどのように運営されているのかを確認する。

1 ）社会保険

　社会保険は現在の日本の例では疾病，労働災害，老齢・障害，失業，介護の五領域で構成され，仕組みとしては各々の対象リスクに対し，当事者が拠出をし（＝掛け金を払い），当該事態が発生した場合，拠出収入を原資として給付が行われる財政方式がとられている。元来こうした保険方式は，もっとも市場経済の論理に整合的な社会給付制度だとされる。なぜなら当事者集団の各々が自ら拠出をし，それを原資として偶然にも当該リスクに遭遇した者に給付がなされることに

より，各人の拠出支払いと受給権との対応関係が確実に築かれているからである。このように給付の因果・根拠が明確な給付原則を，因果原則という。そしてこのような保険方式では，給付は対象者の受給時の所得・資産等にかかわりなく普遍主義的に行われる。

　こうした保険による不測の事態への備えは自助にあたる。しかも保険数理にもとづくリスク分散というかなり洗練された集団的自助である。しかし「社会」が頭に付く社会保険は，技術的に可能な限り市場の論理に忠実であることを旨とする私保険とは大きく異なる。

　一般に「保険」では，より多くの保障を欲するならより多くの拠出を，よりリスクが高ければより多くの拠出が求められるが（逆も同様），社会保険ではこの常識に合致しない拠出と給付の関係が成立する。まず社会保険の保険料拠出は，被保険者が被雇用者（以下，被用者）の場合，当人が単独で行うものではなく，少なくとも半分は雇用主が拠出義務を負い，これはほとんどの社会保険部門において該当する（労働災害保険では一般に雇用主が全額拠出）。また被用者拠出分についても，拠出額が最初からリスクに対応していないのが通例である。健康保険でも拠出金額は各人の所得の一定割合という応能原則で算定されるが，給付の方は医療の現物や傷病の状況に応じて医師が必要と判断した治療・投薬を行い，その費用の全額もしくは一定割合を保険者が負担するという必要原則で行われる。ここでは多く拠出していても，それに応じた追加的給付はなく，逆にリスクが高いために保険から排除される，あるいは高い拠出支払を要求されるということもない。また加入しようとするときにすでに保険の対象となる事態が発生している場合は加入を拒否されるのが民間保険では常識だが，法定健康保険ではこの限りでなく，加入できる（しなければならない）というのも社会保険ならではの特徴である。さらに，多くの社会保障が完備した国々の法定健康保険では，扶養家族を包括するために追加的な拠出が課されることはほとんどない（日本の国民健康保険では追加拠出あり）。このような社会保険の特殊性は健康保険にとどまらず，他の社会保険部門にもあてはまる。基本的に従前所得の補填を任務とする給付は，従前所得の高低（＝それまでに支払ってきた拠出の高低）に比較的よく対応するが，例えば失業（日本では雇用）保険においてはリスクの高低（安定産業か不況産業か）は拠出料率に反映されず（農林水産業，建設業等では保険料率が一般とは多少異なる），健康保険や年金保険でも，たいていは税を原資とする公的資金が

投入されており，ともに決して純然たる保険とはいえない。このような民間保険的保険原則からの逸脱が社会保険の大きな特徴であり，これを社会保険原則という。

　再度健康保険に即して例を挙げれば，所得の高い者から低い者へ，扶養家族がいないか少ない者から多い者へ，傷病リスクが少ないと思われる者から高いと思われる者またはすでに傷病状態にある者へ，また納税者から被保険者家計（この両者は複雑に重複している）への再分配が発生する。もちろん再分配それ自体は社会保障本来の目的ではない。できるだけ無理なく給付の原資を調達し，必要なところに極力もれなく給付を行き渡らせようとした結果，このような再分配が生じるに過ぎない。だがこのように社会保険が保険数理的関係から乖離するにつれ，各個人がその経済的合理性に従うなら，受給期待額に比して明らかに拠出負担が重いと感じれば当該制度からの離脱を望むようになる。そして社会保険の枠組みの中には高リスク層のみが残留するという問題が起こりかねない。それゆえこうしたシステムを維持するために，社会保険はほとんどの場合，法定強制加入の保険である。対象者は原則として，好むと好まざるとにかかわらず，この保険（＝集団的自助）共同体に加入しなければならず，個人の損得勘定がどうであれ，各人各様に拠出が義務付けられるのである。

　それではなぜこのような保険原則からの逸脱や，財産権の侵害ともなりかねない再分配への関与の強制が社会的に容認されるのだろうか。もとより自由主義市場経済社会では経済活動の自由が認められ，私有財産制も保障されているが，他方で経済活動の帰結には自ら責任を負うことが求められる。生計は自ら維持すべきであり，むやみに公的支援を求めることは好まれない。それゆえ不測の事態の備えとしては（私）保険の活用が好まれ，また何らかの事情によって自立することが困難な場合には家族・親族が当人を支え，それでもなお支えきれないときは近隣の，あるいは地域のコミュニティが互助的に支える，あるいは職域集団などの共助などによって援助がなされるのが基本となる。そしてこれら自助ないし相互援助によって何ともしがたい場合に初めて公的な機関が援助に乗り出すことになる。しかしそれも一義的に担当するのは各地の自治体であり，その施策が限界に達したときに初めてより上位の政府のさらなる援助が発動される。このように本人により近いところで何とか自立の手だては講じられるべきであり，それによってカバーしきれないところをなるべく下位の公的機関が補っていくべきだという

考え方を補完性原則という。しかしながら，現代の経済社会でミクロ化した諸個人にとって，純粋な自助は過大な負荷となる。現実問題として，各個人が病気・失業などあらゆる不測の事態に対処することは，不可能である。

　皆がこれらすべてに予め備えをなすことができるという前提が現実的ではなく，多くの人々がこれらのリスクの前に為すすべもなく晒されている状態が好ましくないという社会的合意が成立したとき，またこれらのリスクが必ずしも個人的責任だけに帰されるべきではないという意識が社会的に形成されたとき，これらは社会的リスク（社会が連帯して対処すべきリスク）として社会保障の対象に組み入れられることになる。また，従来社会的リスクとして認知されてこなかった事例についても，社会構造の変動により必要と認められた場合，例えば日本やドイツの介護保険のように新たな社会保険部門が設けられることもある。このように再分配のような市場経済の元来の論理にそぐわない調整をあえて厭わずに組み込みつつ社会保障のための給付体制を構築していく理念を連帯性原則という。そして社会保険は内実においては多分に連帯的でありながら，外形的には因果原則を通じて市場整合的な体裁をとるため，社会保障の形態としては一般にもっとも選好されることになる。このように自助と補完性原則，および連帯性原則の双方は，ある意味で対極的概念でありながら，実は相互に不可分な補完的関係にあり，どちらか片方を一元的に採用することは現実的でなく，社会保険原則はその関係を如実に体現したものなのである。

2）公的扶助

　社会保険が擬態的にせよ自助であり，上位の公的セーフティネットと位置付けられるのに対し，公的扶助は最後のセーフティネットとなる。市場経済社会は補完性原則にもとづき自助あるいはできるだけそれに近いところでの相互援助による当該者の生計維持を求めるが，そのいずれもが機能しない，あるいはより上位の組織でも十全の対応ができないときは，公的資金により援助されるほかない。これが公的扶助であり，支給額および内容についての基準は当該者およびその家族が文化的な最低限度の生活を営める程度を保障するという必要原則にもとづく。それゆえ事前に拠出していたかどうか，なぜ貧困状態に陥ったかという因果的関係は受給の権利要件としては問題にならず，当該者が現状，生計を維持することができないという事実のみに拠る結果原則にもとづく。

日本では「生活保護」と呼ばれ，実施主体は，ここでも補完原則に準拠しつつ，もっとも当該者に近い行政単位の地方自治体である。そして税収を財源として結果原則による一方的な扶助金および現物支給が行われ，支給量は上述のように最低限に抑えられる。何よりもまず自立支援が優先されるとともに，英語圏でミーンズテスト（means test）と呼ばれるような資産調査が行われ，支給申請者個人の状況に応じた選別的（↔普遍的）支給がなされる。そして別途収入の可能性がある場合，貯蓄や動産・不動産を問わず一定以上の資産を有する場合，さらには家族・親族，その他からの援助が可能な場合，査定必要額からその分が減額されて支給されることになる。多様な背景をもつ諸個人の事情にかかわりなく，基本的人権の一部として文化的な最低限の生活は無条件に保障されなければならず（＝それ以下での貧窮状態を放置してはならず）社会が（税収財源で）連帯的にそれをカバーしなければならないのが日本では憲法条文や生活保護関連法の趣旨であるが，あからさまに市場経済的因果原則と対極的な形態をとるため，日本に限らずいずれの国でも受給者が「社会の負担」，「自己責任を負えない者」としてのスティグマの対象となりやすいことは否めない。また，必要額の査定や資産調査にあたっては支給当局が個人の私的領域に深く入り込んで調査し，また個別相談や支給の条件設定などを通じて個人の行動に深く干渉することになり，それに問題がないともいえない。他方で支給の可否および支給量の裁定は施行自治体に委ねられているが，担当当局が人権擁護と自助・自立優先との狭間で厳しいジレンマにさらされていることも実際の問題として認識しておく必要がある。

3）社会福祉

　日本の社会保障の分類では社会保険や公的扶助以外に「社会福祉」というカテゴリーがあり，ドイツでも「扶養原則」という給付原則が存在する。そこに含まれるのは，保険原則になじまず，その限りで市場経済的因果付けは行いにくいが，給付への「相応の妥当性」が社会的に認められた諸事例であり，この「相応の妥当性」を根拠としてスティグマなどを発生させることなく給付が行われる。ドイツの「扶養」も元来は官吏恩給や戦争被害者・犠牲者（遺族）援護など，長く国家に奉仕してきたとされる者や，戦争によって被害を被った者，国のために殉じた者の遺族に対する報償ないし補償として位置づけられてきた。それゆえこれらは因果原則には拠るが市場主義的保険原則とは異なり，また因果性を問題にしな

い扶助原則とも明らかに異なるものとされ，その給付の根拠原理は近年一般的に「福祉原則」と呼ばれている。今日のこの種の給付の中心になるのは，老齢者援護，障害者援護，児童福祉や母子家庭援護などで，とりわけ障害者や老齢者などへの対策は「バリアフリー」あるいは「ノーマライゼーション」概念，すなわちあらゆる条件の人々がおおむね等しく社会生活を送るためのインフラ等が整備された状態で初めて自由な社会の前提が整うという新自由主義（New Liberalism）的機会の平等の観念により，その因果の正当性が認められている。

4）その他の社会給付と措置

　上記以外でも公共財として社会が完備すべきものとして，さまざまなものが租税財源で供給され，広い意味での社会給付の一端を担っている。例えば医療は多くの国では法定疾病保険によってカバーされているが，イギリスの国民保健サービス（National Health Service：以下，NHS）のように無償国営医療というかたちで供給されるケースもある。イギリスの NHS の現在の運用は決して問題なしとはいえないが，概してその考え方は，健康に生活を送ることができるということは誰もが享受するべき公共財であり，享受できない状態が生じればすぐにでも回復の手当てを加えるのが公の義務だということになる。日本では保健・公衆衛生，さらには環境衛生が社会保障の範疇に加えられ，保健所の運営，伝染性疾病の予防，上下水道の整備，国公立医療機関の整備・運営（近年は独立行政法人化）などといった活動が行われているが，これが社会保障にわざわざ組み込まれていることの背景には，この分類を社会保障制度審議会が行った第二次大戦後間もない時期，その欠如が国民生活に著しい悪影響を与えていたことの反映だといえる。これ以外にも，国ごとの差はあるが，教育の整備や住宅問題の解決などが人々の健全で自由かつ平等な条件下での経済活動の基盤を整備すべき社会保障の課題とされることも多く，さらには資産形成の援助を通じて積極的に中間層の育成を図ることまでもが社会保障の範疇に含まれるところもある。

　以上のように多様な形態をとりつつ，またさまざまな次元で人々の生活をあらゆる不時の事態に対応可能なかたちで保障すべく，一般に社会のセーフティネットは構築されている。そしてそこでは，今日の経済社会の秩序の主流が市場経済であるために市場整合性が可能な限り追求されるが，市場経済が本来的に抱える前提上の諸問題，とりわけ労働力の商品化の困難ゆえに，セーフティネットの構

築に際しても市場原理を貫徹させることは適わず，さまざまなレトリックを用いながら多重に社会のセーフティネットが張り巡らされ，近代経済社会において疎になった共同性を補うべく，制度的な社会的連帯が構築されてきた。

　ただし，理念的にはセーフティネットが存在していても，その網の目からこぼれるケースを根絶することは難しい。また諸個人がそれぞれ，自身の生活を賭して経済的活動に従事する中では，それをどこまで徹底させるかについての社会的合意も必ずしも確固たるものではない。また擬似的市場整合性ゆえに社会保険が選好される反面として，扶助的給付に対するスティグマが払拭できておらず，それが翻ってセーフティネットに大きな隙間を作り出している面もある。さらに，議論の妥当性は別にして，社会給付が生むモラルハザードないし労働へのディスインセンティブ効果は常に問題として取り上げられている。加えて何よりも財政的，あるいは物理的な施策の限界もある。例えば飢餓に苦しむ国で社会保障の不十分さを先進工業国の基準で問題にしても意味はあるまい。しかも工業諸国においてさえ，近年は世界的な競争的環境下での財政上の問題や，社会給付と競争力低下の関係などが激しく議論されており，理念と現実との緊張関係には常に厳しいものがある。さらに近年の日本などでは，医療技術の高度化や少子高齢化の急速な進展が医療や年金の持続可能性を制約するという懸念がしばしば話題にされる。それは必ずしも的はずれなことではないが，拙速に財政次元の問題として議論することは妥当ではない。さまざまな社会経済環境のもとでなおも求められる福祉社会を維持していくためには，制度に対する人々の信任が不可欠であり，そのためにもそれまで形成されてきた社会給付の正統性に係る論理的な考察や理解をいっそう深めておく必要があるだろう。

　もとより自立している者に自立できない他者（あるいは将来の自身）を想像することは難しく，さらに緊縮財政や自己責任などの議論の盛隆と公的扶助の縮小圧力との一定の対応関係は過去のさまざまな事例が実際に体現してきた。だがもとより，外見的に非道徳的な行動パターンが当人の悪しき性格にのみ由来すると考えることができるほど，現実の社会は単純ではない。それゆえ，性別，年齢，教育水準，出自（社会的ミリュー），主稼得者はじめ家族の健康状態，また一般的経済情勢，その他あらゆる社会経済的諸事情にかかわらず，常に最低限基本的人権が阻害されないようにするためにも，困窮をもたらす社会経済の構造に関する客観的な考究がよりいっそう深められ，それが一般的な認識として浸透してい

くことが重要だが，その要件の充足には常に困難がともなっている。

　また元来福祉や社会保障に直結することではないが，これまで人類史の中で構造的に定着させられたジェンダーに起因する格差もまた，在来の伝統的思考やそれにもとづく社会制度・慣習が自由公正という市場の前提を阻害している一つの局面であり，それを是正するための積極的施策が求められるようになって久しい。しかし国や地域による差もあるが，十分な解決にいたっていないというのも実情だろう。さらに近年は，性的マイノリティに対する偏見が根強い中で当事者の生き方を「ノーマライズ」していく必要性もさかんに語られるようになっている。これもあらゆる人々が十全の展開を実現していくための環境の整備の一環としてとらえることができる。

2. 近代的経済社会の生成と社会福祉

　本節では，伝統的（前近代的）共同体社会から今日に至るまでの社会的生活保障のあり方を歴史的に概観する。

1）伝統的共同体の解体と救貧法

　人間社会の古来の伝統的な生活保障機能は，共同体が担ってきた。原始的な共同社会も，古代専制国家や古典古代のポリスなどのレゾン・デートル（存在理由）も，一義的には共同体成員の保護機能にあった。現代の資本主義市場経済社会をもっとも典型的なかたちで生み出すもとにもなった西欧中世ゲルマン的農村共同体や都市共同体の一義的な存在理由も同様である。限られた生産力のもとで確実に成員の扶養を維持するためには，競争を排除し，成員間の平等を維持する中で連帯感を涵養し，共同労働にもとづき，伝統的・経験的にもっとも確実な（リスクの少ない）方法で生産を行っていくことが必要であった。各々の共同体成員の恣意的な生産の営みは共同体全体を危険にさらすものとして厳しく排除され，あらゆる生産活動は共同体の掟によって規制されてきた。農村における領主の支配もまた，収奪の機構であると同時にこうした共同体の秩序の守護者としての意義を有しており，その秩序や掟には彼らですら逆らうことはできなかった。

　むろんこうした諸規制の存在は，それが共同体構成員の生活維持を常に全面的に可能にしたことを意味するものではない。現代的水準と比較すればはるかに低

位な生産力，特に限られた知識と原初的な技術のもとで，不作，飢饉に際しては
共同体の扶養能力が限界に達し，何らかの「口減らし」が行われることもしばし
ばあった。また共同体の生存保障機能の限界は農村に限られるものでなく，食料
供給の逼迫は都市共同体住民の生活基盤の動揺にも直結した。さらに，共同体の
個々の成員はすべて共同体にとっての社会的存在であり，共同体護持の名のもと
に特定の成員が犠牲を強いられることも稀ではなかった。このように共同体は必
ずやその成員の生活を万全に保障できたわけではないが，こうした不安定な，限
られた生存基盤のもとでこそ，いっそう共同体の諸規制およびその遵守，それに
向けての連帯なしには，成員の生活は根本的に成り立ち得なかったのである。

　しかし，緩慢ながらも着実に進行した生産性の向上・余剰の発生と社会的分業
の生成は同時に，共同体成員各個の所得や社会的位置の格差と多様性，所有関係
の変化をもたらし，これが共同体の平等性を揺るがした。農業やそれ以外の生業
において自立性を高める者が出る一方，経済的，社会的に零落する者も現れ，日
雇い，雑業で生活の糧を得る集団が拡大した。都市と農村のつながりも徐々に密
になり，多少なりとも雇用機会の多い都市へ流出する者も多くなった。

　こうした中で現れたのが，「救貧法（英：The Poor Law）」（近世絶対王政下イギ
リスで代表的なものがエリザベス救貧法〔1601 年〕）である。中世末期以降，流浪
する貧窮民への対応は各国・各地で行われたが，イギリスでは早い段階から共同
体の枠組が弛緩し，エンクロージャーがそれをさらに促す結果となっていた。

　救貧法は元来，貧民の救済というよりも，浮浪貧民の存在による社会秩序や治
安の脅威を防ぐためのものであり，基本的な措置は浮浪，物乞い禁止，生活の糧
が得られない貧窮民の出生地（当該者が元来属する教区・共同体）への強制送還
などであった。しかし伝統的農村社会の変動自体が生活困窮者の一群を生み出し
ている以上，こうした措置は問題の根本的解決につながらず，むしろより多くの
浮浪民が生み出されていた。各国・各地の当局はこれを厳しく取り締まった。労
働不能貧民（年少者，高齢者，傷病者，障害者等がこれに相当）に対しては施与
を認める一方，労働可能貧民の浮浪，物乞い行為は厳罰に処した。

　こうした対応の積み重ねを踏まえ，救貧税を導入し，救貧院などの収容施設を
設け，治安判事や貧民監督官の任命などを通じて貧民対策を国家的に組織するよ
うにしたイギリスの事例が，エリザベス救貧法であった。しかし，浮浪者は社会
の害悪であり，その存在は社会秩序の混乱の根源であるという従来からの基本的

立場は変わらず，労働可能貧民は労役場と化した救貧院で強制労働に従事させられた。産業革命の時期の社会変動の中である程度の待遇の改善も見られたが，救貧費用の増大とともに救貧法はあらためて改訂され（新救貧法：1834 年），その運用が再度厳格化された。そこでは救貧制度により救済を受ける者の生活条件はもっとも低い所得水準の就労者のそれを上回ってはならないという「劣等処遇の原則」が掲げられ，院外救済（在宅での給付）は原則禁止となり，救済申請者は救貧院に収容され労役に就くことが義務づけられるようになった。このほか，救済を受けた者には自立できない落伍者としての社会的スティグマが押され，さまざまな局面で社会的にも政治的にも不利を被る仕組みが設けられた。ここでは同時に，こうした悪条件の甘受を前提としてなお救済申請を行う者のみを真の困窮者と認めるという，一種の選別機能も期待されていた。

　しかし実際は上記の院外救済禁止を完全に実施することはできなかった。たしかに劣等処遇の原則やスティグマは給付申請を躊躇させるに十分な効果はあったようだが，19 世紀第 2 四半期の飢餓の時代には，それでもなお救済申請者数が救貧院の収容能力を大幅に上回り，「例外」であるべき院外救済は事実上一般化した。結局，救貧法の厳格化の試みは貫徹できず，むしろ当時の社会問題の広がりと根の深さを浮かび上がらせることになった。他方で労働者側も，労働組合等の職業団体を中核とした共済機構を設けるなどの対応をとったが，それが可能なのは一部の所得の高い熟練工の集団に限られていた。

　19 世紀末大不況に入って以来，失業や貧困の問題は再燃し，従来は組織されることのなかった非熟練労働者の一群が各国で労働組合に結集し，マルクス主義に立脚した急進的な社会運動を展開するようになった。そうした中で労働者の生活状況に関する実態調査も行われ，まずは論壇における貧困観に変化の兆しが現れた。また激発する社会運動や貧困が及ぼすさまざまな問題に直面しつつ，政治的にも人々の生活不安や生活基盤の不安定性に対し，単に伝統的な救貧法に委ねるだけでは済まされない状況が認識されるようになった。そして公教育，疾病対策，公衆衛生などには，救貧法ではなく個別立法で対応されるようになり，こうした動きが他のさまざまな社会改革と並んで進行する一方，19 世紀末から 1930年代頃までに西欧各地で社会保険が導入された（伊藤［1994］）。すなわち因果原則にもとづいた団体的自助の国法上の組織化が行われるようになったのである。

　だが社会保険には仮初にも保険原則がともなう。両大戦間期の経済的困難の中

で保険原則は実態的には絶えず切り崩されてきたが，それでも保険要件を満たすことができずに救貧法の枠組みに依拠せざるを得ない膨大な人口集団が発生した。つまり今日的な最後のセーフティネットとしての機能があらためて救貧法に委ねられることになったのである。

　旧くからあるスティグマと不可分の救貧制度は逐次近代的な公的扶助に転換されてきた。特に第二次大戦後は，ほとんどの国で健康で文化的な最低限度の生活の保障が義務付けられており，公的扶助による最後のセーフティネットが明確な受給権とともに維持された。しかしこれによって現実に人々の意識の根底からスティグマが払拭されたと考えるのは難しい。明らかに当人の責任に帰すことのできない貧困が厳然として存在する一方で，不正受給や自立意識の欠如をめぐって紛糾するケースもあり，それゆえ受給者に対する偏見や，経済生活の困難は当人のモラルに起因するという意識が依然として存在し続けた。

2）社会保険の生成と展開

　これまで述べてきたように，社会給付のあり方としてもっとも好まれているのは保険だが，ありきたりの私保険では定められた「社会的リスク」に対し普遍的に保障を行っていくことができないため，世界の多くの国で法定社会保険が導入された。ドイツでは世界に先駆け，すでに 1880 年代に疾病，労災，老齢・障害の三保険分野についての立法が順次成立し，ほどなく施行に移された。なお，その成立の根拠として，当時のドイツ帝国宰相ビスマルクの「飴と鞭」の政策，すなわち当時勃興しつつあった社会主義運動の弾圧と同時に社会保険という福利による労働者の宥和を期す意図がこれまでよく指摘されてきたが，社会保険自体はビスマルクの主体的構想によるものではなく，また実際に構築された制度のあり方も，宥和策としての効果も，彼の本来の意図とはかけ離れたものとなった。

　もともとリスクヘッジの手法として通商業を中心に古くから活用されてきた保険が産業化にともなう被用就労者の生活不安定に自身で備える手段としても援用され，19 世紀の比較的早期から共済形式で主に傷病による稼得中断時の所得補填がなされてきたが，そうした機能を組織できる労働組合などに包括されていたのは高給の労働者に留まり，またほとんどの共済では，障害時や老齢時の十分な保障（＝たいていの場合，長期の給付となる）を行い得るほどその財政規模を拡張することができなかった。それでも 1880 年代初頭に疾病保険法についての議

表 13-1　西欧各国，アメリカ合衆国および日本における主要部門の社会保険立法成立年

	労働災害保険	健康保険	年金保険	失業保険
オーストリア	1887	1888	1927	1920
ベルギー	(1903) 1971	(1894) 1944	(1900) 1924	(1920) 1944
デンマーク	(1898) 1916	(1892) 1933	(1891) 1921/22	(1907)
フィンランド	1895	1963	1937	(1917)
フランス	(1898) 1946	(1898) 1930	(1895) 1910	(1905) 1967
ドイツ	(1871) 1884	1883	1889	1927
アイルランド	(1897) 1966	1911	(1908) 1960	1911
イタリア	1898	(1886) 1928	(1898) 1919	1919
オランダ	1901	1929	1913	(1916) 1949
ノルウェー	1894	1909	1936	(1906) 1938
スウェーデン	(1901) 1916	(1891) 1953	1913	(1934)
スイス	(1881) 1911	(1911)	1946	(1924) 1976
イギリス	(1897) 1946	1911	(1908) 1925	1911
アメリカ合衆国	(1902-49) *州による	(2010)	1935	1935
日　本	(1931) 1947	1922	1941	1947

出所）西欧各国については，Peter Flora [1983] *State, Economy and Society in Western Europe 1815-1975*, Vol. I, Frankfurt am Main, p. 454 より引用。日本は相澤與一 [2003] 『日本社会保険の成立』山川出版社による。

注）括弧を付していない年号が強制加入を原則とする社会保険が初めて導入された年である。括弧内記載の年号は，雇用主の賠償責任をただ単に定めた制度，あるいはミーンズ・テストをともなうような年金制度，もしくは加入強制のない制度といった，現代的社会保険に相当しないかたちでの給付制度が初めて導入された年である。

会審議が行われていた頃にはかなりの数の疾病金庫がすでに存在し，その設立主体にも，労働組合，イヌンク（ギルドに相当する同職組合），鉱夫組合，大型企業体の疾病金庫など，さまざまなものがあり，彼らの利害はビスマルクの国家保険の構想と衝突し，自らの組織基盤を援用する形態に変更させることに成功した。

　しかし国法上の疾病保険を設けるということは，このような疾病時の所得補填や医療の現物給付を広く労働者一般に拡充することにもなった。また老齢ないし障害時の給付を，普遍性を付与しつつ設定するということは，同様の保障を従前に任意団体がほとんど行えなかっただけに，きわめて意義深いものであった。さらに労災保険の導入も，これを機に労災の責任証明問題を解消し，労災を産業化にともなうコストとして位置づけつつ企業負担で対応させるようになったことにおいて大きな意味をもった（木下［1997］）。しかも社会保険ということで形式的自助のかたちを維持しつつ因果原則と連帯性原則を同時に援用するという意味で，この時期の一連の諸立法が画期的であったことは間違いない。

　なお，ビスマルクが元来意図していた形態は，ライヒ国家主導で大掛かりに国家財政を援用し，半ば扶養的な形態をもって擬制「保険」制度を実施するものであった。ここで既存の共済等，各種の任意団体と衝突し，ビスマルクは押し切られたのである。だが，既存団体を保険者にしたことで1900年前後にすでに，日本では今でも未解決の社会保険の「制度間・組合間格差問題」がもちあがり，ドイツでは解決への途が模索された。しかし今日のように連帯性を徹底させて制度の財政基盤を強化することは当面は叶わなかった。他のヨーロッパ諸国でも20世紀への転換期以降，順次社会保険の導入が進んだが，いずれの場合も当初はその運用が可能な限り市場整合性に準拠した形態になることが多かった。

　第一次大戦後の世界各地の経済的停滞や混乱のもと，保険財政収支は著しい不均衡に陥り，むしろここから実態として保険原則からの乖離が始まったケースが多い。つまり保険拠出の形態であれ，社会保障目的税のような形態であれ，応能原則的に集められるだけ資金を集め，給付は一般に普遍性を維持させつつも，均一・最低限に抑えるというようなかたちが各国で見られるようになり，さらに政府一般会計からの補助金投入も頻繁に行われた。実際にはそれでも制度機能を維持することは往々にして不可能となったが，受給権を担保する給付の普遍性や実質的な共同性の拡張がここで経験されたことの意義は大きい（福澤［2012］）。

　しかし1929年大恐慌の時期以降はいかなるかたちをもってしても保険の擬態

すら維持できなくなり，保険可能層と不可能層の区分けを行い，保険については
保険原則を純化し，保険不可能な層に対しては別枠の扶助的枠組みを構築するス
キームがイギリスやドイツ他，各国のそれぞれの保険部門で導入された。この場
合，保険の生活保障機構としての空洞化と，社会給付システムの扶助化が顕著で
あり，それはさまざまな社会的軋轢を生み出すもとにもなった。また，当時の財
政状況では国が扶助を補完することはできず，1930 年代不況のピークの時期に
は各自治体でも扶助の実施は手に余るところとなった。そして親族，近隣の相互
扶助，教会等の慈善事業，その他あらゆる手段を尽くした「メイクシフト」(make-
shift, 解説 II-6「イギリス福祉史研究の諸潮流」を参照）と呼ばれるいわば「その
場しのぎ」で人々がどうにか生き延びるような状態が発生した。

　この時期のような明白な市場経済の機能不全の下では，デフレ対応の価格支持
や雇用の創出など，マクロレベルの国家的政策が積極的に推進され，一般に自由
主義的経済秩序の典型と理解されるアメリカ合衆国ですら，経済過程そのものや
労使関係への介入，社会保障法など，国家の積極的措置が実行された。こうした
対応が実施される際には，ほとんどの場合さまざまな経済統制が敷かれ，国によ
ってはファシズムへ移行して強権的かつ強硬に事態の打開が図られることもあっ
た。いずれにせよ，第二次世界大戦に至るこの時期，市場の論理は後景に退き，
厳しい戦時組織経済や束縛とともに，人々の生活は維持されたのである。

3）第二次大戦後の福祉国家体制の展開

　戦後の西側諸国では（また，東側諸国においてすら），社会のセーフティネット
の上位にあらためて社会保険が位置するようになった。それは戦後積極的に国有
化を進めたイギリスやフランスも同様であった。その形態や理念に相応の違いは
あるものの，各国ともに市場整合性が一義的に重視され，しかし同時に社会保険
を通じた再分配が実質的に組織化されたことになる。

　また第二次大戦後に顕著なこととして，従来の社会保険対象事由以外にも，保
険になじまないさまざまなケースが保険形態ではない社会保障の対象として取り
込まれたことは注目に値する。戦争に起因する諸問題の被害者援護はもとより，
障害者や老齢者の独自のニーズへの対応，母性保護，児童福祉なども公的な社会
保障の任務とされた。イギリスの NHS のように，医療を保険の対象とせず公共
財として無償医療のかたちで提供するケースも見られたほか，保健・公衆衛生，

さらには教育や住宅供給など，各国においてさまざまなかたちで社会保障の対象領域が拡大されたのもこの頃からである。

　この時期，社会保険の方式や給付の位置づけも大きく変化した。社会保険は一般に包括範囲を拡大させつつより普遍的なものとしての位置を得ることになり，そうした中で一定の水準を維持するために，さらに広範なリスク調整や連帯性の援用が不可欠になる傾向にあった。また動態年金の導入などにより，社会給付は不時の窮乏化の補完的手当てとしてではなく，一般に賃金代替的役割を果たすものとしての性格がより明瞭になった。

　他方でアメリカ合衆国のように社会保険の「社会的」性格を意図的に抑制しながらより民間保険に近い運用をとるケースがあり，また国家的なスケールでの制度構築を行うための社会的・財政的基盤を欠くがゆえに依然として家族・親族や地縁集団，あるいは職域集団などの伝統的な社会性に依拠せざるを得ず，それが翻って社会保険の普遍性を制約するという日本に典型的なケースもあった。特に1961年には日本でも健康保険と年金保険の国民皆保険が実現されたが，実態においては先述のような制度間格差問題をともない，被保険者がどのような職業集団あるいは企業組織に属すか（あるいは自営業，自由業，年金受給者のように「属さない」か）によって，拠出負担率，自身の負担割合，規定以上の給付の有無，その水準や範囲が大きく異なった。個々の保険者が財政危機に陥ったときには，国などの補助金が投入され，規定最低給付水準は維持されたが，多くの西欧諸国で1920年代から30年代の経済危機の折に生起したような普遍主義的制度構築と広い範囲でのリスク調整の組織化に至ることはなく，日本では制度間格差問題が今日に至るまで半世紀以上にわたって持続しているのである。

　総じて1950年代後半から70年代初頭にかけて，いずれの資本主義国でも制度内容の改善や包括性の拡大は確実に進んだ。また，国によっては1960年代に高度成長の勢いが落ちこみ，景気変動の局面によってはかなり立ち入った景気対策なども行われるようになった。図13-1は第二次大戦後のいくつかの工業国の国民負担率の推移である。国ごとの差もあるが，一定の上昇傾向が看取されるうえ，分母のGDPが伸びているので，絶対額ではかなりの上昇となる。日本では比較的堅調な成長の中で，給付の範囲，規模（水準）いずれにおいても拡充し，1973年には「福祉元年」が宣言され，本格的に公的な社会保障の拡大へと進みつつあった。ただ，その同じ年の秋にオイル・ショックに見舞われ，他の工業国同様，

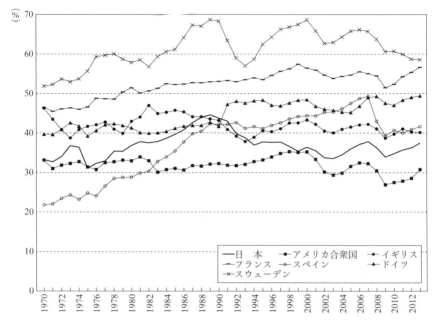

図 13-1　国民負担率国別推移（租税移転＋社会保険拠出総額の対国民所得比率）

出所）OECD.Stat（https://stats.oecd.org/）2020年6月17日アクセス。

福祉国家の財政問題に苦悩するようになった。

　その後各国が景気の停滞と，インフレ，失業問題に苦しむ中，社会保障を支える財政負担が経済にとっての過大な負担であるとの議論が各国で喧伝されるようになり，これが1980年代の福祉切り詰め議論につながった。しかし多くの国ではさしあたり根本的な制度変更は見られなかった。第7章，第12章で見たように，サッチャー体制下のイギリスだけは様相を異にしており，また日本でも老いた親や親族などをいたわることの大切さや人と人との交わりの中で生まれる温かみの大切さを説く倫理観や感情に訴えるキャンペーンが展開されたが，結果的には意図されたような政府の社会支出を抜本的に切り詰める制度変更には至らなかった。むろん各国において合理性を追求する細部での変更は行われ，これらをめぐってそれぞれに大きな議論が惹起されたことは事実である。また旧態依然としたまま存置されることがあった種々の規制も，国や地域による差異はあるものの，それぞれに見直された。その意義や効率性が問われていた国有企業の民営化もこ

の時期各国の多くの部門で実行された。しかし市場経済の実態的機能のあり方に起因する諸問題を何らかのかたちで制御（manage）ないし調整（coordinate）していくという意味での福祉国家体制については，イギリスやアメリカ合衆国を除く主要国では，根本的な変化なしに維持されたといってよい。

4）近年の福祉多元主義と経済のトランスナショナル化

　これまで社会給付のあり方について歴史的に述べてきたが，最後に近年の社会給付をめぐる 2 つの方向性について簡潔に論じてみたい。その第一は福祉多元主義であり，第二は現代の経済のトランスナショナル化の影響についてである。

　近年の福祉多元主義の議論は 1970 年代後半から本格的に展開された。福祉の担い手としての非公的セクターの役割を見直そうというものだが，その背景には国などの政府主導の福祉政策が財政的に窮迫しているという一面と，政府が福祉政策を主導することによる非合理性や形式性からくる不効率性や制度とニーズの齟齬などに対する問題意識というもうひとつの面が存在する。

　前者の面は，福祉財政が膨張する傾向にあって，限られた財源でその効果を上げる必要上，当然惹起されてくる議論だといえる。多元的な主体によるイニシアティブを援用することによって政策の効率化が可能となり，不必要な出費が回避できるならばそれに越したことはない。ただ，他方で小さい政府を主眼とする自由主義的視点，あるいは公的福祉政策自体に違和感を唱える保守主義的考え方によってこの議論が本来の趣旨とは別の次元で論じられている状況も，しばしば看取される。福祉や社会保障に相当するものは，すでに見てきたように，もともと個別的ないし多元的に行われてきたものであったが，近代以後の社会ではその個々が十全に機能し得ず，傷病，失業，それに起因する貧困，またその社会的定着などが問題として顕わになる中で，普遍的な生活保障が供給されるよう政府などの権力機構が介入し，例えば強制加入の社会保険や他のさまざまな生活保障機能が制度化されてきた。近現代社会にあって個々の多元的主体の問題処理能力に限界がある以上，こうした国家の活動領域の存在は当然だといえるのだが，個々の多元的主体の機能にも期待できる部分があり，それらと国家機能の相互補完的関係を積極的に利用していくべきだというのがこの議論の本来の趣旨である。それゆえ公共財政の逼迫から民間や NPO 団体，あるいは伝統的な扶養機能に頼ろうとする議論も存在したが，それらは本来の福祉多元主義とは本質的に異なるも

ので，その点には十分に留意しておくことが必要である。

　もとより，国家などの公的主体主導の制度に本質的に内在する問題から福祉政策が免れているわけではない。一般に行政サービスについては，いわゆる官僚主義的硬直性やさまざまな非効率性があることがハイエク以来，明示的に指摘されている。確かに公平性や準則性などの観点から，制度運営にあたってむやみに融通をきかせることは基本的に許されないが，諸施策の運用が形式的，硬直的となり，本来の趣旨と大きくかけ離れ，目的の実現にとって不適切なものになることはしばしばある。またさまざまな不確実性や社会経済的条件の流動性の中で，あらゆる部面で政府に適切な対処ができるわけでもない。予想され得なかった政策の副作用も発生し，政府の失敗は確実に存在してきたのである。

　そのため実際問題としても補完性原則には一定の合理性が存在してきた。地方政府でやれることはそこでやった方が中央の負担は減り，現場により近い分だけ正確な情報にもとづき，より適切な措置がとれる可能性が高い。さらに，NGOやその他各種社団（協同組合，同職組合，互助会等）が可能な限りにおいて相応の役割を担うことも好ましい。その方が社会（地方財政）の負担は減ぜられ，ここでも行政の対応に比してより効率的，効果的な措置の実施が期待されることが少なくない。それゆえ，多様な局面で福祉社会の生活保障機能が期待通りの機能を失している現代の状況下，「多元主義」が形式的で個別の状況に合致しない国家の行政機能を補完する上で非常に重要な位置を占めるとはいえるのだが，それが国家機能を代替するものには決してなり得ないことには留意する必要がある。

　政府も失敗する。しかし多元的な福祉諸主体に普遍的な機能を求めることは現実的ではなく，さらに大局的見地から政府の失敗を補うことは本質的に彼らの機能領域に属するものではない。彼らはたいてい当事者に近いうえ，官僚機構と違って相応の機動力をもつ。しかし彼らは単なるひとつのミクロの社会経済主体でもある。しかも近年は低位の個別社会，すなわち家族・親族，近隣コミュニティすら失敗しており，NGO などがカバーできる範囲も限られたものだといわざるを得ない。営利企業にも彼らなりの限界がある。そもそも彼らに採算を度外視して公共の利益のためという使命感だけで活動することを期待するのも本質的に不条理である。つまり本来の福祉多元主議論は，公的措置が存在し十全に機能していることを前提とした上で，その公的措置で本質的に行うことのできない細かいニーズへの対応や効率的運用のために多元的主体を有効に活用することに意義を

見出すものであり，これ自体には傾聴すべき部分が大いにある。しかしそこで普遍的な福祉機能が担保されるものではなく，実態としてもそれらに過分な期待ができる状況にはない。公的福祉と多元的福祉主体の適切な補完関係は福祉社会のひとつの好ましいあり方ではあるが，福祉国家の財政的，機能的諸問題の根本的解決がここに期待されるべきものではない。

　本項で問題にするもうひとつの局面は現代経済のトランスナショナル化と社会保障との関係である。社会保障は個々の国民に対してのみならず，多くの国内企業に対しても応分の負担をもたらす。社会保険は雇用主拠出分などの賃金付随費用をもたらし，また租税財源の諸施策は社会全体に負担を求める。なかでも法人税や消費税（あるいは付加価値税）は直接ないし間接に企業負担にはね返る。それらは短期的には商品等の製造コストの増加につながり，当該商品の国際価格競争力の重荷となる（人々の生活の安全が長期的に社会経済に与える効果は確かに存在するが，ここではそれを捨象して論じている）。先進工業国中，賃金水準が高く比較的社会保障の充実している国の製造業の多くが国外の製造拠点をもとうとするが，そのひとつの理由がこの賃金付随費用も含めた人件費の高さである。

　それゆえ福祉負担の高い国は経済活動のトランスナショナル化，ボーダーレス化のもとで，生産に際しての賃金付随費用が顕著に抑制されかつ資金や情報が集積されている技術・資源大国アメリカとの厳しい競争的環境におかれてきた。そして当面はこの社会的なコストをあえて抑制していく以外に適切な対応が見出せず，左派政権のもとで社会給付をはじめとする社会保障の縮小的合理化に向けての制度改革が行われることもあった。しかしそれが必ずしも個人主義的社会観に行き着くものではない。近年のたび重なる経済的危機や，一般的に不安定な社会経済情勢の中においては，福祉のコーディネーションや社会的共同性，社会的連帯のあり方についての考察を深める意義はなおいっそう深まっているといえる。

おわりに——社会的共同性と福祉社会の展望

　共同体社会は壊れ，時代とともに個人の自律性は高まったが，伝統的生活保障システムは破綻ないし著しく弱体化した。それが深刻な社会問題につながり，近代の市場経済および資本主義経済体制に即応した生活保障システムが徐々に構築されてきた。国家などが擬似的共同性を構築し，さしあたりは市場整合的な生活

保障システムを築いたが，多様なニーズのすべてにそうしたスタンスで臨むことは適わないので，市場経済を基盤としながらも実質的にさまざまな連帯性が援用される経済社会が構築されたのが現代の福祉社会だといえる。これは福祉の複合体と呼ばれることもあり，経済の動態や進化の中でのひとつの必然と捉えることもできる（解説 II-6 を参照）。

　しかしそうした資本主義市場経済の連帯性ないし共同性は崩壊する方向にあるとの観測がしばしば語られるようになった。1970 年代のオイル・ショックは福祉国家に対する強烈な一撃であり，80 年代に一部の国ではその理念において急激なパラダイム転換があったが，それ以上に多くの工業国で，福祉国家（ないし社会国家）は維持可能であるかに見えた。しかし 1990 年代以降，経済活動において従前とはけた違いの水準と範囲でそのトランスナショナル化が進行する中，福祉国家といわれてきた多くの工業国で福祉や社会給付の抑制的合理化が進められるなどし，福祉国家や社会国家は大きな限界に逢着しているとの観測が支配的になった。それでも，このことが社会的共同性とそれにもとづく社会的連帯を不必要としていることを示すものではない。科学技術や ICT，AI を中核とする明るい将来ビジョンとは裏腹に，経済危機や不安定が時として発生し，世界に広がる閉塞感，格差，貧困，政治的軋轢，局地的な軍事紛争や難民問題など，社会の不安定要素はなおも尽きない。それぞれの国内や国家連合，さらにはそれを越えた連帯と共同性に依拠する必要性は，むしろ高まっているといえるだろう。

　他方，このような不安定な社会経済的情勢，さらには国際情勢とそれに付随する諸問題は，人々の生きていく，あるいは生活を守ることにおける不安感を増幅させており，そこからは旧い共同体における「内外倫理の二重性」が想起される動きも生じている。つまり社会的連帯は上述のようにひとつの必然的かつ有用な方向性であると捉えられるが，それと表裏の現象として，偏狭なナショナリズムや排外主義的傾向が次第に表面化している傾向も見て取れるのである。今後どのようなかたちで福祉社会が展開していくのかを見通すのはまだ難しいが，歴史的に形成されてきたその論理は，適切に理解していく必要があるだろう。

＃ 解説 II-6

イギリス福祉史研究の諸潮流

　福祉国家の揺り戻しが進行するなかで，福祉とは何かが改めて問い直されている。福祉の〈行く末〉を考えるためには，〈来し方〉が見直されなければならない。いま福祉史を描くために何が求められているかを，福祉の多元主義，福祉と社会の関係，グローバルな視点の 3 つの点から考えてみよう。

　まず，福祉の多元的構成と複線的発展史が描かれなければならない。これまで，「救貧法から社会保険へ」，「福祉社会から福祉国家へ」，逆に「福祉国家から福祉社会へ」という表現で福祉の歴史が描かれてきたが，近年では福祉の多元的構成を描く「福祉の複合体」史が注目を集めている。歴史のなかにおける福祉の担い手と原理の多元性に着目し，家族，地域社会，中間団体，企業，教会，商業保険会社，地方自治体，国家，超国家組織などによる，私的福祉，相互扶助，慈善，企業福祉，民間保険，公的扶助などの多様な福祉資源の活用と相互関係の解明に関心が集まっている。福祉国家「前史」として扱われがちであった慈善や相互扶助のあり方を，「福祉国家の社会的基礎」として再評価し，連続性の視点から描く研究も登場している。また，救貧法と福祉国家が単純な二項対立の関係にはないことも明らかになっている。つまり過酷な統治手段と，死なない程度の生存を保障する「最後の寄る辺」との両義性を有する救貧法の長期的な影響力が明らかにされている。税を基礎として最低限の均一保障を行う，〈最低限は保障するが，最低限しか保障しない〉イギリスの福祉国家の歴史的特質も，長期的視点から提示されているのである。

　こうした福祉の制度と実践のあり方を福祉の受給者の視点から，つまり主体的要因を入れて動態的に描こうとしているのが「生存維持の経済」（economy of makeshift）という研究視角である。生存の危機に瀕した貧民がどのような形で，上記の福祉資源の網の目を渡り歩いていたのか，その綱渡り的な生存の戦略が明らかにされている。いわば「下からの福祉史」が語られている。この視角自体はすでに 1970 年代に提示されていたが，近年では多数の貧民の手紙の発見によって，旧救貧法下の救済をめぐる交渉過程と被救済権（right to relief）の構造が明らかになっているために，改めて脚光を浴びている。また，20 世紀になると伝記，日記，回想などを用いながら，貧民が複数の福祉エージェンシーをどのように使いながら生き延びていったのかが明らかになっている。こうして，多元的な制度と主体的な行動を接合した複眼的な視点からする福祉の全体史と福祉の社会史が描かれようとしている。

　ところで，「福祉の複合体」史や「生存維持の経済」史をより動態的に描くためにはどのような視点が必要だろうか。かつては階級的視点が支配的で，政策主体，福祉受給者，諸制度の歴史的意味はもっぱらその視点から分析されてきた。しかし，今日では，ジェンダー，エスニシティ，地域性などの視点を抜きにした福祉史研究はありえない。社会のなかに走る複数の境界線が複合することで，福祉の制度と実践にどのような影響があるのかを明らかにすることが，求められているのである。例えば，福祉国家体制下

の社会保険や公的扶助が「男性稼ぎ主型家族」を前提とした制度であること，福祉のナショナリズムが国籍をもたない住民をどのように扱ってきたか，さらに白人女性と黒人男性とではどちらが優遇されているのかなど，複数の社会的分断線の複合力が福祉の理念と実態に与えてきた影響について自覚的になることを求めている。

　第二に，福祉を自己完結的に捉えないことが重要である。歴史のなかで福祉の問題は「社会問題」として表記されてきた。「社会」のあり方こそが目標であり，福祉制度はあくまで「社会改革」のためのツールであった。

　この問題を考えるためには，近年活性化している福祉政治学や福祉社会学との交流が不可欠である。そこでは，「福祉レジーム」の類型論，「福祉ガバナンス」論，「社会的排除と包摂」などのキー・タームで鋭い問題提起がなされているが，過去の経験が十分に参照されていない面もある。福祉の理論，政策分析と歴史研究の双方向的な対話によって，社会のなかの福祉を時空の拡がりのなかで捉える必要がある。こうした対話が進展しているのが，福祉の思想史研究である。福祉の制度改革を導いた主要な政治家，官僚，思想家の伝記的な思想分析や，特定のイデオロギーの分析ではなく，「社会的連帯」の思想，「社会的なるもの」とその両義性に焦点をあてた研究が生み出されている。イデオロギー横断的な思想のあり方と継承のされ方が，社会史的な視点から動態的に分析されている。

　また，福祉と経済の関連についてもより深く検討されなければならない。福祉国家の成立は確かに人々の生活環境を改善したが，それは，経済成長のおかげか，福祉の恩恵か，両者の貢献比率をどう捉えるか，慎重な検討が必要となっている。そもそもイギリスにおける福祉国家の形成史は産業衰退史・金融帝国形成史と表裏の関係にあった。100年前，貧困の「発見」で格差社会が表出されるなか，金融国家として生き残る途を選択したイギリスでは産業の空洞化と地域の疲弊が進行していた。この疲弊を事後的に是正するものが，地主を中心とする資産家への累進課税に支えられた国家福祉であった。しかも，社会保険を中心とした制度下では，保険料を支払えるだけの収入と雇用の確保が前提とされており，経済成長と福祉国家とは相互依存関係にあった。まさに「ケインズ・ベヴァリッジ体制」と評される形で福祉の拡大がなされたのである。また，バブル経済の成長をもたらす市場原理が拡大すれば，地域をはじめとする諸層の共同性が破壊され，「負け組」に対しては公的扶助をはじめとするより大きな公的負担が生じるという，経済成長と福祉国家のパラドックスについての歴史的な説明も必要であろう。

　さらに，福祉国家と戦争国家は理念や言説としては対抗的な表現であるが，歴史の実態としては両者は同時並行的に進行したという事実も無視できない。何のために，どのような方向で「国民の福祉」が拡充したのか，戦争の問題を抜きには語られないであろう。

　最後に，グローバルな視点が必要である。福祉レジームの類型論は盛んであるが，各類型の特徴を示すためには福祉の比較史が重要であることはいうまでもない。

　しかしそれだけにとどまらず，福祉の諸制度がその形成過程において国境を越えた影響を相互に与え合ってきたことを明らかにする，福祉の国際関係史が描かれなければならない。特に，19世紀末から20世紀初頭の国家福祉導入期には，ヨーロッパ諸国は互

いに他国の福祉制度を検討した。第一次大戦を前後する同時期にヨーロッパ各国で福祉国家の原型となる諸制度が導入されたが，そこには共時的な国際的影響力が働いていたし，その意味をどう捉えるかは大きな課題となっている。さらに，近現代の世界においてヨーロッパは地理的な意味合いを越えて，「普遍性」をもったことにも注目しなければならない。植民地社会に宗主国の福祉制度が移植されただけではなく，日本でも 20世紀初頭以降，ヨーロッパの諸制度を一種の「模範」として比較研究する潮流が存在した。さらに，民間の福祉活動についても，例えば，慈善活動の「大西洋間制度移植史」という視点で，欧米の慈善活動の相互影響，福祉実践の国際的な因果関係などが明らかにされている。同じようなことは，1980 年代以降の福祉国家解体史におけるネオ・リベラリズムの影響という負の影響の連鎖についても検討されなければならないだろう。

　さらには，超国家的福祉実践のあり方が問われなければならないだろう。例えば，EU レベルでの社会保障プログラムの共有化・最低限設定，発展途上国への援助，国境なき医師団のような NPO/NGO の活動が現地社会に与える影響などが検討されなければならないであろう。こうして，福祉の比較史，福祉の国際関係史，超国家的福祉実践，この三重の意味におけるグローバルな福祉史の視点が必要となっている。

　ここでは 3 つの側面から福祉史の書き直しの可能性に触れたが，〈来し方〉を見ずして〈行く末〉を語ることはできない。現代が提起する福祉の課題があまりにも多く，大きい〈いま〉だからこそ，広い視点からの「現代と過去の対話」が求められる。

（高田　実）

【参考文献】パット・セイン［2000］『イギリス福祉国家の社会史──経済・社会・政治・文化的背景』深澤和子／深澤敦監訳，ミネルヴァ書房（原著，第二版，1996 年）

　　　　　クリストファー・ピアソン［1996］『曲がり角に来た福祉国家──福祉の政治経済学』田中浩／神谷直樹訳，未来社（原著 1991 年）

　　　　　イエスタ・エスピン＝アンデルセン［2001］『福祉資本主義の三つの世界──比較福祉国家の理論と動態』岡沢憲芙／宮本太郎訳，ミネルヴァ書房（原著 1990 年）

解説 II-7

アジア社会福祉研究の諸潮流

　アジアの社会保障制度や福祉戦略に関する研究は，1990年代以降特に21世紀に入ってから盛んとなっている。この背景には，1980年代後半以降に高揚した民主化運動と，それにともなう労働者や国民の「生活の質」の向上に対する関心の高まりや，アジア地域で1990年代末から認識が強まった「少子化・高齢化社会」の急速な進展があった（末廣編［2010］）。また，1997年のアジア金融危機に際して，大量の失業者が発生し，貧困層が拡大したなかで，経済発展における社会保障政策の重要性が認識され，国際通貨基金（IMF），世界銀行（IBRD），アジア開発銀行（ADB）といった国際機関が，アジアの社会保障制度や福祉戦略の議論に加わった。経済のグローバル化が急速に進展したなかで，アジア諸国は国内の福祉システムを構築・改変せざるをえない状況に直面したのである。とりわけ経済危機後に福祉政策が急速に展開した東アジア諸国の経験は，日本の研究者らの強い関心を引き，「失われた10年」と称された経済社会状況にあって，日本の政策現状を考える上でも，取りあげられるようになった（金編［2010］）。

　またその一方，社会福祉研究では，各国が近代化の進展にともない福祉国家形成にむかって同じような軌跡をたどるという収斂論を否定したエスピン＝アンデルセンにより，欧米諸国をモデルとした3つの福祉レジーム，すなわち①「自由主義的福祉国家」（アメリカなど），②「保守主義的福祉国家」（ドイツ・フランスなど），③「社会民主主義的福祉国家」（スウェーデンなど）が示された（エスピン＝アンデルセン［2001］）。しかし，この福祉レジームでは括ることができない国々も多く存在し，日本や東アジア諸国の福祉国家が，どこまでこのレジーム類型で説明できるのかが大きな論点となった。

　こうして，アジアの経済社会変化に応じた福祉システムの構築や改変の必要性といった現実的要求と，社会福祉の比較国家論的研究という学問的要請の2つの要素が絡み合いながら，1990年代以降，「東アジア福祉国家論（東アジア福祉レジーム論）」が議論された。なお，東アジア福祉国家の特徴として一般的に想定されるのは，第一に，家父長制的な構造を含めたジェンダー関係と関連しつつ，「家族」が生活保障や相互扶助において大きな役割を果たしていること，第二に，「個人」の権利・義務という観念が希薄で，共同体的ないし集団主義的な相互扶助が基調となっていることである（広井／駒村編［2003］）。

　ところで，「東アジア福祉国家論」が有する問題意識や研究課題，およびそれらの議論の推移に関しては，先行研究の詳細な研究整理がある（金編［2010］，末廣編［2010］）。主にこれらの成果に依拠して，これまでの研究動向と今後の課題をまとめておきたい。

　理論的枠組みに注目すると，「東アジア福祉国家論」では，多数の論者がエスピン＝アンデルセンの福祉レジームに依拠して，日本や東アジアの社会保障政策を分析してきた。しかし，この福祉レジーム論は，東アジアの諸国を分析比較する場合には，上手く適用しえないことが明らかになったため，福祉国家の定義とその成立時期をめぐる論争（武川-田多論争）などが展開された。この論争を起点に，これまでの研究状況を鑑みて，

東アジア発の新しい試論を構築することを目的にしつつ，次の 3 点が理論的視点として提案された。すなわち，① 福祉国家の厳格な概念定義を定めるのではなく，「福祉国家」と「前-福祉国家」とを包括しうる福祉レジームを考案するという視点，② 福祉国家成立の特定の「時点」ではなく，一定の「期間」を設定して，その成立プロセスを把握しようとする視点，③ 福祉国家の成立時期における国内外の政治経済的環境に着目し，西欧の先発国と東アジアの後発国との間に見られるその「ずれ」を分析する視点である。その目的は，歴史的存在として福祉国家を把握することを前提に新たな段階論を構想し，従来の類型論の限界をも補完しながら，段階論と類型論との統合が可能な理論的方法論を構築することである（金編［2010]）。

　一方，実態面からは，社会政策を実施する国家や地域の政治体制が，民主的な体制か非民主的（権威主義的）な体制かという差異により，社会政策にいかなる特徴があり，民主化運動が進むなかで，社会政策がどのように変化したかを解明することが重要である。この課題について，これまで各国の政治指導者がその支配体制を正統化するため，社会政策を利用してきた側面が強調されてきた。今後は，アジアなどで福祉国家を目指す新しい事例と，福祉国家が後退している欧米諸国の現実を比較し，これまでの西欧型福祉レジーム論を相対化して，今後の世界における社会政策のあり方を展望することが期待されている。また，西欧的福祉レジームでは，社会政策は経済政策と切り離されて独自に形成されてきたが，これに対して東アジアでは，社会政策は経済政策に従属して形成され，機能したことが指摘されている。特にアジア新興工業国においては，社会保障制度の設計がもっぱら労働生産性の向上に向けられたという特徴が指摘され（「生産第一主義的福祉国家論」；ホリディ），この論点を発展させて，それまでの経済発展や工業化のパターンを関連させ体系化しようとする議論（「開発志向型福祉国家モデル」；クウォン）もある。今後は，経済政策と社会政策の 2 つの政策の関係を，より明確にすることが課題である。

　ただし，各国の福祉国家形成の歩みのなかの特質を把握する場合には，中長期的な視点を持つ必要があろう。福祉国家の類型に「後発性」という時間軸を組み入れた国際比較研究は，東アジア地域の国家比較による福祉国家研究を深めて展開してきている。しかし，この議論では日本の位置づけが難しい面がある。日本の福祉国家形成プロセスを振り返ると，近世・近代期に地域や企業により独自に展開した社会政策的取り組みが初期形態として存在した。その後，国家が構築した社会政策立法のなかに企業，地域，家族が巧妙に組み入れられ，それらが大きな機能を発揮してきたところに日本の特徴があり，近世期以来の歴史を振り返ることで経路依存性の強さを，日本の社会政策のなかに見て取れるからである（玉井［2012]）。

　そして，社会保障制度や福祉を支える国家以外の主体，例えば，家族，企業，地域のコミュニティ，宗教組織，ボランティア団体などを日本だけでなく他のアジア諸国についても分析することが重要である。東アジア福祉国家論は，もともと文化やイデオロギーの役割を含めた検討（「儒教主義的福祉国家論」；ジョーンズ）から始まったが，その後，各国の実態把握と比較検討が重ねられ，社会保障におけるアジア共通の特徴を見出すと同時に，それ以上に植民地支配を受けた歴史要因，宗教的・文化的要因，民族，

風土などの諸要因から派生した多様性が注目されている。多様性の内実，あるいは社会保障の制度設計の経路依存性を吟味するうえでも，アジア地域間における各国の社会政策の比較検討は重要と思われる。

　こうしたアジアにおける社会福祉の国際比較をする場合に，共通の客観的なデータや指標を立てて，家族・企業と社会保障制度との関係を分析することが求められるが，例えば末廣昭らの研究グループは，社会福祉を財政的に負担している主体は何であるのか，国家，企業，個人（家計）など社会保障給付の財源の調達先別にその負担率はどのようになっているかを明らかにし，企業福祉がどこまで東アジアの福祉国家を特徴づける要件となりえているのかを検討課題とした。その結果，企業福祉に対する姿勢や各種の福利厚生サービスの提供の有無については，規模の経済性や中核的な従業員の確保という文化・思想的要因を越えた経済的合理性で説明できるものが多く，労働費用の構成の違いは，各国・地域の社会保障制度の整備の度合いや，制度設計の経路依存性により説得的な説明ができることが明らかとなった（末廣編 [2010]）。もっとも，アジア諸国には広範な農村部が存在しており，今後は，企業福祉のみならず，農村部における社会保障の制度設計の経路依存性やその地域の固有性の検討も含めた，アジア諸国の制度比較も課題となるであろう。

　以上，1990年代以降のアジアの社会福祉研究の諸潮流を簡単にまとめた。アジアの社会福祉制度に関して分析・研究を進めてきた先学の指摘を踏まえると，今後は予見をもたず，これからの課題として前述したことを念頭に置きなから，まずアジアにおける社会保障制度や福祉の詳細な実証研究を各国ごとに積み上げ，その分析成果をもとに比較分析を行い，それを参照しつつ実現可能性の高い福祉社会を将来的に構想することが肝要と思われる。

（二谷　智子）

【参考文献】G. エスピン＝アンデルセン［2001］『福祉資本主義の三つの世界——比較福祉国家の理論と動態』岡本憲芙／宮本太郎監訳，ミネルヴァ書房（原著初版1990年）

広井良典／駒村康平編［2003］『アジアの社会保障』東京大学出版会

金成垣編［2010］『現代の比較福祉国家論——東アジア発の新しい理論構築に向けて』（シリーズ 現代の福祉国家 第6巻）ミネルヴァ書房

末廣昭編［2010］『東アジア福祉システムの展望——7カ国・地域の企業福祉と社会保障制度』ミネルヴァ書房

玉井金五［2012］『共助の稜線——近現代日本社会政策論研究』法律文化社

第14章　経済史認識の展開と現代

はじめに

　本章では，テーマ編のまとめとして，経済史に関してこれまでどのような思想が展開されてきたかを概観し，現代社会の状況を捉える上で，いかなる視点が重要かを考察する。経済史学の個々の学説については，本書の解説でも論じられてきたので，本章はそれらの解説の相互関係を位置付ける役割も担うこととなる。

　経済史学の展開を概観する上で，歴史の捉え方の諸潮流を大きく3つの視角から整理する。ひとつは，歴史分析の手法としての帰納法と演繹法の視角である。帰納法とは個別の事例分析から一般的結論を導き出す分析手法で，すべての個別事例を分析することは不可能なので，結論には蓋然性がともなうが，事例を慎重に選択できればある程度精度の高い結論を導ける。一方，演繹法は，命題を設定し，事例分析によらずに論理の規則に従って必然的な結論を導き出す分析手法で，論理展開に飛躍がなければ説得的な結論が導かれるが，事例分析と乖離する可能性が高い。むろん，経済史学の多くの論者は，演繹法で導かれた結論を事例分析とすり合わせて修正するなどの作業を通して，両方の分析手法を併用するが，帰納法と演繹法のどちらに比重をおくかで，それぞれの学説の個性が表れた。

　2つ目は，歴史分析の説明形態としての段階論的把握と類型論的把握である。歴史を捉える際に，個々の歴史事象のなかの普遍性を強調するか，特殊性を強調するかは，経済史認識の大きな分岐点であるが，普遍性を強調する立場にたてば，世界を同質の歴史潮流に位置付ける傾向が強くなり，世界史の基本法則を主張することになろう。その代表的な例が，世界は等しく同様の発展段階をたどるとの

発展段階論であり，そこまで厳密でなくとも個々の地域の歴史を段階的差異で認識する方法は広く行われてきた。その一方，個々の歴史事象の特殊性や個別性を強調する立場に立てば，各地域を異質の歴史潮流に位置付ける傾向が強くなり，各地域を分類して，その特質を主張することになろう。むろん，こうした類型論的把握と段階論的把握を統合する試みは，過去の経済史学でも幾度となく行われたが，そのどちらに比重をおくかで，やはりそれぞれの学説の個性が表れた。

　最後に，経済史分析の対象をどの範囲におくかで経済史認識は大きく異なった。経済史学は経済学と歴史学の交流領域にあたるが，それゆえ経済学の視点から経済史学を認識する立場と，歴史学の視点から経済史学を認識する立場が存在することとなった。前者の立場では，経済学的要素で説明し得る範囲の歴史的展開を解明することが主題となるが，後者の立場では，社会全体の歴史的展開を可能な限り経済学的要素で説明しようと試みることが主題となろう。むろん，前者の立場でも，純粋な経済理論では説明し得ない領域まで経済理論に修正を加えることで解明しようとの試みは行われ，後者の立場でも，社会全体を経済学的要素で説明し得ないことはほぼ明らかなため，経済学以外の分析手法を導入する試みは行われた。とはいえ，経済史学の対象領域を経済学的要素の強い領域に限定するか，社会全体に広げるかは，経済史認識の差異として大きくその個性が表れた。

　こうした分析手法・分析形態・分析対象の相違から，経済史認識の諸潮流を概観するが，まず段階論的把握と類型論的把握の代表的な古典および経済学の視点から経済史学を論じた古典的研究を押さえ，次に社会全体を経済史学で捉えようとする諸学説の展開を押さえ，最後に近年の経済史学の諸学説をまとめる。

1. 経済学の歴史への応用と経営史学の誕生

1）二大古典とその応用

　経済学は，18世紀にイギリスで成立したと考えられるが，それを本格的に歴史研究に応用して最初に経済史学を体系化したのはカール・マルクスであった。1818年にプロイセンで生まれたマルクスは，ヘーゲル哲学を学んで歴史理論としての史的唯物論を提唱し，43年からパリに居住するなかでフランスの社会主義思想を批判的に継承して科学的社会主義を標榜した。パリでは1848年から革命が生じ，マルクスはロンドンに移住して50年から古典派経済学を本格的に学

び，代表作の『資本論』を著した。このようにマルクスの学問体系は，プロイセンのヘーゲル哲学とフランスの社会主義思想とイギリスの古典派経済学を源流としているが，ここでは経済史認識として重要な史的唯物論を簡単に取り上げる。

　マルクスの史的唯物論（唯物史観）は以下のようにまとめられる（マルクス［1956］）。物質や財貨の生産は，人間の自然に対する支配力である「生産力」と生産における人間と人間の結び付きである「生産関係」から成り立ち，社会の基本的な生産関係は，社会の主要な生産手段の所有関係で決まる。生産力と生産関係は必ず統一されて特定の歴史的生産様式を形づくり，生産諸関係の総体である経済構造が社会の土台である下部構造を形成し，法律的・政治的な諸制度や社会的意識諸形態がその上に上部構造を形成する。下部構造と上部構造は相互関係に立つが，究極的には前者が後者を規定する。そして生産関係は，社会の生産力の発展につれて変化し，生産力の発展を担う階級と生産関係の維持に努める階級との対立が生ずることで，両者の闘争が本格化して，その結果新たな生産力と生産関係が形成される。かくして，世界は，アジア的・古代的・封建的・近代ブルジョョ的・社会主義的生産様式という 5 つの生産様式を順に経過する。

　演繹法から世界史の基本法則を導き，段階論的把握から社会全体を論じようとしたのが，マルクスの史的唯物論の特徴といえる。マルクスが史的唯物論を提唱した 19 世紀中葉は，ヨーロッパ社会が革命的状況にあり，革命戦略としてより明快な理論を展開する必要があったと考えられ，実際，マルクス主義は経済学のみに止まらず社会科学全般に大きな影響を与えた。ただ，経済史認識としてより重要なのは，マルクスが留保をつけた部分であり，マルクスの発想には，前述の史的唯物論のまとめから読み取れるように，上部構造と下部構造が相互関係にあったことや，上部構造において社会の諸制度や人々の意識を重視したように，後の政治経済学や制度経済学，そして人間類型論につながる視点も含まれた。

　その意味で，歴史認識でマルクスの史的唯物論に対置されるマックス・ウェーバーのエートス論も，マルクス的見方が継承されているといえる（内田［1972］）。ウェーバーは，1864 年生まれでマルクスと直接に交流があったとは考えられないが，マルクスと同様にベルリン大学で学び，イギリスと異なった道を歩む 19 世紀末のドイツの現状分析を進めるなかで，複眼的歴史観を身に付けた。そこでは，思想や理念と現実の利害状況が相互に同時に作用し合う過程として歴史が捉えられ，思想や理念につながる人間の倫理規範こそが人間の行動様式を規定し，

そうしたエートスが歴史を能動的に構成する要素とされた。

　ウェーバーの代表的著作の内容は解説 I-7（92頁）に委ねるが，宗教などを背景とする人間類型から歴史を捉え，精神面から人類の発展の一般法則を考察しようとしたウェーバーには，マルクスが歴史展開の起動力に「生産力の発展」をおいたのに対して，「合理化」をおいた点では異なるものの，普遍性の追究から社会全体の解明を目指す視角では共通性はあった。マルクスとウェーバーの視角は，その後日本の経済史学界にも大きな影響を与え，大塚久雄によって両者を統合する歴史理論が構築されるに至った（解説 I-7 参照）。

2）近代経済学の歴史への応用と制度への着目

　マルクス経済学が資本主義の限界性を強調して社会主義への展望を示したのに対し，古典派経済学から市場理論を発展させた近代経済学は，むしろ資本主義のもつ強靭性を強調して，経済成長の可能性を提唱する方向へ向かった。例えば，1916年に生まれ，第二次世界大戦後のアメリカ合衆国の高度経済成長期に経済政策を担当したウォルト・ロストウは，歴史には進化があるとの認識のもとで，経済成長における需要側より供給側の要因を重視して，長期的な投資パターンから経済成長の段階説を提唱した。詳細は解説 I-8（104頁）に委ねるが，資源の大部分を農業に使用した伝統的社会から，資源を工業に向けることが可能な近代技術が開発された先行条件期を経て，工業への投資が利潤を生み，それが新しい設備に再投資されて成長が社会の通常の状態となる離陸期を迎える。その後，経済が離陸の原動力となった産業のみでなくすべての生産が行える成熟期を経て，主導産業が耐久消費財とサービスに移った高度大衆消費時代を迎えて福祉国家が成立するとロストウは位置付けた。

　ロストウの段階説は，マルクスの経済発展段階論を意識し，両者ともに成長過程の部門別分析に基礎をおいて社会全体の展開を解明しようとしたが，人間行動の動機として，マルクスが利潤極大化をおいたのに対し，ロストウは経済のみならず権力・余暇・保障など多様な要因をおいた。そして，経済の展開に対し，マルクスが「下部構造」の規定性を重視したのに対し，ロストウは「上部構造」の性質の相違が与える影響を重視し，離陸には中央集権的国民国家が必要との認識を示した。そしてロストウのこの視点が，マルクス主義に代わって現代社会に大きな影響を与えている。つまり，マルクスの見通しと逆に，独占資本主義のもと

でも実質賃金の上昇が見られた第二次世界大戦後の社会では，労働者階級も独占資本主義を受容するに至り，マルクス主義が広がらなかったのに対し，中央集権化された独裁制が経済的離陸に必要な近代的国家組織を用意するとの認識のもとに，発展途上国で開発独裁が広く行われた。

　一方，1901 年にロシアに生まれ，ロシア革命を経験したサイモン・クズネッツの方が，独裁制を批判し，マルクスやロストウのような演繹法的手法ではなく，帰納法的手法から得られた時系列数量データから近代経済成長の本質を捉えようとした。その内容は解説 I-8 に委ねるが，集め得る限りの時系列数量データに統計的処理を施して景気循環の法則性や変動パターンを抽出するクズネッツの方法論は，国家の経済への介入を重視するケインズ派マクロ経済理論などに大きな影響を与え，また技術進歩と経済成長の相互作用に着目したクズネッツの視点も，経済に加えて政治・制度・法律などの比較分析へつながり，1960 年代以降に盛んとなった国際比較経済史分析や数量経済史分析の先駆となった。

　本章でこれまで取り上げた諸説は，いずれも経済成長における国家の役割を重視したが，経済史の主要な分析対象を市場において，国家の役割を後景に退かせたのがジョン・ヒックスであった。1904 年生まれで，イギリスで近代経済学者として著名な成果をあげたヒックスは，65 年にオックスフォード大学退職後に本格的に経済史学の研究に入り，市場経済の展開に焦点を絞って『経済史の理論』(1969 年) を著した。ヒックスの経済史観の特徴は，前近代における市場の拡大への着目にあり，非市場組織の「指令」経済と「慣習」経済それぞれから，前者は貢租の商品化を通し，後者は交易の恒常化を通して，交易を専門に行う商人が登場し，「商人的経済」が成立するとされた。「商人的経済」は，貨幣の使用や法律の制定，金融取引の発展などで市場が社会に浸透するとともに発達し，「商人的経済」の近代の局面が産業革命と位置付けられた（ヒックス [1995]）。

　ヒックスは，「商人的経済」は形式的には伝統的な政治的権威の下におかれるが，政治的権威は「商人的経済」を統制し得るほど強力ではないとし，工業化も「商人的経済」の発展の過程の延長線上として，前近代と近代の経済成長の連続的側面を主張した。前近代社会における市場経済を射程に入れた点で，ヒックスの「商人的経済」論は，次節のアナール派社会経済史や世界システム論とも共通性をもつが，社会主義国の工業化も含めて世界全般に見られた工業化を産業主義と位置付けるヒックスの見方は，産業主義の前提となる技術進歩が，資源の制約

の前に限界を露呈しつつある今日では，楽観的すぎるともいえよう。

　それに対し，ヒックスと同様に，前近代社会における市場経済に着目しつつ独自の経済史観を展開したカール・ポランニーの方が，社会主義を射程に入れており，幅広く応用可能である。ポランニーは，ヨーロッパ近代資本主義の市場経済は，特殊な時代の制度的所産であり一般化すべきでないと主張した。そして，労働・土地・貨幣はもともと販売のために生産されるのではなくこれらを商品視するのは空想にすぎず，これらを真に理解するには，経済的な制度のみでなく，非経済的な制度も含めて考察する必要があるとした。

　1886年生まれのポランニーは，人と環境との間に制度化された相互作用の過程として実在の経済を考え，相互作用の統合形態として，互酬・再分配・交換を挙げた。詳細は解説 I-1（20頁）に委ねるが，互酬が社会規範であった原始社会も近代資本主義と同等な次元で比較考察を可能にした点，再分配の視点が社会主義の考察に有益である点，国家が制定した諸制度のみでなく，自然条件・慣習・法など市場の機能的要因が市場制度を形成している視点など，ポランニーの視角は，経済人類学，制度派経済学などに大きな影響を与えた。

　そして制度をより洗練された形で経済史学に位置付けたのが，1920年生まれのダグラス・ノースである。ノースは，特定の制度的制約下での選択を分析する経済理論に対し，制度的制約そのものの変容を分析するのが経済史の課題とし，制度と組織の相互作用に着目した。ノースらの代表的著作の内容は解説 II-4（288頁）に委ねるが，ノースは日常生活に安定した構造を与えて不確実性を減少させるものとして，慣習や法体系を含めてより広い概念の制度を位置付ける。そして組織は制度によって提示された諸機会を利用するために創造されたもので，制度的制約が人々へのインセンティブや取引費用を決め，人々の経済行動に影響を与えるとともに，組織は制度的制約そのものを変更させることにかかわり，その結果として制度変化が生ずるとみなした。ポランニーとノースはどちらも制度に着目したが，捉え方は大きく異なった。前者の視点は人と環境の間に制度化された相互作用に着目して環境を重視した結果，人類学に継承され，後者の視点は人と人の相互作用を形成すべく考案されたものが制度として，人を重視した結果，人々へのインセンティブを重視する議論などに継承された。

3）経営史学の誕生

　ただし，人の重視の視点はノースよりもはるか以前に，ヨーゼフ・シュンペーターにより提示されていた。1883 年に生まれたシュンペーターは，社会主義が資本主義に代わる社会のあり方として現実味を帯びた 1930 年代の状況を踏まえて，資本主義と社会主義の経済能率を比べた場合，社会的名声などの動機付け，道徳的に彩られた責任感，労働組合や官僚制が行う管理の点で，社会主義の方が資本主義よりも経済能率的であり，資本主義が社会的に調整統御されるように変質するなかで，世界は社会主義に漸次的に移行するとした。

　さらにシュンペーターは，革命的な社会変化を強調する経済発展段階論を明確に否定し，新しい財貨の生産や新しい生産方法や新しい販路の開拓などの「新結合」によって経済構造を変革する企業家の力で，社会的変革は生じると主張した。シュンペーターの企業家論は，企業家が経済の循環を撹乱して不均衡を創造することに経済発展の契機を求める点で，市場均衡とその安定性に経済成長の要因を求める新古典派経済学とは相容れず，結局シュンペーターは経済学の分野ではあまり評価されずに経営学の分野で評価された。

　経営学の分野でも，企業家ではなく，近代企業そのものが近代資本主義社会の推進力と考えるアルフレッド・チャンドラー・Jr.（1918 年生まれ）が登場し，チャンドラーによって経営史学が確立された。チャンドラーは，シュンペーターと同様に発展段階論的見方を採らないが，革新の担い手を個人ではなく組織におく点でシュンペーターと大きく異なり，担い手たる近代産業企業の性質と性格により各国資本主義の特質が形成されるとして，類型論的把握にもとづく国際比較経営史に道を開いた。両者の見解の詳細は解説 II-3（266 頁）に委ねるが，不均衡の創造を重視するシュンペーターに対し，企業家は変化が発生したことを認識してそれに反応する存在として均衡化側面を強調するイスラエル・カーズナーの企業家論もあり，また専門経営者による大企業を重視するチャンドラーに対し，アジアでは大企業よりもむしろ家族企業（経営）が主流との見解もあり，こうしたファミリービジネスのもつ優位性と課題について論じられている（デーヴィスほか［1999］，星野／末廣編［2006］）。

2. アナール派社会経済史から世界システム論へ

1）アナール派社会経済史の誕生

　経済学は，最初イギリスで確立したが，第二次世界大戦後に世界経済の中心が
アメリカ合衆国へ移るとともに，学問的中心もアメリカ合衆国へ移り，近代経済
学が経済史学に応用されるとともにアメリカ合衆国で計量経済史学や経営史学が
発展することとなった。一方ヨーロッパでは，マルク・ブロックを創始者として
フランスを中心に新たな社会経済史学が誕生した。1886 年にフランスで生まれ
たブロックは，歴史学が「起源」や「進化」を追い求めた結果，学問的に孤立し
た状況を打破すべく，歴史学と隣接人間諸科学（社会学・地理学・民俗学など）
との結合による新たな歴史科学を提唱した。そこでは，事件の順序にもとづいて
分析するのではなく，現在から出発して現代社会の生成の過程を理解する歴史的
諸要因を発見することが目指され，比較史の手法が強調された。

　ブロックの代表的著作の内容は解説 I-2（38 頁）に委ねるが，ブロックの歴史
観はマルクスの史的唯物論のような一元論ではなく，相互関係を重視するととも
に比較的長期の変化に着目していた。ブロックは，ルシアン・フェーブルととも
に，1929 年に『社会経済史年報（アナール）』を創刊し，ソルボンヌ大学に社会
経済史研究所を創設したが，第二次世界大戦期にフランス人として対ドイツのレ
ジスタンス運動に身を投じ，44 年に銃殺された。

　ブロックの蒔いた種は，フェーブルにより育てられ第二次世界大戦後に『年報
──経済・社会・文明』として再刊され，その雑誌への寄稿者を中心にアナー
ル学派が形成された。フェーブルは 1947 年にパリ高等研究実習学院に第六部門
（経済学・社会科学部門）を開設し，56 年からは 1902 年生まれのフェルナン・ブ
ローデルがその主宰者となった。ブローデルは歴史学を人間諸科学の中心におい
て社会全体を長期の歴史波動の相互関係のなかで分析する「全体史」を目指し，
アナール派社会経済史学を体系化した。

　ブローデルの代表的著作の内容は解説 I-5（66 頁）に委ねるが，ブローデルは
1950・60 年代にレヴィ゠ストロースの影響下にフランスで流行した構造主義に
対応するため，長期持続の波を「構造」，中期持続の波を「景況」，短期持続の波
を「事件」と位置付けた。レヴィ゠ストロースは超時間的な社会生活の普遍的法

則を探究することを重視して歴史学の意義を評価しなかったが，ブローデルは「構造」にも時間の次元を付け加えるとともに，「事件」も歴史全体の概念のなかに統合することで，「全体史」を完成させようとした。ただし，「全体史」を実際に記述するのは困難で，「構造」と「事件」がうまく結びつけられないことや，政治史を単なる事件史と位置付けていることなど，多くの批判も招いた。

2）国際分業論と世界システム論

　第二次世界大戦後のイギリスでは，新たなマルクス主義の立場から，世界全体を位置付ける研究が現れた。例えば 1917 年生まれのエリック・ホブズボームは，イギリスという特定の国を対象に「現代」の発生史的把握とともに，19・20 世紀という特定の歴史的時代の世界の見取り図を描くことも目指した。

　ホブズボームは，階級闘争に拘泥したマルクス以降のマルクス主義歴史学を批判し，特に後期マルクスの歴史観の再評価を主張した。すなわちマルクスのいう「生産過程」は，自然と仕事，社会的労働と社会的組織の間の相互関係のひとつに過ぎず，その関係を絶対視して歴史を政治的イデオロギーのために利用することに強い拒絶を示した。その一方で，マルクス主義は歴史を全体として捉える方法論の点で有益として，19 世紀をイギリス帝国主義と国際分業の視点から，20 世紀を資本主義と社会主義の協調の視点から描いた。特に資本主義陣営と共産主義陣営との一時的同盟を，ドイツ・ファシズムへの勝利の視点から評価し，ソ連が西欧民主主義を軍事的に救い，計画経済の評価を高めて，第二次世界大戦後に資本主義が自ら改革する動機を与えたと位置付けた（ホブズボーム［1996]）。

　ホブズボームは，ソ連も含めてヨーロッパ諸国の視点から世界資本主義を論じたが，ヨーロッパ諸国の帝国主義的進出を受けたアジア・アフリカ諸国の側から世界資本主義を論じたのが，アンドレ・フランク，サミール・アミンらの従属学派と呼ばれるグループであった。フランクは，「低開発の発展」というテーゼで，低開発という概念を世界資本主義の発展の一形態と位置付けて，ヨーロッパ中心の経済成長論を批判したが，その視点を展開して国民経済と世界資本主義システムとの内部関連性を解明したのがアミンであった（アミン［1983]）。

　1931 年にエジプト人として生まれたアミンは，生産様式の発展段階から資本主義の展開を捉えるマルクス主義の視点を援用し，原始共同体的生産様式群，貢納制生産様式群，資本主義的生産様式群の 3 つの生産様式を挙げた。アミンの独

創性は，貢納制生産様式が完成された形態の中国やエジプトよりも，それが未完成で封建制となった西ヨーロッパや日本の方が，資本主義的生産様式に先に転換して，発展段階に飛び越しがあったことを論じた点にあり，単純な経済発展段階論では世界資本主義の展開は理解し得ないことを主張した。その結果，資本主義的生産様式が支配的になった中心部に対し，近代以降も貢納制生産様式が残存した周辺部では，資本主義的生産様式の拡大を外国市場に依存せざるを得ず，周辺部から中心部へ価値が移転することで国際分業の決済が行われたとされた。この国際分業のもとでは，周辺部で中心部の圧力のもとに輸出品生産部門が異常に発達するが，他の部門との相互関連がないために周辺部の国内市場の発達が阻害され，中心部が周辺部を支配する支配・従属関係が構造化したと結論付けられた。

　ホブズボームとアミンは，ともにマルクス主義の批判的継承を目指し，国民経済と世界資本主義との関連を論じつつ，資本主義社会への強い批判から社会主義に問題解決の糸口を見出そうとし，前者がヨーロッパから世界を捉え，後者は周辺部から世界システムを捉えようとした。そして，中心部と周辺部の関係をより洗練した形で捉えたのがイマニュエル・ウォーラーステインであった。

　1930年に生まれたウォーラーステインは，アフリカ現代社会の研究から世界システムへの関心を深め，ブローデルの手法に学びつつ近代世界システム論を展開した。その内容は解説 II-8（355頁）に委ねるが，ウォーラーステインの歴史観の特徴は，進歩という観念をとらないことにあった。つまり資本主義は封建社会から進歩した段階ではなく，史的システムのひとつのパターンに過ぎず，それは進歩的なブルジョアジーが反動的な貴族を打倒して生まれたのではなく，旧いシステムが崩壊したため自らブルジョア化した地主貴族によって生み出されたとした。そして歴史上で現実に存在したシステムは，「自給経済」と「世界システム」のみであり，「国民経済」は自立したシステムとしては存在し得ないとした。

　ウォーラーステインにおいて，国民経済や発展段階論を重視するこれまでの経済史学の見方は大きく転換されたといえ，そこでの「世界システム」は，単一の分業体制や政治的統合を果たした「世界帝国」と政治的統合を欠く分業体制の「世界経済」に分類され，「世界帝国」にならなかったことに「ヨーロッパ世界経済」の驚異的な発展の秘密があり，ヨーロッパ世界経済として近代世界システムは成立したと結論付けられた。また中心部と周辺部の関係についてウォーラーステインは，「中核」「半周辺」「周辺」に3区分し，ヨーロッパ世界経済にヨーロ

ッパ周辺地域やアジアが「半周辺」「周辺」として包摂される過程として 18・19
世紀の世界を描いた。なおパトリック・オブライエンは，ヨーロッパ中核地域の
全貿易のなかでのアジア貿易の比重は微小とし，イギリスの経済発展の自律性を
主張して従属学派や世界システム論を批判した（解説 II-8 参照）。またミシェ
ル・ボーは，世界システム論の枠組みを継承しつつも，世界は必ずしも単一のシ
ステムに擬集するのではなく，多細胞核をもつ世界システムの形をとりつつ全般
化するとした（ボー［1996］）。

3）アジア経済への着目と世界システム論批判

　マルクス経済学の発展段階論は，ウォーラーステインとは別の観点から 1904
年生まれのアレクサンダー・ガーシェンクロンによっても批判された。その詳細
は解説 I-9（116 頁）に委ねるが，ガーシェンクロンは，後発国は先発国で数世
紀かかった技術発展の最新の成果を技術導入で短期間に手に入れたり，先発国で
蓄積された資本を輸入し得ることによる「後進性の利益」があるために，先進国
と異なる工業化が進展する可能性があり，後進国が必ずしも先進国と同じ道をた
どるとはいえないとして発展段階論を批判した。

　ガーシェンクロンが実例として示したのは，先進国イギリスと異なる展開をし
た後進国ドイツの事例であったが，ヨーロッパとアジアの関係におきかえると，
近代技術の発展度合いがヨーロッパ内以上に異なるため，ガーシェンクロンの視
点はより鮮明となる。例えば日本においても，近代期に移植された紡績業で最新
のイギリス紡績技術が導入されたことで，日本紡績業がかなり早期にイギリス紡
績業に対抗し得る競争力を確保して輸入代替化に成功した。むろんその背景には，
日本が独立国として欧米諸国の利害からある程度自由に経済政策を実施し得た状
況があり，アジア全体にそのまま後進性の利益が当てはまるわけではないが，近
年のアジア諸国の輸入代替工業化を考察する上で，ガーシェンクロン流の「後進
性の利益」を活かす強力な政治体制とイデオロギーの存在が注目されている。

　一方，ヨーロッパが工業化する以前のアジア経済の強さを主張して，発展段階
論や世界システム論を批判したのが 1929 年生まれのアンドレ・フランクであっ
た。前述のようにフランクは，従属学派の立場から，封建制ではなくヨーロッパ
資本主義が第三世界における低開発状況を固定化してきたとヨーロッパ資本主義
を批判する見解を示したが，ウォーラーステインらの西洋中心の世界システム論

を批判しつつ，東洋の位置付けを再検討した。

　フランクの著作の内容は解説 I-4（62 頁）に委ねるが，その歴史観は，アジア後進性論とヨーロッパ例外主義への徹底した批判にあり，ある生産様式から別の生産様式へ「進歩」することは現実にありえず，多くの異なった生産関係が併存しつつ世界市場で競争するなかで，生産諸関係の選択と適応が行われてきたとの見通しを示した。実証面での問題は残るが，グローバル化は国民国家間の関係ではなく全体論であるべきこと，差異よりも共通性の方がより一般的で重要であること，歴史的な連続性の方があらゆる不連続性よりも重要であること，縦割りの歴史よりも横の統合の視点が重要であることなどを主張したフランクの方法論は，これまでの経済史認識を大きく転換させる可能性をもった。

　またインド出身のスブラフマニヤムは，構造やシステムを所与の前提とせずに，異文化の担い手が直接関係した事象を取り上げ，そこにかかわった人々の行動とその広がりから世界像をとらえようと試みている（スブラフマニヤム［2009］）。

3. 現代の社会経済史学界の諸潮流

1）新古典派計量経済史の展開

　前節までの概観により，経済学から歴史学へのアプローチとして，マルクス主義経済史学と近代経済学の応用としての経済史学があり，歴史学から経済学へのアプローチとしてアナール派社会経済史学から世界システム論への潮流があったことが明らかとなった。本節では，それらのその後の展開をまとめる。

　近代経済学からの視点では，1960 年前後からロストウやクズネッツらの経済成長論をさらに数量的に精緻化した計量経済史がロバート・フォーゲルらによって「新しい経済史」としてアメリカ合衆国で展開され，数量データを加工する枠組みとして新古典派ミクロ経済学が応用され，現在は市場の生成に関する研究として主に展開されている。新古典派ミクロ経済学の主目的は，効用最大化を目的とする消費者と，利潤最大化を目的とする企業による市場価格の均衡点を導くことにあり，そこでは市場機能が十分に働いていることが前提となる。しかし現実の経済では，市場情報が一方に偏っていたり，競争を制限する制度が存在したりして市場機能が十分に働いていないことの方が多い。それゆえ，新古典派ミクロ経済学が直接歴史分析に応用される局面は少なく，むしろ市場機能がどの程度働

いているかの測定に利用されることが多い。

　実際,「新しい経済史」には,同時代人による意見や記録よりも数値の方が客観的な証拠となり得るとの理解が背景にあり,経済成長の要因分析などで仮説検定が多用されるが,単なる推測と歴史的事実は異なる,事実に反する仮定を含む命題は意味がない,数量分析の行えない分野が無視されるなどの批判もある。

2）歴史制度分析

　市場機能が十分に働いていない状況でも,近代経済学の均衡理論を適応可能にする試みは,取引費用の概念とそれを削減する諸制度が市場機能の不十分性を補うとの視点から新制度派経済学として展開された。その取引費用理論は,ロナルド・コースやオリバー・ウィリアムソンによって展開され,その内容は解説 II-4（288 頁）に委ねるが,前述のノースらはこの取引費用の概念を経済史研究に応用することで,市場機能が十分に働いていない状況下での経済史研究に,経済理論的分析を応用することを可能にした。

　ただし,諸制度により補完されて市場機能が十分に働くようになるには,諸制度による行動の制約を人々が順守することが必要となる。しかしノースは人々がそうした行動の制約を順守する理由については説明していない。その点は所有権の保護という形で外部から国家が順守させると想定され,ノースの枠組みでは国家による所有権の保護が不十分な前近代社会は議論し得ない。

　その限界を乗り越えたのがアブナー・グライフで,グライフはゲーム理論を歴史分析に応用し,商人の取引間の結びつきと捉えたゲームを分析することによって,取引間の結びつきが支えている制度の構成要素を研究した（グライフ [2009]）。その場合,人々がその制度からの行動の制約を守るインセンティブが働いていることが想定され,それらの制度を維持する動きは,国家などの外部ではなく,その諸制度の利用者そのものに内在的に存在することとなる。それらの制度の利用者のなかに,不誠実な行動をとるものが存在する可能性があるため,制度を安定させるために不誠実な行動をとったものへの懲罰機能を諸制度は備えることも想定されている。

　グライフの分析手法は,歴史制度分析と呼ばれ,経済理論を歴史分析に応用する際に,汎用性の高い分析手法として日本の経済史学界でも知られるに至った。

3）グローバル・ヒストリー論

　1980 年代以降，東アジア・東南アジア諸国が急速な経済成長を遂げると，これまでの従属学派の見方に根本的な批判が行われ始め，さらにウォーラーステインの世界システム論がヨーロッパ中心であることへの批判も加わり，アジアの位置付けの再検討が本格的に進展した。例えば，エリック・ジョーンズはヨーロッパとアジアを対比的に論じる視点を打ち出し，環境の相違の視点も組み込んで，ヨーロッパの国民国家競合体制が経済成長を促進する役割を果たしたのに対し，アジアの近世帝国が経済成長を阻害する役割を果たし，その結果ヨーロッパで経済発展が始まったがアジアでは始まらなかったとした。この見方には，アジアの経済成長の可能性の視点に欠けているなどの問題があり，ジョーンズ自身も自説を修正し，政治的な障害物が取り除かれれば経済成長はどこでも可能であったとの結論に達したが，アジアをヨーロッパと対比させる比較史の視点と環境を取り込んだ点で，その後のグローバル・ヒストリー論の先駆的業績となった（ジョーンズ［2000］［2007］）。

　こうして，ヨーロッパ世界の相対化と諸地域間の相互関連を重視しつつ，疫病・環境・人口・生活水準などの要素を新たに織り込んで世界全体の歴史を解明しようとする歴史研究としてグローバル・ヒストリー論が提唱されることとなった（解説 II-8 参照）。その代表的論者であるケネス・ポメランツは，北西ヨーロッパと東アジアの環境条件と経済成長との関連を考察し，18 世紀中葉に至るまで北西ヨーロッパと中国では同時並行的に商業的農業とプロト工業化にもとづいた市場経済が見られ，経済発展の度合いにほとんど差がなかったこと，そして 18 世紀後半以降北西ヨーロッパのみが石炭とアメリカ大陸の資源を活用して持続的な経済成長が可能になり，ヨーロッパと他の諸地域との間で決定的な経済的格差（大分岐）が生じたことを主張した（ポメランツ［2015］）。

　このようなグローバル・ヒストリー論は日本の経済史学界にも大きな影響を与え，例えば斎藤修は，資本集約的かつスキル（熟練技術）集約的なイギリスや，資源・資本集約的かつスキル節約的なアメリカ合衆国の経済発展に対し，日本は労働集約的かつスキル集約的な経済発展を遂げたことを主張し（斎藤［2008］），杉原薫も，資本節約的で労働集約的な発展経路が，土地が相対的に希少であった東アジアの経済発展の一般的特徴であるとした（杉原［2020］）。

　なお，比較研究で大きく進展したグローバル・ヒストリー論に対して，インド

出身のティルタンカル・ロイは，前述のスブラフマニヤムと同様にインドが東西の異文化の接触の場になったことを重視して古代から現代までのインド亜大陸の歴史を通観した（ロイ［2019］）。そして日本でも，アジアとヨーロッパを対比させるのみでは真のグローバル・ヒストリーにならないとの視点から，「共時性」に着目して歴史の転換期を世界横断的に読み解く試み（木村・岸本・小松監修［2018］）や，特定の中心からみる世界史を越えて，「世界」史としてみる試み（秋田・永原・羽田・南塚・三宅・桃木編著［2016〜］）が行われている。

4 ）ブローデル後のアナール学派

　グローバル・ヒストリー論が全体史へ傾斜する一方で，もともと全体史を志向していたアナール学派では，1960 年代以降に逆に特定の局面の分析を重視する方向性が生まれた（竹岡［1990］）。全体史を見直す契機はミシェル・フーコーが提唱した「一般史」の概念で，フーコーは，特定の時代の社会全体を包括的に描く「全体史」は不可能だが，特定の社会における諸部門間の関係性を分析する「一般史」は可能とした。隣接諸科学の総合を目指すアナール学派にとってフーコーの「一般史」の概念は受け入れやすく，特定の局面について同質的な数量データにもとづく多数の各種時系列を作成し，時系列化された現象の間の相関関係を解明する「時系列史」が展開された。

　フランスでは，第二次世界大戦前からエルネスト・ラブルースらにより物価史などで数量的歴史研究の成果は発表されており，またルイ・アンリーとミシェル・フルーリによる教区簿を使用した家族復元法の開発をもとに，1960 年代にピエール・グーベールらによって歴史人口学が発展した。そして 1972 年にパリ高等研究院第六部門に歴史人口学研究所が設立され，数量分析に加え家族の歴史の分析が行われている。歴史人口学はイギリスでも展開され，「ケンブリッジ人口・社会構造史グループ」が中心となり，人口動態・家族復元研究などが急速に進んだ（安元［2019］）。こうした数量化できる特定の分野に集中する時系列史に対し，クズネッツらが展開した国民経済計算の数量分析がフランスでも行われ，例えばジャン・マルシェフスキーは，総体的で循環的な勘定体系で数値化し得る国民経済計算こそ数量経済史に相応しいと主張した。

　いずれにしても，時系列史を基礎にして記述資料にもとづく研究の誤りを修正し，逆に記述資料にもとづく研究で時系列史を補完することは必要であり，ブロ

ーデルまでのアナール学派が進めた全体史の枠組みと時系列史の枠組みの双方を
尊重する必要があろう。ただし，時系列史や数量経済史に対し，歴史上の主体
（個人）や出来事を再評価する動きがアナール学派内からも生ずるなかで，1994
年に雑誌名が『年報――歴史，社会科学』と改称され，歴史学を社会科学から
いったん切り離し，両者の関係を再考する方向へアナール学派は向かっていると
言えよう（フランドロワ［2003］）。

おわりに――21 世紀に入ってからの論点

　冒頭で述べた帰納法的手法と演繹法的手法，段階論的把握と類型論的把握，そ
して分析対象を経済・経営部門に限定するか社会全体に広げるかの視角から経済
史認識の展開をまとめる。

　分析手法としては，演繹法的手法のマルクス主義歴史学に対し，近代経済学の
数量分析を応用したクズネッツから帰納法的手法が次第に強まり，現在では，演
繹法的手法で仮定された枠組み（制度）が数量データによって帰納法的に検証さ
れ，枠組み（制度）が修正されるという相互関係で枠組み（制度）の精緻化が図
られているといえる。例えばフランスで 1970 年代以降にマルクス経済学やケイ
ンズ派マクロ経済学の影響を受けて生まれたレギュラシオン・アプローチでは，
経済危機への対応として資本蓄積体制の調整が必要と考えるが，その調整過程で
賃金形成や賃労働関係を通した需要局面を重視しており，アナール学派の賃金面
の数量データ分析がそこで利用されている（ボワイエ［1990］）。そして現在のレ
ギュラシオン・アプローチは，制度派経済学の視点も取り入れて，制度の補完性
と階層性が資本主義にさまざまなモデルを導くことを論証する方向へ向かってい
る（アマーブル［2005］，山田［2008］）。同様にユルゲン・コッカも，すべての時
代・地域・文明がそれぞれにふさわしい資本主義を持っていると資本主義の多様
な発展を強調している（コッカ［2018］）。その場合，帰納法的な検証をどこまで
行えるかが枠組みの精緻化には重要であるが，数量データには質的性質を取り扱
えないことやデータ不足の部分が必ず残るなどの限界があるため，その限界性を
十分に認識して枠組み（制度）を組み立てることが必要であろう。

　説明形態としては，マルクスからロストウまでは段階論的把握が強かったが，
それ以降段階論的把握への批判が強まり，全体論的志向が強かったアナール学派

の影響を受けたウォーラーステインの世界システム論で，段階論的把握は払拭され，それ以降は，グローバル・ヒストリー論などヨーロッパとアジアを異なる類型で把握する類型論的把握が強まった。とはいえ，ヨーロッパの内部，アジアの内部でも多様な類型が存在すると考えられ，類型論は議論を説得的に展開するための仮定に過ぎないことを認識して用いるべきであり，ヨーロッパのなかでアジアに近いタイプの地域，アジアのなかでヨーロッパに近いタイプの地域が登場する可能性も念頭において議論する必要があろう。

　そして分析対象としては，マルクスやウェーバーなどの古典やアナール学派から世界システム論への潮流では一貫して社会全体を分析対象とする傾向が強かったが，ヒックスが経済史学の分析対象を市場経済に限定し，また新制度派経済学が歴史分析に応用されるようになると，経済史学の分析対象はかなり限定されるようになった。一方で，グローバル・ヒストリー論など多様な要素を含めて社会全体を分析しようとの方向も見られ，両極端に向かっているように思われる。

　そこで本章の最後に，21 世紀に入って社会経済史学の分野として日本でも新たに着目されるに至った研究潮流を紹介したい。

　第一に，環境の視点である。ブローデルまでのアナール学派は，環境を積極的に取り込んできており，また 20 世紀全体の世界環境史を論じた J. R. マクニールの著作などもあるが（マクニール［2011］），近年ではグローバル・ヒストリー論との関連で環境史が経済史学界でも急速に注目されるようになった（斎藤［2014］）。ただし，環境には非常に多様な局面が含まれており，特に注目されているのが，自然環境などの静態的要因，軍事・疫病・人口などの動態的要因，そして資源である。自然環境については，前述のジョーンズ，動態的要因については，ウィリアム・マクニールの軍事技術研究やアルフレッド・クロスビーの疾病研究やジョエル・コーエンの生態学的人口論，資源については前述のポメランツなどが挙げられる（マクニール［2002］，クロスビー［1998］［2004］，コーエン［1998］）。全体として自然環境や非日常的な状況が取り上げられるが，学校・住居・文化などのより日常的な社会環境を議論に含める必要があると思われる。

　第二に，身体の視点である。ウェーバーやアナール学派では，身体よりも心性史として精神の問題が重視されてきたが，身体そのものが生活との関係で急速に注目されている。例えば，イギリスでは長年にわたり生活水準論争が闘わされたが，生活水準の測定に平均身長データが用いられてロドリック・フラッドなどに

より議論されている。また医療の面でも，医療をサービス産業として捉える経済モデルを基礎にしてアン・ディグビーが 19 世紀イギリスの医者を分析し，ジェイムズ・ライリーは疾病保険の請求記録から労働者階級の病気と受療を分析した（ディグビーほか編 [2007]，ライリー [2008]）。経済史と関連させて病気を論ずる場合，労働者が対象とされることが多いが，生活と医療の視点を組み合わせるには，労働者よりも生活者の日常の健康維持の視点から，人々が多様な医療手段を受療していたことを視野に入れる必要があろう。

　そして最後に，消費の視点である。消費の視点は，イギリスで長年にわたり闘わされた前述の生活水準論争のなかで，所得推計として行われた。例えばアンガス・マディソンは，成長率を仮定することで 1820 年以降の系列をそれ以前に遡らせ，その結果から 16 世紀以降の長期にわたる主要国の 1 人当たり GDP を推計した（マディソン [2000]）。また実質賃金推計ではフェルプス・ブラウンらが，ヨーロッパ諸地域の長期にわたる実質賃金水準を推計しており，こうした数量データをもとにして，近年は生活水準の国際比較研究も行われるようになってきた。例えばロバート・C. アレンは，「高賃金低価格エネルギー経済」のもとでのみ産業革命は適合するとの見方から，18 世紀イギリス労働者の生活水準が国際的に高かったこと，そのもとになる高賃金経済が低価格エネルギーの石炭によってもたらされたことでイギリスで産業革命が始まり，工業化の進展とともにミクロレベルの産業技術の改良によりイギリス以外の低賃金高価格エネルギー経済にも産業革命が普及したと論じた（アレン [2017]）。むろん，記述資料などを利用した消費生活の実態研究も各国で進められており，例えばハミッシュ・フレーザーはイギリス大衆消費社会の成立を多面的に分析した（フレーザー [1993]）。

　このように見ると，近年社会経済史学の分野で着目されている環境・身体・消費は，生活史を媒介として相互に密接に関連していることが判る。その点で，これからは，生産・流通活動にかかわる局面に経済史研究を収斂させるのではなく，純粋に生活者を分析する視角から生活と環境の相互連関を解明する研究が必要となろう。その一方で，より微細な視点に研究が止まると全体像が見えなくなる問題があるため，社会主義思想のイデオロギー的性格が弱まった現代こそ，古典を客観的に読み取れる好機と考え，今一度古典と本格的に格闘するなかで新たな歴史理論構築の努力も進めるべきと考えられる。

解説 II-8

世界システム論からグローバル・ヒストリーへ

　近年の世界システム論は，グローバル・ヒストリーと急速に緊密化している。代表的な世界システム論の論客であった G. アリジは，A. G. フランク，R. ビン・ウォン，K. ポメランツ，杉原薫の議論の接合を試み，グローバル・ヒストリーに新たな論点を提示した。フランクもグローバル・ヒストリー研究者と晩年激しい論争を展開した。2004年から *Economic and Political Weekly* 誌上で展開したインド経済史家の T. ロイとの論争では，ロイのナショナリスト的なインド経済史像への批判と古典派経済学に立脚した議論に対して，「東アジア型発展経路」論を提起した杉原も巻き込んで活発な論争を繰り広げた。そのなかでフランクはロイの議論に一定の評価を与えつつも，世界システムからの規定性を十分に考慮していないと反論した。その後ビン・ウォンやポメランツも *Economic and Political Weekly* に寄稿してこの論争に参画した。フランクが逝った後の今も彼の遺した問題提起にグローバル・ヒストリー研究者は取り組み続けている。このように世界システム論とグローバル・ヒストリーは互いに影響を与えつつ近年急速に融合が進んでいる。

　アリジやフランクとともに代表的な世界システム論の論客である I. ウォーラーステインは，近代は「長期の 16 世紀」における「ヨーロッパ世界経済」の出現とともに始まると主張した。「長期の 16 世紀」とはブローデルのいう「巨大だが脆弱」な資本主義的世界経済が誕生した時代と重なり，ウォーラーステインもまた近代の始まりを資本主義の始まりと同義のものとして考えた。マルクス主義のような単線的発展段階論は拒否したが，現在唯一の「社会システム」である「資本主義世界経済」にも「全体としてのシステムの構造上の進化」の過程があったと指摘した。

　ウォーラーステインの時期区分は「長期の 16 世紀」から 1960 年代までを 4 段階に区分し，大区分として「農業資本主義」段階と「産業資本主義」段階の 2 段階に区分する。第一段階は「長期の 16 世紀」だが，1640 年までに北西ヨーロッパは「中核」となり，スペインやイタリア都市国家を「半周辺」，それ以外のヨーロッパとアメリカを「周辺」とする分業体制が編成されたとする。第二段階は 1650〜1730 年であり，システム全体の衰退とオランダのヘゲモニーを強調する。第三段階は「産業資本主義」の時代であり，イギリスのヘゲモニーが成立した時代である。この段階で「ヨーロッパ世界経済」が地球全体へと地理的に拡大し，他の世界システム（ミニ・システムを含む）は排除され，ロシアが「半周辺」，アジアやアフリカ等が「周辺」に再編・統合されたとする。そして第四段階として第一次世界大戦後が取り上げられる。ロシア革命にともなうソビエトの成立，第二次世界大戦後のアメリカ合衆国のヘゲモニーの確立，そしてアメリカ合衆国のヘゲモニー衰退後の新たな世界システムの再編成について問題提起がなされる。このようにウォーラーステインの近代世界システム概念は，ヨーロッパ中心史観にもとづく伝統的な近代概念がいっそう明確化したものといえる。

　こうしたウォーラーステインの世界システム論に対抗して，P. K. オブライエンは近

世から近代の世界経済において，「中核」地域として主導的役割を担ったイギリスと北西ヨーロッパ諸国がたどった経済的・歴史的経緯についてヨーロッパ内の要因から分析を試みる。オブライエンはグローバル・ヒストリーにおいても同様の視角から議論を展開する。ウォーラーステインが提起した近代世界システム論では，「中核」「半周辺」「周辺」の分業体制と「周辺」から「中核」への収奪が「中核」における経済発展に貢献したとされているが，オブライエンはこうした議論に反対する。

　オブライエンは，イギリス財政史の研究を基礎として多くの優れた研究を発表している。そのうち帝国支配にともなう支配者・本国側にとってのコストとベネフィットのバランス・シートを計量経済史の手法で明らかにした研究において，植民地経営は本国にとって利益となったか否かを検討したものがある。帝国の収支については，オブライエン以外にもさまざまな見解が出されており，いまだ定説は確立されておらず，コストとベネフィットのいずれが大きかったかは研究者によって見解の相違がある。オブライエンは，19世紀中葉以降の自由貿易主義の時代，イギリスを含めた西ヨーロッパ諸国にとって，帝国支配はベネフィットよりコストの方が大きかったと主張する。特にイギリスの場合は，国際公共財を世界中で提供するヘゲモニー国家となったことで，世界経済の発展に貢献し，その結果イギリス本国にとって帝国支配はコストの方がベネフィットを上回ったと考える。

　イギリスと北西ヨーロッパの「中核」とされる地域に焦点を当てて帝国の収支を論じたオブライエンの議論には，当然のことながらアジアやアフリカの経済史研究者から反論が寄せられている。こうした非ヨーロッパ諸国の研究者からの反論を含め，比較史の観点から新たな射程を描くため，グローバル・ヒストリーは帝国主義・帝国支配の「結果」だけでなく「原因」まで総合的に考察して議論していく必要がある。

　そのようなグローバル・ヒストリー研究は2000年にポメランツが世に問うた *Great Divergence : Europe, China and the Making of the Modern World* で提起された「大分岐（Great Divergence）」論において新たな段階に達した。ポメランツは西ヨーロッパと東アジアの比較地域経済史研究を提唱し，それまでのグローバル・ヒストリーに新たな論点を提起した。

　ポメランツによると，18世紀中葉まで世界の中核地域（Core Regions）であった長江下流域，畿内，西ヨーロッパの経済は，1人当たり綿布消費量等，経済の主な指標でおおむね類似したものであった。それら地域では「スミス型成長」が見られたものの，18世紀中葉までに直面した人口増加にともなう土地の制約により，森林の枯渇や土壌侵食が進行し，食料，燃料，建築資材，繊維原料等が不足する危機的状況に陥った。こうした深刻な状況のなか，西ヨーロッパ（ここではイングランド）は，消費地に近いところで良質で大量の石炭が産出され，新大陸の本格的な利用が可能となったという2つの「偶然的要因」により，マルサスの罠から脱することに成功した。19世紀以降，新大陸を一大食料供給地として自らの経済に組み込んだことで，西ヨーロッパでは人口が増加し，国際分業体制がいっそう進展したことによって国際貿易を拡大させることが可能となった。加えて石炭の利用を通じて，西ヨーロッパは「資源集約・労働節約型」の経済発展を遂げることとなった。これこそが世界経済の中核地域で共通していた「スミス型

成長」からの西ヨーロッパの「大分岐」であった。他方，東アジアでは中核地域の周辺地域でプロト工業化をともなう経済成長が見られるようになった。その結果，中核地域に資源が供給されなくなってくると，中核地域では「資源節約・労働集約型」の経済発展へと変容した。

こうしたポメランツの問題提起は，ウォーラーステインの近代世界システム論を，少なくとも 18 世紀中葉までは根本的に書き換える問題提起であり，アジアを中心とした世界史像を構想する研究に多大な影響をもたらした。先述した杉原の「東アジア型発展経路」論はその代表的な研究である。

杉原は，西ヨーロッパが資本集約的・資源集約的な技術を発展させた時代，土地が希少で労働力が豊富な東アジアでは労働集約的な技術が発展を遂げ，「勤勉革命」に見られる新たな発展経路が形成されたと問題提起する。換言すれば，要素賦存の差異が東アジアに西ヨーロッパとは異なる経済発展を促し，同時に世界システムにおける立場の違いにより，結果として西洋とは異なる東アジア独自の発展経路が形成されたと論じた。杉原が提起した「東アジア型発展経路」論は今ではポメランツも自らの議論に取り入れている。現在，杉原の問題提起は「東アジア型発展経路」論から「生存基盤持続型発展経路」へとさらなる進化を遂げており，グローバル・ヒストリーの研究者の間で活発な議論が展開されている。

もちろんポメランツの「大分岐」論には多くの反論がある。特に J. モキアや R. C. アレンといったヨーロッパ経済史家から反論が出されている。彼らは 17 世紀以来の科学革命，それにともなって実用化されたさまざまな技術革新や制度，そしてイギリス産業革命の世界史的意義を考えた場合，ヨーロッパの立場を過小評価するべきではないと指摘する。杉原の議論も西洋で発展した技術や制度の位置付けについてはポメランツと異なる。この点からもグローバル・ヒストリーはいまだ発展途上にあることがわかる。

（西村 雄志）

【参考文献】G. Arrighi, M. Selden and T. Hamashita (eds.) [2003] *The Resurgence of East Asia : 500, 150 and 50 Years Perspectives*, London : Routledge

P. K. オブライエン [2000]『帝国主義と工業化 1415〜1974――イギリスとヨーロッパからの視点』秋田茂／玉木俊明訳，ミネルヴァ書房

K. ポメランツ [2015]『大分岐――中国，ヨーロッパ，そして近代世界経済の形成』川北稔監訳，名古屋大学出版会（原著 2000 年）

I. ウォーラーステイン [2013]『近代世界システム I――農業資本主義と「ヨーロッパ世界経済」の成立』川北稔訳，名古屋大学出版会（原著 2011 年）

主要参考文献リスト

第 I 部全体または第 I 部複数の章に関するもの

アブー゠ルゴド，ジャネット・L.［2001］『ヨーロッパ覇権以前——もうひとつの世界システム』（上・下）佐藤次高／斯波義信／高山博／三浦徹訳，岩波書店，原著初版 1989 年

アレン，R. C.［2017］『世界史のなかの産業革命——資源・人的資本・グローバル経済』眞嶋史叙／中野忠／安元稔／湯沢威訳，名古屋大学出版会，原著初版 2009 年

ウィリアムソン，ジェフリー・G.［2003］『不平等，貧困と歴史』安場保吉／水原正亨訳，ミネルヴァ書房，原著初版 1991 年

ウォーラーステイン，I.［2013］『近代世界システム I——農業資本主義と「ヨーロッパ世界経済」の成立』川北稔訳，名古屋大学出版会，原著初版 2011 年

ウォーラーステイン，I.［2013］『近代世界システム II——重商主義と「ヨーロッパ世界経済」の凝集 1600-1750』川北稔訳，名古屋大学出版会，原著初版 2011 年

ウォーラーステイン，I.［2013］『近代世界システム III——「資本主義的世界経済」の再拡大 1730s-1840s』川北稔訳，名古屋大学出版会，原著初版 2011 年

ウォーラーステイン，I.［2013］『近代世界システム IV——中道自由主義の勝利 1789-1914』川北稔訳，名古屋大学出版会，原著初版 2011 年

エジャトン，D.［2017］『戦争国家イギリス——反衰退・非福祉の現代史』坂出健監訳，名古屋大学出版会，原著初版 2006 年

ガーシェンクロン，アレクサンダー［2005］『後発工業国の経済史——キャッチアップ型工業化論』絵所秀紀／雨宮昭彦／峯陽一／鈴木義一訳，ミネルヴァ書房，原著初版 1962・68 年

キーゼヴェター，フーベルト［2006］『ドイツ産業革命——成長原動力としての地域』高橋秀行／桜井健吾訳，晃洋書房，原著初版 1989 年，新版 2004 年

キャメロン，ロンド／ラリー・ニール著［2013］『概説 世界経済史 I——旧石器時代から工業化の始動まで』速水融監訳，酒田利夫／玉置紀夫／中野忠／藤原幹夫／安元稔訳，東洋経済新報社，原著初版 1989 年，翻訳第 4 版 2003 年，最新第 5 版 2016 年

キャメロン，ロンド／ラリー・ニール著［2013］『概説 世界経済史 II——工業化の展開から現代まで』速水融監訳，酒田利夫／玉置紀夫／中野忠／藤原幹夫／安元稔訳，東洋経済新報社，原著初版 1989 年，翻訳第 4 版 2003 年，最新第 5 版 2016 年

ケイン，P. J.／A. G. ホプキンズ［1997］『ジェントルマン資本主義の帝国 I——創生と膨張 1688-1914』竹内幸雄／秋田茂訳，名古屋大学出版会，原著初版 1993 年

ケイン，P. J.／A. G. ホプキンズ［1997］『ジェントルマン資本主義の帝国 II——危機と解体 1914-1990』木畑洋一／旦祐介訳，名古屋大学出版会，原著初版 1993 年

コッカ，ユルゲン［2018］『資本主義の歴史——起源・拡大・現在』山井敏章訳，人文書院，原著初版 2013 年，第 3 版 2017 年

シュムペーター［1995］『資本主義・社会主義・民主主義（新装版）』中山伊知郎／東畑精一

訳，東洋経済新報社，原著初版 1942 年，第 3 版 1950 年

チャンドラー Jr., アルフレッド・D. ［1979］『経営者の時代——アメリカ産業における近代企業の成立』上・下，鳥羽欽一郎／小林袈裟治訳，東洋経済新報社，原著初版 1977 年

チャンドラー Jr., アルフレッド・D. ［1993］『スケール・アンド・スコープ——経営力発展の国際比較』安部悦生／川辺信雄／工藤章／西牟田祐二／日高千景／山口一臣訳，有斐閣，原著初版 1990 年

ノース，ダグラス・C. ［2013］『経済史の構造と変化』大野一訳，日経 BP 社，原著初版 1981 年

ノース，D. C.／R. P. トマス［2014］『西欧世界の勃興——新しい経済史の試み』速水融／穐本洋哉訳，ミネルヴァ書房，原著初版 1973 年

ハラリ，ユヴァル・ノア［2016］『サピエンス全史——文明の構造と人類の幸福』上・下，柴田裕之訳，河出書房新社，原著初版 2011 年

バルマー＝トーマス，ビクター［2001］『ラテンアメリカ経済史——独立から現在まで』田中高／榎股一索／鶴田利恵訳，名古屋大学出版会，原著初版 1994 年

ヒックス，J. R. ［1995］『経済史の理論』新保博／渡辺文夫訳，講談社学術文庫，講談社，原著初版 1969 年

ヒルシュマイヤー，ヨハネス著，川崎勝／林順子／岡部桂史編［2014］『工業化と起業家精神』日本経済評論社

フランク，A. G. ［2000］『リオリエント——アジア時代のグローバル・エコノミー』山下範久訳，藤原書店，原著初版 1998 年

ブローデル，F. ［1991-95］『地中海』I（環境の役割），II・III（集団の運命と全体の動き 1・2），IV・V（出来事，政治，人間 1・2），浜名優美訳，藤原書店，原著初版 1949 年，改訂第 2 版 1966 年

ブローデル，F. ［1985］『物質文明・経済・資本主義 15-18 世紀——日常性の構造』（1・2）村上光彦訳，みすず書房，原著初版 1979 年

ブローデル，F. ［1986（1），1988（2）］『物質文明・経済・資本主義 15-18 世紀——交換のはたらき』（1・2）山本淳一訳，みすず書房，原著初版 1979 年

ブローデル，F. ［1996（1），1999（2）］『物質文明・経済・資本主義 15-18 世紀——世界時間』（1・2）村上光彦訳，みすず書房，原著初版 1979 年

ベイリ，C. A. ［2018］『近代世界の誕生——グローバルな連関と比較 1780-1914』上・下，平田雅博／吉田正広／細川道久訳，名古屋大学出版会，原著初版 2004 年

ボー，ミシェル［1996］『資本主義の世界史 1500-1995』筆宝康之／勝俣誠訳，藤原書店，原著初版 1981 年

ボー，ミシェル［2015］『資本主義の世界史 1500-2010』増補新版，筆宝康之／勝俣誠訳，藤原書店，原著初版 1981 年，増補新版 2010 年

ポラニー，カール［2009］『大転換——市場社会の形成と崩壊』（新訳版）野口健彦／栖原学訳，東洋経済新報社，原著初版 1944 年，第 2 版 1957 年

ヤコブソン，エリン E. ［2010］『サウンドマネー——BIS と IMF を築いた男，ペール・ヤコブソン』吉國眞一／矢後和彦監訳，蒼天社出版，原著初版 1979 年

ロイ，ティルタンカル［2019］『インド経済史——古代から現代まで』水島司訳，名古屋大学出版会，原著初版 2012 年

青柳正規／陣内秀信／杉山正明／福井憲彦編［2006〜10］『興亡の世界史』全 21 巻，講談社

青山吉信編（第 1 巻）・今井宏編（第 2 巻）・村岡健次／木畑洋一編（第 3 巻）［1990-91］
　『世界歴史大系　イギリス史』全 3 巻，山川出版社

秋田茂責任編集［2019］『グローバル化の世界史』（MINERVA 世界史叢書②）ミネルヴァ書
　房

秋田茂／永原陽子／羽田正／南塚信吾／三宅明正／桃木至朗編著［2016］『「世界史」の世界
　史』（MINERVA 世界史叢書総論）ミネルヴァ書房

秋元英一［1995］『アメリカ経済の歴史——1492〜1993』東京大学出版会

秋元英一／菅英輝［2003］『アメリカ 20 世紀史』東京大学出版会

新井政美［2001］『トルコ近現代史——イスラム国家から国民国家へ』みすず書房

有賀貞／大下尚一／志邨晃佑／平野孝編［1993-94］『世界歴史大系　アメリカ史』全 2 巻，
　山川出版社

池端雪浦他編［2001-03］『岩波講座　東南アジア史』全 9 巻＋別巻 1，岩波書店

岩井茂樹［2020］『朝貢・海禁・互市——近世東アジアの貿易と秩序』名古屋大学出版会

上田信［1999］『森と緑の中国史——エコロジカル＝ヒストリーの試み』岩波書店

梅津順一／小野塚知二編著［2018］『大塚久雄から資本主義と共同体を考える——コモンウ
　ィール・結社・ネーション』日本経済評論社

岡本隆司編［2013］『中国経済史』名古屋大学出版会

岡本哲史［2000］『衰退のレギュラシオン——チリ経済の開発と衰退化 1830-1914 年』新評
　論

奥西孝至／鴋澤歩／堀田隆司／山本千映［2010］『西洋経済史』有斐閣

小田中直樹［2017］『ライブ・経済史入門——経済学と歴史学を架橋する』勁草書房

小野塚知二［2018］『経済史——いまを知り，未来を生きるために』有斐閣

加藤博［2005］『イスラム世界の経済史』NTT 出版

樺山紘一他編［1997-2000］『岩波講座　世界歴史』全 28 巻＋別巻 1，岩波書店

樺山紘一／礪波護／山内昌之編［1996-99］『世界の歴史』全 30 巻，中央公論社

川越修／脇村孝平／友部謙一／花島誠人［2010］『ワークショップ社会経済史——現代人の
　ための歴史ナビゲーション』ナカニシヤ出版

川勝平太［1991］『日本文明と近代西洋——「鎖国」再考』NHK ブックス 627，日本放送出
　版協会

久保亨編［2012］『中国経済史入門』東京大学出版会

久保亨／加島潤／木越義則［2016］『統計でみる中国近現代経済史』東京大学出版会

黒田明伸［1994］『中華帝国の構造と世界経済』名古屋大学出版会

柴田三千雄／樺山紘一／福井憲彦［1995-96］『世界歴史大系　フランス史』全 3 巻，山川
　出版社

杉原薫［1996］『アジア間貿易の形成と構造』ミネルヴァ書房

関哲行／立石博高／中塚次郎編［2008］『世界歴史大系　スペイン史』全 2 巻，山川出版社

田中陽兒／倉持俊一／和田春樹編［1994-97］『世界歴史大系　ロシア史』全 3 巻，山川出版
　社

礪波護／尾形勇／鶴間和幸／上田信編［2004-05］『中国の歴史』全 12 巻，講談社

礪波護／岸本美緒／杉山正明編［2006］『中国歴史研究入門』名古屋大学出版会

中西聡編［2013］『日本経済の歴史——列島経済史入門』名古屋大学出版会

中西聡編［2017］『経済社会の歴史——生活からの経済史入門』名古屋大学出版会

成瀬治／山田欣吾／木村靖二編［1996-97］『世界歴史大系 ドイツ史』全3巻，山川出版社

羽田正責任編集［2016］『地域史と世界史』（MINERVA 世界史叢書①）ミネルヴァ書房

馬場哲／小野塚知二編［2001］『西洋経済史学』東京大学出版会

馬場哲／山本通／廣田功／須藤功［2012］『エレメンタル欧米経済史』晃洋書房

藤瀬浩司［1980］『資本主義世界の成立』ミネルヴァ書房

船山栄一［1967］『イギリスにおける経済構成の転換』未來社

堀和生／木越義則［2020］『東アジア経済史』日本評論社

松丸道雄／池田温／斯波義信／神田信夫／濱下武志編［1996-2003］『世界歴史大系 中国史』
　　全5巻，山川出版社

毛利健三［2008］『古典経済学の地平──理論・時代・背景』ミネルヴァ書房

矢後和彦［2010］『国際決済銀行の20世紀』蒼天社出版

山川出版社編集部編他［1998-2009］『世界各国史〔新版〕』全28巻，山川出版社

山崎元一／小西正捷編（第1巻）・小谷汪之編（第2巻）・辛島昇編（第3巻）［2007］『世界
　　歴史大系 南アジア史』全3巻，山川出版社

山下範久［2003］『世界システム論で読む日本』講談社選書メチエ266，講談社

湯浅赳男［1998］『文明の「血液」──貨幣から見た世界史〔増補新版〕』新評論

横井勝彦／小野塚知二編著［2012］『軍拡武器移転の世界史──兵器はなぜ容易に広まった
　　のか』日本経済評論社

渡邊信一郎［2010］『中國古代の財政と國家』（汲古叢書91）汲古書院

第1章

ロストフツェフ，M.［2001］『ローマ帝国社会経済史』上・下，坂口明訳，東洋経済新報社，
　　原著初版1926年，改訂第2版1957年

伊藤貞夫［1981］『古典期のポリス社会』岩波書店

岩井経男［1988］『ローマ都市制度史研究』水星舎

大戸千之［1993］『ヘレニズムとオリエント──歴史のなかの文化変容』ミネルヴァ書房

岡本秀典［2008］『中国文明農業と礼制の考古学』京都大学学術出版会

柿沼陽平［2011］『中国古代貨幣経済史研究』（汲古叢書92）汲古書院

柿沼陽平［2018］『中国古代貨幣経済の持続と転換』（汲古叢書148）汲古書院

木村雅昭［1981］『インド史の社会構造──カースト制をめぐる歴史社会学』創文社

周藤芳幸［2014］『ナイル世界のヘレニズム──エジプトとギリシアの遭遇』名古屋大学出
　　版会

西嶋定生［1983］『中国古代国家と東アジア世界』東京大学出版会

橋本龍幸［1997］『中世成立期の地中海世界──メロヴィング時代のフランクとビザンツ』
　　南窓社

林巳奈夫［1995］『中国文明の誕生』吉川弘文館

藤田勝久［2005］『中国古代国家と郡県社会』（汲古叢書62）汲古書院

堀敏一［2006］『東アジア世界の形成──中国と周辺国家』（汲古叢書64）汲古書院

山崎元一［1987］『古代インド社会の研究──社会の構造と庶民・下層民』刀水書房

第2章

オストロゴルスキー，ゲオルグ［2001］『ビザンツ帝国史』和田廣訳，恒文社，原著初版

　　1940 年，改訂第 3 版 1963 年

デュフルク，シャルル・エマニュエル［1997］『イスラーム治下のヨーロッパ——衝突と共存の歴史』芝修身／芝紘子訳，藤原書店，原著初版 1978 年

ピレンヌ，H.［1960］『ヨーロッパ世界の誕生——マホメットとシャルルマーニュ』中村宏／佐々木克巳訳，創文社，原著初版 1937 年

ブラウニング，ロバート［1995］『ビザンツ帝国とブルガリア』金原保夫訳，東海大学出版会，原著初版 1975 年

フルヒュルスト，A.［2001］『中世都市の形成——北西ヨーロッパ』森本芳樹／藤本太美子／森貴子訳，岩波書店，原著初版 1999 年

ブロック，マルク［1995］『封建社会』石川武他訳，岩波書店，原著初版 1939・40 年

荒川正晴［2010］『ユーラシアの交通・交易と唐帝国』名古屋大学出版会

加藤博［2002］『イスラム世界論——トリックスターとしての神』東京大学出版会

佐藤彰一［1997］『修道院と農民——会計文書から見た中世形成期ロワール地方』名古屋大学出版会

佐藤次高［1991］『マムルーク——異教の世界から来たイスラムの支配者たち』東京大学出版会

佐藤次高［2004］『イスラームの国家と王権』岩波書店

嶋田襄平［1996］『初期イスラーム国家の研究』中央大学出版部

武田幸男［1989］『高句麗史と東アジア——「広開土王碑」研究序説』岩波書店

谷川道雄［1971］『隋唐帝国形成史論』筑摩書房

丹下栄［2002］『中世初期の所領経済と市場』創文社

鳥山成人［1985］『ロシア・東欧の国家と社会』恒文社

羽田正［2005］『イスラーム世界の創造』東京大学出版会

堀敏一［2002］『唐末五代変革期の政治と経済』（汲古叢書 39）汲古書院

丸橋充拓［2006］『唐代北辺財政の研究』岩波書店

森本芳樹［2007］『西欧中世初期農村史の革新——最近のヨーロッパ学界から』木鐸社

森安孝夫［2015］『東西ウイグルと中央ユーラシア』名古屋大学出版会

第 3 章

シュタットミュラー，G.［1989］『ハプスブルク帝国史——中世から 1918 年まで』丹後杏一訳，刀水書房，原著初版 1966 年

ドランジェ，フィリップ［2016］『ハンザ——12-17 世紀』高橋理監訳，みすず書房，原著初版 1964 年

ピレンヌ，H.［1970］『中世都市——社会経済史的試論』佐々木克巳訳，創文社，原著初版 1927 年

フリース，J. ド・／ A. ファン・デァ・ワウデ［2009］『最初の近代経済——オランダ経済の成功・失敗と持続力 1500-1815』大西吉之／杉浦未樹訳，名古屋大学出版会，原著初版 1997 年

ヘッシュ，エドガー［1995］『バルカン半島』佐久間穆訳，みすず書房，原著初版 1988 年，増補第 2 版 1993 年

足立啓二［2012］『明清中国の経済構造』（汲古叢書 99）汲古書院

足立孝［2019］『辺境の生成——征服=入植運動・封建制・商業』名古屋大学出版会

梅原郁［1985］『宋代官僚制度研究』同朋舎出版

岡田英弘［1992］『世界史の誕生』筑摩書房

奥西孝至［2013］『中世末期西ヨーロッパの市場と規制——15世紀フランデレンの穀物流通』勁草書房

川勝守［1992］『明清江南農業経済史研究』東京大学出版会

河原温［1996］『中世ヨーロッパの都市世界』山川出版社

岸本美緒編［2019］『1571年 銀の大流通と国家統合』（歴史の転換期6）山川出版社

栗生沢猛夫［2007］『タタールのくびき——ロシア史におけるモンゴル支配の研究』東京大学出版会

小谷汪之［1989］『インドの中世社会——村・カースト・領主』岩波書店

小山正明［1992］『明清社会経済史研究』東京大学出版会

近藤和彦［2018］『近世ヨーロッパ』（世界史リブレット114）山川出版社

齊藤寛海［2002］『中世後期イタリアの商業と都市』和泉書館

佐藤眞典［2001］『中世イタリア都市国家成立史研究』ミネルヴァ書房

斯波義信［1988］『宋代江南経済史の研究』汲古書院

島田竜登編［2018］『1683年 近世世界の変容』（歴史の転換期7）山川出版社

下野義朗［1992］『西欧中世社会成立期の研究』創文社

杉山正明［1995］『クビライの挑戦——モンゴル海上帝国への道』朝日選書525，朝日新聞社

杉山正明［2004］『モンゴル帝国と大元ウルス』京都大学学術出版会

関雄二／染田秀藤編［2008］『他者の帝国——インカはいかにして「帝国」となったか』世界思想社

高橋理［2013］『ハンザ「同盟」の歴史——中世ヨーロッパの都市と商業』創元社

高山博［1993］『中世地中海世界とシチリア王国』東京大学出版会

田北廣道［1997］『中世後期ライン地方のツンフト「地域類型」の可能性——経済システム・社会集団・制度』九州大学出版会

土肥恒之［1987］『ロシア近世農村社会史』創文社

中島楽章［2009］『徽州商人と明清中国』（世界史リブレット108）山川出版社

早瀬晋三［2003］『海域イスラーム社会の歴史——ミンダナオ・エスノヒストリー』岩波書店

肥前榮一［2008］『比較史のなかのドイツ農村社会——「ドイツとロシア」再考』未來社

平田桂一［1996］『インド商業史研究——ヨーロッパ資本進出との関連を踏まえて』晃洋書房

弘末雅士［2004］『東南アジアの港市世界——地域社会の形成と世界秩序』岩波書店

深沢克己［2007］『商人と更紗——近世フランス＝レヴァント貿易史研究』東京大学出版会

深沢宏［1987］『インド農村社会経済史の研究』東洋経済新報社

古林森廣［1995］『中国宋代の社会と経済』国書刊行会

水島司［2008］『前近代南インドの社会構造と社会空間』東京大学出版会

向正樹［2019］「モンゴル帝国とユーラシア広域ネットワーク」（秋田茂責任編集『グローバル化の世界史』ミネルヴァ書房）

森本芳樹［2005］『西欧中世形成期の農村と都市』岩波書店

山田信夫［1989］『北アジア遊牧民族史研究』東京大学出版会

第 4 章

ウィルキンソン, R. G. [1985] 『経済発展の生態学——貧困と進歩にかんする新解釈』斎藤修／安元稔／西川俊作訳, リブロポート, 原著初版 1973 年

カイサル, A. J. [1998] 『インドの伝統技術と西欧文明』多田博一／篠田隆／片岡弘次訳, 平凡社, 原著初版 1982 年

クラフツ, N. F. R. [2007] 「産業革命」(後掲ディグビー他編『社会史と経済史』)

スウィージー, P.／M. ドッブ／高橋幸八郎／R. ヒルトン／C. ヒル／E. ホブズボーム／J. メリントン／G. ルフェーブル／J. プロカッチ [1982] 『封建制から資本主義への移行』大阪経済法科大学経済研究所訳, 柘植書房, 原著初版 1976 年

スクラントン, フィリップ [2004] 『エンドレス・ノヴェルティ——アメリカの第 2 次産業革命と専門生産』廣田義人／森杲／沢井実／植田浩史訳, 有斐閣, 原著初版 1997 年

スミス, アダム [2000-01] 『国富論』(全 4 冊) 水田洋監訳, 岩波文庫, 岩波書店, 原著初版 1776 年, 増補第 3 版 1784 年, 第 5 版 1789 年

チャンドラ, ビパン [2001] 『近代インドの歴史』粟屋利江訳, 山川出版社, 原著初版 1971 年

ディグビー, A.／C. ファインスティーン編 [2007] 『社会史と経済史——英国史の軌跡と新方位』松村高夫／長谷川淳一／高井哲彦／上田美枝子訳, 北海道大学出版会, 原著初版 1989 年

ハドソン, パット [1999] 『産業革命』大倉正雄訳, 未來社, 原著初版 1992 年

ピオリ, マイケル・J.／チャールズ・F. セーブル [1993] 『第二の産業分水嶺』山之内靖／永易浩一／石田あつみ訳, 筑摩書房, 原著初版 1984 年

ボヌイユ, クリストフ／ジャン＝バティスト・フレソズ [2018] 『人新世とは何か——〈地球と人類の時代〉の思想史』野坂しおり訳, 青土社, 原著初版 2013 年

ポラード, シドニー [1982] 『現代企業管理の起源——イギリスにおける産業革命の研究』山下幸夫／桂芳男／水原正亨訳, 千倉書房, 原著初版 1965 年

マサイアス, P. [1988] 『最初の工業国家——イギリス経済史 1700-1914 年〔改訂新版〕』小松芳喬監訳, 日本評論社, 原著初版 1969 年, 改訂新版 1983 年

マクファーレン, アラン [1993] 『イギリス個人主義の起源——家族・財産・社会変化』酒田利夫訳, リブロポート, 原著初版 1978 年

メンデルス, F.／R. ブラウン他 [1991] 『西欧近代と農村工業』篠塚信義／石坂昭雄／安元稔編訳 (訳出論文集), 北海道大学図書刊行会

岩井茂樹 [2004] 『中国近世財政史の研究』京都大学学術出版会

大島真理夫編著 [2009] 『土地希少化と勤勉革命の比較史——経済史上の近世』ミネルヴァ書房

川北稔 [1983] 『工業化の歴史的前提——帝国とジェントルマン』岩波書店

岸本美緒 [1997] 『清代中国の物価と経済変動』研文出版

斎藤修 [2008] 『比較経済発展論——歴史的アプローチ』岩波書店

斎藤修編著／ピーター・ラスレット他著 [1988] 『家族と人口の歴史社会学——ケンブリッジ・グループの成果』リブロポート

坂巻清 [2009] 『イギリス毛織物工業の展開——産業革命への途』日本経済評論社

坂巻清 [2016] 『イギリス近世の国家と都市——王権・社団・アソシエーション』山川出版社

神寶秀夫［2010］『中・近世ドイツ都市の統治構造と変質——帝国自由都市から領邦都市へ』創文社

杉山清彦［2015］『大清帝国の形成と八旗制』名古屋大学出版会

鈴木正幸／水林彪／渡辺信一郎／小路田泰直編［1992］『比較国制史研究序説——文明化と近代化』柏書房

中島楽章［2019］「17世紀の全般的危機と東アジア」（秋田茂責任編集『グローバル化の世界史』ミネルヴァ書房）

羽田正［2007］『東インド会社とアジアの海』（興亡の世界史第15巻）講談社

速水融［2003］『近世日本の経済社会』麗澤大学出版会

福井憲彦［2005］『ヨーロッパ近代の社会史——工業化と国民形成』岩波書店

古田和子編著［2013］『中国の市場秩序——17世紀から20世紀前半を中心に』慶應義塾大学出版会

三木聰［2002］『明清福建農村社会の研究』北海道大学図書刊行会

第5章

キャロン，F.［1983］『フランス現代経済史』原輝史監訳，早稲田大学出版部，原著初版1981年

ジョーンズ，E. L.［2000］『ヨーロッパの奇跡——環境・経済・地政の比較史』安元稔／脇村孝平訳，名古屋大学出版会，原著初版1981年

スミス，トマス・C.［2002］『日本社会史における伝統と創造——工業化の内在的諸要因1750-1920年〔増補版〕』大島真理夫訳，ミネルヴァ書房，原著初版1988年

トムソン，エドワード・P.［2003］『イングランド労働者階級の形成』市橋秀夫／芳賀健一訳，青弓社，原著初版1963年，改訂版1968年

ハウンシェル，デーヴィッド・A.［1998］『アメリカン・システムから大量生産へ1800-1932』和田一夫／金井光太朗／藤原道夫訳，名古屋大学出版会，原著初版1984年

ヘッドリク，D. R.［1989］『帝国の手先——ヨーロッパの膨張と技術』原田勝正／多田博一／老川慶喜訳，日本経済評論社，原著初版1981年

ポラード，シドニー［1990］『ヨーロッパの選択——経済統合への途1815〜1970年』鈴木良隆／春見濤子訳，有斐閣，原著初版1974年

ポンパイチット，パースック／クリス・ベーカー［2006］『タイ国——近現代の経済と政治』日タイセミナー訳，刀水書房，原著初版1995年，第2版2002年

マンロー，J. F.［1987］『アフリカ経済史1800〜1960』北川勝彦訳，ミネルヴァ書房，原著初版1976年

ラスレット，P.［1986］『われら失いし世界——近代イギリス社会史』川北稔／指昭博／山本正訳，三嶺書房，原著初版1983年

ランデス，D. S.［1980（1），1982（2）］『西ヨーロッパ工業史——産業革命とその後1750-1968』（1・2）石坂昭雄／冨岡庄一訳，みすず書房，原著初版1969年

ルービンステイン，W. D.［1997］『衰退しない大英帝国——その経済・文化・教育』藤井泰／平田雅博／村田邦夫／千石好郎訳，晃洋書房，原著初版1993年

天野雅敏［2010］『戦前日豪貿易史の研究——兼松商店と三井物産を中心にして』勁草書房

新井政美［2009］『オスマン帝国はなぜ崩壊したのか』青土社

石川亮太［2016］『近代アジア市場と朝鮮——開港・華商・帝国』名古屋大学出版会

伊丹一浩［2003］『民法典相続法と農民の戦略――19世紀フランスを対象に』御茶の水書房

太田淳［2014］『近世東南アジア世界の変容――グローバル経済とジャワ島地域社会』名古屋大学出版会

岡本隆司［1999］『近代中国と海関』名古屋大学出版会

小川道大［2019］『帝国後のインド――近世的発展のなかの植民地化』名古屋大学出版会

柿崎一郎［2000］『タイ経済と鉄道 1885～1935』日本経済評論社

籠谷直人／脇村孝平編［2009］『帝国とアジア・ネットワーク――長期の19世紀』世界思想社

神田さやこ［2017］『塩とインド――市場・商人・イギリス東インド会社』名古屋大学出版会

木越義則［2012］『近代中国と広域市場圏――海関統計によるマクロ的アプローチ』（プリミエ・コレクション 12）京都大学学術出版会

岸本美緒［1998］『東アジアの「近世」』（世界史リブレット 13）山川出版社

楠井敏朗［1997］『アメリカ資本主義の発展構造』Ⅰ（南北戦争前期のアメリカ経済）・Ⅱ（法人資本主義の成立・展開・変質），日本経済評論社

黒澤隆文［2002］『近代スイス経済の形成――地域主権と高ライン地域の産業革命』京都大学学術出版会

小島淑男［2005］『近代中国の農村経済と地主制』（汲古叢書 63）汲古書院

佐藤芳行［2000］『帝政ロシアの農業問題――土地不足・村落共同体・農村工業』未來社

篠塚信義／石坂昭雄／高橋秀行編著［2003］『地域工業化の比較史的研究』北海道大学図書刊行会

斯波義信［2002］『中国都市史』（東洋叢書 9）東京大学出版会

杉原達［1990］『オリエントへの道――ドイツ帝国主義の社会史』藤原書店

鈴木健夫［2004］『近代ロシアと農村共同体――改革と伝統』創文社

竹内幸雄［1990］『イギリス自由貿易帝国主義』新評論

角山栄／川北稔編［2001］『路地裏の大英帝国――イギリス都市生活史』平凡社ライブラリー 381，平凡社

冨岡庄一［1998］『ロシア経済史研究――19世紀後半～20世紀初頭』有斐閣

服部春彦［2009］『経済史上のフランス革命・ナポレオン時代』多賀出版

浜下武志［1990］『近代中国の国際的契機――朝貢貿易システムと近代アジア』東京大学出版会

古田和子［2000］『上海ネットワークと近代東アジア』東京大学出版会

水田正史［2003］『近代イラン金融史研究――利権／銀行／英露の角逐』ミネルヴァ書房

宮本謙介［1993］『インドネシア経済史研究――植民地社会の成立と構造』ミネルヴァ書房

村上衛［2013］『海の近代中国――福建人の活動とイギリス・清朝』名古屋大学出版会

毛利健三［1978］『自由貿易帝国主義――イギリス産業資本の世界展開』東京大学出版会

本野英一［2004］『伝統中国商業秩序の崩壊――不平等条約体制と「英語を話す中国人」』名古屋大学出版会

安武秀岳［2011］『自由の帝国と奴隷制――建国から南北戦争まで』ミネルヴァ書房

安元稔［2009］『製鉄工業都市の誕生――ヴィクトリア朝における都市社会の勃興と地域工業化』名古屋大学出版会

矢内原勝／小田英郎編［1989］『アフリカ・ラテンアメリカ関係の史的展開』平凡社

山田秀雄［2005］『イギリス帝国経済史研究』ミネルヴァ書房
山本進［2002］『清代の市場構造と経済政策』名古屋大学出版会
山本有造編［2003］『帝国の研究——原理・類型・関係』名古屋大学出版会
吉澤誠一郎［2010］『清朝と近代世界——19世紀』（シリーズ中国近現代史①）岩波書店
脇村孝平［2002］『飢饉・疫病・植民地統治——開発の中の英領インド』名古屋大学出版会
渡辺尚［1987］『ラインの産業革命——原経済圏の形成過程』東洋経済新報社
和田光弘［2000］『紫煙と帝国——アメリカ南部タバコ植民地の社会と経済』名古屋大学出版会

第6章

アムブロジウス，G.／W. H. ハバード［1991］『20世紀ヨーロッパ社会経済史』肥前栄一／金子邦子／馬場哲訳，名古屋大学出版会，原著初版1986年
ヴィンクラー，H. A.［1989］『組織された資本主義』保住敏彦／近藤潤三／丸山敬一／後藤俊明／河野裕康訳，名古屋大学出版会，原著初版1974年
キンドルバーガー，チャールズ・P.［2009］『大不況下の世界1929-1939〔改訂増補版〕』石崎昭彦／木村一朗訳，岩波書店，原著初版1973年，改訂増補版1986年
秋田茂編著［2004］『パクス・ブリタニカとイギリス帝国』ミネルヴァ書房
江夏由樹／中見立夫／西村成雄／山本有造編［2005］『近代中国東北地域史研究の新視角』山川出版社
榎一江／小野塚知二編著［2014］『労務管理の生成と終焉』日本経済評論社
太田和弘［1996］『家父長制の歴史構造——近代ドイツの労務管理と社会政策』ミネルヴァ書房
岡田泰男／須藤功編著［2003］『アメリカ経済史の新潮流』慶應義塾大学出版会
奥村哲［2004］『中国の資本主義と社会主義——近現代史像の再構成』桜井書店
小野塚知二編［2014］『第一次世界大戦開戦原因の再検討——国際分業と民衆心理』岩波書店
加来祥男［1986］『ドイツ化学工業史序説』ミネルヴァ書房
金子肇［2008］『近代中国の中央と地方——民国前期の国家統合と行財政』（汲古叢書77）汲古書院
加納啓良編［1998］『東南アジア農村発展の主体と組織——近代日本との比較から』アジア経済出版社
清川雪彦［2009］『近代製糸技術とアジア——技術導入の比較経済史』名古屋大学出版会
久保田裕次［2016］『対中借款の政治経済史——「開発」から二十一ヵ条要求へ』名古屋大学出版会
小泉順子［2006］『歴史叙述とナショナリズム——タイ近代史批判序説』東京大学出版会
権上康男／廣田明／大森弘喜編［1996］『20世紀資本主義の生成——自由と組織化』東京大学出版会
斎藤修［1998］『賃金と労働と生活水準——日本経済史における18〜20世紀』岩波書店
城山智子［2011］『大恐慌下の中国——市場・国家・世界経済』名古屋大学出版会
侘美光彦［1994］『世界大恐慌——1929年恐慌の過程と原因』御茶の水書房
谷口明丈編［2015］『現場主義の国際比較——英独米日におけるエンジニアの形成』ミネルヴァ書房

田野慶子［2003］『ドイツ資本主義とエネルギー産業——工業化過程における石炭業・電力業』東京大学出版会

田村栄子／星乃治彦編［2007］『ヴァイマル共和国の光芒——ナチズムと近代の相克』昭和堂

萩原充［2000］『中国の経済建設と日中関係——対日抗戦への序曲 1927〜1937 年』ミネルヴァ書房

馬場哲［2016］『ドイツ都市計画の社会経済史』東京大学出版会

久末亮一［2012］『香港「帝国の時代」のゲートウェイ』名古屋大学出版会

廣田功［1994］『現代フランスの史的形成——両大戦間期の経済と社会』東京大学出版会

藤瀬浩司［2012］『20 世紀資本主義の歴史 I——出現』名古屋大学出版会

藤瀬浩司編［1994］『世界大不況と国際連盟』名古屋大学出版会

藤瀬浩司／吉岡昭彦編［1987］『国際金本位制と中央銀行政策』名古屋大学出版会

森時彦［2001］『中国近代綿業史の研究』京都大学学術出版会

森靖夫［2020］『「国家総動員」の時代——比較の視座から』名古屋大学出版会

柳澤治［2006］『資本主義史の連続と断絶——西欧的発展とドイツ』日本経済評論社

柳澤治［2013］『ナチス・ドイツと資本主義——日本のモデルへ』日本経済評論社

山室信一／岡田暁生／小関隆／藤原辰史編［2014］『［現代の起点］第一次世界大戦』〔第 2巻 総力戦〕岩波書店

吉岡昭彦［1999］『帝国主義と国際通貨体制』名古屋大学出版会

歴史学研究会編［2005］『帝国への新たな視座——歴史研究の地平から』（シリーズ歴史学の現在 10）青木書店

第 7 章

アーベルスハウザー，ヴェルナー［1994］『現代ドイツ経済論——一九四五-八〇年代にいたる経済史的構造分析』酒井昌美訳，朝日出版社，原著初版 1983 年

オルドクロフト，デレック・H.［2002］『20 世紀のヨーロッパ経済——1914〜2000 年』玉木俊明／塩谷昌史訳，晃洋書房，原著初版 1978 年，第 4 版 2001 年

ケルブレ，ハルトムート［2010］『ヨーロッパ社会史——1945 年から現在まで』永岑三千輝監訳，金子公彦／瀧川貴利／赤松廉史訳，日本経済評論社，原著初版 2007 年

ケルブレ，ハルトムート［2014］『冷戦と福祉国家——ヨーロッパ 1945〜89 年』永岑三千輝監訳，瀧川貴利／赤松廉史／清水雅大訳，日本経済評論社，原著初版 2011 年

ドゥノール，フランソワ／アントワーヌ・シュワルツ［2012］『欧州統合と新自由主義——社会的ヨーロッパの行方』小澤裕香／片岡大右訳，論創社，原著初版 2009 年

ボワイエ，ロベール［1988］『世紀末資本主義』山田鋭夫他訳，日本評論社，原著初版 1986 年

マルゲラズ，ミッシェル［2004］『20 世紀フランス資本主義史論——国家・経済・社会』廣田功／権上康男訳（訳出講演録），日本経済評論社

秋元英一編［2001］『グローバリゼーションと国民経済の選択』東京大学出版会

秋元英一／小塩和人［2006］『豊かさと環境』（シリーズ・アメリカ研究の越境 3）ミネルヴァ書房

浅井良夫［2015］『IMF 8 条国移行——貿易・為替自由化の政治経済史』日本経済評論社

石井聡［2010］『もう一つの経済システム——東ドイツ計画経済下の企業と労働者』北海道

大学出版会

石山幸彦［2009］『ヨーロッパ統合とフランス鉄鋼業』日本経済評論社

伊藤正直／浅井良夫編［2014］『戦後 IMF 史——創生と変容』名古屋大学出版会

遠藤乾［2013］『統合の終焉——EU の実像と理論』岩波書店

遠藤乾［2014］『ヨーロッパ統合史〔増補版〕』名古屋大学出版会，初版 2008 年

大津定美／吉井昌彦編著［2004］『ロシア・東欧経済論』ミネルヴァ書房（現代世界経済叢書 6）

梶谷懐［2011］『現代中国の財政金融システム——グローバル化と中央−地方関係の経済学』名古屋大学出版会

加島潤［2018］『社会主義体制下の上海経済——計画経済と公有化のインパクト』東京大学出版会

加藤榮一／馬場宏二／三浦良一編［2004］『資本主義はどこへ行くのか——20 世紀資本主義の終焉』東京大学出版会

加藤弘之［1997］『中国の経済発展と市場化——改革・開放時代の検証』名古屋大学出版会

加藤弘之／久保亨［2009］『進化する中国の資本主義』岩波書店（叢書中国の問題群 5）

川越修／河合信晴編［2016］『歴史としての社会主義——東ドイツの経験』ナカニシヤ出版

木畑洋一編［2005］『ヨーロッパ統合と国際関係』日本経済評論社

清川雪彦［2003］『アジアにおける近代的工場労働力の形成——経済発展と文化ならびに職務意識』岩波書店

工藤章編［1995］『20 世紀資本主義 II ——覇権の変容と福祉国家』東京大学出版会

熊野直樹／星乃治彦編［2004］『社会主義の世紀——「解放」の夢にツカれた人たち』法律文化社

小島健［2007］『欧州建設とベルギー——統合の社会経済史的研究』日本経済評論社

小島健［2016］『知識ゼロからのユーロ入門』幻冬舎

小堀聡［2010］『日本のエネルギー革命——資源小国の近現代』名古屋大学出版会

権上康男編著［2006］『新自由主義と戦後資本主義——欧米における歴史的経験』日本経済評論社

権上康男［2013］『通貨統合の歴史的起源』日本経済評論社

坂井一成／八十田博人編著［2020］『よくわかる EU 政治』ミネルヴァ書房

佐野誠［1998］『開発のレギュラシオン——負の奇跡・クリオージョ資本主義』新評論

清水一史［1998］『ASEAN 域内経済協力の政治経済学』ミネルヴァ書房

末廣昭［2000］『キャッチアップ型工業化論——アジア経済の軌跡と展望』名古屋大学出版会

杉原薫［2003］『アジア太平洋経済圏の興隆』大阪大学出版会

竹内常善編［2011］『中国工業化と日本の社会的対応』ナカニシヤ出版

谷口明丈／須藤功編［2017］『現代アメリカ経済史——「問題大国」の出現』有斐閣

中野聡［2018］『社会的パートナーシップ——EU 資本主義モデルの挑戦と課題』日本評論社

中山弘正［2003］『現代の世界経済』岩波書店

中山弘正／上垣彰／栖原学／辻義昌［2001］『現代ロシア経済論』岩波書店

西川純子［2008］『アメリカ航空宇宙産業——歴史と現在』日本経済評論社

西川博史［2014］『戦中戦後の中国とアメリカ・日本——「東アジア統合構想の歴史的検

証」』HINAS（北海学園北東アジア研究交流センター）発行，東出版発売

橋本寿朗編［1995］『20 世紀資本主義 I ──技術革新と生産システム』東京大学出版会

浜渦哲雄［1994］『〔増補〕国際石油産業──中東石油の市場と価格』日本経済評論社

廣田功／森建資編著［1998］『戦後再建期のヨーロッパ経済──復興から統合へ』日本経済評論社

藤澤利治／工藤章編著［2019］『ドイツ経済──EU 経済の基軸』ミネルヴァ書房

藤田和子／松下冽編著［2012］『新自由主義に揺れるグローバル・サウス──いま世界をどう見るか』ミネルヴァ書房

古内博行［2007］『現代ドイツ経済の歴史』東京大学出版会

松下冽／藤田憲編著［2016］『グローバル・サウスとは何か』ミネルヴァ書房

溝口由己編著［2018］『格差で読み解くグローバル経済──不寛容の拡がりに共生を問う』ミネルヴァ書房

八木紀一郎／清水耕一／徳丸宜穂編著［2017］『欧州統合と社会経済イノベーション──地域を基礎にした政策の進化』日本経済評論社

矢後和彦編［2013］『システム危機の歴史的位相──ユーロとドルの危機が問いかけるもの』蒼天社出版

安田常雄他編［2012］『変わる社会，変わる人びと──20 世紀のなかの戦後日本』（シリーズ戦後日本社会の歴史 1）岩波書店

吉國眞一／小川英治／春井久志編［2014］『揺れ動くユーロ──通貨・財政安定化への道』蒼天社出版

第 8 章

アタリ，ジャック［2008］『21 世紀の歴史──未来の人類から見た世界』林昌宏訳，作品社，原著初版 2006 年

スキナー，ウィリアム［1981］『東南アジアの華僑社会──タイにおける進出・適応の歴史』山本一訳，東洋書店，原著初版 1957 年，第 2 版 1962 年

ベイリン，バーナード［2007］『アトランティック・ヒストリー』和田光弘／森丈夫訳，名古屋大学出版会，原著初版 2005 年

メジャフェ，R.［1979］『ラテンアメリカと奴隷制』清水透訳，岩波書店，原著初版 1973 年

リード，アンソニー［1997］『大航海時代の東南アジア I──貿易風の下で』平野秀秋／田中優子訳，法政大学出版局，原著初版 1988 年

リード，アンソニー［2002］『大航海時代の東南アジア II──拡張と危機』平野秀秋／田中優子訳，法政大学出版局，原著初版 1993 年

秋田茂［2003］『イギリス帝国とアジア国際秩序──ヘゲモニー国家から帝国的な構造的権力へ』名古屋大学出版会

石井摩耶子［1998］『近代中国とイギリス資本──19 世紀後半のジャーディン・マセソン商会を中心に』東京大学出版会

籠谷直人［2000］『アジア国際通商秩序と近代日本』名古屋大学出版会

籠谷直人／脇村孝平編［2009］『帝国とアジア・ネットワーク──長期の 19 世紀』世界思想社

川北稔［1983］『工業化の歴史的前提──帝国とジェントルマン』岩波書店

岸本美緒編［2019］『1571 年 銀の大流通と国家統合』（歴史の転換期 6）山川出版社

黒田明伸 ［2003］『貨幣システムの世界史——「非対称性」をよむ』岩波書店

小林孝信 ［1996］『民族の歴史を旅する——民族移動史ノート（新装版）』明石書店

権上康男 ［1985］『フランス帝国主義とアジア——インドシナ銀行史研究』東京大学出版会

重松伸司 ［1999］『国際移動の歴史社会学——近代タミル移民研究』名古屋大学出版会

科野孝蔵 ［1988］『オランダ東インド会社の歴史』同文舘出版

城地孝 ［2019］「北虜問題と明帝国」（前掲岸本編『1571 年 銀の大流通と国家統合』）

杉原薫 ［1996］『アジア間貿易の形成と構造』ミネルヴァ書房

杉山伸也／リンダ・グローブ編 ［1999］『近代アジアの流通ネットワーク』創文社

杉山正明 ［2000］『世界史を変貌させたモンゴル——時代史のデッサン』角川書店

田中恭子 ［2002］『国家と移民——東南アジア華人世界の変容』名古屋大学出版会

東京大学教養学部歴史学部会編 ［2020］『東大連続講義 歴史学の思考法』岩波書店

浜下武志／川勝平太編 ［1991］『アジア交易圏と日本工業化 1500-1900』リブロポート

平井廣一 ［1997］『日本植民地財政史研究』ミネルヴァ書房

弘末雅士 ［2004］『東南アジアの港市世界——地域社会の形成と世界秩序』岩波書店

深沢克己編著 ［2002］『国際商業』（近代ヨーロッパの探求 9）ミネルヴァ書房

松井透 ［1991］『世界市場の形成』岩波書店

家島彦一 ［1991］『イスラム世界の成立と国際商業——国際商業ネットワークの変動を中心に』岩波書店

家島彦一 ［2006］『海域から見た歴史——インド洋と地中海を結ぶ交流史』名古屋大学出版会

山田史郎／北村暁夫／大津留厚／藤川隆男／柴田英樹／国本伊代 ［1998］『近代ヨーロッパの探求 ① 移民』ミネルヴァ書房

第 9 章

クラパム，J. ［1970］『イングランド銀行——その歴史 I・II』英国金融史研究会訳，ダイヤモンド社，原著初版 1958 年

グレーバー，デヴィッド ［2016］『負債論——貨幣と暴力の 5000 年』酒井隆史監訳，高祖岩三郎／佐々木夏子訳，以文社，原著初版 2014 年

ストレンジ，スーザン ［1988］『カジノ資本主義——国際金融恐慌の政治経済学』小林襄治訳，岩波書店，原著初版 1986 年，後に岩波現代文庫 2007 年

ストレンジ，スーザン ［1999］『マッド・マネー——世紀末のカジノ資本主義』櫻井公人／櫻井純理／高嶋正晴訳，岩波書店，原著初版 1998 年，後に岩波現代文庫 2009 年

セイヤーズ，R. S. ［1979］『イングランド銀行——1891-1944 年』上・下，西川元彦監訳，日本銀行金融史研究会訳，東洋経済新報社，原著初版 1976 年

ドーア，ロナルド ［2011］『金融が乗っ取る世界経済——21 世紀の憂鬱』中公新書 2132，中央公論新社

バジョット，ウォルター ［2011］『ロンバード街——金融市場の解説』久保恵美子訳，日経BP 社，原著初版 1873 年

マーティン，フェリックス ［2014］『21 世紀の貨幣論』遠藤真美訳，東洋経済新報社，原著初版 2013 年

ラパヴィツァス，コスタス ［2018］『金融化資本主義——生産なき利潤と金融による搾取』斉藤美彦訳，日本経済評論社，原著初版 2013 年

ロジャーズ，ジェイムズ・スティーヴン［2011］『イギリスにおける商事法の発展――手形が紙幣となるまで』川分圭子訳，弘文堂，原著初版 1995 年

板倉譲治［1995］『私の金融論――資金需給と金利水準変動のメカニズムに関する誤解と私見』慶應通信

岩野茂道［1984］『金・ドル・ユーロダラー――世界ドル本位制の構造』文眞堂

植村博恭・磯谷明徳・海老塚明［2007］『新版 社会経済システムの制度分析――マルクスとケインズを超えて』名古屋大学出版会

宇野弘蔵［1952］『経済原論』下巻，岩波書店

大塚久雄［1969a］『大塚久雄著作集』第 3 巻（近代資本主義の系譜），岩波書店

大塚久雄［1969b］『大塚久雄著作集』第 5 巻（資本主義社会の形成 2），岩波書店

金井雄一［1989］『イングランド銀行金融政策の形成』名古屋大学出版会

金井雄一［2004］『ポンドの苦闘――金本位制とは何だったのか』名古屋大学出版会

金井雄一［2014］『ポンドの譲位――ユーロダラーの発展とシティの復活』名古屋大学出版会

川合一郎［1974］『管理通貨と金融資本』有斐閣

黒田明伸［2003］『貨幣システムの世界史――「非対称性」を読む』岩波書店

国際銀行史研究会編［2018］『金融の世界現代史――凝集する富・グローバル化する資本取引・派生される証券の実像』一色出版

国立歴史民俗博物館編［1998］『お金の不思議――貨幣の歴史学』山川出版社

高木久史［2016］『通貨の日本史――無文銀銭，富本銭から電子マネーまで』中公新書 2389，中央公論新社

高木久史［2018］『撰銭とビタ一文の戦国史』平凡社

滝沢健三［1984］『国際金融――通説への批判』東洋経済新報社

西川元彦［1984］『中央銀行――セントラル・バンキングの歴史と理論』東洋経済新報社

楊枝嗣朗［2004］『近代初期イギリス金融革命――為替手形・多角的決済システム・商人資本』ミネルヴァ書房

楊枝嗣朗［2012］『歴史の中の貨幣――貨幣とは何か』文眞堂

横山昭雄［2015］『真説 経済・金融の仕組み――最近の政策論議，ここがオカシイ』日本評論社

吉田暁［2002］『決済システムと銀行・中央銀行』日本経済評論社

米倉茂［2000］『英国為替政策――1930 年代の基軸通貨の試練』御茶の水書房

歴史学研究会編［1999］『越境する貨幣』（シリーズ歴史学の現在 1）青木書店

第 10 章

エネン，エーディト［1987］『ヨーロッパの中世都市』佐々木克巳訳，岩波書店，原著初版 1972 年，増訂版 1979 年

コッカ，ユルゲン［1992］『工業化・組織化・官僚制――近代ドイツの企業と社会』加来祥男編訳（訳出論文集），名古屋大学出版会

チャンドラー Jr.，アルフレッド・D.［1979］『経営者の時代――アメリカ産業における近代企業の成立』上・下，鳥羽欽一郎／小林裳裟治訳，東洋経済新報社，原著初版 1977 年

バーチャル，ジョンストン［1999］『国際協同組合運動――モラル・エコノミーをめざして』都築忠七監訳／中川雄一郎／杉本貴志／栗本昭訳，家の光協会，原著初版 1997 年

ミッテラウアー，ミヒャエル［1994］『歴史人類学の家族研究——ヨーロッパ比較家族史の課題と方法』若尾祐司／服部良久／森明子／肥前栄一／森謙二訳，新曜社，原著初版1990年

市川孝正［1996］『日本農村工業史研究——桐生・足利織物業の分析』文眞堂

梅津順一／小野塚知二編著［2018］『大塚久雄から資本主義と共同体を考える——コモンウィール・結社・ネーション』日本経済評論社

大塚久雄［1954］『株式会社発生史論』中央公論社

大塚久雄［2000］『共同体の基礎理論』岩波現代文庫，岩波書店，原著初版1955年

小木曽洋司／向井清史／兼子厚之編［2013］『未来を拓く協同の社会システム』日本経済評論社

北出俊昭［2014］『農協は協同組合である——歴史からみた課題と展望』筑波書房

下谷政弘［1993］『日本の系列と企業グループ——その歴史と理論』有斐閣

末廣昭［2000］『キャッチアップ型工業化論——アジア経済の軌跡と展望』名古屋大学出版会

末廣昭［2006］『ファミリービジネス論——後発工業化の担い手』名古屋大学出版会

高村直助［1971］『日本紡績業史序説』上・下，塙書房

高村直助［1996］『会社の誕生』歴史文化ライブラリー5，吉川弘文館

田中秀樹［2008］『地域づくりと協同組合運動——食と農を協同でつなぐ』大月書店

谷本雅之［1998］『日本おける在来的経済発展と織物業——市場形成と家族経済』名古屋大学出版会

中川雄一郎／杉本貴志編，全労済協会監修［2012］『協同組合を学ぶ』日本経済評論社

中西聡［2019］『資産家資本主義の生成——近代日本の資本市場と金融』慶應義塾大学出版会

西坂靖［2006］『三井越後屋奉公人の研究』東京大学出版会

野村秀和／生田靖／川口清史編［1986］『転換期の生活協同組合』大月書店

橋本寿朗［1984］『大恐慌期の日本資本主義』東京大学出版会

橋本寿朗／武田晴人編［1985］『両大戦間期日本のカルテル』御茶の水書房

法政大学産業情報センター／橋本寿朗／武田晴人編［1992］『日本経済の発展と企業集団』東京大学出版会

黄完晟［1992］『日本都市中小工業史』臨川書店

松浦正孝［2002］『財界の政治経済史——井上準之助・郷誠之助・池田成彬の時代』東京大学出版会

松村善四郎／中川雄一郎［1985］『協同組合の思想と理論』日本経済評論社

三戸公［1991］『家の論理』第1巻（日本的経営論序説），第2巻（日本的経営の成立），文眞堂

安岡重明［1998］『財閥経営の歴史的研究——所有と経営の国際比較』岩波書店

安岡重明／千本暁子［1995］「雇用制度と労務管理」（安岡重明／天野雅敏編『日本経営史1 近世的経営の展開』岩波書店）

藪田貫［1992］『国訴と百姓一揆の研究』校倉書房

第11章

ウィリアムソン，O. E.［1980］『市場と企業組織』浅沼萬里／岩崎晃訳，日本評論社，原著

初版 1975 年

エネン, エーディト［1987］『ヨーロッパの中世都市』佐々木克巳訳, 岩波書店, 原著初版 1972 年, 増訂版 1979 年

ノース, ダグラス・C.［1994］『制度・制度変化・経済成果』竹下公視訳, 晃洋書房, 原著初版 1990 年

プラーニッツ, ハンス［1995］『中世都市成立論――商人ギルドと都市宣誓共同体〔改訂版〕』鯖田豊之訳, 未来社, 原著初版 1940 年

フレーザー, W. ハミッシュ［1993］『イギリス大衆消費市場の到来 1850-1914 年』徳島達朗／友松憲彦／原田政美訳, 梓出版社, 原著初版 1981 年

リグリィ, E. A.［1991］『エネルギーと産業革命――連続性・偶然・変化』近藤正臣訳, 同文舘出版, 原著初版 1988 年

生田孝史［2013］「グリーン経済と水問題対応への企業戦略」(富士通総研経済研究所『研究レポート』第 401 号)

石井寛治［1991］『日本経済史〔第 2 版〕』東京大学出版会

石原武政／矢作敏行編［2004］『日本の流通 100 年』有斐閣

伊藤康［1999］「『トップランナー方式』の意義と問題点」(『環境と公害』第 29 巻第 1 号)

大内力［1969］『日本における農民層の分解』東京大学出版会

大河内暁男［1992］『発明行為と技術構想――技術と特許の経営史的位相』東京大学出版会

岡崎哲二［2005］『コア・テキスト 経済史』新世社

梶本元信［2000］『南ウェールズ交通史研究』日本経済評論社

桜井英治／中西聡編［2002］『新体系日本史 12 流通経済史』山川出版社

杉山大志／木村宰／野田冬彦［2010］『省エネルギー政策論――工場・事業所での省エネ法の実効性』エネルギーフォーラム

武田晴人［1987］『日本産銅業史』東京大学出版会

谷口真人［2016］「水をめぐる地球環境問題 (2)」(『環境研究』第 180 号)

津野海太郎［2013］『花森安治伝――日本の暮しをかえた男』新潮社

中西聡［1998］『近世・近代日本の市場構造――「松前鯡」肥料取引の研究』東京大学出版会

中西聡［2009］『海の富豪の資本主義――北前船と日本の産業化』名古屋大学出版会

日本エネルギー経済研究所計量分析ユニット編［2017］『エネルギー・経済統計要覧』省エネルギーセンター

馬場宏二［1997］『新資本主義論――視角転換の経済学』名古屋大学出版会

藤田貞一郎［1995］『近代日本同業組合史論』清文堂出版

見田宗介［1996］『現代社会の理論――情報化・消費化社会の現在と未来』岩波新書, 岩波書店

道重一郎［1989］『イギリス流通史研究――近代的商業経営の展開と国内市場の形成』日本経済評論社

南亮進／清川雪彦編［1987］『日本の工業化と技術発展』東洋経済新報社

峯岸賢太郎［1989］『近世身分論』校倉書房

宮本又次［1938］『株仲間の研究』有斐閣

諸富徹［2013］『私たちはなぜ税金を納めるのか――租税の経済思想史』新潮選書, 新潮社

吉田文和［1998］『廃棄物と汚染の政治経済学』岩波書店

第 12 章

アーベルスハウザー，ヴェルナー［2009］『経済文化の闘争——資本主義の多様性を考える』雨宮昭彦／浅田進史訳，東京大学出版会，原著初版 2003 年，改訂第 2 版 2009 年

ケイ，ジョン［2007］『市場の真実——「見えざる手」の謎を解く』佐和隆光監訳，佐々木勉訳，中央経済社，原著初版 2004 年

コルナイ，ヤーノシュ［2016］『資本主義の本質について——イノベーションと余剰経済』溝端佐登史／堀林巧／林裕明／里上三保子訳，NTT 出版

セン，アマルティア［1999］『不平等の再検討——潜在能力と自由』池本幸生／野上裕生／佐藤仁訳，岩波書店，原著初版 1992 年

セン，アマルティア［2000］『貧困と飢饉』黒崎卓／山崎幸治訳，岩波書店，原著初版 1981 年

ティロール，ジャン［2018］『良き社会のための経済学』村井章子訳，日本経済新聞出版社，原著初版 2016 年

ノース，ダグラス・C.［2016］『ダグラス・ノース制度原論』瀧澤弘和／中林真幸監訳，東洋経済新報社，原著初版 2005 年

ノース，ダグラス・C.／ジョン・ジョセフ・ウォリス／ワインガスト・R. バリー［2017］『暴力と社会秩序——制度の歴史学のために』杉之原真子訳，NTT 出版，原著初版 2009 年

ハイエク，フリードリッヒ・A.［2008］『隷属への道（新装版）』西山千明訳，（ハイエク全集 第 1 期別巻）春秋社，原著初版 1944 年，第 2 版 1976 年

フーブス，ジェイムズ［2015］『格差社会とアメリカン・ドリームの復活——歴史から見る企業の歴史的役割と民主主義』小山久美子訳，彩流社，原著初版 2011 年

ブライス，マーク［2015］『緊縮策という病——「危険な思想」の歴史』若田部昌澄監訳，田村勝省訳，NTT 出版，原著初版 2013 年

雨宮昭彦［2005］『競争秩序のポリティクス』東京大学出版会

雨宮昭彦／ヨッヘン・シュトレープ編著［2009］『管理された市場経済の生成——介入的自由主義の比較経済史』日本経済評論社

岩井克人［1985］『ヴェニスの商人の資本論』筑摩書房

岩井克人［2000］『二十一世紀の資本主義論』筑摩書房

宇沢弘文［1994］『ケインズ『一般理論』を読む』（宇沢弘文著作集III）岩波書店

小野塚知二編著［2009］『自由と公共性——介入的自由主義とその思想的起点』日本経済評論社

小野塚知二／沼尻晃伸編著［2007］『大塚久雄『共同体の基礎理論』を読み直す』日本経済評論社

加藤榮一［2006］『現代資本主義と福祉国家』ミネルヴァ書房

川越修／辻英史編［2008］『社会国家を生きる——20 世紀ドイツにおける国家・共同性・個人』法政大学出版局

黒川洋行［2012］『ドイツ社会的市場経済の理論と政策——オルド自由主義の系譜』関東学院大学出版会

小峯敦［2007］『ベヴァリッジの経済思想——ケインズたちとの交流』昭和堂

小峯敦編著［2011］『経済思想のなかの貧困・福祉——近現代の日英における「経世済民」論』ミネルヴァ書房

齋藤純一編著［2004］『福祉国家／社会的連帯の理由』（講座 福祉国家のゆくえ 5）ミネルヴァ書房

佐藤千登勢［2013］『アメリカ型福祉国家の形成——1935 年社会保障法とニューディール』筑波大学出版会

髙橋弦／竹内章郎編著［2014］『なぜ，市場化に違和感をいだくのか？——市場の「内」と「外」のせめぎ合い』晃洋書房

辻英史／川越修編［2016］『歴史のなかの社会国家——20 世紀ドイツの経験』山川出版社

中兼和津次［2010］『体制移行の政治経済学——なぜ社会主義国は資本主義に向かって脱走するのか』名古屋大学出版会

野尻武敏［2006］『転換期の政治経済倫理序説——経済社会と自然法』ミネルヴァ書房

鉢野正樹［2011］『現代ドイツ経済思想の課題——資本・福祉・EU』文眞堂

樋口映美／貴堂嘉之／日暮美奈子［2013］『〈近代規範〉の社会史——都市・身体・国家』彩流社

平井敏顕［2000］『ケインズ・シュムペーター・ハイエク——市場社会像を求めて』ミネルヴァ書房

福澤直樹［2012］『ドイツ社会保険史——社会国家の形成と展開』名古屋大学出版会

福田敏浩［2001］『体制移行の経済学——理論と政策』晃洋書房

福田敏浩［2011］『第三の道の経済思想——危機の時代の羅針盤』晃洋書房

藤本建夫［2008］『ドイツ自由主義経済学の生誕——レプケと第三の道』ミネルヴァ書房

諸富徹編［2016］『資本主義経済システムの展望』（岩波講座 現代 3）岩波書店

山口重克編［2004］『新版 市場経済——歴史・思想・現在』名古屋大学出版会

第 13 章

エスピン゠アンデルセン，G.［2001］『福祉資本主義の三つの世界——比較福祉国家の理論と動態』岡沢憲芙／宮本太郎監訳，ミネルヴァ書房，原著初版 1990 年

エスピン゠アンデルセン，G.［2003］『転換期の福祉国家——グローバル経済下の適応戦略』埋橋孝文監訳，早稲田大学出版部，原著初版 1996 年

ディートン，A.［2014］『大脱出——健康，お金，格差の起原』松本裕訳，みすず書房，原著初版 2013 年

ドレフュス，ミシェル［2017］『フランスの共済組合——今や接近可能な歴史』深沢敦・小西洋平訳，晃洋書房，原著初版 1988 年

プール，ダニエル［1997］『19 世紀のロンドンはどんな匂いがしたのだろう』片岡信訳，青十社，原著初版 1993 年

ブレンターノ，ルヨ［2007］『わが生涯とドイツの社会改革——一八四四～一九三一』石坂昭雄／加来祥男／太田和宏訳，ミネルヴァ書房，原著初版 1931 年

リッター，G. A.［1993］『社会国家——その成立と発展』木谷勤／北住炯一／後藤俊明／竹中亨／若尾祐司訳，晃洋書房，原著初版 1989 年，増補改訂版 1991 年

リッター，ゲルハルト・A.［2013］『ドイツ社会保障の危機——再統一の代償』竹中亨監訳，ミネルヴァ書房，原著第 2 版 2007 年

安保則夫著，井野瀬久美惠／髙田実編［2005］『イギリス労働者の貧困と救済——救貧法と工場法』明石書店

石原俊時［1996］『市民社会と労働者文化——スウェーデン福祉国家の社会的起源』木鐸社

378

市野川容孝［2006］『社会』（思考のフロンティア）岩波書店

市野川容孝／小森陽一編［2009］『壊れ行く世界と時代の課題』（思考のフロンティア）岩波書店

伊藤周平［1994］『社会保障史——恩恵から権利へ』青木書店

伊藤周平［1996］『福祉国家と市民権——法社会学的アプローチ』法政大学出版局

岩田正美／西澤晃彦編著［2005］『貧困と社会的排除——福祉社会を蝕むもの』（講座 福祉社会 9）ミネルヴァ書房

太田和弘［2019］『統計は力なり——エルンスト・エンゲルの希望の学』春風社

岡村東洋光／高田実／金澤周作編著［2012］『英国福祉ボランタリズムの起源——資本・コミュニティ・国家』ミネルヴァ書房

岡本英男［2007］『福祉国家の可能性』東京大学出版会

小川眞里子［2016］『病原菌と国家——ヴィクトリア時代の衛生・科学・政治』名古屋大学出版会

加藤榮一［2007］『福祉国家システム』ミネルヴァ書房

金子充［2017］『入門 貧困論——ささえあう／たすけあう社会をつくるために』明石書店

川本隆史／武川正吾編著［2005］『福祉をつくり，ささえるもの——思想と実践』（講座 福祉社会 1）ミネルヴァ書房

木下秀雄［1997］『ビスマルク労働者保険法成立史』有斐閣

金成垣［2008］『後発福祉国家論——比較のなかの韓国と東アジア』東京大学出版会

小峯敦編［2006］『福祉国家の経済思想——自由と統制の統合』ナカニシヤ出版

齊藤佳史［2012］『フランスにおける産業と福祉——1815-1914』日本経済評論社

佐口和郎／中川清［2005］『福祉社会の歴史——伝統と変容』（講座 福祉社会 2）ミネルヴァ書房

佐藤千登勢［2013］『アメリカ型福祉国家の形成——1935 年社会保障法とニューディール』筑波大学出版会

鎮目真人／近藤正基編著［2013］『比較福祉国家——理論・計量・各国事例』ミネルヴァ書房

渋谷博史／平岡公一編著［2004］『福祉の市場化をみる眼——資本主義メカニズムとの整合性』（講座 福祉社会 11）ミネルヴァ書房

下平好博／三重野卓編著［2009］『グローバル化のなかの福祉社会』（講座福祉社会 12）ミネルヴァ書房

セン，アマルティア／後藤玲子［2008］『福祉と正義』東京大学出版会

高田実／中野智世編著［2012］『福祉』（近代ヨーロッパの探求 15）ミネルヴァ書房

田多英範編著［2014］『世界はなぜ社会保障制度を創ったのか——主要 9 ヵ国の比較研究』ミネルヴァ書房

橘木俊詔［2018］『福祉と格差の思想史』（ミネルヴァ現代叢書 2）ミネルヴァ書房

田中拓道［2006］『貧困と共和国——社会的連帯の誕生』人文書院

田中拓道［2017］『福祉政治史——格差に抗するデモクラシー』勁草書房

角山榮／川北稔編［1982］『路地裏の大英帝国——イギリス都市生活史』平凡社

中島晶子［2012］『南欧福祉国家スペインの形成と変容——家族主義という福祉レジーム』ミネルヴァ書房

西村周三／京極高宣／金子能宏編著［2014］『社会保障の国際比較研究——制度再考にむけ

　た学際的・政策科学的アプローチ』ミネルヴァ書房

長谷川貴彦［2014］『イギリス福祉国家の歴史的源流——近世・近代転換期の中間団体』東京大学出版会

藤田奈々子［2010］『ミュルダールの経済学——福祉国家から福祉世界へ』NTT 出版

毛利健三［1999］『現代イギリス社会政策史 1945～1990』ミネルヴァ書房

第14章

アマーブル，ブルーノ［2005］『五つの資本主義——グローバリズム時代における社会経済システムの多様性』山田鋭夫／原田裕治／木村大成／江口友朗／藤田菜々子／横田宏樹／水野有香訳，藤原書店，原著初版 2003 年

アミン，サミール［1979・81］『世界的規模における資本蓄積』（第 I 分冊：世界資本蓄積論〔野口祐他訳〕，第 II 分冊：周辺資本主義構成体論〔野口祐／原田金一郎訳〕，第 III 分冊：中心＝周辺経済関係論〔原田金一郎訳〕）柘植書房，原著初版 1970 年

アミン，サミール［1983］『不均等発展——周辺資本主義の社会構成体に関する試論』西川潤訳，東洋経済新報社，原著初版 1973 年

アレン，R.C.［2017］『世界史のなかの産業革命——資源・人的資本・グローバル経済』眞嶋史叙／中野忠／安元稔／湯沢威訳，名古屋大学出版会，原著初版 2009 年

ウォーラーステイン，I.［2013］『近代世界システム I ——農業資本主義と「ヨーロッパ世界経済」の成立』川北稔訳，名古屋大学出版会，原著初版 2011 年

ウォーラーステイン，I.［2013］『近代世界システム II ——重商主義と「ヨーロッパ世界経済」の凝集 1600-1750』川北稔訳，名古屋大学出版会，原著初版 2011 年

ウォーラーステイン，I.［2013］『近代世界システム III ——「資本主義的世界経済」の再拡大 1730s-1840s』川北稔訳，名古屋大学出版会，原著初版 2011 年

ウォーラースティン，I.［2013］『近代世界史ステム IV ——中道自由主義の勝利 1789-1914』川北稔訳，名古屋大学出版会，原著初版 2011 年

オブライエン，パトリック［2000］『帝国主義と工業化 1415-1974——イギリスとヨーロッパからの視点』秋田茂／玉木俊明訳（訳出論文集），ミネルヴァ書房

ガーシェンクロン，アレクサンダー［2005］『後発工業国の経済史——キャッチアップ型工業化論』絵所秀紀／雨宮昭彦／峯陽一／鈴木義一訳，ミネルヴァ書房，原著初版 1962・68 年

カーズナー［1985］『競争と企業家精神——ベンチャーの経済理論』田島義博監訳，千倉書房，原著初版 1973 年

クズネッツ，S.［1968］『近代経済成長の分析』上・下，塩野谷祐一訳，東洋経済新報社，原著初版 1966 年

クズネッツ，S.［1977］『諸国民の経済成長——総生産高および生産構造』西川俊作／戸田泰訳，ダイヤモンド社，原著初版 1971 年

グライフ，アブナー［2009］『比較歴史制度分析』岡崎哲二／神取道宏監訳，NTT 出版，原著初版 2006 年

クロスビー，アルフレッド・W.［1998］『ヨーロッパ帝国主義の謎——エコロジーから見た 10～20 世紀』佐々木昭夫訳，岩波書店，原著初版 1986 年

クロスビー，アルフレッド・W.［2004］『史上最悪のインフルエンザ——忘れられたパンデミック』西村秀一訳，みすず書房，原著初版 1989 年

ケルブレ, H. [1997]『ひとつのヨーロッパへの道――その社会史的考察』雨宮昭彦／金子邦子／永岑三千輝／古内博行訳, 日本経済評論社, 原著初版 1987 年

コーエン, ジョエル・E. [1998]『新「人口論」――生態学的アプローチ』重定南奈子／瀬野裕美／高須夫悟訳, 農山漁村文化協会, 原著初版 1995 年

コッカ, ユルゲン [2018]『資本主義の歴史――起源・拡大・現在』山井敏章訳, 人文書院, 原著初版 2013 年, 第 3 版 2017 年

シュムペーター [1995]『資本主義・社会主義・民主主義（新装版）』中山伊知郎／東畑精一訳, 東洋経済新報社, 原著初版 1942 年, 第 3 版 1950 年

ジョーンズ, E. L. [2000]『ヨーロッパの奇跡――環境・経済・地政の比較史』安元稔／脇村孝平訳, 名古屋大学出版会, 原著初版 1981 年

ジョーンズ, E. L. [2007]『経済成長の世界史』天野雅敏／重富公生／小瀬一／北原聡訳, 名古屋大学出版会, 原著初版 1988 年, 第 2 版 2000 年

スブラフマニヤム, S. [2009]『接続された歴史――インドとヨーロッパ』三田昌彦／太田信宏訳, 名古屋大学出版会, 原著初版 2005 年

チャンドラー Jr., アルフレッド・D. [1993]『スケール・アンド・スコープ――経営力発展の国際比較』安部悦生／川辺信雄／工藤章／西牟田祐二／日高千景／山口一臣訳, 有斐閣, 原著初版 1990 年

ディグビー, A.／ C. ファインスティーン編 [2007]『社会史と経済史――英国史の軌跡と新方位』松村高夫／長谷川淳一／高井哲彦／上田美枝子訳, 北海道大学出版会, 原著初版 1989 年

デーヴィス, ジョン・A.／ケリン・E. ガーシック／マリオン・マッカラム・ハンプトン／アイヴァン・ランズバーグ [1999]『オーナー経営の存続と継承』岡田康司監訳, 犬飼みずほ訳, 流通科学大学出版, 原著初版 1997 年

ノース, D. C. [1989]『文明史の経済学――財産権・国家・イデオロギー』中島正人訳, 春秋社, 原著初版 1981 年

ノース, D. C.／ R. P. トマス [1994]『西欧世界の勃興――新しい経済史の試み〔増補版〕』速水融／穐本洋哉訳, ミネルヴァ書房, 原著初版 1973 年

ヒックス, J. R. [1995]『経済史の理論』新保博／渡辺文夫訳, 講談社学術文庫, 講談社, 原著初版 1969 年

フォーゲル, R. W. [1977]『アメリカ経済発展の再考察――ニュー・エコノミック・ヒストリー十講』田口芳弘／渋谷昭彦訳（訳出講演録）, 南雲堂

フランク, アンドレ・グンダー [2000]『リオリエント――アジア時代のグローバル・エコノミー』山下範久訳, 藤原書店, 原著初版 1998 年

フランドロワ, I. 編 [2003]『「アナール」とは何か――進化しつづける「アナール」の 100 年』尾河直哉訳, 藤原書店

フレーザー, W. ハミッシュ [1993]『イギリス大衆消費市場の到来 1850-1914 年』徳島達朗／友松憲彦／原田政美訳, 梓出版社, 原著初版 1981 年

ブローデル, F. [1991〜95]『地中海』I（環境の役割）, II・III（集団の運命と全体の動き 1・2）, IV・V（出来事, 政治, 人間 1・2）, 浜名優美訳, 藤原書店, 原著初版 1949 年, 改訂第 2 版 1966 年

ブローデル, F. [1985]『物質文明・経済・資本主義 15-18 世紀――日常性の構造』（1・2）村上光彦訳, みすず書房, 原著初版 1979 年

ブローデル, F. ［1986 (1), 1988 (2)］『物質文明・経済・資本主義 15-18 世紀――交換の はたらき』(1・2) 山本淳一訳, みすず書房, 原著初版 1979 年

ブローデル, F. ［1996 (1), 1999 (2)］『物質文明・経済・資本主義 15-18 世紀――世界時 間』(1・2) 村上光彦訳, みすず書房, 原著初版 1979 年

ブロック, マルク ［1995］『封建社会』石川武他訳, 岩波書店, 原著初版 1939・40 年

ボー, ミシェル ［1996］『資本主義の世界史――1500-1995』筆宝康之／勝俣誠訳, 藤原書 店, 原著初版 1981 年

ホブズボーム, エリック ［1996］『20 世紀の歴史――極端な時代』上・下, 河合秀和訳, 三 省堂, 原著初版 1994 年

ポメランツ, K. ［2015］『大分岐――中国, ヨーロッパ, そして近代世界経済の形成』川北 稔監訳, 名古屋大学出版会, 原著初版 2000 年

ポランニー, カール ［1975］『経済の文明史』玉野井芳郎／平野健一郎編訳 (訳出論文集), 日本経済新聞社, 後にちくま学芸文庫, 筑摩書房, 2003 年

ボワイエ, ロベール ［1990］『入門・レギュラシオン――経済学／歴史学／社会主義／日 本』山田鋭夫／井上泰夫編訳, 藤原書店

マクニール, J. R. ［2011］『20 世紀環境史』海津正倫／溝口常俊監訳, 名古屋大学出版会, 原著初版 2000 年

マクニール, ウィリアム・H. ［2002］『戦争の世界史――技術と軍隊と社会』高橋均訳, 刀 水書房, 原著初版 1982 年

マディソン, A. ［2000］『世界経済の成長史 1820-1992 年――199 カ国を対象とする分析と 推計』金森久雄監訳／政治経済研究所訳, 東洋経済新報社, 原著初版 1995 年

マルクス ［1956］『経済学批判』武田隆夫／遠藤湘吉／大内力／加藤俊彦訳, 岩波文庫, 岩 波書店, 原著初版 1859 年, 改訂版 1897 年

マルクス, カール ［1969-70］『資本論』全 9 冊, エンゲルス編, 向坂逸郎訳, 岩波文庫, 岩 波書店, 原著初版 1867 年 (第 1 巻), 1883 年 (第 2 巻), 1894 年 (第 3 巻)

ライリー, ジェイムズ ［2008］『健康転換と寿命延長の世界誌』門司和彦／金田英子／松山 章子／駒澤大佐訳, 明和出版, 原著初版 2001 年

ロイ, ティルタンカル ［2019］『インド経済史――古代から現代まで』水島司訳, 名古屋大 学出版会, 原著初版 2012 年

ロストウ, W. W. ［1961］『経済成長の諸段階――一つの非共産主義宣言』木村健康／久保 まち子／村上泰亮訳, ダイヤモンド社, 原著初版 1960 年

秋田茂／永原陽子／羽田正／南塚信吾／三宅明正／桃木至朗編集 ［2016～］『MINERVA 世 界史叢書』全 16 巻, ミネルヴァ書房

内田芳明 ［1972］『ヴェーバーとマルクス――日本社会科学の思想構造』岩波書店

木村靖二／岸本美緒／小松久男監修 ［2018～］『歴史の転換期』全 11 巻, 山川出版社

斎藤修 ［2008］『比較経済発展論――歴史的アプローチ』岩波書店

斎藤修 ［2014］『環境の経済史――森林・市場・国家』岩波書店

左近幸村編著 ［2008］『近代東北アジアの誕生――跨境史への試み』北海道大学出版会

杉原薫 ［2020］『世界史のなかの東アジアの奇跡』名古屋大学出版会

竹岡敬温 ［1990］『「アナール」学派と社会史――「新しい歴史」へ向かって』同文舘出版

玉木俊明 ［2018］『拡大するヨーロッパ世界 1415-1914』知泉書館

星野妙子／末廣昭編 ［2006］『ファミリービジネスのトップマネジメント――アジアとラテ

　　ンアメリカにおける企業経営』岩波書店

水島司編［2008］『グローバル・ヒストリーの挑戦』山川出版社

水島司／加藤博／久保亨／島田竜登編［2015］『アジア経済史研究入門』名古屋大学出版会

桃木至朗編［2008］『海域アジア史研究入門』岩波書店

安元稔［2019］『イギリス歴史人口学研究——社会統計にあらわれた生と死』名古屋大学出版会

山下範久［2003］『世界システム論で読む日本』講談社選書メチエ266，講談社

山田鋭夫［2008］『さまざまな資本主義——比較資本主義分析』藤原書店

あとがき

　昨今，高学歴化社会とともに大学の社会的役割が増しているなかで，大学がこれまで以上に丁寧な教育を心がける必要があり，経済史分野でも現在の学問水準を反映した新たな教科書を作ろうとの話題が編者の間で持ち上がったのは，2006年度初めであった。そして名古屋大学出版会の理解を得て，構成案作りにとりかかり，2006年度末までに，おおよその構成を練り上げた。その後，2007年度いっぱいかけて，執筆分担を決めて解説執筆者への依頼をすすめ，2008年度から本格的な執筆に入った。

　その際に編者が留意したことは，読者の教育課程に応じて，「基礎」，「応用」，「上級基礎」にそれぞれ対応できるように構成を工夫することと，最新の研究動向としてグローバル・ヒストリー論の潮流を何らかの形で取り込むことであった。その結果，通史編，テーマ編，解説の3つのレベルから構成することとなり，特に通史編の部分でグローバル・ヒストリー論を部分的に援用することになった。むろん，編者はグローバル・ヒストリー論の潮流をそのままで是としているわけではなく，アジアとヨーロッパなどの関係性を全体として論じていく方向性は評価するものの，そのことが行き過ぎてこれまでの経済史研究の蓄積が過小評価されすぎることにも危惧を覚えている。

　それゆえこの教科書では，欧米における国民国家の成立と産業革命の達成を経済史の展開の画期とする伝統的な経済史研究と，東西世界の比較・相対化を重視するグローバル・ヒストリー論を組み合わせた新たな構成を通史編で試みた。その含意は通史編の「はじめに」を参照されたい。また，3つのレベルから教科書を構成することについては，通史編が大学学部教育の基礎課程，テーマ編が大学学部教育の応用（専門）課程，そしてテーマ編の第14章と各章の解説を大学院教育の基礎課程として編者は念頭に置いている。歴史教育には標準化された教科書は必要ないとの意見もあるが，かつての大学生が教養として読んでいた思想的古典があまり読まれなくなった今日こそ，読者は，あまり先入観をもたずに客観

的に歴史学に取り組めると考えられる。そうした状況下で最低限の共通の土俵を読者に示し，そのなかで各人の歴史観を熟成させて欲しいと編者は願っており，通史編で展開した内容は，経済史学を学ぶ読者の標準的な知識として身につけていただきたいと思う。

そしてテーマ編は，経済史分野のなかでのやや専門的な領域に踏み込んでおり，世界化，金融，組織化，市場論，国家論，社会福祉などの主要テーマを取り上げて，執筆者の見解も含めてこれまでに経済史学上でそれらのテーマに関して展開されてきた議論を整理した。これらの主要テーマに関連する多数のテーマがその背景に含まれており，参考文献リストに挙げた書物などを通して幾重にもそれらのテーマを展開することができると考えられる。さらに，上級の高等専門教育を受ける読者や，研究者を目指す読者に向けては，学問的に特に重視されてきた論点に関して解説を設け，相互の解説の関連性を踏まえて，第14章で経済史学の学問展開の諸潮流をまとめた。それらの内容は，研究者を目指す読者が研究テーマを見出す上で大きな力となるであろうと編者は確信している。

このような構成をもつこの教科書が完成するまでには，解説を執筆していただいた方々をはじめとして多くの皆様の協力を得た。ひとりひとりお名前を挙げることは控えるが，ここに深く感謝申し上げたい。そして，編者の遅筆に耐え，よりよい教科書にするために粘り強く努めて下さった名古屋大学出版会の三木信吾氏にも心より感謝申し上げたい。

2010年5月

金井雄一　中西　聡　福澤直樹

[改訂にあたって]

　2010 年 6 月 30 日に『世界経済の歴史』（初版）を刊行してから 10 年が経ち，この間，本書の関連分野でも，学術研究書そして中国経済史や欧米経済史などの大学教育向けテキスト，などが多数刊行され，新しい研究や視角が蓄積されました。「10 年ひと昔」と言われますが，本書も，この 10 年間の新しい研究や視角を踏まえて大幅な改訂を行い，頁数もかなり増えました。本文については，初版の文章を全面的に見直すとともに，この間に急速に進んだ中国経済史分野や環境史分野の新しい研究を反映させるため，木越さんと小堀さんに新たに執筆に加わっていただき，解説についても，現在，大きな課題となっているヨーロッパ統合について伊藤さんに新たにご執筆いただきました。改訂に際してご協力をいただいた執筆者の皆様，そして丁寧な編集作業を行っていただいた名古屋大学出版会の三木信吾氏に心よりお礼を申し上げます。

　2020 年 6 月

金井雄一　中西　聡　福澤直樹

索　引

388

執筆者紹介 （執筆順）

金井雄一 ［プロローグ，第9章］ →編者（奥付参照，以下同）

中西 聡 ［第1〜5章，第8章，第10〜11章，第14章，解説 I-1］ →編者

木越義則 ［第5章］ 名古屋大学大学院経済学研究科

福澤直樹 ［第6〜7章，第12〜13章，解説 II-5］ →編者

小堀 聡 ［第11章，解説 I-3, I-9, I-10, I-11］ 京都大学人文科学研究所

高井哲彦 ［解説 I-2, I-5］ 北海道大学大学院経済学研究院

西村雄志 ［解説 I-4, II-8］ 関西大学経済学部

藤田 憲 ［解説 I-6, I-7］ 新潟大学大学院現代社会文化研究科・経済学部

小島 健 ［解説 I-8, I-13］ 東京経済大学経済学部

石井 聡 ［解説 I-12］ 近畿大学経済学部

伊藤カンナ ［解説 I-14］ 名古屋大学大学院経済学研究科

古賀大介 ［解説 II-1］ 山口大学経済学部

須藤 功 ［解説 II-2］ 明治大学政治経済学部

北澤 満 ［解説 II-3］ 九州大学大学院経済学研究院

岡部桂史 ［解説 II-4］ 立教大学経済学部

高田 実 ［解説 II-6］ 甲南大学文学部

二谷智子 ［解説 II-7］ 愛知学院大学経済学部

《編者紹介》

金井 雄一 （かない ゆういち）

現　在　名古屋大学名誉教授
主　著　『ポンドの苦闘――金本位制とは何だったのか』（名古屋大学
　　　　出版会，2004年），『ポンドの譲位――ユーロダラーの発展と
　　　　シティの復活』（名古屋大学出版会，2014年）

中西 聡 （なかにし さとる）

現　在　慶應義塾大学経済学部教授
主　著　『海の富豪の資本主義――北前船と日本の産業化』（名古屋大
　　　　学出版会，2009年），『資産家資本主義の生成――近代日本の
　　　　資本市場と金融』（慶應義塾大学出版会，2019年）

福澤 直樹 （ふくざわ なおき）

現　在　名古屋大学大学院経済学研究科教授
主　著　『ドイツ社会保険史――社会国家の形成と展開』（名古屋大学
　　　　出版会，2012年）

世界経済の歴史〔第2版〕

2010 年 6 月 30 日　初版第 1 刷発行
2022 年 9 月 15 日　第 2 版第 2 刷発行

定価はカバーに
表示しています

　　　　　　　　　　　金　井　雄　一
編　者　　中　西　　　聡
　　　　　　　　　　　福　澤　直　樹
発行者　　西　澤　泰　彦

発行所　一般財団法人 名古屋大学出版会
〒 464-0814　名古屋市千種区不老町 1 名古屋大学構内
電話 (052)781-5027／FAX (052)781-0697

© Yuichi KANAI et al. 2020　　　　　Printed in Japan
印刷・製本 ㈱太洋社　　　　　ISBN978-4-8158-0997-3
乱丁・落丁はお取替えいたします。